C·H·Beck
PAPERBACK

Die Staatsgründung Israels im Mai 1948 und der folgende Krieg wurden von den Arabern im britischen Mandatsgebiet Palästina als Nakba, als Katastrophe, empfunden, bei der Hunderttausende ihre Häuser, ihr Eigentum und ihre Heimat verloren. Muriel Asseburg erläutert Vorgeschichte und Hintergründe dieses Schlüsseljahres, erzählt die Geschichte der palästinensischen Nationalbewegung und ihrer wichtigsten Protagonisten, beschreibt Kriege, Aufstände und Friedensinitiativen, berichtet über die Erfahrungen der palästinensischen Selbstverwaltung und porträtiert wichtige Persönlichkeiten aus Politik und Kultur. Ihre faktenreiche und zugleich einfühlsame Darstellung lässt uns Palästina und die Palästinenser mit anderen Augen sehen.

Muriel Asseburg, Dr. rer. pol., ist Nahostexpertin an der Stiftung Wissenschaft und Politik (SWP) in Berlin. Bei C.H.Beck erschien von ihr bereits «Der Nahostkonflikt» (mit Jan Busse, 4. Auflage 2021).

Muriel Asseburg

Palästina

und die Palästinenser

Eine Geschichte
von der
Nakba
bis zur Gegenwart

C.H.Beck

Mit 21 Abbildungen und 10 Karten

2., aktualisierte Auflage. 2022
Originalausgabe

www.chbeck.de
Umschlaggestaltung: Kunst oder Reklame, München
Umschlagabbildung: «Balloon Debate», Graffiti des britischen Künstlers Banksy, fotografiert am 6. August 2005 an der israelischen Sperranlage bei Ramallah, © Marco Di Lauro/Getty Images
Satz: C.H.Beck.Media.Solutions, Nördlingen
Druck und Bindung: Druckerei C.H.Beck, Nördlingen
ISBN 978 3406 77477 5

myclimate

klimaneutral produziert
www.chbeck.de/nachhaltig

Inhalt

Porträts

Karten

Einleitung

Die bundesdeutsche Nachkriegsidentität ist – vor dem Hintergrund der Schoa – eng mit dem Verhältnis zu Israel verbunden. Es verwundert daher nicht, dass im deutschsprachigen Raum eine besonders hohe Zahl von Sachbüchern, Romanen, Filmen und Dokumentationen über Israels Geschichte, Gesellschaft und Politik veröffentlicht werden. Auch ist nicht erstaunlich, dass die Auseinandersetzung über die Gestaltung der deutsch-israelischen Beziehungen die Gemüter immer wieder erhitzt, nicht zuletzt im Zusammenhang mit dem israelisch-palästinensischen Konflikt und geschichtsrevisionistischen Tendenzen in der deutschen Politik. Was hingegen auffällt, ist, wie sehr die Wahrnehmung der Palästinenser durch Klischees – sei es als Terroristen, Ewiggestrige oder reine Opfer – geprägt ist, wie stark israelische Deutungen dabei eine Rolle spielen und wie wenig Fakten über die Geschichte Palästinas bekannt sind. Auch in der aktuellen Berichterstattung werden palästinensische Perspektiven kaum berücksichtigt, und falls doch, dann werden entsprechende Positionen meist aufgrund der deutschen historischen Erfahrung statt der Lebensrealität vor Ort bewertet. Palästinensische Persönlichkeiten aus Politik, Kultur und Wissenschaft sind, mit wenigen Ausnahmen, bei uns kaum bekannt.

Das vorliegende Buch möchte dazu beitragen, diese Lücken für einen breiten Leserkreis zu schließen. Dabei liegt der

Schwerpunkt auf der Geschichte seit 1948, also seit der Gründung des Staates Israel bzw. der Nakba (arab. für Katastrophe). Unter diesem Begriff ist das Datum aufgrund der Flucht und Vertreibung eines Großteils der ansässigen arabischstämmigen Bevölkerung aus dem Gebiet des neu errichteten Staates in die arabische Geschichtsschreibung eingegangen. Das Buch baut damit zeitlich und inhaltlich auf Gudrun Krämers «Geschichte Palästinas. Von der Osmanischen Eroberung bis zur Gründung des Staates Israel» auf.[1]

Mit Palästina ist hier das Territorium des gleichnamigen ehemaligen britischen Mandatsgebietes gemeint, oftmals auch als historisches Palästina bezeichnet. Dieses bleibt für die meisten Palästinenserinnen und Palästinenser wie auch jüdischen Israeli gleichermaßen vorrangiger territorialer Bezugspunkt, obwohl die Palästinensische Befreiungsorganisation PLO mit ihrer Unabhängigkeitserklärung von 1988 eine Zweistaatenregelung akzeptierte und Souveränität fortan lediglich in den 1967 von Israel besetzten Gebieten des Westjordanlandes, Ost-Jerusalems und des Gazastreifens beanspruchte. Im Zentrum der vorliegenden Betrachtung stehen daher nicht nur die Entwicklungen in den palästinensischen Gebieten, sondern auch solche, die Palästinenser in Israel sowie in der Diaspora betreffen.

Dabei ist die palästinensische Diaspora – heute leben rund 5 Millionen Palästinenserinnen und Palästinenser in den palästinensischen Gebieten, 1,6 Millionen in Israel und 6,7 Millionen in anderen Ländern der Welt – nicht nur Folge von Flucht und Vertreibung, sondern auch von Arbeitsmigration, insbesondere in die ölreichen Länder am Persischen Golf.[2] Der jeweilige Aufenthaltsort hat die Lebensumstände der Palästinenser und das persönliche und politisch-strategische Denken der Nationalbewegung entscheidend geprägt, gleichzeitig hatten sie oftmals entscheidenden Einfluss auf ihre Gastländer. So spielten sie in vielen Ländern (etwa in den arabischen Golfmonarchien) eine herausragende Rolle beim Aufbau moderner Institutionen, insbesondere im Bildungs- und Gesundheitsbereich. In anderen Ländern, wie etwa in Jordanien und im Libanon, stellte ihre Präsenz demographische Balancen in Frage und ihr Befreiungskampf trug zu bewaffneten Auseinandersetzungen bis hin zum Bürgerkrieg bei.

Die Geschichte Palästinas und der Palästinenser ist geprägt von Krieg, Konflikt, Vertreibung, Verlust und Exil sowie von einem bis heute unerfüllten Streben nach nationaler Selbstbestimmung. Dementsprechend stehen im Vordergrund dieses Buches die palästinensische Identitätsbildung, die Herausbildung eigener Sichtweisen und Narrative, die bis heute andauernden Auseinandersetzungen um die zielführende Strategie der nationalen Selbstbestimmung, das Verhältnis von Exilführung und lokalen Führungspersönlichkeiten sowie der Umgang mit den unterschiedlichen Herausforderungen in den palästinensischen Gebieten, Israel und der Diaspora. Dabei besteht eine Absicht dieser Darstellung darin, die Palästinenserinnen und Palästinenser «als Handelnde in ihrer eigenen Geschichte sichtbar zu machen».[3] Ein weiteres Anliegen ist es, zu verdeutlichen, dass Frauen zu dieser Geschichte beitragen. Daher wird in diesem Buch zwar als Standard die männliche Form benutzt, aber immer, wenn es um handelnde Personen geht und nicht ausschließlich Männer beteiligt sind, werden die männliche und die weibliche Form verwendet.

Hier liegt keine weitere Abhandlung über den Nahostkonflikt vor, welche die Interessen und Motivationen der Konfliktparteien gleichermaßen berücksichtigt.[4] Die jüdisch-israelische

Perspektive tritt in den Hintergrund. Dieser Ansatz hat auch Auswirkungen auf die Begrifflichkeit, die sich eng an der arabisch-palästinensischen Perspektive orientiert bzw. diese erläutert, sowie auf die Periodisierung der Geschichte Palästinas, die sich an den für das Land und seine Menschen zentralen Geschehnissen orientiert, auch wenn sich diese nicht zwingend auf palästinensischem Boden abspielen. Gleichwohl ist dieses Buch nicht aus einer palästinensischen Sicht geschrieben. Die Autorin, die selbst mehrere Jahre in Palästina gelebt und gearbeitet hat und seit mehr als einem Vierteljahrhundert zu Palästina forscht, berücksichtigt indes (nicht ausschließlich, aber vorrangig) eine Vielzahl palästinensischer Perspektiven.

Fast alle Dokumente, die im Folgenden zitiert werden, finden sich auf Englisch in dem von Walter Laqueur und Barry Rubin herausgegebenen «Israel-Arab Reader» bzw. auf Deutsch in dem von Angelika Timm edierten Band «100 Dokumente aus 100 Jahren».[5] Nur die Dokumente, die sich dort nicht finden, sind mit Quellenangaben versehen.

Neben den Kapiteln, die die wichtigsten historischen Ereignisse, Dynamiken und Auseinandersetzungen in der palästinensischen Geschichte beschreiben, enthält dieses Buch eine Vielzahl von Karten und Abbildungen, die der Veranschaulichung dienen. Hinzu kommen zehn Kurzporträts palästinensischer Persönlichkeiten aus den Bereichen Politik, Kultur und Wissenschaft.[6] Dabei wird auch die große Vielfalt der palästinensischen Gesellschaft deutlich, was etwa Religion, politisches Selbstverständnis, ideologische Zuordnung oder konkretes Betätigungsfeld angeht. Im Anhang finden sich eine Zeittafel mit den relevanten Daten zur palästinensischen Geschichte sowie Literatur- und Filmempfehlungen und zudem Hinweise auf nützliche Webseiten.

Mein herzlicher Dank geht an Nahla El Menshawy, Yannik Hüllinghorst und Jürgen Rogalski für ihre zuverlässige und engagierte Unterstützung bei der Recherche und der Überprüfung der Fakten sowie an Claudia Zilla und Peter Lintl für äußerst hilfreiche inhaltliche und sprachliche Anmerkungen. Dank auch an Bettina Marx, Deniz Altayli und Nahed Awwad für ihre Hilfe bei der Auswahl von Literatur- und Filmempfehlungen. Und Dank an die zahlreichen Palästinenserinnen und Palästinenser, die mit mir ihre Sichtweisen geteilt haben und mit denen ich über Aspekte dieses Buches gesprochen und gemeinsam nachgedacht habe. Die Verantwortung für den Text liegt allein bei mir.

ERSTES KAPITEL

Die Gründung Israels und ihre Folgen

Der Konflikt um Palästina ist nicht erst mit der Ausrufung des Staates Israel entstanden. Er geht vielmehr zurück auf die jüdische Einwanderung und Besiedlung des Gebiets seit dem späten 19. Jahrhundert, die zur Konkurrenz mit den ansässigen arabischen Bewohnern um das Land und seine Ressourcen führte. Die jüdische Einwanderung wiederum ist eng verknüpft mit der europäischen Geschichte: Der politische Zionismus entstand als Reaktion auf die Entwicklung der europäischen Nationalismen sowie die Zunahme von Antisemitismus und Pogromen gegen Juden. Entscheidend befördert wurden die Herausbildung des jüdischen Gemeinwesens in Palästina und die Staatsgründung Israels 1948 durch die Politik der europäischen Kolonial- und Mandatsmächte einerseits und die nationalsozialistische Judenverfolgung und -vernichtung andererseits.

Der auf die Staatsgründung folgende erste israelisch-arabische Krieg sowie die Flucht und Vertreibung von Hunderttausenden Palästinensern bedeuteten im Nahen Osten eine Zeitenwende, die als Nakba in die palästinensische (und arabische) Geschichtsschreibung eingegangen ist und bis heute fortwirkt.

1. Vorgeschichte[1]

In den 1880er Jahren begann die jüdische Einwanderung nach Palästina, das damals zur Provinz Damaskus des Osmanischen Reiches gehörte. In fünf Wellen kamen zwischen 1882 und 1939 insgesamt rund 380000 Jüdinnen und Juden vor allem aus Europa und Russland bzw. der Sowjetunion. Etwa zeitgleich mit der ersten Einwanderungswelle entstand Ende des 19. Jahrhunderts der moderne politische Zionismus, der die Errichtung einer jüdischen nationalen Heimstätte in Palästina als Alternative zur Assimilierung in den jeweiligen Gesellschaften propagierte. Herausragende Vertreter dieser Idee waren der Journalist Nathan Birnbaum, der 1890 den Begriff des Zionismus prägte, und der Publizist Theodor Herzl, der 1896 sein Manifest «Der Judenstaat» veröffentlichte und 1897 die Zionistische Weltorganisation mitbegründete. Sie verbanden die Absicht, eine moderne jüdische Gesellschaft zu errichten, mit der «Rückkehr» der Juden nach Zion – in das Land, aus dem sie nach der Zerstörung des zweiten Tempels im Jahre 70 n. Chr. durch die römischen Herrscher größtenteils vertrieben worden waren und das ihnen fortan als historische Heimat gegolten hatte.[2]

Ein Land ohne Volk?

Doch das Gebiet, in das die Einwanderer kamen und das später das britische Mandatsgebiet Palästina werden sollte, war keineswegs unbewohnt. Dort lebten 1882 etwa 450000 mehrheitlich muslimische Araber sowie rund 15000 Juden, denen in der muslimischen Mehrheitsgesellschaft als monotheistischen

«Dhimmis» (arab. für Schutzbefohlene) ein besonderer Schutz, aber nur eingeschränkte Rechte zukamen (siehe Tabelle S. 283). Die berühmte Formel «Ein Land ohne Volk für ein Volk ohne Land» war daher problematisch.[3] Von den ansässigen Araberinnen und Arabern wurden das zionistische Projekt und die jüdische Einwanderung mit Misstrauen betrachtet, konkurrierten die Neuankömmlinge doch um Bauland, fruchtbares Ackerland und Wasser und brachten ungewohnte kulturelle Eigenheiten mit sich. Das Misstrauen verwandelte sich in Ablehnung, als die jüdischen Siedler begannen, neue, exklusive Wirtschaftsstrukturen aufzubauen. Dazu gehörte, dass vom Jüdischen Nationalfonds erworbenes Land für immer in den Besitz des jüdischen Volkes überging und nur an Juden verpachtet werden durfte und die Beschäftigung von Nichtjuden als Arbeitskräfte verboten war.[4]

Zu Beginn unterstützten weder der osmanische Sultan Abdülhamid II. noch die große Mehrheit des europäischen Judentums oder die europäischen Großmächte den politischen Zionismus. Als das Osmanische Reich 1914 auf Seiten Deutschlands und Österreich-Ungarns in den Ersten Weltkrieg eintrat, wandelte sich jedoch schlagartig die Bedeutung Palästinas. Insbesondere Großbritannien versuchte, die lokale Bevölkerung und deren Führung für seine Kriegsziele und langfristigen Interessen einzuspannen, und machte dabei widersprüchliche Zusagen. So versprach der britische Hochkommissar in Ägypten, Sir Henry McMahon, 1916 dem Scherifen von Mekka, Hussein Ibn Ali, dessen Wunsch nach einem unabhängigen und geeinten arabischen Königreich zu unterstützen, und ermutigte so einen arabischen Aufstand gegen die Osmanen. In der Balfour-Erklärung von 1917 sicherte der britische Außenminister Arthur James Balfour dem Zionisten Walter Rothschild hingegen die «Errichtung einer nationalen Heimstätte für das jüdische Volk in Palästina» zu, unter anderem um von den jüdischen Briten finanzielle Unterstützung für die Kriegsführung zu erhalten. Noch im gleichen Jahr besetzte Großbritannien Jerusalem und wurde damit neben Frankreich zur zweiten europäischen Macht, die im Nahen Osten die Geschicke bestimmte.[5] Schon zuvor hatten sich die beiden damaligen Großmächte im geheimen Sykes-Picot-Abkommen von 1916 auf eine künftige Aufteilung der Provinzen des Osmanischen Reiches geeinigt. Palästina sollte dabei unter internationale Verwaltung gestellt werden. Die Aufteilung in Einflusszonen setzten die Siegermächte des Ersten Weltkriegs 1920 auf der Konferenz von San Remo um, allerdings ohne eine internationale Verwaltung für Palästina einzurichten. Stattdessen erhielt Großbritannien dieses Mandat, das 1922 vom Völkerbund bestätigt wurde.

Das britische Mandat Palästina

Von der lokalen Bevölkerung wurden die Mandatsgrenzen als künstlich und fremd gesehen, da sie nicht den wirtschaftlichen und kulturellen Zusammenhängen entsprachen und sich in erster Linie an den Interessen der europäischen Mächte orientierten. Zwar trug das Gebiet schon zu römischer Zeit den Namen Palästina,[6] aber weder unter mamlukischer (1260–1516) noch unter osmanischer (1516–1918) Herrschaft hatte es einen eigenen Verwaltungsdistrikt Palästina gegeben. Einzelne Teile gehörten vielmehr zu verschiedenen Zeitpunkten zu unterschiedlichen Verwaltungseinheiten. Erst die britische Militärverwaltung richtete gegen Ende des Ersten Weltkriegs einen Verwaltungsdistrikt Palästina ein. Ursprünglich umfasste dieser auch Gebiete östlich des Jordans, die aber 1921 als Transjordanien abgetrennt wurden.

Auch wenn die Grenzen des Mandatsgebiets als künstliches Konstrukt fremder Mächte empfunden wurden, so sind sie doch bis heute Bezugspunkt, wenn es um eine Konfliktregelung geht. Zudem wurden sie von muslimischer Seite in den 1930er Jahren religiös unterfüttert, als die Idee aufkam, dass ebendieses Palästina als religiöse Stiftung (arab. Waqf) auf ewig anvertrautes Gut und unveräußerlicher Besitz der Muslime sei – ein Topos, den die Hamas 1988 in ihre Charta aufnehmen sollte.[7]

Zwar war es Großbritannien und Frankreich 1918 nicht zuletzt mit Unterstützung arabischer Truppen gelungen, das Osmanische Reich zu besiegen. Doch ein Zusammenschluss arabischer Völker in einem eigenen Staat, wie ursprünglich zugesagt, wussten die europäischen Mächte zu verhindern. In Palästina wurde die osmanische Fremdherrschaft durch eine europäische ersetzt. Dabei war das Mandatssystem ein Konstrukt, das vordergründig das von US-Präsident Thomas Woodrow Wilson eingeforderte Selbstbestimmungsrecht der Völker verwirklichte, tatsächlich aber den Interessen der imperialistischen Mächte Europas im Nahen Osten dienen sollte. Dazu gehörte für London vor allem die Kontrolle der Handelswege zwischen Mittelmeer und Indischem Ozean zu Wasser und zu Land. So wurde das Selbstbestimmungsrecht der lokalen Bevölkerung zwar prinzipiell anerkannt, seine Umsetzung aber aufgrund von deren «mangelnder politischer Reife» auf unbestimmte Zeit aufgeschoben. Im Mandatsvertrag für Palästina bezieht sich dieses Recht zudem nicht auf die arabische Bevölkerung. Die Mandatsmacht verpflichtet sich in der Präambel des Vertrags lediglich darauf, die Errichtung einer «nationalen Heimstätte für das jüdische Volk in Palästina» gemäß der Balfour-Erklärung umzusetzen. In Bezug auf die Mehrheitsbevölkerung wird lediglich festgehalten, dass «nichts unternommen werden sollte, das die zivilen und religiösen Rechte von existierenden nicht-jüdischen Gemeinschaften beeinträchtigt». Es war daher kaum verwunderlich, dass das Mandat, das die politischen Rechte der arabischen Bevölkerung negierte, von dieser abgelehnt wurde.

Vor Ort spitzten sich die Auseinandersetzungen zu, weil sich die ansässige Bevölkerung zunehmend ihrer Existenzgrundlagen beraubt und durch die Eingewanderten bedroht sah. Denn die jüdischen Siedler kauften Boden, trieben die landwirtschaftliche Erschließung des Landes voran und bauten – unter der ihnen von der Mandatsmacht gewährten Selbstverwaltung und mit finanzieller Unterstützung durch Spenden amerikanischer und europäischer Juden – zielstrebig ein Gemeinwesen auf. Darüber hinaus stellten sie eine schlagkräftige Untergrundarmee auf die Beine. In der Folge kam es immer wieder zu arabischen Angriffen gegen die neuen Siedlungen und die britische Besatzung sowie zu Aktionen des zivilen Ungehorsams, unter anderem im sogenannten Arabischen Aufstand von 1936–1939. In diesem Zusammenhang wurden vor allem ein jüdischer Einwanderungsstopp und ein Verbot, Land an Juden zu verkaufen, gefordert. Um eine weitere Eskalation zu vermeiden, schränkte Großbritannien ab 1939 – trotz der nationalsozialistischen Judenverfolgung – die jüdische Einwanderung nach Palästina radikal ein.[8] Darauf reagierten auch einzelne jüdische Gruppierungen ab 1940 mit gewaltsamem Widerstand gegen die Mandatsmacht. Die zionistische Führung aber setzte vor allem auf Diplomatie, um internationale Unterstützung für ihre Ziele zu erhalten. Auf einer Konferenz im Mai 1942 im New Yorker Biltmore Hotel beschlossen Vertreterinnen und Vertreter zionistischer Organisationen aus den USA, Europa und Palästina (unter ihnen der spätere erste Premierminister Israels, David Ben-Gurion), die Kriegsziele der Anti-Hitler-Koalition zu unterstützen. Gleichzeitig forderten sie die unbeschränkte jüdische Einwanderung nach Palästina sowie die Gründung eines jüdischen Staates in ganz Palästina nach Ende des Zweiten Weltkrieges.

Die Suche nach einer politischen Lösung

Die Briten richteten diverse Untersuchungskommissionen ein, die Vorschläge zur Befriedung der Situation machten. Dennoch gelang es ihnen nicht, eine Lösung für den Konflikt zu finden. Im Juli 1937 legte die sogenannte Peel Commission (eigentlich: Palestine Royal Commission, unter der Leitung von Lord Robert Peel) zum ersten Mal einen Bericht vor, der eine Teilung des Landes in einen jüdischen und einen arabischen Staat vorsah. Während der Teilungsplan vom Zionistischen Weltkongress angenommen wurde, lehnte ihn die arabische Seite ab, da sie grundsätzlich gegen die Gründung eines jüdischen Staates in Palästina war. Es folgte eine Eskalation der Gewalt, in deren Verlauf arabische Führungspersönlichkeiten verhaftet wurden und der Großmufti Hadsch Amin al-Husseini fliehen musste (siehe S. 46). Ein weiterer britischer Vorschlag zur Konfliktregelung, das sogenannte White Paper vom Mai 1939, wurde von beiden Seiten abgelehnt: Es sah einen Staat Palästina vor, in dem die arabische und die jüdische Bevölkerung gleichermaßen vertreten sein sollte, sowie eine deutliche Beschränkung der jüdischen Einwanderung und des jüdischen Landerwerbs.

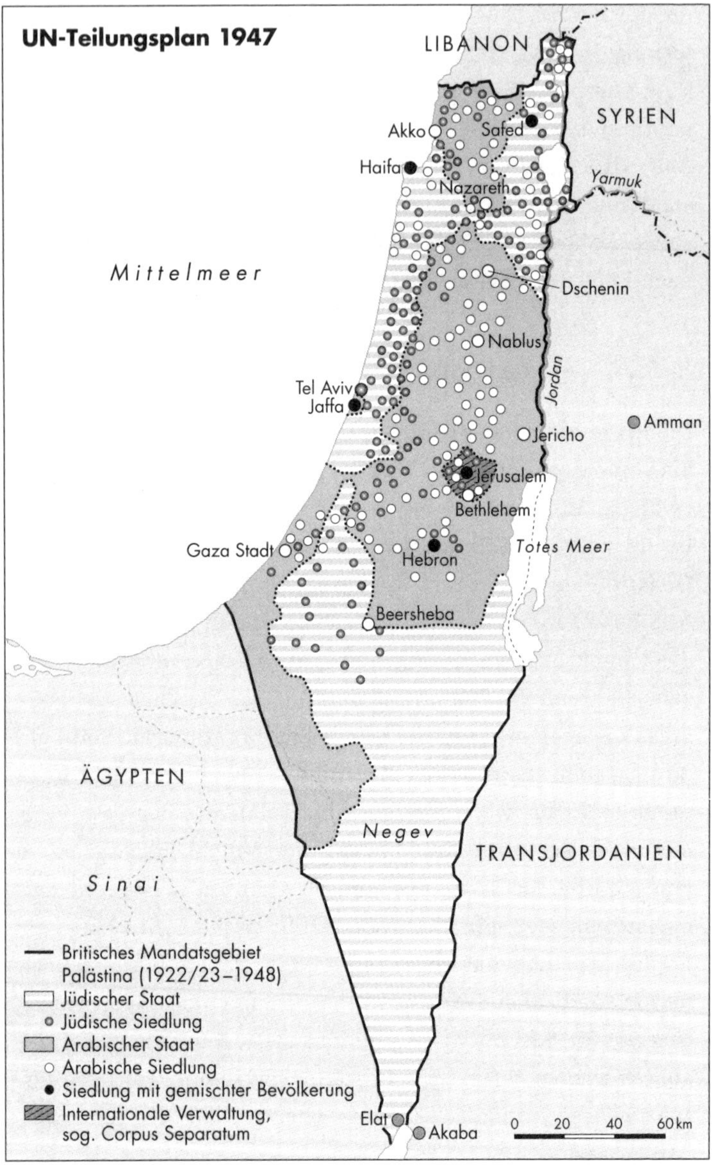
UN-Teilungsplan 1947
LIBANON
SYRIEN
Yarmuk
Akko
Safed
Haifa
Nazareth
Mittelmeer
Dschenin
Nablus
Jordan
Tel Aviv
Jaffa
Amman
Jericho
Jerusalem
Bethlehem
Gaza Stadt
Totes Meer
Hebron
Beersheba
ÄGYPTEN
Negev
TRANSJORDANIEN
Sinai
Britisches Mandatsgebiet Palästina (1922/23–1948)
Jüdischer Staat
Jüdische Siedlung
Arabischer Staat
Arabische Siedlung
Siedlung mit gemischter Bevölkerung
Internationale Verwaltung, sog. Corpus Separatum
Elat
Akaba
0 20 40 60 km

Britische Mandatsgebiete Palästina/Transjordanien – Deutschland im Größenvergleich

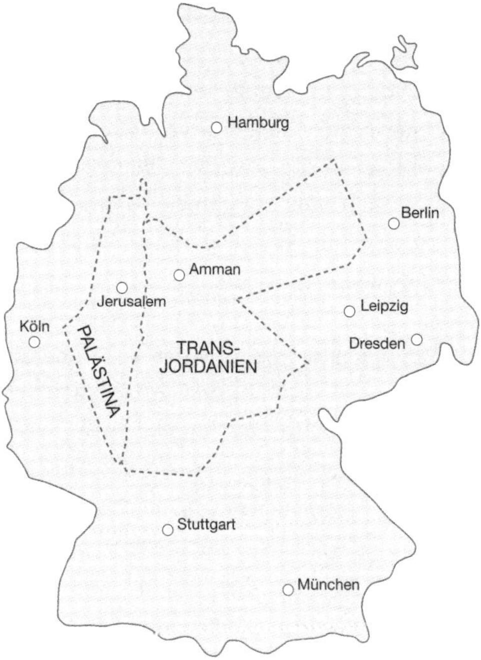

Mit Ende des Zweiten Weltkriegs spitzten sich sowohl die jüdisch-arabischen Auseinandersetzungen als auch Angriffe beider Seiten auf britische Einrichtungen zu. London bat daher schließlich die neu gegründeten Vereinten Nationen um Vermittlung. Im Mai 1947 wurde ein UN-Sonderausschuss (United Nations Special Committee on Palestine, UNSCOP) eingesetzt, um Lösungsvorschläge zu erarbeiten. Der Ausschuss sprach sich letztlich mehrheitlich für die Teilung Palästinas in zwei Staaten aus. Dem Plan zufolge sollte das britische Mandat beendet werden und, den jeweiligen Hauptsiedlungsgebieten entsprechend und durch eine Wirtschaftsunion verbunden, ein jüdischer und ein arabischer Staat entstehen. Dabei sollte der jüdische Staat gut 56 Prozent des Gebiets umfassen, der arabische Staat etwa 43 Prozent. Zu diesem Zeitpunkt betrug der jüdische Bevölkerungsanteil allerdings nur rund 30 Prozent, während der arabische auf circa 70 Prozent kam. Zudem wurden dem jüdischen Staat auch Gebiete zugesprochen, in denen die arabische Bevölkerung in der Mehrheit war. Für den Großraum Jerusalem mit seinen Heiligen Stätten sollte es als sogenanntes Corpus Separatum ein spezielles internationales Regime geben.

Dieser Teilungsplan wurde von der UN-Generalversammlung am 29. November 1947 als Resolution 181 (II) mit 33 zu 13 Stimmen bei 10 Enthaltungen angenommen. London kündigte daraufhin an, das Mandat im Mai des folgenden Jahres niederzulegen und bis August 1948 seine Truppen abzuziehen. Gegen den Teilungsbeschluss stimmten unter anderem die arabischen Staaten, die zwar das Leid und Unrecht anerkannten, das den Juden in Europa widerfahren war, es aber ablehnten, das zionistische Projekt auf Kosten der arabischen Bewohner Palästinas zu verwirklichen und damit neues Unrecht zu begehen.[9]

Vor Ort wurde das Abstimmungsergebnis von der jüdischen Bevölkerung enthusiastisch gefeiert. Von der arabischen Bevölkerung, die die Gründung eines jüdischen Staates in ihrer Heimat ablehnte und die bei der Entscheidung kein Mitspracherecht gehabt hatte, wurde es mit Bestürzung zur Kenntnis genommen. Um die Umsetzung des Beschlusses – auch mit Gewalt – zu verhindern, formierten sich lokale Guerillagruppen und Widerstandskomitees. In der Folge kam es zu bewaffneten Auseinandersetzungen mit den zionistischen Vorläufern der israelischen Armee, die rasch in eine Art Bürgerkrieg eskalierten, bei der die palästinensischen Kämpfer allerdings deutlich unterlegen waren. Im Dezember 1947 beschloss die Arabische Liga, indirekt zu intervenieren und arabische Freischärler, die ab Januar 1948 nach Palästina kamen und die sogenannte Arabische Befreiungsarmee bildeten, zu unterstützen. Allerdings war diese eher ein bunt zusammengewürfelter Haufen unerfahrener und schlecht ausgerüsteter Guerillakämpfer als eine Armee mit klarer Befehlsstruktur. Gewalt und Gegengewalt richteten sich nicht nur gegen Kombattanten, sondern auch und vor allem gegen die Zivilbevölkerung.[10]

2. Ein neuer Staat, Krieg und Vertreibung

Am 14. Mai 1948 endete das britische Mandat über Palästina, und am selben Tag verlas der Ministerpräsident der provisorischen Regierung David Ben-Gurion die Unabhängigkeitserklärung des Staates Israel. Weniger als 24 Stunden später brach der erste israelisch-arabische Krieg aus. Während Großbritannien seine Truppen aufgrund der eskalierenden Kämpfe früher als geplant abgezogen hatte, hatte die 1945 neu gegründete Arabische Liga ihrerseits Vorbereitungen für ein direktes militärisches Eingreifen getroffen. Eine Allianz aus Ägypten, dem Irak, Jordanien, Libanon und Syrien griff den jungen Staat an, wobei saudische und jemenitische Truppen als Teil des ägyptischen Kontingents kämpften. Unter dem Druck ihrer Bevölkerungen, die eine Teilung des historischen Palästinas und einen jüdischen Siedlerstaat nicht hinnehmen wollten, lehnten die Führungen der arabischen Länder den UN-Teilungsplan ab. Allerdings operierten die nationalen arabischen Verbände, die überwiegend klein, schlecht ausgebildet und ausgerüstet sowie ohne Kampferfahrung ins Feld zogen, weitgehend unabhängig voneinander. Sie verfolgten überdies konkurrierende Ziele und waren der israelischen Armee in Bezug auf Truppenstärke, Kriegstaktik und Motivation deutlich unterlegen.[11]

Trotz großspuriger Ankündigung gelang es der Allianz daher weder Israel zu vernichten noch es zurückzudrängen. Damit wurde der neue Staat ein Faktum in der Region, auch ohne offizielle Anerkennung der arabischen Staaten (teilweise bis heute). Die zionistische Führung hatte ihrerseits den Teilungsplan zwar akzeptiert, betrachtete die darin vorgesehenen Grenzen aber spätestens ab Beginn des Krieges als hinfällig. Im Laufe der militärischen Auseinandersetzungen sicherten die israelischen Truppen nicht nur das ihnen zugesprochene Gebiet, sondern eroberten das seither international weithin als Staatsgebiet Israels anerkannte Territorium innerhalb der sogenannten Grünen Linie.[12] Die Nachbarstaaten nutzten ihrerseits die Gelegenheit, um Teile Palästinas unter ihre Kontrolle zu bringen. Jordanien eroberte das Westjordanland einschließlich Ost-Jerusalems und annektierte es 1950.[13] Während Ägypten den Gazastreifen besetzte und seiner Verwaltung unterstellte, rückte Syrien an den Golanhöhen weiter vor. Unter Vermittlung der UN schlossen Israel und seine Nachbarstaaten 1949 bilaterale Waffenstillstandsabkommen, die das militärisch erzielte Ergebnis im Prinzip bestätigten. Ein Friedensschluss erfolgte allerdings nicht, da die arabischen Staaten die Existenz Israels ablehnten. Mit der United Nations Truce Supervision Organization (UNTSO), die zunächst Waffenruhen, dann die Waffenstillstandsabkommen und Truppenentflechtungen überwachen sollte, wurde 1948 die erste Nahostmission der UN eingesetzt.

Die Nakba

Für die arabische Bevölkerung Palästinas waren die Staatsgründung Israels, der erste israelisch-arabische Krieg und die arabische Niederlage eine Katastrophe (arab. Nakba), bedeutete sie doch erstens mit der Etablierung Israels im größten Teil des Gebietes (rund 77 Prozent) den dauerhaften Verlust des mehrheitlich arabischen Palästinas. Zweitens brachte sie die Flucht und Vertreibung von rund drei Vierteln der in Palästina ansässigen arabischen Bevölkerung mit sich: Zwischen 1947 und 1949 verließen rund 700000 bis eine Dreiviertelmillion Menschen das heutige Gebiet des israelischen Staates. Etwa 25000 weitere wurden zu sogenannten Grenzfällen, d.h. sie blieben zwar an ihrem Wohnort, verloren aber ihre Existenzgrundlage, da sie durch die Waffenstillstandslinien von ihrem Land getrennt wurden.[14] Für Hunderttausende begann in der Folge ein Leben im Exil, oft in Armut und abhängig von internationaler Hilfe. Die palästinensische Gesellschaft erlebte eine massive Erschütterung des sozialen Gefüges. Familien und lokale Gemeinschaften wurden auseinandergerissen und anerkannte Führungspersönlichkeiten verloren ihre wirtschaftliche und gesellschaftliche Basis.[15] Die Erinnerung an das Unrecht von 1948 prägte und prägt als kollektives Trauma die palästinensische Gesellschaft bis heute.[16]

Lange hat die israelische Geschichtsschreibung die Flucht vor allem als Folge der arabischen Propaganda dargestellt. Ab den 1980er Jahren haben allerdings auch israelische Historiker gezeigt, dass Gräueltaten zionistischer Guerillaverbände, nach der Staatsgründung auch der Armee, durchaus mit der Absicht verübt wurden, die arabische Bevölkerung in Panik zu versetzen und zu vertreiben.[17] Ziel der Maßnahmen war es, ein zusammenhängendes Territorium mit einer starken jüdischen Bevölkerungsmehrheit zu schaffen, dem Entstehen einer «fünften Kolonne» arabischer Feindstaaten vorzubeugen und für die erwartete jüdische Masseneinwanderung Wohnraum und Einkommensmöglichkeiten zu schaffen.

Eine Offensive zionistischer Verbände unter dem Namen «Plan Dalet» führte bereits im April/Mai 1948 zur Eroberung und Entvölkerung der größten arabischen Bevölkerungszentren in Jaffa und Haifa, bestimmter Viertel in West-Jerusalem und von Orten wie Tiberias, Safad und Beisan.[18] Als besonders grausames Massaker an der Zivilbevölkerung ging der Angriff der zionistischen Gruppen Irgun (Etzel) und Lechi auf den arabischen Ort Deir Jassin im Nordwesten Jerusalems am 9. April 1948 in die Geschichte ein. Rund 100 Menschen wurden ermordet, Gefangene vergewaltigt und gefoltert, und es kam zu Plünderungen.[19] Bei einem Racheakt wenige Tage später wurden bei einem Überfall auf einen medizinischen Hilfskonvoi in Jerusalem 70 Jüdinnen und Juden ermordet.[20] Eine bedeutende Rolle im Zusammenhang mit der Flucht und Vertreibung der arabischen Bevölkerung spielten während des israelischen Unabhängigkeitskrieges 1947–1949 Plünderungen.[21] Geplündert wurde nahezu im ganzen Land, und beteiligt waren nicht nur jüdische Guerillakämpfer und Soldaten, sondern auch ein erheblicher Teil der jüdischen Zivilbevölkerung. Dabei ging es um den Inhalt von Zehntausenden von Häusern, Geschäften und Fabriken, um Gerätschaften, landwirtschaftliche Erzeugnisse, Vieh, Einrichtungsgegenstände, Kleidung, Schmuck, Autos und vieles mehr, das zurückgelassen wurde, weil die Besitzer davon ausgingen, nach Ende der Kampfhandlungen zurückzukehren. Vielen Plündernden war ihr unmoralisches Handeln sehr wohl bewusst. Oftmals kannten sie die Besitzer

Eines der zahlreichen temporären Flüchtlingslager, die den Flüchtenden und Vertriebenen 1948 Unterschlupf gewährten. Im Zuge der Nakba verließen rund eine Dreiviertelmillion Palästinenserinnen und Palästinenser ihre Heimat.

der betreffenden Häuser und es war allgemein bekannt, dass die palästinensische Bevölkerung sich großenteils nicht aktiv an den Kämpfen beteiligt hatte.

Zwar waren prominente jüdische Entscheidungsträger, etwa Ben-Gurion, über derlei Vorkommnisse beunruhigt und übten Kritik daran, von der politischen und militärischen Führung jedoch wurden die Übergriffe toleriert. Letztlich waren sie ein wenn auch nicht zentral geplantes, so doch von der Elite des jungen Staates hingenommenes Phänomen, das effektiv und entscheidend zur Umsetzung des politischen Ziels – das Land weitgehend von seinen arabischen Bewohnerinnen und Bewohnern zu leeren – beitrug. Denn einerseits verloren die Geflüchteten, die darauf gesetzt hatten, nach dem Ende der Kampfhandlungen in ihre Häuser zurückkehren zu können, durch die Plünderungen ihre Existenzgrundlage, andererseits auch das Vertrauen in ihre jüdischen Nachbarn, mit denen sie über lange Zeit an vielen Orten (etwa den gemischten Städten Haifa, Hebron, Jaffa und Jerusalem) überwiegend friedlich zusammengelebt hatten.[22]

Bis zur Proklamation des Staates Israel ergriffen rund 300000 arabische Bewohnerinnen und Bewohner die Flucht, danach noch einmal rund 400000. Über 400 arabische Dörfer wurden verlassen, die meisten zerstört und unbewohnbar gemacht. Verantwortlich dafür waren in der Regel nicht Kriegszerstörungen, sondern gezielte Aktionen von Armee und jüdischen Siedlern.[23] Nach Beendigung der Kampfhandlungen weigerte sich Israel dann auch, Hunderttausende von arabischen Geflüchteten wieder aufzunehmen. Diese wurden nicht nur als feindlich gesinnt wahrgenommen, sondern es waren auch bereits jüdische Siedlungen anstelle ihrer Dörfer errichtet worden. Schon im Juni 1948 hatte die Regierung des jungen Staates Israel die (nicht unumstrittene) Entscheidung gefällt, eine Rückkehr grundsätzlich zu verhindern.[24] Nur 40500 Palästinenserinnen und Palästinenser durften bis 1967 auf dem Wege der Familienzusammenführung nach Israel zurückkehren.[25]

Porträt 1: Mahmud Darwisch

Der 1941 im galiläischen Dorf Barweh in der Nähe von Akko geborene Mahmud Darwisch gilt als der palästinensische Nationaldichter und international als einer der berühmtesten modernen arabischen Poeten.[26] Weithin bekannt in der arabischen Welt machte ihn der libanesische

Mahmud Darwisch wenige Monate vor seinem Tod 2008. Der palästinensische Nationaldichter war ausdrucksstarke Stimme der palästinensischen Identität, der Verbundenheit mit der Heimat und des Willens zur Rückkehr.

Komponist und Lautenvirtuose Marcel Khalifé, der Gedichte von Darwisch vertonte. Leben, Identität und Werk des Dichters sind stark durch den Heimatverlust im Zuge der Nakba geprägt. In seinen Gedichten und Geschichten verlieh er vor allem den Gefühlen der Fremdheit und Entrechtung, dem Willen zur Rückkehr und der mystisch aufgeladenen Beziehung zur heimatlichen Erde Ausdruck.[27]

Seine Familie flüchtete vor den Kampfhandlungen 1947 in den Libanon, kehrte 1949 illegal nach Israel zurück und ließ sich in einem Nachbardorf seines Geburtsortes nieder, der völlig zerstört und durch eine jüdische Siedlung sowie einen Kibbutz ersetzt worden war. Darwisch begann ein Leben als Fremder im eigenen Land. Aufgrund der illegalen Rückkehr ohne offizielle Papiere wurde seine Familie als «anwesende Abwesende» eingestuft. In den 1960er Jahren begann er, sich politisch in der Kommunistischen Partei Israels (KPI) zu engagieren, die sich als nicht-zionistische, jüdisch-arabische Partei verstand, und für diverse arabische Zeitungen und Zeitschriften zu schreiben. Weil ihm ein Studium in Israel verwehrt wurde und er wiederholt zu Hausarrest verurteilt und verhaftet wurde, ging er ins Exil – zunächst nach Moskau, dann nach Kairo und Beirut. In der libanesischen Hauptstadt leitete er das Forschungszentrum der PLO, gab die PLO-Zeitschrift «Shu'un Filastinijjah» (arab. für Palästinensische Angelegenheiten) heraus, wurde Leiter des palästinensischen Schriftstellerverbands; ab 1981 zeichnete er zudem verantwortlich für die Zeitschrift für arabische Kultur «Al-Karmel».[28] Nach der israelischen Invasion des Libanon flüchtete er 1982 nach Tunis und lebte fortan phasenweise auch in Paris.

Darwisch arbeitete maßgeblich am Text der palästinensischen Unabhängigkeitserklärung von 1988 mit und wurde ins Exekutivkomitee der PLO gewählt. 1993 trat er aus dem Gremium aus Protest gegen die Oslo-Abkommen aus. Nachdem er 1995 in seine Heimat zurückgekehrt war und sich in Ramallah niedergelassen hatte, starb er 2008 bei einer Herzoperation.

3. Verlust der Heimat[29]

Während und nach dem Krieg (1947–1949) flüchteten die arabischen Bewohnerinnen und Bewohner aus dem Territorium des heutigen Staates Israel, vor allem ins Westjordanland (rund 280000) und in den Gazastreifen (rund 190000) sowie in die arabischen Nachbarstaaten Libanon (rund 100000), Syrien (rund 75000), Jordanien (rund 70000), Ägypten (7000) und Irak (4000).[30] Mit dem Krieg von 1967 und der israelischen Eroberung des Westjordanlandes, des Gazastreifens und von Ost-Jerusalem kam es zu einer neuen Flüchtlingswelle. Nach UN-Angaben flohen während der nur wenige Tage dauernden

Kampfhandlungen etwa 350000 Palästinenser – viele von ihnen nun bereits zum zweiten Mal (so befanden sich rund 175000 registrierte Flüchtlinge unter ihnen) – vorwiegend in die arabischen Nachbarstaaten.[31]

Verhinderte Rückkehr

Die UN-Generalversammlung postulierte in Artikel 11 der Resolution 194 vom Dezember 1948 das Recht palästinensischer Flüchtlinge, in ihre Häuser zurückzukehren, wenn sie bereit wären, in Frieden mit ihren Nachbarn zu leben; zudem sollten sie Entschädigung für verloren gegangenes Eigentum erhalten. Allerdings hatte die israelische Regierung schon im Juni 1948 die Rückkehr palästinensischer Flüchtlinge kategorisch abgelehnt, und das israelische Militär verhinderte Rückkehrversuche einzelner Flüchtlinge gewaltsam. 1952 nahm die Knesset ein Staatsbürgerschaftsgesetz an, das zwischen Juden auf der einen und Arabern auf der anderen Seite unterschied. Während jüdische Bewohner (basierend auf dem Rückkehrgesetz von 1950) ein «Rückkehrrecht» hatten, schloss das Gesetz diejenigen Araber, die geflohen waren, von der israelischen Staatsbürgerschaft und einer Rückkehr aus. Im Jahre 1954 wurde dann ein Gesetz zur Verhinderung von Infiltration beschlossen, das die Grundlage für einen «shoot to kill»-Ansatz bildete. Dieser betraf nicht nur bewaffnete Kämpfer, sondern auch Zivilisten, die versuchten zurückzukehren. Die Folge war, dass Hunderttausende ein Leben im Exil beginnen mussten, in der Regel als Staatenlose, oft in trostlosen Flüchtlingslagern, die über die Jahre von Zeltstädten zu eng bebauten Stadtvierteln wurden und meist besonderen Zugangs- und Sicherheitsbeschränkungen unterlagen. Hunderttausende wurden dauerhaft abhängig von internationaler Hilfe, da sie ihre Existenzgrundlage in Form von Immobilien, Landbesitz und Arbeitsplätzen verloren hatten und sich in den Aufnahmeländern mit (unterschiedlich strikten) Beschränkungen konfrontiert sahen, was Arbeit, Besitz, Eigentum, Reise- und Niederlassungsfreiheit anging.

Heute, rund 70 Jahre später, ist die Zahl der registrierten Flüchtlinge auf rund 5,6 Millionen angewachsen.[32] Anspruch auf Registrierung beim UN-Hilfswerk für Palästinaflüchtlinge (UNRWA) und damit auf Leistungen der Organisation haben ausschließlich diejenigen Personen, deren Hauptwohnsitz sich im Zeitraum zwischen dem 1. Juni 1946 und dem 15. Mai 1948 im britischen Mandatsgebiet Palästina befand, die ihr Haus bzw. ihre Lebensgrundlage infolge des israelisch-arabischen Krieges von 1948 verloren und die in das von der UNRWA betreute Gebiet (Westjordanland, Ost-Jerusalem, Gazastreifen, Libanon, Syrien, Jordanien) flohen. Anspruchsberechtigt sind auch die Ehefrauen sowie Nachkommen von männlichen registrierten Flüchtlingen. Nicht anspruchsberechtigt und nach der UNRWA-Definition nicht als Flüchtlinge klassifiziert sind hingegen diejenigen Palästinenserinnen und Palästinenser, die erst 1967 oder 1948 in andere arabische Länder, etwa nach Ägypten, geflohen sind. Sie werden als Vertriebene (Displaced Persons) betrachtet.

Von den registrierten Flüchtlingen ist heute rund ein Drittel in Flüchtlingslagern in den palästinensischen Gebieten und den Nachbarstaaten untergebracht, während die übrigen in Dörfern und Städten außerhalb oder am Rande der Lager wohnen.[33] Dabei lebten Anfang 2020 rund 2,3 Millionen registrierte Flüchtlinge in Jordanien, knapp 1,5 Millionen im Gazastreifen, über 850000 im Westjordanland, etwa 475000 im Libanon und rund 560000 in Syrien. Besonders hoch ist der Anteil der registrierten Flüchtlinge an der Gesamtbevölkerung im Gazastreifen (rund 75 Prozent), im Westjordanland (rund 30 Prozent) und in Jordanien (knapp 25 Prozent). Im Libanon liegt er bei rund 7 Prozent.

In Syrien litten die palästinensischen Flüchtlinge ab 2012 in besonderem Maße unter dem Bürgerkrieg: Fünf der zwölf Lager wurden zerstört oder unzugänglich. Das größte Flüchtlingslager Jarmuk in Damaskus war jahrelang umkämpft und einge-

Palästinensische Flüchtlinge[35]

	Westjordanland	**Gazastreifen**	**Jordanien**	**Libanon**	**Syrien**	**Gesamt**
Registrierte Flüchtlinge 1950	–[36]	198227	506200	127600	82194	**914221**[37]
Registrierte Flüchtlinge 2019	858758	1460315	2272411	476033	562312	**5629829**
Andere Registrierte Personen 2019[38]	207014	161806	147251	62659	84831	**663561**
Gesamtzahl 2019	1065772	1622121	2419662	538692	647143	**6293390**
Anzahl der Flüchtlingslager 2019	19	8	10[39]	12	9	**58**
Registrierte Flüchtlinge und Personen in Lagern (Anteil an Gesamtzahl) 2017[40]	255109 (24,5%)	593165 (38%)	410284 (17,4%)	269312 (50,7%)	194191 (30,3%)	**1722061 (28,1%)**

kesselt, die Versorgungslage katastrophal. Im Zuge der Kämpfe wurde das Lager nahezu vollständig zu Trümmern. Über zwei Drittel der in Syrien ansässigen palästinensischen Flüchtlinge wurden zu Binnenvertriebenen; 91 Prozent der Haushalte lebten in absoluter Armut. Die Nachbarstaaten Libanon und Jordanien verwehrten ihnen in der Regel die Einreise.[34]

Stabilitätsfaktor UNRWA

Da keine politische Lösung des Flüchtlingsproblems absehbar war, etablierte die UN-Generalversammlung im Dezember 1949 das UN-Hilfswerk für Palästinaflüchtlinge (UNRWA).[41] Ursprünglich als kurzfristige Maßnahme geplant, leistet die Organisation nun seit über 70 Jahren humanitäre Hilfe für Flüchtlinge in den palästinensischen Gebieten und den Nachbarstaaten und bietet umfassende Dienstleistungen – insbesondere in den Bereichen Bildung und Gesundheit – an. Eine Besonderheit ist, dass die UNRWA nicht nur Hilfsleistungen zur Verfügung stellt, sondern über die Beschäftigung von Palästinenserinnen und Palästinensern auch ein wichtiger Arbeitgeber ist. Daraus ist der Organisation eine bedeutende Rolle beim Erhalt regionaler Stabilität erwachsen.

Gleichwohl ist sie vielen Israelis ein Dorn im Auge. Sie machen der Organisation den Vorwurf, das Flüchtlingsproblem besonders hervorzuheben und dazu beizutragen, dass die Flüchtlinge ihren Status beibehielten und auf ihrem Rückkehrrecht beharrten, statt sich in den derzeitigen Aufnahmestaaten zu integrieren.[42] Diese Argumentation übersieht freilich nicht nur die völkerrechtliche Lage (gemäß UN-Resolution 194), sondern auch die Weigerung der arabischen Nachbarstaaten – mit Ausnahme Jordaniens –, die Flüchtlinge zu

Staatsbürgerinnen und -bürgern zu machen. Ein gewichtiger Grund dafür war, dass etwa im Libanon eine vollständige Integration zu Verschiebungen in der Bevölkerungszusammensetzung (relative Zunahme von sunnitischen Muslimen gegenüber Schiiten und Christen) geführt hätte, die ohnehin ein Politikum und die Basis für politische Quoten war, welche das friedliche Zusammenleben zwischen den ethnischen und konfessionellen Gruppen garantieren sollten. Im Zedernstaat sind die palästinensischen Flüchtlinge darüber hinaus einer Vielzahl von Beschränkungen unterworfen, was Wohnort, Eigentumserwerb und Berufsausübung angeht. Politische Rechte haben sie dort, wie auch in Syrien, ohnehin nicht.[43]

Immer wieder wird behauptet, die Vererbung des Flüchtlingsstatus an die nachfolgenden Generationen sei ein Spezifikum der UNRWA und die Organisation beteilige sich, etwa über die in den UNRWA-Schulen verwendeten Schulbücher, an der Delegitimierung Israels.[44] Sogar das Einfordern des Rückkehrrechts durch Palästinenserinnen und Palästinenser wird zunehmend als antisemitisch stigmatisiert, da seine Umsetzung die Identität Israels als jüdischen Staat gefährde.[45] Dabei lässt sich kaum sinnvoll argumentieren, dass das Beharren von Flüchtlingen auf dem Rückkehrrecht einer antisemitischen Motivation entspränge.[46] Tatsächlich bewahren viele Palästinenser bis heute die Schlüssel ihrer damals verlassenen Häuser auf. Der Schlüssel ist zum Symbol für die Sehnsucht nach dem verlorenen Palästina und das Festhalten am Rückkehrrecht geworden.

Die dauerhafte Anwesenheit Hunderttausender palästinensischer Flüchtlinge nicht nur in den Nachbarstaaten Israels, sondern auch in entfernten arabischen Ländern, wie den Golfmonarchien, dem Irak oder Tunesien, hat wesentlich dazu beigetragen, dem israelisch-palästinensischen Konflikt eine gesamtarabische gesellschaftliche und politische Dimension zu geben. Hinzu kam eine mit dem Ölboom der 1970er Jahre wachsende Arbeitsmigration, insbesondere in die arabischen Golfstaaten. In vielen dieser Länder waren vor allem palästinensische Männer entscheidend am Aufbau der dortigen Gesundheits- und Bildungssysteme sowie der Öl- und Gasindustrie beteiligt. In anderen Staaten hingegen, vor allem Jordanien und dem Libanon, gefährdeten die Palästinensische Befreiungsorganisation bzw. militante palästinensische Gruppierungen zeitweise die Stabilität, stellten sie doch den Herrschaftsanspruch lokaler Machthaber in Frage, errichteten einen «Staat im Staate» und führten Angriffe auf Israel durch.

Die arabischen Israelis

Nach Angaben des israelischen Statistikbüros verblieben 1949 rund 150000 arabische Bewohner in Israel.[47] Sie und ihre Nachkommen bilden heute die Minderheit der arabischen (überwiegend palästinensischen und drusischen) Israelis, die rund 20 Prozent der Gesamtbevölkerung ausmacht. Mindestens 46000 Araberinnen und Araber wurden während der Nakba zu Binnenflüchtlingen. Die meisten von ihnen durften nicht in ihre Dörfer oder Städte zurückkehren. Ihr Besitz wurde enteignet und an den «Custodian for Absentee Property» (deutsch: Treuhänder für den Besitz Abwesender) – und damit an den israelischen Staat – übergeben. Auf diese Weise gingen etwa 70 Prozent der arabischen Ländereien in staatlichen Besitz über und standen im Folgenden neuen jüdischen Siedlungen zur Verfügung.[48] Darüber hinaus wurden die arabischen Bewohnerinnen und Bewohner auch nicht als gleichberechtigte

Staatsbürger, sondern in erster Linie als potenzielle fünfte Kolonne der feindlich gesinnten Nachbarstaaten und damit als Sicherheitsrisiko wahrgenommen. Bis 1966 unterstanden die arabischen Israelis der Militärverwaltung; ihre Rechte – etwa die Bewegungs- und Vereinigungsfreiheit – waren stark eingeschränkt. Unter anderem durften sie zunächst keine eigenen Parteien bilden.

Im Zusammenhang mit dem Sinai-Feldzug der israelischen Armee (in der arabischen Geschichtsschreibung: der trilateralen Aggression) im Oktober 1956 kam es nicht nur zu Massakern an der arabischen Zivilbevölkerung im ägyptisch kontrollierten Gazastreifen,[49] sondern auch an arabischen Staatsbürgern innerhalb Israels: Am 29. Oktober 1956 wurden in Kafr Qasem 49 Menschen – Männer, Frauen und Kinder – von israelischen Grenzpolizisten erschossen. Sie hatten unwissentlich eine Ausgangssperre verletzt, die kurzfristig über arabische Ortschaften an der Grenze zu Jordanien verhängt worden war. Zwar wurden an dem Einsatz beteiligte Grenzpolizisten zu langjährigen Haftstrafen verurteilt, sie kamen jedoch bald wieder frei. Der Kommandeur wurde lediglich zu einer symbolischen Strafe verurteilt; seine Anweisung zu schießen, um zu töten, wurde nicht hinterfragt.[50] Das Massaker in Kafr Qasem ist in die palästinensische Geschichtsschreibung als ein Ereignis eingegangen, das das Verhältnis zwischen jüdischen und arabischen Israelis nachhaltig negativ prägte. Damit entfaltete es eine ähnliche Wirkkraft wie umgekehrt das Massaker an der jüdischen Gemeinschaft in Hebron 1929. Erst über 50 Jahre später, im Jahr 2007, entschuldigte sich Präsident Schimon Peres für das Massaker in Kafr Qasem; erst 2014 nahm Reuven Rivlin als erster israelischer Präsident an der alljährlich dort stattfindenden Gedenkzeremonie teil.

ZWEITES KAPITEL

Die palästinensische Nationalbewegung

Mit der sogenannten Prinzipienerklärung (auch Oslo-I-Abkommen, siehe S. 139ff.) vom September 1993 erkannte Israel die PLO als Vertreterin des palästinensischen Volkes an, die PLO ihrerseits den Staat Israel. Zudem erkannten beide Parteien die «legitimen und politischen Rechte» der jeweils anderen Seite an und verpflichteten sich zu einer friedlichen Konfliktregelung. Diese Anerkennung durch Israel war für die Palästinenser eine wichtige Errungenschaft, selbst wenn sie bis heute nicht zur Umsetzung palästinensischer Selbstbestimmung geführt hat. Denn die zionistische Bewegung, israelische Regierungen sowie Vertreter westlicher Staaten hatten über lange Zeit bestritten, dass es überhaupt ein palästinensisches Volk mit einem Recht auf Selbstbestimmung gäbe.[1] Immer wieder wurde auch behauptet, der palästinensische Nationalismus, ja die palästinensische Identität, sei neuartig und vorübergehend beziehungsweise künstlich.[2]

Tatsächlich verfügte die arabische Bevölkerung Palästinas noch nicht über ein klar definiertes nationales Bewusstsein, als die zionistische Einwanderung begann. Eine spezifisch palästinensische Identität begann sich jedoch um die Wende zum 20. Jahrhundert herauszubilden – inspiriert durch die europäischen Nationalismen und in Reaktion auf zunächst die osmanische, dann die britische Fremdherrschaft und in Ablehnung der zionistischen Einwanderung und Landnahme. Nach der Nakba wurde sie entscheidend geprägt durch die Erfahrung von Fremdherrschaft, Exil, Ausgrenzung, Vertreibung und Unterdrückung in Israel und in den arabischen Staaten. Die nationale Bewegung entwickelte sich in der Auseinandersetzung mit dem Panarabismus und dem bewaffneten Kampf.

1. Die Herausbildung einer palästinensischen Identität

Zu Beginn der jüdischen Einwanderung in den 1880er Jahren war Palästina Teil des Osmanischen Reiches und keine eigenständige politische, wirtschaftliche oder kulturelle Einheit. Die arabischen Bewohnerinnen und Bewohner Palästinas ließen sich auch nicht aufgrund kultureller, sprachlicher oder anderer «objektiver» Merkmale von den arabischen Nachbarvölkern abgrenzen. Sie empfanden sich als Teil der arabischen Nation; als palästinensisches Volk sahen sie sich damals noch nicht.

Bei der Herausbildung ihres nationalen Bewusstseins spielte nicht nur der soziale und wirtschaftliche Fortschritt vor Ort – insbesondere das Entstehen einer gebildeten urbanen Mittelschicht – in der zweiten Hälfte des 19. Jahrhunderts eine wichtige Rolle. Entscheidend waren vielmehr externe Faktoren. Dazu zählten vor allem Fremdherrschaft, koloniale Grenzziehungen und eine starke Einflussnahme der Kolonial- bzw. Mandatsmächte auf die lokale Politik und Wirtschaft. Hinzu kamen die spezifischen Bedingungen in Palästina, die durch die zionistische Einwanderung, Besiedlung und Staatsbildung und deren Unterstützung durch die Mandatsmacht geprägt waren. Doch auch nach Ende des Mandats blieben externe Faktoren bei der spezifischen Ausformung der palästinensischen Identität und Nationalbewegung dominant: die Zerstreuung der arabischen Bevölkerung im Zuge der Nakba, die soziale, rechtliche und politische Ausgrenzung in Israel und in der Diaspora sowie eine panarabische Bewegung, die sich zwar die Befreiung Palästinas auf die Fahne schrieb, die Herausbildung einer eigenständigen palästinensischen Nationalbewegung aber zu unterdrücken suchte.[3]

Osmanisches Reich, zionistische Einwanderung und Erster Weltkrieg

Bis zum Ende des Ersten Weltkriegs hatten sich bereits wichtige Elemente palästinensischer Identität herausgebildet: ein überwiegend lokaler, städtischer Patriotismus, ein Zugehörigkeitsgefühl zur arabischen Nation sowie (sowohl bei Muslimen als auch bei Christen) eine religiös begründete Verbundenheit mit dem Heiligen Land. Vor dem Hintergrund des erstarkenden türkischen Nationalismus hatte die Ablehnung der osmanischen Fremdherrschaft zugenommen. Zudem hatten europäische Ideen des Nationalismus sowie die von Ägypten ausgehende kulturelle und islamische Erneuerungsbewegung Einfluss auf das Denken der arabischen Bewohnerinnen und Bewohner Palästinas entfaltet.[4] Die Ausformung einer spezifischen palästinensischen Identität war aber vor allem eine Reaktion auf den modernen politischen Zionismus, jüdische Einwanderung, umfangreiche Landkäufe und das Prinzip der «jüdischen Arbeit» (das die Beschäftigung von arabischen Arbeitskräften verbot), alles Phänomene, welche die Lebenswirklichkeit vor Ort zunehmend prägten und sie deutlich von der in den umgebenden Ländern unterschieden.

Die Identifikation mit Palästina kam zunächst vor allem in der lokalen, arabischsprachigen Presse – den Zeitungen «al-Karmil» (benannt nach dem Berg Karmil, nördlich von Haifa), «Filastin» (arab. für Palästina) und «al-Quds» (arab. für Jerusalem) – zum Ausdruck, die vermehrt Verbreitung fand.[5] Ein entsprechendes Bewusstsein war vor allem bei der gebildeten, städtischen Bevölkerung und den wohlhabenden, besitzreichen Großfamilien ausgeprägt, die ihren Wohnsitz in der Regel in den Städten hatten und als sogenannte Notabeln gesellschaftliche und politische Funktionen, etwa als Abgeordnete im osmanischen Parlament, erfüllten.[6]

Der Erste Weltkrieg wirkte als Katalysator für den Übergang zu einem modernen Nationalismus,[7] brachte er doch vor allem zwei Entwicklungen mit sich: den Zusammenbruch des Osmanischen Reiches und einen Auftrieb für die Idee der nationalen Selbstbestimmung, für die sich zuvorderst US-Präsident Woodrow Wilson starkmachte. Die arabische Elite Palästinas stand vor allem vor der Frage, wie Selbstbestimmung am besten zu erreichen war. Zunächst schaute sie nach Damaskus und strebte Unabhängigkeit im Rahmen eines großsyrischen Staates unter König Faisal (also nicht in einem palästinensischen Staat) an. Dem standen aber die britisch-französischen Abmachungen über die Aufteilung der Region entgegen. Auf der Konferenz von San Remo, bei der sich die Alliierten des Ersten Weltkriegs im April 1920 trafen, um über die Neuaufteilung der Territorien des Osmanischen Reiches zu verhandeln, erhielt Frankreich das Mandat für Syrien zugesprochen. Im Juli desselben Jahres siegten die französischen Truppen in der Schlacht von Maysalun gegen die syrischen Aufständischen, die für die Umsetzung des Unabhängigkeitsversprechens kämpften. Im Folgenden musste König Faisal abdanken und ging ins Exil. Damit war die großsyrische Option verschlossen.

Mandatszeit und Arabischer Aufstand

Während des britischen Mandats (1922–1948) begann sich auch über die Elite hinaus eine spezifische palästinensische Identität zu formen, die sich klar von derjenigen der arabischen Nachbarvölker abgrenzte. In der Presse, in Reden und in Büchern wurden die Begriffe «Palästina» und «Palästinenser» hervorgehoben, um die Verbundenheit zwischen dem Land und seiner arabischen Bevölkerung zu betonen. Zugleich kam es ab 1920 vermehrt zu Demonstrationen, Streiks und Unruhen sowie Angriffen auf die jüdische Bevölkerung. So wurden bei einem Massaker in Hebron im Sommer 1929, nach jüdisch-arabischen Auseinandersetzungen an der Klagemauer, 67 Jüdinnen und Juden von einer aufgebrachten arabischen Menschenmenge ermordet.

Gleichzeitig nahm auch die organisierte politische Opposition gegen die britische Herrschaft und die zionistische Bewegung zu. In den Jahren 1919–1928 wurden von einem Netzwerk muslimisch-christlicher Gesellschaften sieben arabisch-palästinensische Kongresse organisiert. In Eingaben bei der Pariser Friedenskonferenz 1919/20, Petitionen an die Mandatsmacht und Appellen an den Völkerbund lehnten sie die Balfour-Erklärung ab und forderten eine Regierung auf Basis der Bevölkerungsmehrheit, palästinensische Unabhängigkeit sowie das Ende jüdischer Immigration und Landkäufe. 1920 wählte der dritte arabisch-palästinensische Kongress das Arabische Exekutivkomitee (auch die Arabische Exekutive genannt) als sein Vertretungsorgan. Bei der Mandatsmacht stieß dieses allerdings auf taube Ohren. Denn London machte die Anerkennung des Mandats und der Balfour-Erklärung zur Vorbedingung für einen Dialog. Das wiederum lehnten die Vertreter des Komitees ab, um das Mandat, die Grenzziehung und die zionistischen Ansprüche nicht zu legitimieren. Damit waren sie indes auch der Möglichkeit beraubt, im gleichen Maße wie die zionistische Elite Einfluss auf London auszuüben und ein eigenes Gemeinwesen aufzubauen.

Gleichzeitig kooperierten aber arabische Großgrundbesitzer und Notabelnfamilien durchaus mit der Mandatsmacht, um ihre eigenen wirtschaftlichen Interessen durchzusetzen. Überdies verschärften sie das Problem der zionistischen Landnahme, indem sie Grund und Boden an die zionistischen Organisationen verkauften. Nicht zuletzt gab es in der Arabischen Exekutive von Anfang an Fehden zwischen den führenden Jerusalemer Familien, insbesondere den Husseinis und den Naschaschibis,[8] so dass sie rasch in Bedeutungslosigkeit versank. Letztlich scheiterten die palästinensischen Eliten an drei Aufgaben: die Spaltung zwischen den wichtigsten lokalen Familien zu überwinden, die arabischen Herrscher dazu zu bringen, sich in London für sie einzusetzen, und die palästinensische Gesellschaft effektiv zu organisieren.

Das lag unter anderem daran, dass die Mandatsmacht mit ihrem «Teile und herrsche»-Ansatz weitgehend erfolgreich war und damit die Herausbildung einer nationalistisch orientierten Führung und politischer Vertretungsstrukturen sowie eine breite Solidarisierung verhindern konnte. So wurden der Arabischen Exekutive nicht nur Anerkennung und Mitspracherechte verwehrt, vielmehr setzten die Briten auch explizit auf traditionelle, religiöse Gremien bzw. schufen diese erst, um den aufkeimenden Nationalismus zu schwächen. Sie kreierten

Hadsch Amin al-Husseini bei einem Treffen mit Vertretern der Arabischen Liga im Vorfeld des ersten israelisch-arabischen Krieges im Dezember 1947. Der von der britischen Mandatsmacht 1921 eingesetzte Mufti von Jerusalem und Präsident des Obersten Muslimischen Rates wandte sich bald gegen die britische Besatzung und organisierte den Generalstreik zu Beginn des Arabischen Aufstands 1936. Um seiner Verhaftung zu entgehen, sah er sich gezwungen zu fliehen. 1948 wurde er zum Präsidenten der «Regierung von ganz Palästina» ausgerufen, die allerdings keine bedeutende Rolle spielte.

die Position eines Großmuftis von Palästina, betrauten den jungen Hadsch Amin al-Husseini mit diesem Amt, obwohl es ihm an einer angemessenen religiösen Ausbildung mangelte, und setzten ihn als Präsidenten des Obersten Muslimischen Rates ein. Damit wurde eine (zumindest anfänglich) loyale Führungsstruktur geschaffen, die mit der Arabischen Exekutive konkurrierte und die Rivalitäten zwischen den alteingesessenen Familien noch verstärkte.

Al-Husseini setzte zunächst darauf, in Kooperation mit den

Abdel Qader al-Husseini (links, stehend) vor dem ersten israelisch-arabischen Krieg. Der palästinensische Führer und Cousin des Muftis Hadsch Amin al-Husseini spielte im Arabischen Aufstand 1936–1939 eine führende Rolle im bewaffneten Kampf und wurde mehrfach deportiert. Nach dem UN-Teilungsplan 1947 kehrte er nach Palästina zurück, um sich im Guerillakampf gegen die jüdischen Verbände zu engagieren. Dabei kam er im April 1948 nahe Jerusalem ums Leben.

Mandatsautoritäten seine Macht auszubauen. Erst während des Arabischen Aufstands, der 1936 mit einem sechsmonatigen Generalstreik begann und mit Unterbrechungen bis 1939 dauerte, begann er, deutlich gegen Großbritannien Position zu beziehen. Nach der Niederschlagung der Erhebung sah er sich letztlich gezwungen zu fliehen. Über mehrere Zwischenstationen kam er im November 1941 nach Deutschland und bot dem Naziregime, mit dessen Ideologie er sympathisierte, seine militärische Kooperation an. Auch wenn er dabei eigenmächtig handelte, wirkt die letztlich bescheidene militärische Zusammenarbeit bis heute negativ auf das Image der palästinensischen Nationalbewegung zurück und ist Wasser auf die Mühlen derjenigen, die sie als antisemitisch zu diskreditieren suchen.[9]

In der hierarchisch strukturierten und überwiegend konservativ eingestellten Gesellschaft bildete sich mit dem Arabischen Aufstand zum ersten Mal eine Art nationaler Front gegen die Mandatsmacht heraus; große Teile der arabischen Bevölkerung wurden involviert und mobilisiert. Je stärker sich die Frustration aufgrund der Politik der Mandatsmacht und der zionistischen Bewegung gewaltsam Bahn brach, desto mehr verloren auch die traditionellen Eliten die Führung.

Einen wichtigen Anstoß gab dabei Scheich Izz al-Din al-Qassam, ein Prediger und Vertreter der islamischen Reformbewegung in Haifa, der ursprünglich aus Syrien stammte, dort schon gegen die französischen Truppen gekämpft und aufgrund seines sozialen Engagements und eines bescheidenen und frommen Lebensstils rasch Anerkennung in der Gesellschaft erlangt hatte. Er rief zum Dschihad (arab. für Anstrengung, Bemühung; hier: der bewaffnete Kampf als religiöse Pflicht der Muslime) gegen die Mandatsmacht auf und rekrutierte Freiwillige, die er an der Waffe ausbildete. Im November 1935 führte er eine Guerillagruppe an und kam bei einem Scharmützel mit einer britischen Patrouille ums Leben. Als furchtloser Märtyrer gewann er unmittelbar Heldenstatus und diente fortan als Vorbild und Inspirationsquelle für palästinensische Nationalisten unterschiedlichster Ausrichtung.[10] So benannte etwa die Hamas ihren 1991 gegründeten bewaffneten Flügel nach ihm.

Nur mit massivem Einsatz von Gewalt – Zehntausende Soldaten und Luftwaffe – konnte der Aufstand unterdrückt werden. Zeitweise verlor die Mandatsmacht die Kontrolle über große Teile des Landes. Zwar gelang es den Revoltierenden letztlich nicht, tragfähige britische Zugeständnisse zu erringen, aber trotz des enormen Preises – Tausende Tote und Verletzte, die Zerstörung der arabisch-palästinensischen Wirtschaft und die Deportation der meisten Führungsfiguren – war der erste «Volksaufstand» ein wesentliches, sinnstiftendes Ereignis bei der Herausbildung der palästinensisch-arabischen Identität und ist bis heute wichtiger Bezugspunkt im Narrativ des Widerstands.[11]

Damals setzte sich auch die Kufija als Symbol durch. Die traditionelle Kopfbedeckung der männlichen Landbevölkerung – das schwarz-weiße oder rot-weiße Baumwolltuch mit dem Fischernetz-und-Ähren-Muster, das von einem schwarzen Stoffring zusammengehalten wird – wurde zum Ausdruck des palästinensischen Nationalismus. Die Angehörigen der arabischen Oberschicht, die bislang den osmanischen Fez trugen, sahen sich gezwungen, ihre Solidarität mit den Kämpfenden durch das Tragen der bäuerlichen Kufija zu signalisieren.

Exil und Panarabismus

Mit der Nakba verschwanden die Palästinenserinnen und Palästinenser als Volk und selbständiger Akteur weitgehend von der politischen Landkarte. Zugleich traten viele der internen Konfliktlinien in den Hintergrund, insbesondere die sozialen Unterschiede zwischen städtischer und ländlicher Bevölkerung und zwischen besitzenden Familien, Angestellten und mittellosen Arbeitern. Prägendes und einigendes Merkmal wurde das gemeinsame Flüchtlingsschicksal, das, weil alle Eigentum und Heimat verloren hatten, einen gleichmachenden Effekt hatte.[12] Dazu trug auch die nahezu vollständige Alphabetisierung der nachwachsenden Generation in den Schulen des UN-Flüchtlingshilfswerks bei. Es entstand ein kollektives Selbstverständnis, das im Konzept des bis heute beschworenen Sumud (arab. für Standhaftigkeit, Unbeugsamkeit, Unbeirrbarkeit) gefasst wurde, des heroischen Beharrens auf Identität und Rechten angesichts schwierigster Umstände.

Nachdem es unmittelbar nach der Nakba kaum sichtbare Anzeichen einer palästinensischen Nationalbewegung gegeben hatte, entstand in den 1950er Jahren, zumeist im Untergrund, in den Flüchtlingslagern, an den Universitäten, in den Arbeitsstätten und an den Schulen eine Vielzahl neuer nationalistischer Gruppierungen. Dazu gehörte etwa die Generalunion Palästinensischer Studenten (GUPS), zu deren Präsident Jassir Arafat (siehe S. 54ff.), der sich zu diesem Zeitpunkt allerdings noch nicht so nannte, 1952 an der Universität Kairo gewählt wurde. Anders als im Fall der früheren palästinensischen Elite entstammte deren Führungspersonal nicht mehr den einst einflussreichen Familien der Husseinis, Naschaschibis oder Khalidis, sondern der Unter- und Mittelschicht.[13]

In dieser Phase waren weite Teile der arabischen Welt von der Ideologie des arabischen Nationalismus (auch: Panarabismus) geprägt, den der ägyptische Präsident Gamal Abdel Nasser als Leitfigur verkörperte. Die Ideologie zielte auf eine arabische Einheit und lehnte separate nationale Identitäten als illegitime koloniale Erfindungen ab. Zugleich versprach sie die Befreiung Palästinas durch eine umfassende arabische Mobilisierung, was die Palästinenserinnen und Palästinenser, die sich ihrer misslichen Lage und Schwäche bewusst waren, großenteils darauf bauen ließ. Viele von ihnen engagierten sich deshalb in panarabischen Gruppierungen wie etwa der 1951 von George Habasch in Beirut gegründeten Bewegung Arabischer Nationalisten (Arab Nationalist Movement, ANM), die nach dem Krieg 1967 in der Volksfront zur Befreiung Palästinas (PFLP) aufging.[14]

Allerdings zeigte sich bald, dass der Einsatz der panarabischen Führer für die palästinensische Sache hinter ihren jeweiligen nationalen Interessen zurückstand.[15] Auch wenn sich die 1945 gegründete Arabische Liga die Befreiung Palästinas auf die Fahnen geschrieben hatte, waren schon im ersten Krieg gegen Israel 1948/49 die Eigeninteressen der beteiligten arabischen Staaten ausschlaggebend. So wurden sowohl der Aufbau einer schlagkräftigen, palästinensischen Armee verhindert als auch Versuche unterbunden, palästinensische Institutionen zu schaffen. Eine 1948 in Gaza ausgerufene «Regierung von ganz Palästina» erhielt keine Unterstützung. Vor allem aber verhinderte Präsident Nasser nach seinem Amtsantritt trotz hochtrabender Befreiungsrhetorik palästinensische Angriffe auf Israel von ägyptischem Boden aus, um (insbesondere nach dem Sueskrieg 1956) keine neuerliche kriegerische Auseinandersetzung mit Israel zu riskieren.[16] Schon Ende der 1950er, Anfang der 1960er Jahre wurde den meisten palästinensischen Nationalistinnen und Nationalisten daher klar, dass ihnen der Panarabismus die Befreiung nicht bringen würde. Deshalb bildeten sie im Folgenden zunehmend Gruppierungen, bei denen dieses Ziel explizit in den Vordergrund rückte.

2. Die Gründung von Fatah und PLO

Prägend wirkte in diesem Zusammenhang vor allem die im Oktober 1959 in einer Kuwaiter Privatwohnung von jungen palästinensischen Arbeitsmigranten gegründete Fatah (Akronym für «Bewegung zur nationalen Befreiung Palästinas»; arab. für Eroberung, Sieg).[17] Inspiriert von den antikolonialen Befreiungsbewegungen unter anderem in Algerien, Kuba und Vietnam setzten ihre Gründungsväter auf die Befreiung Palästinas «aus eigener Kraft» (so ihr Wahlspruch).[18] Damit setzten sie sich deutlich von den arabischen Nationalisten ab, die die Einheit der arabischen Staaten als Vorbedingung für die Befreiung Palästinas sahen und eine Revolutionierung der Gesellschaften sowie eine Umwälzung der gesamten Region anstrebten. Zu den Gründern von Fatah gehörten allen voran Jassir Arafat (Abu Ammar), Khaled al-Wazir (Abu Dschihad), Salah Khalaf (Abu Ijad), Faruq al-Qaddumi (Abu Lutf), Mahmud Abbas (Abu Mazen) und Khaled al-Hassan (Abu Said). Sie propagierten zwar den bewaffneten Kampf, waren sich jedoch sehr wohl ihrer eigenen Schwäche bewusst. Deshalb lag ihr Ziel nicht darin, Israel zu besiegen, sondern die arabischen Länder in eine militärische Auseinandersetzung mit Israel zu verwickeln. Nicht die Juden sahen sie als Gegner, sondern die zionistische Ideologie sowie Israel, das sie als Produkt des europäischen Kolonialismus verstanden. Am Ende des Kampfes sollten die Befreiung ganz Palästinas und die Errichtung eines demokratischen, säkularen Staats stehen mit gleichen Rechten für die Angehörigen der drei großen Religionsgruppen.[19]

In diesem Sinne knüpften sie Beziehungen zu den finanzstarken Golfstaaten und setzten zugleich insbesondere auf enge Beziehungen zu Syrien und der algerischen Befreiungsbewegung FLN. 1963 wurde im gerade unabhängig gewordenen Algerien das erste Büro der Fatah eröffnet. Der erste Auslandsbesuch einer Fatah-Delegation wiederum führte nach China, um dort Unterstützung für den Befreiungskampf zu erlangen. Die von Khaled al-Wazir in Beirut herausgegebene Monatszeitschrift «Filastinuna» (arab. für Unser Palästina) propagierte den Kampf um die verlorene Heimat als identitätsstiftendes Moment und sollte so dem «Verschwinden» des palästinensischen Volkes entgegenwirken. Durch Berichte über die Heimat und Aufrufe zum Widerstand sollten die Palästinenserinnen und Palästinenser in der Diaspora mobilisiert werden.

Im Januar 1965 konstituierte sich die Fatah offiziell als Widerstandsorganisation – seither feiert sie ihren Jahrestag am 1. Januar – und nahm unter dem Decknamen al-Asifa (arab. für der Sturm) den bewaffneten Kampf auf. Erste Guerilla-Angriffe richteten sich auf das im Bau befindliche israelische Bewässerungssystem, das Wasser aus dem See Genezareth ins zentrale Israel pumpen sollte. Neben dem bewaffneten Kampf bemühte sich die Fatah, unter anderem in Europa, um politische Kontakte und engagierte sich sozial, etwa durch den Aufbau von Krankenstationen in den Flüchtlingslagern in Jordanien und im Libanon. Allerdings konnte sie in den Anfangsjahren wenig Unterstützung gewinnen und stellte keine ernsthafte Konkurrenz zur Bewegung der Arabischen Nationalisten dar.

Porträt 2: Jassir Arafat

Wie kein anderer steht Jassir Arafat, auch «Abu Ammar» (arab. für Vater des Ammar)[20] genannt, für den bewaffneten und politischen Kampf zur Befreiung Palästinas.[21] Der 1929 in Kairo als Sohn eines aus Gaza stammenden Vaters und einer aus Jerusalem stammenden Mutter geborene Mohammed Abdel Rauf al-Qudwa al-Husaini verbrachte seine frühen Jahre in Kairo und Jerusalem. Schon als Jugendlicher beteiligte er sich mit Waffenschmuggel am Befreiungskampf und im ersten israelisch-arabischen Krieg kämpfte er als Freiwilliger im Gazastreifen. Auch als Student des Ingenieurwesens in Kairo engagierte er sich politisch und wurde 1952 zum Präsidenten der GUPS gewählt. Nach seinem Studienabschluss 1956 zog er nach Kuwait und arbeitete dort zunächst als Angestellter im öffentlichen Dienst, dann als Bauunternehmer.

Im Vordergrund stand aber bald die politische Arbeit: Nachdem er 1959 mit Gleichgesinnten die Bewegung zur Befreiung Palästinas (Fatah) gegründet hatte, begann deren bewaffneter Arm ab 1965 von jordanischem Territorium aus mit Guerillaoperationen gegen Israel. 1969 übernahm Arafat den Vorsitz der bis dato unter Kontrolle der arabischen Staaten operierenden Palästinensischen Befreiungsorganisation PLO und prägte ihren Ansatz fortan entscheidend. Dies brachte ihn schnell in Konflikt mit arabischen Gastländern. Überwiegend im Untergrund lebend, überlebte er wiederholt Attentatsversuche des israelischen Geheimdienstes und entging bei einem Flugzeugabsturz 1992 in der libyschen Wüste nur knapp dem Tod. 1974 gelang es ihm in einer mitreißenden Rede vor der UN-Generalversammlung, die palästinensische Frage auf der weltpolitischen Bühne zu platzieren.[22] Die UN erkannten daraufhin das Selbstbestimmungsrecht der Palästinenser an, die PLO erhielt Beobachterstatus.

Entscheidenden Anteil hatte Arafat an der Abwendung der PLO vom internationalen Terrorismus und der schrittweisen Entwicklung ihrer

Jassir Arafat 1978 mit der typischen palästinensischen Kopfbedeckung, der Kufija. Der Vorsitzende von Fatah und PLO und spätere Präsident der Palästinensischen Autonomiebehörde erhielt 1994 gemeinsam mit Schimon Peres und Jitzchak Rabin den Friedensnobelpreis.

Zielsetzung zu einem Zweistaatenansatz und der Anerkennung Israels. Damit ebnete er den Weg für die Aufnahme von Gesprächen mit den USA und Israel, die 1993 zur israelisch-palästinensischen Prinzipienerklärung (Oslo-I) führten. Für die israelisch-palästinensischen Friedensabkommen erhielt Arafat gemeinsam mit Jitzchak Rabin und Schimon Peres 1994 den Friedensnobelpreis. Im Juli 1994 kehrte er mit der PLO-Führung aus dem Exil in den Gazastreifen zurück und war von Januar 1996 bis zu seinem Tod im November 2004 Präsident der palästinensischen Autonomiebehörde.

Zwar genoss Arafat als einigende Führungsfigur große Unterstützung, die Oslo-Abkommen, sein autoritärer Führungsstil und die Korruption in der Palästinensischen Autonomiebehörde stießen jedoch bei den Palästinensern auf Kritik. Da er sich während der Zweiten Intifada nicht von Gewalt distanzierte und Fatah und Angehörige des palästinensischen Sicherheitsapparates in Attentate verwickelt waren, wurde er vom israelischen Premierminister Ariel Scharon zum Feind erklärt. Die letzten Lebensjahre verbrachte Arafat unter Belagerungsbedingungen im Hauptquartier in Ramallah, das wiederholt von Israel bombardiert wurde. Die Umstände seines Todes sind bis heute umstritten; eine vermutete Poloniumvergiftung konnte nicht nachgewiesen werden.[23]

Die Gründung der PLO

Die Palästinensische Befreiungsorganisation (Palestine Liberation Organisation, PLO) wurde 1964 auf Initiative des ägyptischen Präsidenten Gamal Abdel Nasser als offizielle Vertretung der Palästinenser gegründet. Ziel war es, die Vielzahl an palästinensischen Gruppierungen zusammenzuführen, die Guerillaverbände zu koordinieren und sie unter Kontrolle der arabischen Staaten zu halten. Den Hintergrund bildeten auch hier die Pläne Israels, mit Hilfe eines Bewässerungssystems (des National Water Carrier) Wasser des Jordan-Flusses umzuleiten, um den Süden Israels mit Trinkwasser zu versorgen. Die Arabische Liga hatte darauf Anfang 1964 mit der Einrichtung eines militärischen Koordinationsgremiums unter ägyptischer Führung reagiert, des Unified Arab Command. Der palästinensische Rechtsanwalt und Diplomat Ahmed al-Schukeiri wurde damit beauftragt, Pläne für eine politische Organisation der Palästinenser und die Befreiung des Landes auszuarbeiten. Im Mai 1964 lud er zu einem palästinensischen Nationalkongress nach Ost-Jerusalem ein, der zur Gründungsversammlung der PLO wurde und aus dem der Palästinensische Nationalrat als Exilparlament hervorging.

Von den Staaten der Arabischen Liga wurde auch eine allgemeine Wehrpflicht für Palästinenser eingeführt und die Aufstellung, Ausbildung und Ausrüstung einer Palästinensischen Befreiungsarmee (Palestine Liberation Army, PLA) beschlossen. Das wäre eine deutliche Kehrtwende gewesen, nachdem Ägypten und Jordanien in den von ihnen kontrollierten palästinensischen Gebieten die bewaffneten palästinensischen Einheiten zuvor weitgehend aufgelöst hatten. Allerdings setzten die arabischen Staaten ihren Beschluss nur eingeschränkt um. Insbesondere Jordanien sah die Gründung der PLO und der PLA im Widerspruch zu seinem Souveränitätsanspruch über das Westjordanland, das Königreich verweigerte daher die Stationierung von Kontingenten der PLA und beteiligte sich nicht an Ausrüstung, Finanzierung und Ausbildung der Truppe. Syrien und Ägypten wiederum stritten sich um die Befehlsgewalt.

Die Schlacht von Karame und der Aufstieg der Fatah

Zu einem entscheidenden Wendepunkt für die Fatah sowie für die Führung und Ausrichtung der PLO wurde die Schlacht von Karame (Name des Ortes und Flüchtlingslagers im Jordantal; arab. für Würde, Ehre). Denn dort gelang es Freischärlern der Fatah am 21. März 1968, den Mythos der unbesiegbaren israelischen Armee zu brechen und das Bild des erfolgreichen palästinensischen Freiheitskämpfers, des Fida'i (arab. für opferbereit, der sich aufopfert; Plural Fedajin), in den arabischen Medien zu verankern. In weiten Teilen der arabischen Welt wurde das Ereignis als palästinensischer Sieg und erster Schritt zur Befreiung des Landes gefeiert. Jegliche Hoffnung nämlich auf eine Befreiung durch die Führer des arabischen Nationalismus war mit der verheerenden militärischen Niederlage der arabischen Staaten im Junikrieg 1967 zerstoben.

Auch wenn die palästinensischen Guerillakämpfer wesentlich höhere Opferzahlen zu beklagen hatten als die israelische Armee und die Unterstützung durch die jordanische Artillerie für den Ausgang der Auseinandersetzungen entscheidend war: Der israelischen Armee, die auf jordanisches Territorium vorgedrungen war, um gegen die Fatah-Basen vorzugehen, wurden empfindliche Verluste zugefügt, weshalb sie gezwungen war, über eine Waffenruhe zu verhandeln.

Die Fedajin beeindruckten ihre Landsleute vor allem durch den Mut, mit dem sie den israelischen Panzern begegneten – obwohl die Entscheidung, sich der haushoch überlegenen Armee in offener Schlacht zu stellen, allen Guerillaregeln widersprach. Selbst der jordanische König Hussein zollte ihnen Respekt und erklärte sich anerkennend zum Fida'i. Dies verschaffte der Fatah Respekt im arabischen Lager und verlieh ihr enorme Anziehungskraft unter den Palästinenserinnen und Palästinensern. In der Folge bildeten sich lange Schlangen von palästinensischen Freiwilligen, die mit den Freischärlern kämpfen wollten. Der bewaffnete Kampf wurde zum identitätsstiftenden Moment und die Fatah zur führenden Kraft innerhalb der palästinensischen Nationalbewegung. Arafat, der die Schlacht geführt hatte, wurde ihr offizieller Sprecher.

Es folgte eine Neuausrichtung der Befreiungsorganisation von einem Instrument der panarabischen Politik Nassers zu einem autonomen Akteur. Während die PLO-Charta von 1964 als Ziel vorgegeben hatte, ganz Palästina zu befreien, fügte die Charta von 1968 explizit den bewaffneten Kampf als «einzigen Weg zur Befreiung Palästinas» hinzu. Die Beschlüsse des Palästinensischen Nationalrats, dem Parlament der PLO, vom Februar 1969 sahen schließlich vor, einen demokratischen Staat Palästina mit gleichen Rechten für alle Bürgerinnen und Bür-

Der jordanische König Hussein spricht nach der Schlacht von Karame von einem zurückgelassenen israelischen Panzer zu seinen Soldaten. Die Schlacht von Karame wurde in der arabischen Welt als erster Schritt zur Befreiung Palästinas gefeiert. Dort gelang es Freischärlern der Fatah im März 1968, den Mythos der unbesiegbaren israelischen Armee zu brechen und das Bild des erfolgreichen palästinensischen Freiheitskämpfers, des Fida'i, zu verankern. Für den Ausgang der Kämpfe war die Unterstützung durch die jordanische Artillerie entscheidend.

ger im ehemaligen Mandatsgebiet zu schaffen.[24] Die PLO wurde 1968 für die kämpfenden Gruppierungen geöffnet und die Wahl der Mitglieder des Exekutivkomitees durch den Palästinensischen Nationalrat nach einem Proporzsystem entsprechend der (ausgehandelten) Stärke der einzelnen Fraktionen festgelegt. Im Nationalrat waren fortan die Fatah mit 38, die PFLP mit 10, die PLA mit 20 und unabhängige, überwiegend der Fatah nahestehende Persönlichkeiten mit 32 Sitzen vertreten.[25]

Zudem wurde eine Frauenquote eingerichtet.[26] Zum Vorsitzenden des Exekutivkomitees der PLO wurde im Februar 1969 Arafat gewählt.

Gleichzeitig erstarkte auch das palästinensische Nationalbewusstsein. Eine wichtige Rolle spielten dabei palästinensische Schriftstellerinnen und Schriftsteller in der Diaspora, in den besetzten Gebieten und in Israel, allen voran Ghassan Kanafani, Mahmud Darwisch, Emile Habibi, Fadwa Touqan und Tawfiq Zayyad, die eine neue Widerstandsliteratur begründeten.[27]

3. Die Befreiungsbewegung im Exil

Seither dominierte die Fatah die PLO oder, wie der langjährige Vertreter der PLO in Deutschland, Abdallah Frangi, es ausdrückte: «Die PLO war die Karosserie, die Fatah der Motor.»[28] Dabei war sie jedoch keineswegs unangefochten. Die Organisation, die sich als nicht-ideologisch verstand, konkurrierte insbesondere mit der im Dezember 1967 aus der Bewegung Arabischer Nationalisten hervorgegangenen PFLP unter George Habasch, die umstürzlerische Aktivitäten auf Basis des wissenschaftlichen Sozialismus propagierte. In der PLO jedoch wurde Arafat die zentrale Figur. Er gab das Maß vor für die taktischen Entscheidungen, die strategische Ausrichtung und die programmatische Entwicklung der Organisation. Allerdings konnte er seine Vorstellungen oft nur mühsam und gegen großen Widerstand in den eigenen Reihen sowie in Abhängigkeit von Gastländern, Dynamiken in der Region und internationaler Unterstützung durchsetzen.

Zu den wegweisenden programmatischen Entwicklungen sollte dabei insbesondere der schrittweise Übergang von der

Befreiung ganz Palästinas über die Option, einen palästinensischen Staat zumindest temporär neben Israel zu errichten, bis zur Festlegung auf eine Zweistaatenregelung gehören, was auf einen palästinensischen Kleinstaat auf rund 22 Prozent des Mandatsgebiets und damit den Verzicht auf den größten Teil des historischen Palästinas hinauslief. Zu den bedeutendsten strategischen Entscheidungen sollten die Verurteilung des internationalen Terrorismus und der Vorsatz werden, den bewaffneten Kampf gegen Israel durch Instrumente der regionalen und globalen Diplomatie zu ergänzen.[29]

Die Befreiungsbewegung im Exil war von Anfang an mit einer besonderen Herausforderung konfrontiert. Denn die Präsenz bewaffneter Gruppierungen führte zu massiven Konflikten mit den Gastländern und ihren Herrschern, bedrohte sie doch deren Souveränität, stellte ihr Gewaltmonopol in Frage und provozierte durch Anschläge, die von ihrem Boden aus in Israel verübt wurden, entsprechende Vergeltungsschläge. Zudem galt für die PLO zwar eigentlich das Prinzip der Nichteinmischung in innere Angelegenheiten der Gastgeber, aber konsequent umgesetzt wurde dies nicht. Deshalb kam es vor allem in Jordanien und im Libanon zu enormen Verwerfungen, die Unterstützung der lokalen Bevölkerung für die palästinensische Sache wurde unterminiert und die PLO und ihre Kämpfer wurden letztlich wiederholt zum Abzug und zur Verlegung ihres Hauptquartiers gezwungen.

Schwarzer September und Vertreibung aus Jordanien

Nachdem die israelische Armee die Versuche, eine Widerstandsbasis in den 1967 besetzten Gebieten aufzubauen, niedergeschlagen hatte, versammelten sich die meisten Freischärler in

Jordanien. Auch die PLO schlug dort wenig später ihr Hauptquartier auf; ihre Kämpfer – und zunehmend auch Kämpferinnen – kontrollierten bald ganze Viertel in Amman und entwickelten sich so zu einem «Staat im Staate». Vor allem die kommunistischen palästinensischen Gruppierungen (die PFLP sowie die Demokratische Volksfront für die Befreiung Palästinas, PDFLP, später Demokratische Front für die Befreiung Palästinas, DFLP, die sich unter Najef Hawatmeh im Februar 1969 von der PFLP abspaltete) stellten zunehmend die Gesetze und Regierungsinstitutionen des Gastlandes in Frage und riefen zum Sturz der Monarchie auf. Ihrer Meinung nach musste der Kampf gegen Israel von einem kommunistisch beherrschten Amman – einem «palästinensischen Hanoi» – ausgehen. So kam es wiederholt zu Provokationen der jordanischen Staatsmacht von Seiten der linken Gruppierungen und zu bewaffneten Auseinandersetzungen mit jordanischen Regierungseinheiten. Arafat lehnte diesen Ansatz zwar ab, war aber weder in der Lage noch willens, den marxistischen Strömungen Einhalt zu gebieten. Ein zentrales Kommando über die bewaffneten Gruppen gab es nämlich nicht, und für ihn war das Wichtigste, ein Blutvergießen unter den palästinensischen Brüdern zu verhindern.

Die spektakulären Flugzeugentführungen durch die PFLP brachten das Fass zum Überlaufen. So verletzte die großangelegte Operation, bei der Anfang September 1970 insgesamt vier Linienflugzeuge entführt und drei von ihnen auf dem Militärflughafen Dawson's Field in der Nähe des jordanischen Zarqa zur Landung gezwungen und dann gesprengt wurden, eklatant das Gewaltmonopol des jordanischen Staates. Als Reaktion darauf verhängte König Hussein das Kriegsrecht und ging militärisch gegen die palästinensischen Kämpfer vor – ein Einsatz, der aufgrund seiner Brutalität als Schwarzer September in die

Geschichtsschreibung einging.[30] Mitte September 1970 stürmten jordanische Truppen palästinensische Flüchtlingslager und die von der PLO kontrollierten Stadtteile Ammans und Irbids. Dabei kamen über 3500 PLO-Kämpfer zu Tode, und auch unter der palästinensischen Zivilbevölkerung gab es Hunderte von Opfern. Arafat konnte nur knapp entkommen und sich nach Syrien absetzen; Salah Khalaf und Faruq al-Qaddumi wurden verhaftet und entgingen der Hinrichtung nur knapp dank einer Intervention des ägyptischen Präsidenten Nasser. Rund 15000–20000 Fedajin wurden in den Norden des Landes vertrieben; bis zu 20000 Palästinenserinnen und Palästinenser wurden inhaftiert. Syrische Truppen, als PLA-Kontingente ausgewiesen, hatten zugunsten der PLO-Kämpfer eingegriffen, konnten das Blatt aber nicht wenden. Eine erwartete irakische Intervention zur Unterstützung der PLO blieb ganz aus. Obwohl sich König Hussein und die PLO-Führung im Oktober 1970 auf ein Abkommen einigten, das die Präsenz der Fedajin in Jordanien regelte, zerstörte die jordanische Armee bis Juli 1971 (Schlacht von 'Adschlun) auch die verbleibenden palästinensischen Guerillastützpunkte und erzwang letztlich den Abzug der PLO und ihrer Kämpfer aus Jordanien.

Damit war für den haschemitischen König die Gefahr gebannt, die auch von den moderateren Teilen der PLO für seine Herrschaft ausgegangen war, da die jordanische Bevölkerung infolge von Flucht, Vertreibung und Einwanderung zu diesem Zeitpunkt schon mehrheitlich palästinensisch bzw. palästinensischer Abstammung war. Nach den Machtwechseln in Ägypten und Syrien, die mit Anwar al-Sadat und Hafiz al-Assad weniger PLO-freundliche Präsidenten an die Regierung gebracht hatten, war die regionale Situation für den haschemitischen «Befreiungsschlag» günstig gewesen.

Porträt 3: Leila Khaled

Leila Khaled ging als eine der ersten weiblichen Flugzeugentführer in die Geschichte ein. Ihr und ihren Mitstreitern gelang es damit zwar, die palästinensische Frage auf die internationale Agenda zu heben, aber fortan wurde sie auch mit dem internationalen Terrorismus assoziiert.[31] Die 1944 in Haifa als Tochter einer christlichen Familie geborene Khaled floh während der Nakba mit ihrer Familie in den Libanon. Dort wuchs sie in der Hoffnung auf, bald nach Haifa zurückkehren zu können – ein Ziel, das zum Leitmotiv ihres Handelns wurde. Dabei betonte sie stets, dass die Flüchtlingsfrage keine humanitäre, sondern eine politische Angelegenheit sei.[32] Schon als Jugendliche betätigte sie sich in der ANM; als Studentin an der Amerikanischen Universität in Beirut war sie gewählte Vertreterin der GUPS. Ab 1963 arbeitete sie als Englischlehrerin in Kuwait und engagierte sich dort in der Fatah Arafats.

Mit der Niederlage der arabischen Staaten im Krieg von 1967 reifte in Khaled der Beschluss, sich selbst im Befreiungskampf zu engagieren. Sie trat in die neu gegründete PFLP ein, die sich die gewaltsame Befreiung Palästinas und die Errichtung eines demokratisch-sozialistischen Staates zum Ziel gesetzt hatte. Der Weltöffentlichkeit wurde Khaled 1969 bekannt, als sie maßgeblich an der Entführung eines amerikanischen Passagierflugzeugs nach Damaskus beteiligt war. Das Bild der attraktiven, jungen Frau mit AK-47 und Kufija machte sie in der arabischen Welt und weiten Teilen der internationalen Linken zu einer Ikone des Befreiungskampfes. Als die Entführung eines El-Al-Flugzeuges im September 1970 – Teil einer koordinierten Aktion, bei der vier Flugzeuge gekapert werden sollten – fehlschlug, wurde Khaled verhaftet, kam aber bald darauf im Austausch gegen Geiseln aus einer anderen Entführung frei.

Danach engagierte sie sich als PFLP-Vertreterin und Mitglied der Generalunion Palästinensischer Frauen im Libanon. Einen Bomben-

Leila Khaled, Mitglied der Volksfront für die Befreiung Palästinas (PFLP), war 1969 eine der ersten weiblichen Flugzeugentführerinnen. Durch das Bild mit Kufija, Maschinenpistole und dem aus einer Patrone gefertigten Ring wurde die junge, hübsche Frau zu einer Ikone des bewaffneten palästinensischen Kampfes.

anschlag, für den der Mossad verantwortlich gemacht wurde, überlebte sie, während ihre Schwester 1976 erschossen wurde.[33] 1993 avancierte Khaled zum Mitglied des Zentralkomitees der PFLP, seit 2005 ist sie im Politbüro der Partei. Seit 1979 ist sie überdies Mitglied des Palästinensischen Nationalrats.[34] Heute lebt Khaled in Jordanien und setzt sich in verschiedenen Gremien, Medienbeiträgen und auf Konferenzen für palästinensische Rechte und feministische Belange ein. Am Recht auf Widerstand in jeder Form, einschließlich der Anwendung von Gewalt, hält sie bis heute fest.

Terrorismus, bewaffneter Kampf und Diplomatie

Für die PLO brachte die militärische Niederlage nicht nur einen mühsamen Neuanfang an ihrem neuen Standort Beirut mit sich, sondern auch heftige interne Auseinandersetzungen über die begangenen Fehler und den künftigen Kurs. Die Ereignisse in Jordanien und Arafats Versöhnungsgeste gegenüber König Hussein beim Gipfeltreffen der Arabischen Liga in Kairo im Herbst desselben Jahres führten zur Revolte innerhalb der Fatah und der PLO. Die meisten der linken Kritiker konnte Arafat durch geschickte Patronage und Kooptation einbinden. Doch einige Radikale, die auf Rache sannen und auf internationalen Terrorismus setzten, spalteten sich von der Fatah ab. Sie operierten fortan unter dem Namen «Schwarzer September» und waren für die Ermordung des jordanischen Ministerpräsidenten Wasfi al-Tall im November 1971 sowie für eine Serie von Überfällen, Anschlägen und Flugzeugentführungen (bis zu ihrer Auflösung 1974) verantwortlich. Auf ihr Konto ging auch der Überfall auf das israelische Mannschaftsquartier während der Olympiade in München im September 1972, bei dem elf Mitglieder des israelischen Teams als Geiseln genommen und erschossen wurden bzw. bei einem chaotischen Befreiungsversuch durch die deutsche Polizei ums Leben kamen.[35] Die Attentate führten dazu, dass die palästinensische Befreiungsbewegung in Europa deutlich an Sympathie und Spielraum einbüßte.[36] Denn in der europäischen Öffentlichkeit und Politik wurde kaum zwischen Fatah und ihren Abspaltungen bzw. den radikalen Fraktionen unterschieden.

Erst nach dem Olympia-Attentat begann Arafat, sich deutlich vom internationalen Terrorismus zu distanzieren, gegen Täter vorzugehen und die politische Arbeit in Europa zu verstärken. Dazu entsandte er Vertreter in die wichtigsten europäischen Hauptstädte (Bonn, London, Brüssel, Paris und Rom), die allerdings mit Ausnahme von Abdallah Frangi in Bonn alle in den nächsten Jahren durch den israelischen Geheimdienst bzw. durch von der Abu-Nidal-Organisation angeheuerte Killer ermordet wurden.[37] Abu Nidal (arab. für Vater des Kampfes; mit Klarnamen Sabri al-Banna) spaltete sich 1974 von der Fatah ab und gründete den Fatah-Revolutionsrat. Die Gruppierung, besser bekannt als Abu-Nidal-Organisation (ANO), schloss jeden Kompromiss mit Israel aus und verübte eine Serie von Anschlägen auf jüdische und israelische Ziele sowie auf dialogbereite PLO-Vertreter. Zudem führte sie immer wieder Mordaufträge für die Machthaber im Irak, wo sich ihr Hauptquartier befand, und in Libyen aus.[38]

Arafats übergeordnetes Ziel war es, die internationale Anerkennung der PLO und des palästinensischen Selbstbestimmungsrechts voranzutreiben. Dazu war auf der einen Seite eine klare Abkehr vom internationalen Terrorismus notwendig, auf der anderen Seite galt es, die Kampfbereitschaft und damit Nützlichkeit der PLO an der Seite der arabischen Verbündeten unter Beweis zu stellen. Letzteres gelang im Oktoberkrieg 1973, als palästinensische Einheiten die ägyptischen und syrischen Truppen unterstützten und aus dem Libanon eine dritte Front gegen Israel eröffneten. Das palästinensische Engagement trug zum Teilerfolg der arabischen Armeen bei und ebnete dadurch den Weg für die Anerkennung der PLO als einzig legitimer Vertretung des palästinensischen Volkes durch die Arabische Liga im Oktober 1974, wenn auch unter Protest und bei Enthaltung Jordaniens.

Der nächste Schritt bestand darin, dass der Palästinensische Nationalrat im Juni 1974 in Kairo – vor allem auf Betreiben von

Fatah und PDFLP und mit Unterstützung der Abgesandten aus den 1967 besetzten Gebieten – ein Programm verabschiedete, das einen Wendepunkt in der Zielsetzung der PLO darstellte. Denn auch wenn die Organisation als langfristiges Ziel weiterhin die Befreiung ganz Palästinas propagierte, verfolgte man nun zunächst die Gründung eines palästinensischen Staates neben Israel («auf jedem Stück befreiten palästinensischen Landes»).[39] Dementsprechend wurde das Zehn-Punkte-Programm auch als Stufenplan bezeichnet. Mittlerweile wurde nämlich, wenn auch nur verklausuliert ausgedrückt, die Etablierung eines demokratischen, säkularen Staates in ganz Palästina als unrealistisch angesehen. Tatsächlich wurde der Stufenplan zwar mit überwältigender Mehrheit angenommen, rief aber auch starken Widerspruch hervor und führte im September 1974 zur Gründung einer «Ablehnungsfront» aus PFLP, PFLP-Generalkommando (PFLP-GC) und der vom Irak kontrollierten Arabischen Befreiungsfront (Arab Liberation Front, ALF). Während Arafats Hauptanliegen darin bestand, Friedensverhandlungen zwischen arabischen Staaten und Israel ohne Beteiligung der PLO zu verhindern, hielt die Ablehnungsfront an der Befreiung ganz Palästinas bzw. der revolutionären Umwälzung der arabischen Staaten fest.

Doch Arafat hatte mit seinem diplomatischen Ansatz Erfolg. In seiner Rede vor der Generalversammlung der Vereinten Nationen am 13. November 1974 betonte er, dass er zum Frieden und zur Koexistenz, aber auch zur Fortführung des bewaffneten Kampfes bereit sei. In der Folge erkannte die UN-Vollversammlung mit großer Mehrheit das palästinensische Recht auf Selbstbestimmung und die PLO als nationale Befreiungsbewegung an und gewährte ihr einen Beobachterstatus. In über hundert Ländern konnte die Organisation danach Informationsbüros eröffnen. Schrittweise entwickelte sich die PLO zu einer «Palestinian Agency», die neben den bewaffneten Gruppierungen einen umfassenden Apparat diplomatischer, finanzieller und sozialer Einrichtungen umfasste und mit «allen Mitteln ihre Fähigkeit, Repräsentanz, Unentbehrlichkeit, Salonfähigkeit und sogar ihre schon entwickelte Staatlichkeit zu demonstrieren» suchte.[40] Damit war sie permanent mit den Widersprüchen konfrontiert, die sich aus dem Spannungsverhältnis zwischen Befreiungskampf (in der eigenen Diktion: Revolution), Diplomatie und Aufbau (vor-)staatlicher Institutionen ergaben.

Dass Arafats Sorge, die PLO könnte außen vor bleiben, durchaus berechtigt war, zeigte sich, als Ägypten und Israel 1979 Frieden schlossen und für die Palästinenser lediglich eine Autonomie in den 1967 besetzten Gebieten vorsahen. Bemühungen der PLO, andere arabische Staaten (vor allem Algerien, Irak, Libyen, Syrien, Süd-Jemen) gegen Ägypten in Stellung zu bringen, verhinderten weder den Separatfrieden noch führten sie zu einer stärkeren arabischen Unterstützung der PLO. Sie bewirkten lediglich den zehnjährigen Ausschluss Ägyptens aus der Arabischen Liga.

Die PLO im libanesischen Bürgerkrieg und die Massaker von Sabra und Schatila

Vor allem aber verschlechterte sich die konkrete Lage der Befreiungsorganisation und ihrer Kämpfer im Libanon. Nach ihrer Vertreibung aus Jordanien hatte die PLO begonnen, ihre Position im Zedernstaat auszubauen und dort, wie sie es nannte, eine «alternative Heimat» mit der provisorischen Hauptstadt Beirut zu errichten. Sie rüstete mit sowjetischer

Unterstützung auf und dehnte ihre Kontrolle über ganze Viertel der Stadt, die Flüchtlingslager und den Süden aus. Dabei stützte sie sich auf das palästinensisch-libanesische Abkommen von Kairo im November 1969, das der PLO eine militärische Präsenz im Libanon, Angriffe auf Israel sowie die Kontrolle in den Flüchtlingslagern zugestand.[41] Mit der «Republik Fakhani», benannt nach dem Viertel Beiruts, in dem sich das PLO-Hauptquartier befand, errichtete die PLO einmal mehr einen Staat im Staate. Spannungen insbesondere mit den Falangisten, einer rechtsgerichteten, christlichen Miliz, welche die maronitische Vorherrschaft im konfessionellen System des Zedernstaates durch den Zuzug der ganz überwiegend (sunnitisch-)muslimischen Palästinenser und die Präsenz des PLO-Hauptquartiers samt Kämpfern gefährdet sah, waren die Folge.

Als 1975 der libanesische Bürgerkrieg aus- und die zentralstaatliche Kontrolle zusammenbrach, ergriff die PLO offen Partei und beteiligte sich an den bewaffneten Auseinandersetzungen auf Seiten einer links-muslimischen Allianz gegen das rechts-christliche Bündnis und die mit ihm kooperierende syrische Armee.[42] Dabei schreckte sie auch vor Gräueltaten nicht zurück, wie eine Vergeltungsaktion in der von libanesischen Christen bewohnten Stadt Damur südlich von Beirut im Januar 1976 zeigte, bei der Hunderte exekutiert wurden. Den Preis zahlte die palästinensische Zivilbevölkerung: Im August 1976 kam es in drei Flüchtlingslagern in Beirut zu Massakern durch die Falangisten und mit ihnen verbündete Milizen. Dabei erlangte insbesondere das Massaker in Tal al-Zaatar (arab. für Thymianhügel) traurige Bekanntheit. Die Falangisten belagerten das Camp mit seinen rund 40000 Bewohnern ab Anfang Juni 1976, um die dortigen Fedajin zum Aufgeben zu zwingen.

Nach rund zweimonatigem Widerstand legten diese ihre Waffen nieder und sollten vom Internationalen Komitee des Roten Kreuzes (IKRK) evakuiert werden. Stattdessen stürmten die Milizen am 11. August 1976 das Lager, machten es dem Erdboden gleich und ermordeten rund 2000 Menschen.[43]

Die Fedajin setzten ihre Guerillaaktionen auf Israel fort, für die Israel die libanesische Regierung verantwortlich machte und die es mit Gegenschlägen vergalt. 1978 marschierte die israelische Armee im Zuge eines Großangriffs auf palästinensische Stellungen in den Süden des Landes ein und richtete dort eine «Sicherheitszone» ein. Diese wurde fortan von der von Israel eingesetzten und finanzierten Südlibanesischen Armee (South Lebanon Army, SLA) kontrolliert. Im Sommer 1981 bombardierte Israel das PLO-Hauptquartier in Beirut. Aufgrund der israelischen Vergeltungsschläge, des dominanten und teils arroganten Auftretens der PLO und der Tatsache, dass viele Libanesen die palästinensische Präsenz als ursächlich für den Ausbruch des Bürgerkriegs sahen, verlor die Befreiungsorganisation zunehmend an Unterstützung bei ihren Verbündeten, insbesondere der Amal-Bewegung, sowie bei den Drusen und der sunnitischen Bevölkerung in Beirut und Tripolis.

Letztlich war es das von der ANO verübte Attentat auf den israelischen Botschafter in London, Schlomo Argov, am 3. Juni 1982, das Israel den Anlass für eine großangelegte Militäroperation bot. Dieses Mal ging es nicht nur darum, eine Pufferzone im Südlibanon einzurichten, sondern das «Palästinenserproblem» ein für alle Mal zu lösen, also Arafat zu beseitigen, die PLO-Strukturen zu zerschlagen und die palästinensischen Kämpfer aus dem Libanon zu vertreiben. Unter Verteidigungsminister Ariel Scharon rückte die israelische Armee 1982 bis Beirut vor und belagerte über neun Wochen den Westteil der

Mitte September 1982 folterten, vergewaltigten und massakrierten christliche Milizen unter den Augen der israelischen Armee in den Beiruter Flüchtlingslagern Sabra und Schatila bis zu 3000 Menschen, überwiegend Frauen, Alte und Kinder. Das Bild zeigt Frauen, die wenige Tage danach unter den Toten nach ihren Angehörigen suchen.

Stadt, wo sich das PLO-Hauptquartier befand. Knapp 6000 Fedajin und über eine halbe Million palästinensische und libanesische Zivilisten wurden eingekesselt. Auf eine Unterstützung durch ihre lokalen Verbündeten, die Sowjetunion oder arabische Staaten wartete die PLO vergeblich und sah sich letztlich, angesichts massiver Bombardierungen und hoher Opferzahlen, gezwungen aufzugeben. Nachdem unter Vermittlung der USA internationaler Schutz für die verbleibende palästinensische Zivilbevölkerung zugesagt worden war, zog die PLO Ende August 1982 rund 15000 PLO-Funktionäre und -Kämpfer ab. Letztere sollten auf neun arabische Länder verteilt werden.[44]

Als am 14. September 1982 der erst wenige Wochen zuvor zum Präsidenten gewählte Falangistenführer Baschir Gemayel mutmaßlich von palästinensischen Attentätern ermordet wurde, besetzten israelische Truppen (entgegen den Zusagen gegenüber den USA) West-Beirut und riegelten die beiden Flüchtlingslager im Süden Beiruts, Sabra und Schatila, ab. Kurz darauf drang eine Gruppe von rund 150 Falangisten in die beiden Lager ein, um diese in Absprache mit Israel «von Terroristen zu säubern». Unter den Augen der israelischen Armee, die die Aktion absicherte und alle Fluchtwege abgesperrt hatte, folterten, vergewaltigten und massakrierten die christlichen Milizen dort innerhalb von 48 Stunden zwischen 800 und 3000 Menschen, überwiegend Frauen, Alte und Kinder.[45] Der internationale Schutz war nicht gewährt worden; die USA hatten auf israelischen Druck hin ihre Schutzzusage gebrochen und die internationale Präsenz abgezogen, sobald das letzte Schiff mit PLO-Personal aus dem Libanon abgelegt hatte.[46]

Exil in Tunis, Intifada und Unabhängigkeitserklärung

Damit stand die palästinensische Nationalbewegung einmal mehr vor einem Scherbenhaufen: Die «Republik Fakhani» mit ihren militärischen, administrativen und sozialen Strukturen war zerstört, die Funktionäre und Kämpfer der PLO waren in der Diaspora zerstreut und die Flüchtlinge zu hilflosen Opfern barbarischer Taten geworden. Das Eingreifen in den Kampf um die Vorherrschaft im Libanon hatte der PLO zudem auf Jahre die erbitterte Feindschaft Syriens eingebracht. Damit gab es keine Möglichkeit mehr, den Guerillakampf gegen Israel von den Nachbarländern aus fortzusetzen. Für die PLO, die ihr neues Hauptquartier in Tunis errichtete, wo auch die Arabische Liga nach dem Ausschluss Ägyptens ihren temporären Sitz hatte, erwuchs einmal mehr die Notwendigkeit, Programmatik und Strategie anzupassen.

Aufgrund ihrer geschwächten Position war die PLO einerseits dazu gezwungen, ihre diplomatischen Bemühungen zu verstärken, um in regionalen Arrangements nicht übergangen zu werden. Damit wurde der Weg für Friedensverhandlungen, eine Zweistaatenregelung und die Anerkennung Israels bereitet.[47] Entsprechend ging Arafat auf König Hussein von Jordanien zu und einigte sich mit ihm im Dezember 1982 auf eine gemeinsame jordanisch-palästinensische Delegation für die Teilnahme an künftigen Verhandlungen. Mit der Zustimmung zu dem in Fes von der Arabischen Liga vorgelegten Plan und zur Breschnew-Initiative (beide vom September 1982) hatte Arafat implizit bereits einer Teilung des Landes zugestimmt. Der Palästinensische Nationalrat legte im Februar 1983 als politisches Ziel eine Konföderation des künftigen palästinensischen Staates mit Jordanien fest. Auch dieser Schritt war umstritten, und einmal mehr reagierten Fatah-Dissidenten und andere Opponenten mit einer Abspaltung. Sie schlossen sich mit syrischer Unterstützung im März 1985 zur Palästinensischen Nationalen Rettungsfront (Palestinian National Salvation Front, PNSF) zusammen. Doch Arafat hielt Kurs und legte im Februar 1985 im Abkommen von Amman mit König Hussein nach: Als Verhandlungsziel mit Israel wurde ein vollständiger israelischer Rückzug aus den 1967 besetzten palästinensischen Gebieten festgelegt; im Anschluss sollte eine jordanisch-palästinensische Konföderation gebildet werden. Friedensverhandlungen sollten durch eine gemeinsame jordanisch-palästinensische Delegation geführt werden.

Andererseits zwang der Abzug aus dem Libanon die PLO zur Verstärkung ihrer Aktivitäten in den 1967 besetzten Gebieten – als der einzig verbleibenden Konfrontationslinie mit Israel. Im Westjordanland hatte Israels Regierung ihre Bemühungen vorangetrieben, eine beschränkte palästinensische Autonomie zu etablieren, die die PLO ausschloss. Schon 1972 waren Kommunalwahlen zugelassen worden, dann hatte man eine Zivilverwaltung aus Kollaborateuren und Israel-hörigen Bürgermeistern eingesetzt. Ironischerweise führte die Niederlage der PLO im Libanon nicht, wie von Israel beabsichtigt, dazu, den Weg für eine Realisierung des Autonomieplans freizumachen, sondern veranlasste die PLO vielmehr, sich stärker als bislang auf die Festigung ihrer Strukturen in den 1967 besetzten palästinensischen Gebieten zu konzentrieren.[48] Damit rückten auch die Bedürfnisse und Forderungen der dortigen Bevölkerung stärker in den Vordergrund.

Ausgelöst durch einen Verkehrsunfall brach am 8. Dezember 1987, rund zwanzig Jahre nach Beginn der Besatzung, die Erste Intifada (arab. im übertragenen Sinne für Abschütteln (der Besatzung); siehe S. 103 ff.) aus. Auch wenn die PLO-Führung die Massendemonstrationen und Generalstreiks nicht geplant oder initiiert hatte: Diese verstärkten den Trend, das Gravitationszentrum des Befreiungskampfs in die Heimat zu verlegen, sie gaben dem Widerstand ein neues Gesicht und verliehen der nationalen Bewegung neuen Schwung. Und selbst wenn zu Beginn der Intifada bei manchen der Eindruck bestand, dass sich eine alternative Führung herausbilden könnte, so ging die PLO letztlich gestärkt aus dem Aufstand hervor. Von Anfang an waren die lokalen PLO-Gruppierungen aktiv eingebunden, schlossen sich mit anderen nationalen und religiösen Kräften zur geeinten Führung des Aufstands zusammen und koordinierten die Aktivitäten auch verstärkt mit der Exil-PLO. In Tunis war Khalil al-Wazir für die Unterstützung der Rebellion zuständig; er wurde im April 1988 vom israelischen Geheimdienst ermordet. Gleichzeitig bildeten sich im Zuge der Intifada lokale Strukturen der Selbstorganisation heraus, mit der Folge, dass auch das Ziel eines palästinensischen Kleinstaates weiteren Zulauf und internationale Unterstützung erhielt.

Die jordanische Entscheidung vom Juli 1988, alle Souveränitätsansprüche auf das Westjordanland und Ost-Jerusalem zugunsten der PLO aufzugeben, um ein Übergreifen der Intifada auf das eigene Land zu verhindern, bot der palästinensischen Befreiungsbewegung eine historische Chance. Bei seiner Sitzung am 15. November 1988 verkündete der Palästinensische Nationalrat die Unabhängigkeit Palästinas in den 1967 besetzten Gebieten. Der Anhang der Deklaration nahm Bezug auf die UN-Teilungsresolution und auf die Sicherheitsratsresolutionen 242 und 338 und signalisierte damit die Bereitschaft zur Koexistenz mit Israel im Rahmen einer Zweistaatenlösung nach dem Prinzip «Land für Frieden». Allerdings wurde mit der Unabhängigkeitserklärung keine effektive palästinensische Souveränität etabliert und die PLO-Führung verblieb im Exil. Nach wie vor standen die beanspruchten Gebiete unter israelischer Besatzung. Daher wurde in der Erklärung von 1988 auch betont, dass der palästinensische Staat noch nicht real existiere und sich erst noch konstituieren müsse. Dennoch kam es im Folgenden zu einer Anerkennungswelle, die vor allem von Ländern des Globalen Südens und des Ostblocks getragen war. Binnen eines Jahres nach der Unabhängigkeitserklärung hatten 127 Staaten den «virtuellen Staat» Palästina anerkannt.[49] Im Dezember 1988 verurteilte Arafat vor der UN-Vollversammlung in Genf jede Form des Terrorismus. Daraufhin nahmen die

USA und die PLO zum ersten Mal offizielle Gespräche auf.[50] Bei einem Besuch in Paris im Mai 1989 erklärte Arafat zudem die Artikel der PLO-Charta, die die Zerstörung Israels zum Ziel hatten, für hinfällig («caduc»).

Israelisch-palästinensische Geheimverhandlungen in Oslo führten im September 1993 zur Prinzipienerklärung (Oslo-I-Abkommen). Damit erkannte nun auch Israel die PLO als legitime Vertreterin des palästinensischen Volkes sowie dessen politische Rechte an. Die PLO-Führung konnte mit dem Beginn einer auf fünf Jahre angesetzten Übergangsperiode, in der ein endgültiges Friedensabkommen ausgehandelt werden sollte, im Mai 1994 in die palästinensischen Gebiete zurückkehren. Nur wenige prominente Kritiker wie Faruq al-Qaddumi und Vertreter der Ablehnungsfront verblieben im Exil. Damit verlagerte sich das Zentrum der palästinensischen Politik zurück in die Heimat. Viele Exilierte kehrten in die palästinensischen Gebiete zurück, um am Aufbau eines Gemeinwesens mitzuwirken oder in die Wirtschaft zu investieren. Allerdings waren in den neu etablierten Selbstverwaltungsinstitutionen überwiegend Angehörige der Exilelite vertreten. Damit prallten nicht nur unterschiedliche Mentalitäten und Erfahrungen von Rückkehrenden und Ansässigen aufeinander, auch die Widersprüche, die sich aus den Anforderungen von Befreiungskampf einerseits und Regierungsführung (mit beschränkter Autonomie) andererseits ergaben, traten noch deutlicher zutage.

DRITTES KAPITEL

Der Sechstagekrieg 1967

Am 5. Juni 1967 begann der dritte israelisch-arabische Krieg: In einer Überraschungsoperation griff Israels Luftwaffe ägyptische Militärflugplätze an und zerstörte binnen weniger Stunden nahezu alle Militärflugzeuge, später am Tag das Gros der jordanischen und der syrischen Luftwaffe. Bis zum 10. Juni eroberte und besetzte Israel den Gazastreifen, den Sinai, das Westjordanland inklusive Ost-Jerusalems und die Golanhöhen. Aus der Sicht Israels handelte es sich um einen Präventivkrieg, den die Regierung mit einem unmittelbar bevorstehenden Angriff der arabischen Staaten begründete.[1] Da die Israelis ihre arabischen Gegner so schnell besiegt hatten, nannten sie die Auseinandersetzung stolz den «Sechstagekrieg» – eine Formulierung, die sich auch im Westen durchsetzte. Die arabische Welt hingegen sah sich als Opfer einer Aggression Israels. Auf jeden Fall markierte der Krieg einen bedeutenden Einschnitt in der regionalen Geschichte: Israel wurde zur Besatzungsmacht im ägyptischen Sinai, auf dem syrischen Golan und im Westjordanland, in Ost-Jerusalem und im Gazastreifen,[2] und die USA avancierten zum Hauptunterstützer Israels.

In die palästinensische Geschichtsschreibung ging der Juni-Krieg als «Naksa» (arab. für Rückschlag) ein. Denn Israel kontrollierte fortan das gesamte historische Palästina, während Hunderttausende arabische Bewohnerinnen und Bewohner vertrieben wurden oder flüchteten. Die vernichtende arabische

Niederlage zerstörte zudem die letzte Hoffnung auf eine arabische Befreiung Palästinas, konzentrierten sich die Frontstaaten Ägypten und Syrien im Folgenden doch vor allem darauf, das eigene an Israel verlorene Territorium zurückzuerlangen.

Nach dem Krieg von 1967 legte Israel den Grundstein des Besatzungsregimes, indem in den besetzten Gebieten eine Militärverwaltung eingerichtet und das Militärrecht für die palästinensische Bevölkerung eingeführt wurde. Dadurch ist die Lebenswelt der Palästinenserinnen und Palästinenser im Gazastreifen, Westjordanland und (in abgewandelter Form) in Ost-Jerusalem seit nunmehr über einem halben Jahrhundert entscheidend geprägt worden. Durch großflächige Enteignungen, Siedlungsbau und Ausbeutung der Ressourcen sowie die Ausweitung des israelischen Zivilrechts auf die Siedler ist seither zwischen Mittelmeer und Jordan ein komplexes Herrschaftssystem unter israelischer Kontrolle entstanden.

1. Vorgeschichte, Verlauf und Bedeutung

Bis Mitte der 1950er Jahre versuchten ägyptische, syrische und vor allem jordanische Staatsmänner, mit der israelischen Regierung ins Gespräch zu kommen. Sie hielten diese Annäherungsversuche jedoch geheim, da sie den Widerstand von großen Teilen der politischen und militärischen Eliten erwarteten, die sogar eine faktische Anerkennung Israels ablehnten. Da die israelische Führung ihrerseits an einer Friedensregelung nicht interessiert war, die eine Entschädigung palästinensischer Flüchtlinge oder deren Rückkehr und eine Festlegung der Staatsgrenzen Israels mit sich gebracht hätte, verliefen diese frühen Bemühungen um eine Konfliktregelung im Sande.[3]

Die Sueskrise oder die trilaterale Aggression

1956 kam es zur sogenannten Sueskrise bzw. zum Sinai-Krieg, in der arabischen Lesart als «trilaterale Aggression» bekannt. Britische und französische Truppen besetzten den von Ägypten zuvor verstaatlichten Sueskanal, während Israel den Gazastreifen und weite Teile des Sinai besetzte. Dabei waren israelische Truppen auch in Massaker an palästinensischen Kämpfern und an Zivilisten in Khan Younis und Rafah (im Gazastreifen) sowie in Kafr Qasem (in Israel) verwickelt (siehe S. 39). Für die ehemaligen Kolonialmächte stand vor allem die Sicherung einer ungestörten Durchfahrt durch den Sueskanal im Vordergrund. Für Großbritannien, das bis dato die Kontrolle über die Kanalzone innehatte, spielte auch der Erhalt der damit verbundenen Einnahmen eine Rolle; Frankreich wiederum wollte erreichen, dass Ägypten seine Waffenlieferungen an Algerien einstellte. Der israelischen Führung ging es, neben der Öffnung der Straße von Tiran (und damit des israelischen Zugangs zum Indischen Ozean), vor allem um den Sturz des ägyptischen Präsidenten Nasser, dessen Aufrüstungspolitik und Zusammenarbeit mit der Sowjetunion sie mit Sorge betrachtete.

Der Feldzug verfehlte seine Ziele allerdings in jeder Hinsicht: Großbritannien, Frankreich und Israel wurden unter US-amerikanischem Druck gezwungen, ihre Truppen abzuziehen. Denn für die USA war das trilaterale Eingreifen der Kolonialmächte und Israels mit dem Völkerrecht nicht zu vereinbaren. Auch war Washington an guten Beziehungen zu Ägypten interessiert, um eine Ausbreitung des sowjetischen Einflusses in der Region zu verhindern. Im Ergebnis wurde Nasser keineswegs geschwächt, sondern stieg vielmehr zur populistischen und kämpferischen Führungsfigur in der arabischen Welt auf.

Präemptivschlag mit Folgen

Die darauffolgende kriegerische Auseinandersetzung zwischen Israel und den arabischen Staaten hatte mehrere Auslöser: 1964 begann Israel, durch den National Water Carrier aus dem See Genezareth einen Teil des Jordanwassers für Bewässerungsprojekte im Süden des Landes abzuleiten, wodurch die Wasserversorgung Jordaniens bedroht war. Ebenfalls 1964 wurde die PLO gegründet und die Fatah, die der spätere PLO-Vorsitzende Jassir Arafat mit mehreren Gleichgesinnten 1959 in Kuwait gegründet hatte, nahm bewaffnete Aktionen gegen Israel auf. Schläge der israelischen Armee auf Ziele in Jordanien, Syrien und im Gazastreifen häuften sich, da von dort aus immer wieder palästinensische Freischärler nach Israel eindrangen und Anschläge verübten.

Im Frühjahr 1967 verlegte Nasser Truppen in den Sinai, ließ die Straße von Tiran, die den Golf von Akaba mit dem Roten Meer verbindet, für die israelische Schifffahrt sperren und forderte die UN auf, ihre Truppen zurückzuziehen, die als Puffer zwischen den Kriegsparteien stationiert waren. Für Israel war die Blockade des Golfs von Akaba, seines einzigen Zugangs zum Roten Meer, ein Kriegsgrund. Trotz der vorangegangenen Spannungen und der allgemeinen Kriegsstimmung wurden die Führungen von Ägypten, Syrien und Jordanien überrascht, als Israel am 5. Juni angriff. Die israelische Armee konnte innerhalb weniger Tage den Gazastreifen und den Sinai, die syrischen Golanhöhen sowie das Westjordanland mit Ost-Jerusalem erobern. Nachdem die USA 1956 den Erfolg des israelischen Waffengangs noch vereitelt hatten, wollte Israels Führung 1967 sichergehen, dass Washington rechtzeitig über den geplanten Präemptivschlag informiert war und diesen nicht durchkreuzen würde.[4] Mit diesem Krieg avancierten die USA zum Hauptunterstützer Israels, hatte sich das Kalkül der USA doch vor dem Hintergrund des Kalten Krieges, des sich vertiefenden Antagonismus zwischen arabischen Republiken und Monarchien und der Ausbreitung des sowjetischen Einflusses in der Region verändert. Israel bot sich nun als Hauptpartner in der Region an, seine Interessen rückten in den Vordergrund. Deshalb gelang die Vermittlung eines Waffenstillstands durch die UN auch erst, nachdem Israel weit in die Nachbarstaaten vorgedrungen war.

Die Versuche der USA und der UN, eine regionale Friedenslösung auf Grundlage der im November 1967 verabschiedeten UN-Sicherheitsratsresolution 242 zustande zu bringen, blieben zwar erfolglos, doch ist diese Resolution bis heute einer der Hauptbezugspunkte für eine Konfliktregelung. Sie betont das völkerrechtliche Grundprinzip der Unzulässigkeit der Aneignung von Territorium durch Gewalt. Erstmals wird auch die «Land für Frieden»-Formel eingeführt, die (zumindest bis zum Amtsantritt von US-Präsident Donald Trump 2017) für alle internationalen Lösungsansätze des israelisch-arabischen Konflikts bestimmend sein sollte. Während Israel darin aufgefordert wird, seine Truppen aus den besetzten Gebieten zurückzuziehen, wird von allen Staaten (gemeint sind die arabischen) verlangt, im Gegenzug die Souveränität, territoriale Integrität und politische Unabhängigkeit aller Staaten der Region sowie deren Recht (hier bezogen auf Israel) zu achten, in Frieden in sicheren und anerkannten Grenzen zu leben. Der israelische Rückzug aus den 1967 besetzten Gebieten wurde also nicht kategorisch eingefordert, sondern mit Friedensverträgen mit den arabischen Staaten verknüpft. Zudem wurden die israelischen Eroberungen des Krieges von 1948 durch die Resolution implizit legitimiert; die ungelösten Fragen dieses Krieges fanden keine Erwähnung. In der Folge wurden die Waffenstillstandslinien von 1949 zu den international anerkannten De-facto-Grenzen Israels. Dabei konnte die Resolution nur zustande kommen, weil man sich eines Tricks bediente: Während der französische Text den bestimmten Artikel «aus *den* Gebieten» enthält, fehlt dieser in der englischen Version; dort heißt es lediglich «aus Gebieten». Damit ist je nach sprachlicher Version die Interpretation möglich, dass es sich um einen Abzug aus den gesamten 1967 von Israel besetzten Gebieten oder (so die Deutung der USA) nur aus Teilen davon handelt. Abgesehen von der Forderung nach «einer gerechten Regelung des Flüchtlingsproblems» werden die Palästinenser in der Resolution nicht genannt.[5]

Die Arabische Liga hielt im August/September 1967 im sudanesischen Khartum eine Gipfelkonferenz über die Kriegsfolgen ab. In der Abschlusserklärung hieß es zwar, dass es «keinen Frieden mit Israel, keine Anerkennung Israels, keine Verhandlungen mit Israel» geben solle. Neben diesen legendären drei Neins von Khartum beschrieben die arabischen Staatschefs aber auch eine damals international wenig beachtete Prioritätenänderung: Sie wollten künftig in erster Linie politisch darauf hinwirken, dass Israel seine Streitkräfte aus den im Juni-Krieg eroberten arabischen Gebieten abzieht. In der Außenpolitik Ägyptens und Jordaniens, ab 1973 auch Syriens, ging es fortan also um die Wiedergewinnung der 1967 besetzten Gebiete, nicht mehr um die Vernichtung Israels oder die Befreiung Palästinas – auch wenn die öffentliche Rhetorik das für Jahrzehnte nicht deutlich reflektierte. Dies ebnete letztlich den Weg für bilaterale Regelungen zwischen den arabischen Staaten und Israel.

Die Ergebnisse der Kriege von 1948 und 1967
Israel bei Staatsgründung Mai 1948
Israel 1949
Waffenstillstandslinien von 1949
entmilitarisierte Gebiete/ internationale Zone
Stadtgebiet von Jerusalem (seit 1967)
Westjordanland (1948–1967 unter jordanischer Kontrolle, seit 1967 von Israel besetzt)
Gazastreifen (1948–1967 von Ägypten verwaltet, seit 1967 von Israel besetzt)
Israelisch besetzte Golanhöhen (seit 1967 besetzt, 1981 annektiert)
Internationale Grenze
LIBANON
Damaskus
Tyros
Golanhöhen
SYRIEN
Akko
Haifa
Tiberias
Nazareth
Irbid
Jordan
Nablus
Tel Aviv
Westjordanland
Jaffa
Ramallah
Amman
Ramla
Jericho
Aschdod
Jerusalem
Aschkelon
Bethlehem
Hebron
Totes Meer
Gaza-Stadt
Mittelmeer
Gaza
Rafah
Beerscheba
Al Arisch
ISRAEL
Auja (neutrale Zone)
ÄGYPTEN
Negev
JORDANIEN
(bis 1950 Transjordanien)
Sinai-Halbinsel
(1967–1982 von Israel besetzt)
Elat
Taba
Akaba
Golf von Akaba
0 20 40 60 km
SAUDI-ARABIEN

Die Naksa

Für die Palästinenserinnen und Palästinenser bedeutete der Krieg von 1967 einen weiteren «Rückschlag» (arab. Naksa). Denn mit der israelischen Eroberung des Westjordanlandes, inklusive Ost-Jerusalem, des Gazastreifens, des Sinai und der Golanhöhen kam es zu einer erneuten Flucht- und Vertreibungswelle. Nach UN-Angaben flohen etwa 350000 Bewohnerinnen und Bewohner dieser Gebiete, rund 175000 von ihnen bereits zum zweiten Mal, vorwiegend in die arabischen Nachbarstaaten.[6] Den allermeisten wurde nach dem Krieg die Rückkehr – nicht nur nach Israel, sondern auch in die besetzten palästinensischen Gebiete – verwehrt. Zehntausende, die sich zum Zeitpunkt des Krieges im Ausland aufgehalten hatten, galten für Israel fortan als «Abwesende», die nicht als legale Bewohner registriert und deren Rückkehrgesuche abgelehnt wurden. Und was noch schwerer wog: Israel kontrollierte nun das gesamte Territorium des ehemaligen britischen Mandatsgebiets Palästina und wurde zur Besatzungsmacht über mehr als eine Million Palästinenser.

Während sich die arabischen Staaten nach dem Krieg auf die Wiedererlangung ihrer von Israel besetzten Territorien konzentrierten, übernahmen die palästinensischen Gruppierungen die führende Rolle im Kampf gegen Israel und gegen die Besatzung. Von der Fatah angeführt, verübten sie in der zweiten Jahreshälfte 1967 Anschläge und unternahmen Versuche, einen Aufstand in den besetzten Gebieten anzuzetteln. Nicht zuletzt aufgrund drakonischer israelischer Gegenmaßnahmen misslang dies jedoch. Deshalb sahen sich die Freischärler gezwungen, ihre Präsenz in Jordanien auszubauen und zu Guerillaaktionen aus den Nachbarländern zurückzukehren.

2. Siedlungspolitik und Besatzungsregime

Unmittelbar nach der Eroberung verhängte Israel das Militärrecht über die palästinensischen Bewohner des Westjordanlandes und des Gazastreifens und setzte einen Militärkommandeur mit umfassenden exekutiven und legislativen Funktionen ein. Die Rechte der palästinensischen Bevölkerung wurden stark eingeschränkt: Politische Organisationen wurden verboten, Habeas-Corpus-Rechte wurden verwehrt, Aktivistinnen und Aktivisten wurden in der Regel ohne Anklage und Verfahren verhaftet bzw. deportiert, und jeglicher Ausdruck eines palästinensischen Nationalismus wurde untersagt.[7]

Israel registrierte die palästinensische Bevölkerung und erklärte all diejenigen, die sich am 7. Juni 1967 im Ausland aufhielten oder in den folgenden Tagen das Land verließen, zu Abwesenden. Bis heute kontrolliert Israel das Bevölkerungsregister und damit alle den Aufenthalt betreffenden Fragen in den palästinensischen Gebieten.[8] Wie schon 1948 im Kernland wurde mit einer der ersten Militärverordnungen auch für die besetzten Gebiete ein Treuhänder für den Besitz Abwesender eingesetzt, der über das Eigentum der Abwesenden verfügen konnte. Seither wurde ein beträchtlicher Teil des öffentlichen und privaten palästinensischen Landes im Westjordanland enteignet und zu israelischem Staatsland, Militärzonen oder Naturschutzgebieten erklärt. Letztlich kam der größte Teil des enteigneten Landes dem Siedlungsbau zugute, nur ein minimaler Teil – 0,25 Prozent – wurde der palästinensischen Bevölkerung zur Verfügung gestellt.[9] Zudem wurde regelmäßig palästinensisches Land, das eigentlich für Militär- oder Naturschutzzwecke enteignet worden war, für den Siedlungsbau freigemacht.[10]

Die Wasserressourcen in den besetzten Gebieten wurden zu israelischem Staatseigentum erklärt und der Militärverwaltung unterstellt. Fortan dienten sie vorrangig der Versorgung Israels und der entstehenden Siedlungen. Insgesamt wurden die besetzten Gebiete, wenn auch einseitig, in Israels Wirtschaft integriert. So war bis 1993 rund ein Drittel der männlichen palästinensischen Erwerbstätigen als billige Arbeitskräfte in Israel und den Siedlungen tätig.

Im Folgenden bauten israelische Regierungen das Besatzungsregime immer weiter aus und passten es an sich wandelnde Rahmenbedingungen an. Dies gilt insbesondere für die Osloer Friedensvereinbarungen ab 1993 (siehe S. 139ff.), durch die eine palästinensische Selbstverwaltung in das System integriert wurde.

Wider das Völkerrecht

Die Absichtserklärung der arabischen Staaten, nicht mit Israel zu verhandeln («drei Neins» von Khartum), stärkte in Israel die Position derjenigen, die die Kontrolle über die besetzten Gebiete aus sicherheitspolitischen Erwägungen dauerhaft verfestigen wollten. Entgegen den Warnungen von Realpolitikern wie Ben-Gurion, die darin eine Bedrohung für künftige Bemühungen um Frieden mit den arabischen Nachbarn sahen, begann 1968 der Siedlungsbau. Die Politik der Regierung der Awoda (Israelische Arbeitspartei, im politischen Spektrum Mitte-links verortet) nach dem «Allon-Plan» von 1967 (benannt nach Jigal Allon, dem damaligen stellvertretenden Premierminister Israels) zielte zunächst darauf ab, durch die Errichtung einzelner Siedlungen strategisch wichtige Gebiete zu kontrollieren, das israelische Kernland zu schützen und die Herrschaft über Jerusalem zu festigen.[11] Mit der Regierungsübernahme des nationalkonservativen Likud 1977, der Groß-Israel zum Ziel hatte, wurden alle besetzten Gebiete zur Besiedlung freigegeben und großzügige finanzielle Anreize geschaffen, um Israelis von den Vorteilen eines Lebens in den Siedlungen zu überzeugen.

Auch die nachfolgenden Regierungen – ob unter Führung der Arbeitspartei oder des Likud – trieben den Siedlungsbau weiter voran. Selbst während des Osloer Friedensprozesses stieg die Zahl der Siedlungen und ihrer Bewohnerinnen und Bewohner immer weiter an und nur in Einzelfällen wurden Siedlungen geräumt, so beim Abzug aus dem Sinai 1982, als Israel rund 7000 Menschen evakuierte, und im Spätsommer 2005, als etwa 9000 Siedler aus dem Gazastreifen und – nach massivem Druck der USA – auch aus vier kleinen, isolierten Siedlungen im nördlichen Westjordanland zurückgezogen wurden. Zwar kam und kommt es immer wieder zur Räumung von Außenposten, die ohne vorherige staatliche Genehmigung errichtet werden und auch nach israelischem Recht illegal sind. Viele von ihnen werden aber entweder im Nachhinein legalisiert, nur temporär geräumt oder an anderer Stelle wieder errichtet.

Ende 2018 lebten nach Angaben der israelischen Menschenrechtsorganisation B'Tselem knapp 623 000 Israelis in 131 Siedlungen und rund 110 Außenposten im Westjordanland, davon rund 220 000 in 11 Siedlungen (sowie zunehmend auch in kleinen Enklaven inmitten palästinensischer Wohngebiete) in Ost-Jerusalem.[12] Dabei brachte der Bau von Siedlungen sowie der damit zusammenhängenden Infrastruktur wie Straßen, welche der Verbindung mit dem Kernland Israel dienen, für die palästinensische Bevölkerung einschneidende Veränderungen mit sich: eine fortschreitende Zerstückelung ihres Territoriums, eine fortgesetzte Präsenz des israelischen Militärs, das die Siedlungen und Zufahrtsstraßen kontrolliert, und eine massive Einschränkung der Bewegungsfreiheit. Hinzu kommt der Verlust von landwirtschaftlicher Fläche und Wasserressourcen. Dies schränkt nicht nur die palästinensische Landwirtschaft besonders im Jordangraben massiv ein, sondern beschneidet die Entwicklungsmöglichkeiten insgesamt. Denn auch wenn die bebaute Fläche der Siedlungen selbst relativ klein ist, so können nach Angaben von B'Tselem de facto rund 40 Prozent des gesamten Westjordanlandes von den Palästinensern nicht bebaut oder entwickelt werden, da sie als Siedlungsgebiet, Staatsland, Militärzonen oder Naturparks klassifiziert sind oder jenseits der seit 2002 errichteten Sperranlagen liegen.[13] Insbesondere solche Siedlungen, die wie in Ost-Jerusalem oder Hebron inmitten palästinensischer Wohngebiete liegen, bringen starke Belastungen für die lokale Bevölkerung mit sich, führen oft zu ihrer Verdrängung und provozieren immer wieder Zusammenstöße und bewaffnete Auseinandersetzungen. Zu dieser Verdrängung trägt auch die israelische Politik der Hauszerstörungen bei. Die israelische Organisation Israeli Committee Against House Demolitions (ICAHD) schätzt, dass im Zeitraum von Juni 1967 bis März 2020 rund 55000 palästinensische Wohnhäuser und andere Einrichtungen durch Israel demoliert worden sind – als Folge von Strafmaßnahmen, wegen mangelnder Genehmigungen oder im Zuge von Militäroperationen.[14]

Auch wenn in den Augen vieler Israelis kein Unterschied zwischen der jüdischen Siedlungstätigkeit vor der Staatsgründung 1948 und dem Siedlungsbau in den 1967 eroberten Gebieten besteht: Diese Politik in den besetzten Gebieten verstößt gegen das Völkerrecht. So ist es nach Artikel 49 der IV. Genfer Konvention von 1949 einer Besatzungsmacht untersagt, Zivilbevölkerung in das von ihr besetzte Gebiet zu transferieren. Auch die Ausbeutung von Ressourcen durch die Besatzungsmacht zugunsten ihrer eigenen Bevölkerung ist nicht zulässig. Das Statut des Internationalen Strafgerichtshofs von 1998 klassifiziert die Besiedlung besetzten Gebiets sogar als Kriegsverbrechen. Das Rechtsgutachten des Internationalen Gerichtshofes (IGH) von 2004 zum Bau der Sperranlagen in den palästinensischen Gebieten erklärt deren Verlauf für völkerrechtswidrig. Denn sie verliefen überwiegend auf palästinensischem Gebiet, verletzten das Recht auf Selbstbestimmung der Palästinenser, schienen auf Dauer angelegt zu sein und könnten damit einer De-facto-Annexion von Territorium dienen. Es bestätigt zudem die Völkerrechtswidrigkeit des Siedlungsbaus. Ohnehin ist gemäß Völkerrecht eine militärische Besatzung nur temporär zulässig, eine auf Dauer angelegte Präsenz aber nicht. Nach über einem halben Jahrhundert kann kaum mehr von einer temporären Besatzung die Rede sein. Darüber hinaus lassen die 2020 vorgelegten israelischen Infrastrukturplanungen keinen Zweifel an der Absicht, Jerusalem und das Westjordanland dauerhaft zu kontrollieren.[15]

Jerusalem

Im Juni-Krieg 1967 gelang Israel auch die Eroberung Ost-Jerusalems und – in der Eigensicht – die «Wiedervereinigung» der Stadt. Noch im selben Monat wurde die israelische Gesetzgebung auf ganz Jerusalem ausgedehnt. 1980 erfolgte die förmliche Bestätigung der Annexion durch das sogenannte Jerusalemgesetz, das die Stadt zur unteilbaren Hauptstadt Israels erklärte.

Damit betrachtete Israel auch die Vorkehrungen der UN-Teilungsresolution von 1947 für die Heilige Stadt endgültig als irrelevant. Gemäß der Resolution hätte Jerusalem (zusammen mit Bethlehem) weder zum vorgesehenen jüdischen noch zum arabischen Staat gehören sollen. Es hätte vielmehr als eigenständiges, neutrales und demilitarisiertes Gebiet – als sogenanntes Corpus Separatum – unter einem speziellen internationalen Regime stehen und durch die Vereinten Nationen verwaltet werden sollen. So hätte der Frieden gewahrt und vor allem der Zugang zu den Heiligen Stätten für alle Angehörigen der drei monotheistischen Religionsgemeinschaften gewährleistet werden sollen. Im Krieg von 1948 jedoch hatte Jordanien den Ostteil Jerusalems einschließlich der Altstadt eingenommen, Israel den Westteil der Stadt. Dies hatte zur Teilung Jerusalems geführt, die De-facto-Grenze verlief mitten durch die Stadt. Eine Mauer verwehrte Israelis den Zugang zu den Heiligen Stätten im Ostteil, nicht zuletzt zur Westmauer des Zweiten Tempels (der sogenannten Klagemauer).

Nach der Eroberung Ost-Jerusalems 1967 zielte die israelische Politik darauf ab, die Kontrolle über die gesamte Stadt zu festigen. Um zu diesem Ziel zu gelangen, sollte eine jüdische Mehrheit auch in Ost-Jerusalem erreicht und eine kontinuierliche, den Ostteil der Stadt und das Westjordanland verbindende palästinensische Siedlungsfläche verhindert werden.[16] In diesem Sinne erweiterte die israelische Regierung die Stadtgrenzen mit dem Ziel, so viel Gebiet wie möglich, aber so wenig arabische Bevölkerung wie nötig einzugemeinden. In der Altstadt wurden 135 Gebäude abgerissen und ihre rund 600 palästinensischen Bewohnerinnen und Bewohner vertrieben, um einen großen Platz vor der Westmauer zu schaffen. Auf rund einem Drittel der Fläche Ost-Jerusalems wurde palästinensisches Land für den Bau von Siedlungen enteignet.

Während der Fokus der Aktivitäten zunächst auf dem Siedlungsring um Ost-Jerusalem lag, wurde seit den späten 1980er Jahren verstärkt auch die Siedlungstätigkeit in der Altstadt und in den angrenzenden palästinensischen Vierteln vorangetrieben. Zu diesem Zweck enteigneten die Behörden im sogenannten Heiligen Becken um die Altstadt herum auch Flächen, die sie für archäologische Ausgrabungen, Tourismusprojekte wie die «Davidstadt» und Nationalparks auswiesen. Gleichzeitig wird bis heute die Erteilung von Baugenehmigungen für Palästinenser in Ost-Jerusalem besonders restriktiv gehandhabt. Als Reaktion bauen Palästinenser oft ohne Genehmigung – das Amt der Vereinten Nationen für die Koordinierung humanitärer Angelegenheiten (UNOCHA) geht davon aus, dass rund ein Drittel der palästinensischen Häuser in Ost-Jerusalem ohne Genehmigung errichtet worden ist.[17] Ohne Baugenehmigung gebaute Häuser sind allerdings von Abrissanordnungen bedroht und werden oftmals zerstört. Allein zwischen 2004 und 2020 wurden nach Angaben von B'Tselem knapp 1100 Häuser in Ost-Jerusalem abgerissen.[18]

Die Siedlungen in und um Jerusalem bilden mit ihren Verbindungsstraßen eine Art Ring um Ost-Jerusalem, der dieses vom Westjordanland abschneidet, eine weitere Ausdehnung und Entwicklung palästinensischer Wohngebiete verhindert und die Hauptverbindungsachse zwischen nördlichem und südlichem Westjordanland durchtrennt.[19] Die von Israel 1993 verhängte generelle Abriegelung, die der palästinensischen Bevölkerung aus dem Westjordanland und dem Gazastreifen den Zugang nach Jerusalem verwehrt, sowie die Errichtung der Sperranlagen ab 2002, die ihre Einreise effektiv verhindern und in einigen Bezirken direkt durch die palästinensischen Wohngebiete verlaufen, vervollständigten die Isolierung Jerusalems. Dabei ist die Stadt das religiöse und ursprünglich auch kulturelle sowie wirtschaftliche Zentrum des Westjordanlandes und beherbergt zudem wichtige palästinensische Einrichtungen, etwa Krankenhäuser.

Die zum Zeitpunkt der Besetzung Jerusalems innerhalb der neuen Stadtgrenzen ansässigen rund 70000 Palästinenserinnen und Palästinenser wurden zu «permanenten Bewohnern» der Stadt erklärt. Sie bekamen spezielle Jerusalemer Ausweise, wurden aber nicht eingebürgert. Damit unterliegen sie zwar israelischem Recht, haben Anspruch auf israelische Sozialversicherung, dürfen sich in Israel bewegen und an den Jerusalemer Kommunalwahlen teilnehmen, genießen jedoch keine staatsbürgerlichen Rechte. Außerdem kann ihnen ihr Aufenthaltsrecht entzogen werden, wenn sie nicht nachweisen können, dass sie fortwährend in Jerusalem wohnen. Nach Angaben des israelischen Innenministeriums ist von Beginn der Besatzung 1967 bis Ende 2018 knapp 14600 Palästinenserinnen und Palästinensern das Aufenthaltsrecht in Jerusalem entzogen worden.[20] Zwar steht es den «permanenten Bewohnern» Jerusalems unter bestimmten Bedingungen grundsätzlich frei, die israelische Staatsbürgerschaft zu beantragen; Israel hat bislang aber Einbürgerungen eher erschwert als befördert.[21] Auch wird diese Möglichkeit nur selten von der palästinensischen Bevölkerung der Stadt in Anspruch genommen, nicht zuletzt weil dies einer Anerkennung der israelischen Souveränität über Ost-Jerusalem gleichkäme.

Trotz «Wiedervereinigung» besteht eine offensichtliche Kluft zwischen den jüdischen und palästinensischen Vierteln der

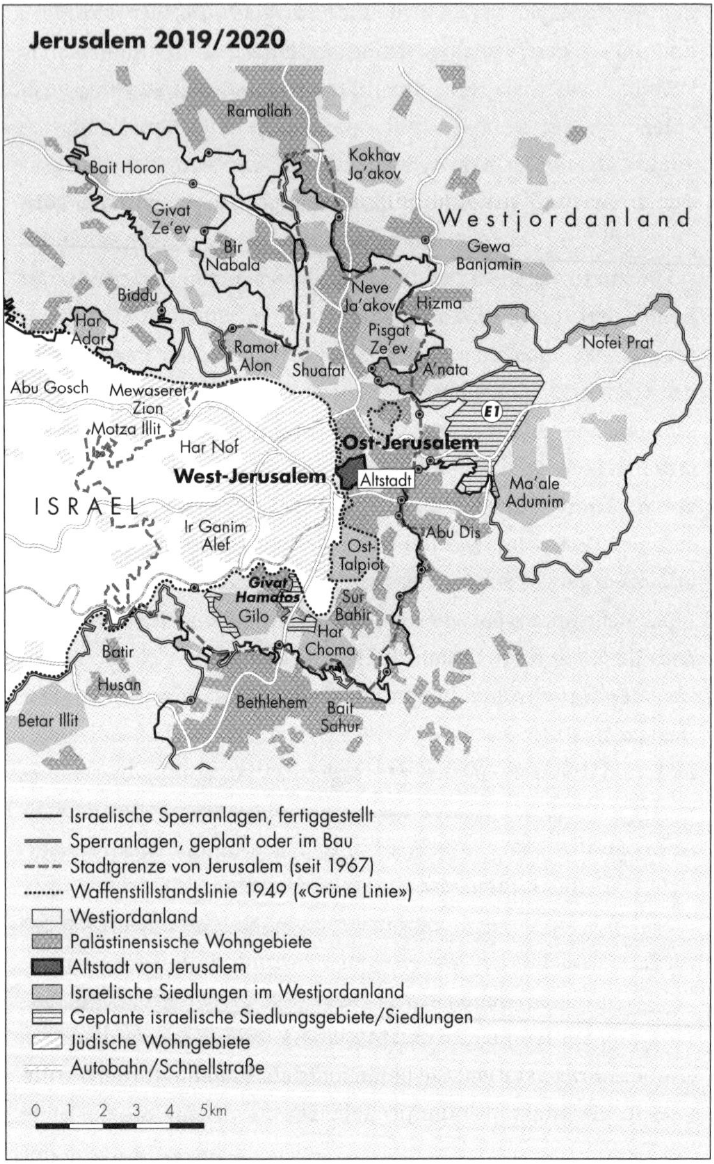
Jerusalem 2019/2020
Ramallah
Kokhav Ja'akov
Bait Horon
Givat Ze'ev
Westjordanland
Bir Nabala
Gewa Banjamin
Neve Ja'akov
Hizma
Biddu
Har Adar
Pisgat Ze'ev
Nofei Prat
Ramot Alon
Shuafat
A'nata
Abu Gosch
Mewaseret Zion
E1
Motza Illit
Har Nof
Ost-Jerusalem
West-Jerusalem
Altstadt
Ma'ale Adumim
ISRAEL
Ir Ganim Alef
Abu Dis
Ost-Talpiot
Givat Hamatos
Gilo
Sur Bahir
Har Choma
Batir
Husan
Bethlehem
Bait Sahur
Betar Illit
Israelische Sperranlagen, fertiggestellt
Sperranlagen, geplant oder im Bau
Stadtgrenze von Jerusalem (seit 1967)
Waffenstillstandslinie 1949 («Grüne Linie»)
Westjordanland
Palästinensische Wohngebiete
Altstadt von Jerusalem
Israelische Siedlungen im Westjordanland
Geplante israelische Siedlungsgebiete/Siedlungen
Jüdische Wohngebiete
Autobahn/Schnellstraße
0 1 2 3 4 5km

Stadt. Bei der Zuteilung öffentlicher Zuwendungen werden die Palästinenser Ost-Jerusalems systematisch benachteiligt.[22] Dies schlägt sich in einem deutlichen Entwicklungsunterschied zwischen den jüdischen und palästinensischen Stadtvierteln nieder, was etwa Straßenbau, Elektrifizierung, Kanalisation, Gesundheits- und Bildungseinrichtungen betrifft. 2018 lebten fast 60 Prozent der palästinensischen Bevölkerung Jerusalems unter der Armutsgrenze – und damit mehr als doppelt so viele wie bei den jüdischen Bewohnern (27 Prozent).[23] Auch die Sicherheitslage ist im Osten der Stadt erkennbar schlechter als im Westen.

Vielen Israelis gilt der Tempelberg als Symbol des «vereinten» Jerusalems, steht er doch für die historische und religiöse Verwurzelung der Juden in der Stadt. Allerdings dürfen diese seit 1967 nur an der Tempelmauer beten, nicht auf dem Plateau. Gemäß Absprache zwischen Israel und Jordanien sollte dieses zwar für Angehörige aller Konfessionen zugänglich sein, aber zum Gebet den Muslimen vorbehalten bleiben, um Auseinandersetzungen vorzubeugen. Das Plateau des Haram al-Scharif (arab. für Edles Heiligtum), auf dem der Felsendom und die Al-Aqsa-Moschee – das drittwichtigste Heiligtum des Islam – stehen, wird vom islamischen Waqf (arab. für Stiftung bzw. religiöse Stiftung, hier: die für die islamischen Heiligen Stätten zuständige jordanische Behörde) verwaltet. Mit dieser Regelung hat man gewaltsame Auseinandersetzungen jedoch nicht vermeiden können, nicht zuletzt, weil nationalreligiöse Israelis – unter ihnen auch Abgeordnete, Ministerinnen und Minister – sie missachten und den Status quo immer wieder demonstrativ in Frage stellen: Sie beten auf dem Plateau, fordern volle israelische Kontrolle oder propagieren die Errichtung des dritten Tempels anstelle von Al-Aqsa-Moschee und Felsendom.[24]

3. Israelisch-arabische Kriege und ein erster Friedensprozess

Nach der Niederlage 1967 war Ägypten mehr als andere Staaten in der Region an einer Konfliktregelung, wenn auch nicht zwingend einem Frieden mit Israel interessiert. Denn nur ein Rückzug Israels konnte Ägypten seine Ölfelder auf dem Sinai zurückbringen und eine Wiedereröffnung des seit 1967 geschlossenen Sueskanals ermöglichen – beides wichtige Einnahmequellen für den Staat am Nil.

Oktoberkrieg 1973 und erste Friedensverhandlungen

Nachdem mehrere amerikanische und ägyptische Initiativen fehlgeschlagen waren und Ägyptens Präsident Anwar al-Sadat, der Nachfolger Nassers, die Hoffnungen auf eine internationale Vermittlung zur friedlichen Umsetzung der ägyptischen Ziele aufgegeben hatte, bereitete er gemeinsam mit Syrien einen begrenzten Krieg vor. Angesichts der militärisch-technologischen Überlegenheit Israels ging es ihm dabei in erster Linie darum, die israelische Regierung an den Verhandlungstisch zu bringen.[25] Syrien wiederum versprach sich von dem Krieg eine Rückeroberung der Golanhöhen. Unterstützt wurden sie von Saudi-Arabien, das den Einsatz der «Ölwaffe», also eines Ölembargos, gegen jene Staaten in Aussicht stellte, die Israel zur Seite stehen würden. Am 6. Oktober 1973 setzten ägyptische Truppen auf den von Israel besetzten Sinai über, während gleichzeitig Syrien Israel auf dem Golan angriff und zunächst rasche territoriale Gewinne machte.

Der Oktober- oder Ramadan-Krieg, wie er in der arabischen

Geschichtsschreibung heißt, weil er während des Fastenmonats Ramadan stattfand, bzw. der Jom-Kippur-Krieg, wie ihn die Israelis nennen, weil die arabischen Truppen Israel am höchsten jüdischen Feiertag Jom Kippur angriffen, wurde ein politischer Erfolg der arabischen Staaten. Er demonstrierte, dass Israel nicht unangreifbar (in der arabischen Propaganda: nicht unbesiegbar) war. Dabei zählte der militärische Durchbruch zu Beginn mehr als die Tatsache, dass Israel – auch dank amerikanischer Waffenhilfe – das Blatt bald wenden konnte, die syrische Armee wieder vom Golan trieb und seinerseits tief nach Ägypten vorstieß.

Unter amerikanischer Vermittlung führte dieser Krieg zu einem ersten nahöstlichen Friedensprozess: 1974 wurden ein ägyptisch-israelisches und ein syrisch-israelisches Truppenentflechtungsabkommen abgeschlossen. Syrien und Ägypten erhielten dabei jeweils Teile des 1967 besetzten Territoriums zurück, während gleichzeitig an beiden Fronten Sicherheitsarrangements vereinbart wurden. Auf dem Golan nahm 1974 die United Nations Disengagement Observer Force (UNDOF) zur Überwachung des Waffenstillstands ihre Arbeit auf. Auf dem Sinai begann bereits 1973 der Einsatz der United Nations Emergency Force (UNEF II; UNEF I war nach der Sueskrise 1956 eingesetzt und im Mai 1967 des Landes verwiesen worden), die 1979 abgezogen und 1981 durch die amerikanisch geführte Multinational Force and Observers (MFO) ersetzt wurde. Die Abkommen galten ausdrücklich als Schritt zu einem späteren «gerechten und dauerhaften Frieden».

Allerdings waren sich die arabischen Staaten keineswegs einig über den Weg zum Frieden. So brachte der ägyptische Präsident Sadat im November 1977 mit einer spektakulären Reise nach Jerusalem und seiner Rede vor dem israelischen Parlament, erneut Bewegung in die Situation. In der Folge handelten Sadat und der israelische Premier Menachem Begin unter aktiver Beteiligung des US-amerikanischen Präsidenten Jimmy Carter die Rahmenvereinbarungen von Camp David aus. Dabei hatte Carter ursprünglich eine umfassende Konfliktregelung im Sinn, die auch die palästinensische Frage lösen sollte. Doch ein Durchbruch war zunächst nur bilateral zu erreichen. Im März 1979 wurde der ägyptisch-israelische Friedensvertrag – der erste und auf weitere 15 Jahre einzige Friedensvertrag zwischen Israel und einem arabischen Staat – unterzeichnet. Erst 1994, nach dem Abkommen zwischen Israel und der PLO in Oslo, kam eine weitere Friedensvereinbarung zwischen Israel und einem seiner Nachbarstaaten zustande: der israelisch-jordanische Friedensvertrag.

Den israelisch-ägyptischen Vertrag verbuchte Israel als klaren Erfolg: Es gab zwar Territorium auf und musste seine Siedlungen im Sinai zurückbauen, gewann aber Frieden mit seinem größten Nachbarn und wurde durch großzügige amerikanische Entwicklungs- und Militärhilfe entschädigt. Aus amerikanischer Sicht war das Abkommen ein Durchbruch, auch wenn es hinter einer umfassenden Lösung des Nahostkonflikts zurückblieb. Ägypten wurde in der Folge zu einem strategischen Partner in der Region. Allerdings blieb der Vertrag dort umstritten: Das Land bekam zwar dank des Alleingangs von Sadat den Sinai zurück, wurde zudem ein bevorzugter Partner der USA und avancierte zu dem nach Israel wichtigsten Empfänger von amerikanischer Finanz- und Militärhilfe. Große Teile der ägyptischen Bevölkerung lehnten jedoch eine Aussöhnung mit Israel ab. So blieb der Frieden ein «kalter Frieden» und führte nicht, wie in Israel erhofft, zu einer Normalisierung der Beziehungen und gesellschaftlicher Akzeptanz. Die meisten arabischen Staaten, wie auch die PLO, lehnten das Abkommen als «Separatfrieden» ab, weil Ägypten sein Verhältnis zu Israel von der Palästinafrage abkoppelte. Dafür wurde Ägypten mit dem vorübergehenden Ausschluss (1979–1989) aus der Arabischen Liga bestraft.

Israelische Libanon-Invasion 1982

Nach dem Ausscheiden Ägyptens aus der arabischen Front gegen Israel mussten die Israelis arabische militärische Reaktionen auf eigene Schritte kaum noch fürchten. Denn der Friedensvertrag veränderte die regionalen Kräfteverhältnisse zugunsten Israels, das sein militärisches Arsenal nun im Osten und Norden des Landes konzentrieren konnte. Im Sommer 1982 stieß die israelische Armee weit auf libanesisches Territorium vor. Mit dieser Invasion verbanden Premierminister Begin und sein Verteidigungsminister Ariel Scharon weitreichende Ziele. Schon 1978 hatte Israel einen Grenzstreifen (in der israelischen Diktion eine «Sicherheitszone») im Süden des Landes besetzt, aber ohne nachhaltigen Erfolg. Nun wollte Israel die PLO, die Teile des Libanon kontrollierte und diesen Umstand für Angriffe auf das Nachbarland nutzte, schwächen und vertreiben. Dadurch sollte letztlich auch die nationale palästinensische Bewegung in den besetzten Gebieten lahmgelegt werden. Zudem bestand das Ziel darin, die syrische Armee aus dem Libanon zu drängen und dort eine Israel genehme Regierung unter dem Falangistenführer Baschir Gemayel zu etablieren. Mit dieser sollte dann, wie mit Ägypten, ein Separatfrieden geschlossen werden.

Die US-Regierung erteilte ihr Plazet, wenn auch nur für eine begrenzte Operation.[26] Unter Verteidigungsminister Ariel

Scharon rückte die israelische Armee im Sommer 1982 bis Beirut vor und belagerte über neun Wochen West-Beirut. Massive Zerstörungen im Südlibanon, monatelange Bombardierungen in Beirut sowie wiederholte Anschläge auf Arafat oder Arafat und die PLO-Führung führten zu hohen Opferzahlen und trieben Hunderttausende in die Flucht. Die PLO wartete vergeblich auf Unterstützung. Syrien hatte bereits Ende Juni 1982 einem Waffenstillstand mit Israel im Libanon, der allerdings die PLO ausnahm, zugestimmt und ließ Israel im Folgenden gewähren.[27]

Nach Vermittlung durch die USA und unter der Bedingung, der verbleibenden palästinensischen Zivilbevölkerung internationalen Schutz zu gewähren, zog die PLO aus dem Libanon ab. Im Norden des Libanon trieb die syrische Armee mit Hilfe der Falangisten die noch im Lande verbliebenen Fedajin in die Enge. Den Hintergrund bildete die Absicht der syrischen Regierung, die uneingeschränkte Dominanz über den Norden des Libanon wie auch den Führungsanspruch bei der Befreiung Palästinas durchzusetzen. Arafat konnte letztlich einen Abzug der eingekesselten Kämpfer in den Jemen erwirken, indem er den ägyptischen Präsidenten Husni Mubarak um Vermittlung bat – ein Tabubruch, war Ägypten doch infolge des Separatfriedens mit Israel 1979 aus der Arabischen Liga ausgeschlossen worden.[28]

Mitte September 1982 folterten, vergewaltigten und massakrierten christliche Milizen in Sabra und Schatila (vgl. S. 69 ff.) unter den Augen der israelischen Armee zwischen 800 und 3000 Menschen. Die Gräueltaten riefen große internationale Empörung hervor und wurden von der UN-Generalversammlung als Genozid verurteilt. In Israel führten sie zu Großdemonstrationen und der Einrichtung einer Untersuchungskommission, die

u. a. die persönliche Verantwortung von Verteidigungsminister Scharon feststellte. In der Folge musste er zurücktreten. Strafrechtlich wurden die Täter und Verantwortlichen weder in Israel noch im Libanon belangt.[29]

Doch das Leid der palästinensischen Zivilbevölkerung im Libanon sollte damit noch nicht vorbei sein. Denn die schiitische Amal-Bewegung ging im «Krieg der Lager» in den Jahren 1985–1988 mit Ermordungen und Zerstörungen gegen die Camp-Bewohner vor, um die PLO daran zu hindern, dort wieder Fuß zu fassen und eine Machtbasis aufzubauen.[30]

Anstatt die regionalen Verhältnisse nach ihren Vorstellungen zu ordnen, hatten Begin und Scharon Israel in den libanesischen Bürgerkrieg verstrickt. Die israelische Armee wurde mitschuldig an den Kriegsverbrechen ihrer libanesischen Verbündeten und besetzte bis zum Mai 2000 den Süden des Libanon.

In der Geschichte des Nahen Ostens stellte der Krieg von 1982 eine Zäsur dar: Das erste Mal standen sich in einer großen militärischen Konfrontation nicht staatliche Armeen gegenüber, sondern Israel führte einen Krieg gegen die Fedajin und ihre libanesischen Verbündeten. Zwar hatte es schon vorher bewaffnete Auseinandersetzungen zwischen Israel und palästinensischen Guerillakämpfern gegeben, doch der Krieg von 1982 mit seinem massiven israelischen Truppenaufgebot, wochenlangen Bombardierungen und der Belagerung West-Beiruts hatte eine völlig andere Dimension. Die Libanon-Invasion hatte zudem für Israel weitreichende Folgen: Zwar war es gelungen, die PLO zur Verlegung ihres Hauptquartiers von Beirut nach Tunis zu zwingen und damit eine feindliche Kraft aus der unmittelbaren Nachbarschaft zu vertreiben. Doch die palästinensische Nationalbewegung in den palästinensischen

Gebieten wurde dadurch nicht geschwächt, sondern erhielt erst recht Zulauf. Und in Reaktion auf den israelischen Einmarsch wurde 1985 mit iranischer Unterstützung im mehrheitlich schiitisch besiedelten Süden des Libanon die Hisbollah (arab. für Partei Gottes) gegründet, die fortan einen Guerillakrieg gegen Israel führte. Vor allem aber litt das Image Israels auch in den USA und in Europa erheblich, während den Palästinensern Sympathien oder zumindest Mitgefühl zukamen.

Unter dem Schock der israelischen Libanon-Invasion, der sie weitgehend tatenlos zugesehen hatten, beschlossen die arabischen Staaten im September 1982 im marokkanischen Fes einen Friedensplan für den Nahen Osten, der für die nächsten Jahre die offizielle arabische Position bestimmen sollte. Darin forderten sie den Abzug Israels aus den 1967 besetzten Gebieten, die Räumung der Siedlungen, die Errichtung eines unabhängigen palästinensischen Staates und internationale Friedensgarantien «für alle Staaten der Region». Diese Formulierung schloss Israel ein, ohne es explizit zu nennen. Die arabische Initiative blieb allerdings in Israel sowie international weitgehend unbeachtet und damit folgenlos.

VIERTES KAPITEL

Die Erste Intifada

Die spontanen Proteste, die am 8. Dezember 1987 durch einen Verkehrsunfall im Gazastreifen ausgelöst wurden, wuchsen sich schnell zu einem koordinierten, landesweiten Aufstand in den besetzten Gebieten aus, der als Intifada bekannt wurde. Zentrales Merkmal war der zivile Ungehorsam gegen die Besatzungsmacht. Über ideologische Strömungen hinweg wurden Proteste, Streiks, der Boykott israelischer Waren und der Aufbau von Selbstversorgungsstrukturen organisiert. Dazu stimmten sich die überall entstehenden Volkskomitees, lokale Persönlichkeiten, Vertreterinnen und Vertreter der PLO-Gruppierungen und der Exil-PLO miteinander ab. Dies rief nicht nur ein starkes Gemeinschaftsgefühl hervor und hatte eine (zumindest vorübergehende) Aufweichung sozialer Unterschiede und Hierarchien zur Folge, sondern brachte auch eine neuartige, aktive und teils herausgehobene Rolle palästinensischer Frauen mit sich.

Die Erste Intifada beförderte Entwicklungen, die schließlich in israelisch-palästinensische Verhandlungen münden sollten: den Verzicht Jordaniens auf Souveränität über das Westjordanland zugunsten der PLO, die Proklamation eines palästinensischen Staates durch die Exil-PLO in den 1967 besetzten Gebieten und einen Einstellungswandel in Israel. Denn Israel entstanden durch den Aufstand enorme materielle Kosten sowie ein beträchtlicher Image-Schaden, und in weiten Teilen der israelischen Gesellschaft setzte sich die Einsicht durch, dass die palästinensische Bevölkerung nicht länger willens war, die Besatzung dauerhaft zu akzeptieren.

Zu Beginn des Aufstandes erfolgte auch die Gründung der Hamas (Akronym für die Islamische Widerstandsbewegung, arab. für Eifer) aus den Reihen der palästinensischen Muslimbruderschaft. Damit entstand aus der vor allem im Gazastreifen gesellschaftlich tief verwurzelten Organisation, die bis dato insbesondere auf religiöse Erziehung und soziales Engagement gesetzt hatte, eine nationalreligiöse Widerstandsbewegung. Sie spielte in den folgenden Jahren eine zunehmend wichtige Rolle in den Auseinandersetzungen zwischen Israel und den Palästinensern und wurde zur größten Konkurrenz, ja zur Gegnerin der Fatah und ihres Staatsbildungsprojekts.

1. Der Krieg der Steine

Auslöser des Aufstands war ein Verkehrsunfall im Flüchtlingslager Jabalia im nördlichen Gazastreifen, bei dem durch ein israelisches Militärfahrzeug vier Palästinenser getötet und sieben schwer verletzt wurden. Als das Gerücht aufkam, dass es sich nicht um einen Unfall, sondern um einen Vergeltungsakt für die Ermordung eines israelischen Geschäftsmannes handelte, verwandelten sich die Trauerzüge in Protestmärsche. Demonstrationen und Aktionen des zivilen Ungehorsams dehnten sich in den darauffolgenden Tagen zunächst auf die Flüchtlingslager im Westjordanland, dann auf die gesamten besetzten Gebiete aus und umfassten schnell weite Teile der Gesellschaft. Neben einem Generalstreik (vor allem in Ost-Jerusalem), dem Boykott israelischer Waren, der Weigerung, in

Israel oder für israelische Behörden zu arbeiten und Steuern an Israel zu entrichten, wurden unbewaffnete Demonstrationszüge der Zivilbevölkerung sowie Steine werfende Jugendliche, die vor allem die Siedlerbevölkerung und das Militär angriffen, zum Kennzeichen des Aufstands.[1]

Dabei war der Boden für die Auflehnung der palästinensischen Bevölkerung längst bereitet worden:[2] Das Besatzungsregime prägte 20 Jahre nach seiner Einführung die Lebensrealität vor Ort. Zwar hatte sich – vor allem durch die Möglichkeit, in Israel und den Siedlungen zu arbeiten – die sozioökonomische Lage der palästinensischen Bevölkerung gebessert, aber nach wie vor verweigerte Israel den Bewohnern der besetzten Gebiete auch nur ein Mindestmaß an Selbstbestimmung und politischen Rechten.[3] Ein palästinensischer Staat schien nach dem israelisch-ägyptischen Separatfrieden und dem Libanonkrieg in weiter Ferne. Israels Regierung führte ihren Kampf gegen die PLO fort und trachtete Arafat nach dem Leben: Bei der Bombardierung des PLO-Hauptquartiers nahe Tunis am 1. Oktober 1985 kamen 71 Menschen, darunter viele tunesische Zivilisten, ums Leben, während Arafat überlebte.[4] Und 1986 erließ Israel ein Gesetz, das israelischen Staatsbürgern Treffen mit PLO-Vertretern bei Gefängnisstrafe verbot. Darüber hinaus zeichnete sich international keine Unterstützung für die palästinensische Sache ab. Im Gegenteil: Die USA hatten das Informationsbüro der PLO in Washington geschlossen und ein Krisengipfel der Arabischen Liga in Amman Mitte November 1987 konzentrierte sich nahezu ausschließlich auf den Irak-Iran-Krieg (Erster Golfkrieg, 1980–1988), definierte den Iran als Hauptbedrohung für die arabischen Staaten und behandelte Arafats Anliegen mit Geringschätzung.

Der Volksaufstand

Die Intifada wurde in erster Linie von der palästinensischen Bevölkerung in den besetzten Gebieten getragen, die sich in Nachbarschafts- bzw. Volkskomitees und anderen Foren organisierte, um Aktionen des Widerstands zu planen und Selbstversorgungsstrukturen aufzubauen. Dazu gehörten etwa Landwirtschaftskooperativen, die medizinische Versorgung von bei den Protesten Verwundeten sowie das Angebot einer alternativen Schul- und Universitätsbildung. Das Ziel dieser Maßnahmen bestand darin, sich weitgehend von Israel abzukoppeln und eine palästinensische Eigenständigkeit zu erlangen. Dass sie bei der Sicherstellung der Grundversorgung Erfolg hatten, erfüllte viele Palästinenserinnen und Palästinenser mit Stolz und verstärkte die Solidarität und Widerstandsbereitschaft.

Bei der Schaffung der Strukturen konnte auf die bereits existierenden PLO-Fraktionen und Massenorganisationen (Gewerkschaften, Jugendgruppen, Frauenverbände etc.) vor Ort zurückgegriffen werden.[5] Aber auch andere Gruppierungen, wie etwa der Palästinensische Islamische Dschihad, schlossen sich der gemeinsamen nationalen Führung des Aufstandes (Unified National Leadership of the Uprising, UNLU) an bzw. stimmten sich mit ihr ab. Damit bildete die Führung die wichtigsten sozialen und politischen Trends der palästinensischen Gesellschaft ab. Sie agierte aus dem Untergrund und verbreitete ihre Weisungen an die Bevölkerung über Flugblätter, von denen das erste Anfang Januar 1988 erschien.[6] Lokale Persönlichkeiten, wie Faisal al-Husseini, dessen Vater Abdel Qader al-Husseini schon eine tragende Rolle während der Revolte von 1936–1939 gespielt hatte, führten die Proteste an und wurden in der Folge immer wieder von israelischen Sicherheitskräften verhaftet. Die Exil-PLO, zunächst selbst von der Intifada überrascht, koordinierte sich bald eng mit den lokalen Gruppen und half, neben arabischen Staaten und der palästinensischen Diaspora, bei ihrer Finanzierung.[7]

Zum ersten Mal spielten nicht nur einzelne Frauen eine herausgehobene Rolle in der palästinensischen Öffentlichkeit, vielmehr wurde der Aufstand entscheidend von Frauen mitgetragen.[8] Die Verhaftung, Deportation und Tötung von männlichen Führungsfiguren machten den Weg für Frauen frei, die in der Intifada Verantwortung übernehmen wollten. Erstmals nahmen Frauen in Massen an Demonstrationen teil und errichteten – etwa durch die Gründung landwirtschaftlicher Kooperativen, die Organisation medizinischer Versorgung oder den Aufbau von Untergrundschulen – parallele Strukturen zur israelischen Verwaltung. Und sie begründeten innerhalb der PLO-Gruppierungen eigene Frauenorganisationen. Viele setzten sich sogar gemeinsam mit israelischen Frauen für ein Ende der Besatzung ein. Da der Aufstand Frauen neue Möglichkeiten des politischen Engagements eröffnete, brachte er auch traditionelle Geschlechterrollen ins Wanken. Mit den Oslo-Abkommen und der Rückkehr der Exil-PLO Mitte der 1990er Jahre mussten Frauen allerdings einmal mehr in die zweite Reihe zurücktreten; beim Aufbau der Palästinensischen Autonomiebehörde nahmen sie eher untergeordnete Funktionen ein.

Porträt 4: Naila Ajesch

Naila Ajesch steht für die Generation palästinensischer Frauen, die eine tragende Rolle in der Ersten Intifada, dem überwiegend gewaltlosen Aufstand gegen die israelische Besatzung, spielten.[9] 1961 in Jerusalem geboren, wuchs sie in Lifta, einem Vorort Jerusalems, auf. Als sie acht Jahre alt war, wurde das Haus der Familie wegen der politischen Aktivitäten des Vaters zerstört – ein Ereignis, das sie früh politisierte und gegen die Besatzung aufbrachte. 1980 erhielt Ajesch ein Stipendium, um in Bulgarien zu studieren. Dort lernte sie ihren späteren Mann, Dschamal Zakout, kennen, der als Mitglied der DFLP in der Studentenbewegung aktiv war. Ajesch heiratete, ging nach dem Studium mit ihrem Mann in dessen Heimat, den Gazastreifen, und trat selbst der DFLP bei. 1987 wurde sie zum ersten Mal wegen ihres politischen Engagements von israelischen Sicherheitskräften verhaftet – während ihrer Haft verlor sie infolge von Misshandlungen ihr erstes Kind. Statt sie von politischem Engagement abzuschrecken, bestärkte diese Erfahrung sie umso mehr darin, sich weiter gegen die Besatzung einzusetzen.

So übernahm sie eine aktive Rolle in der Ersten Intifada, die, abgesehen von Steinwürfen auf das israelische Militär, vor allem auf unbewaffnete Aktionen des zivilen Ungehorsams setzte: Demonstrationen, Generalstreiks, den Boykott israelischer Waren und die Weigerung, Steuern zu zahlen. Wenige Tage vor der Geburt ihres Sohnes wurde ihr Mann verhaftet und – wie viele andere Führungspersönlichkeiten des Aufstandes – deportiert. Mit Mitstreiterinnen aus anderen Parteien, wie Zahira Kamal, Sama Aweida und Rabiha Diab, setzte sich Ajesch für die Gründung von Frauenorganisationen ein, die es Palästinenserinnen auch in einem konservativen sozialen Umfeld ermöglichen sollten, politisch aktiv zu werden. Es lag für sie auf der Hand, dass der Kampf für nationale Befreiung auch mit einem für Gleichberechtigung der Geschlechter einhergehen musste. Auch dem gemeinsamen Kampf

Naila Ajesch im Dezember 2016. Die ehemalige Direktorin des Women's Affairs Center in Gaza übernahm während der Ersten Intifada gemeinsam mit anderen Frauen eine Führungsrolle bei den unbewaffneten Aktionen des zivilen Ungehorsams. Sie organisierte Proteste, Generalstreiks, den Boykott israelischer Waren und die Selbstversorgung der Bevölkerung.

mit gleichgesinnten israelischen Frauen maß Ajesch große Bedeutung zu.[10] 1988 wurde Ajesch erneut verhaftet und verbrachte sechs Monate in Administrativhaft, ohne Anklage oder Gerichtsurteil; Proteste erwirkten, dass ihr Baby die Zeit mit ihr im Gefängnis verbringen durfte.

Nach der Rückkehr der Exil-PLO und dem Aufbau der Selbstverwaltung, die Ajesch und ihre Mitstreiterinnen als große Enttäuschung erlebten, engagierten sie sich fortan vor allem zivilgesellschaftlich für Gleichberechtigung; Ajesch etwa gründete und leitete das Women's Affairs Center in Gaza.[11] Heute lebt Ajesch in Ramallah und setzt sich nach wie vor für Frauenförderung und Gleichberechtigung ein.

Israelische Reaktion und internationale Auswirkungen

Israel reagierte mit eiserner Faust, um den Aufstand sowie jeglichen Ausdruck eines palästinensischen Nationalismus zu unterdrücken. Der damalige israelische Verteidigungsminister und spätere Premierminister und Friedensnobelpreisträger Jitzchak Rabin soll seine Soldaten dazu ermutigt haben, den Aufständischen die Knochen zu brechen.[12] Neben der Anwendung von Gewalt gegen Demonstrierende, einschließlich dem Gebrauch von Schusswaffen,[13] setzte Israel vor allem auf Kollektivstrafen, um der Situation Herr zu werden: auf die Abriegelung von Städten und Dörfern, langwierige Ausgangssperren und Hauszerstörungen sowie die Schließung von Schulen und Universitäten. Massenverhaftungen, die umfassende Anwendung von Administrativhaft, also die Inhaftierung ohne Anklage oder Gerichtsverfahren, sowie die Deportation von Aktivisten kamen hinzu.[14] Oft reichte allein die Mitgliedschaft in einer Organisation, die die Intifada unterstützte, um festgesetzt zu werden. Khalil al-Wazir, der von Seiten der Exil-PLO das Vorgehen mit den Aufständischen koordinierte und ihnen finanzielle Unterstützung zukommen ließ, wurde von Israel auf die Todesliste gesetzt und im April 1988 in Tunis ermordet.[15]

Dennoch gelang es nicht, den Aufstand zu unterdrücken. Damit veränderte sich auch die Wahrnehmung in der israelischen Gesellschaft, die die Besatzung nicht länger als von der palästinensischen Bevölkerung akzeptiert oder zumindest toleriert ansehen konnte. Entscheidenden Anteil daran hatten die distinguierten, gebildeten lokalen Wortführerinnen und Wortführer des Aufstands, die das Anliegen der Intifada eloquent erklärten, etwa die Professorin an der Birzeit-Universität Hanan

Aschrawi (siehe S. 136 ff.), der Leiter des Roten Halbmonds im Gazastreifen Haidar Abdel Schafi, die Aktivistin für Frauenrechte und DFLP-Mitglied Zahira Kamal oder der Direktor des Jerusalem Media and Communication Center (JMCC) Ghassan Khatib. Die Grüne Linie rückte wieder ins Bewusstsein; Ost-Jerusalem und die besetzten Gebiete wurden für Israelis zu unsicheren Zonen, die es zu meiden galt. Daraufhin entwickelte die israelische politische Rechte die Idee, die palästinensischen Bewohner der besetzten Gebiete nach Jordanien überzusiedeln. Die israelische Linke hingegen kam zu der Einsicht, dass die palästinensische Frage Israels Kernkonflikt sei und dieser durch einen territorialen Kompromiss gelöst werden müsse.

In diesem Zusammenhang war der Umstand entscheidend, dass die PLO ihrerseits erste Schritte für einen friedlichen Ausgleich auf Basis einer Zweistaatenregelung gemacht hatte: Nachdem Jordanien im Juli 1988 formal auf die Souveränität über das Westjordanland zugunsten der PLO verzichtet hatte, um ein Übergreifen der Intifada auf das haschemitische Königreich zu verhindern,[16] ergriff der Palästinensische Nationalrat die Gunst der Stunde und rief im November 1988 einen palästinensischen Staat aus. Mit Bezug auf die UN-Resolutionen 181 und 242 (von 1947 bzw. 1967) akzeptierte die PLO faktisch einen Staat in den 1967 besetzten palästinensischen Gebieten. Im Dezember 1988 ging Arafat zudem auf die Bedingungen für einen Dialog mit den USA ein: Explizit erkannte er die UN-Resolutionen 242 und 338 sowie Israels Existenzrecht an und distanzierte sich vom Terrorismus.[17] Damit trugen der Aufstand mit seinem klaren Fokus auf die 1967 besetzten Gebiete und die palästinensische Unabhängigkeitserklärung vom November 1988 dazu bei, dass durch die Wahlen im Juni 1992 in Israel eine Regierung ans Ruder kam, die zu Verhandlungen bereit war.

Auch international veränderte die Erste Intifada die Sichtweise auf den Konflikt, lenkte sie doch die Aufmerksamkeit wieder auf die Palästina-Frage und bewirkte zugleich, im Gegensatz zu den spektakulären Terroranschlägen der 1970er Jahre, Sympathie für den palästinensischen Kampf gegen die Besatzung. Nun waren es die Palästinenser, die als David wahrgenommen wurden, der einem übermächtigen Goliath gegenüberstand – symbolisiert durch den palästinensischen Jungen mit Steinschleuder und den Panzer der Besatzungsmacht.

Letztlich führten zum Abebben der Intifada weniger die israelischen Gegenmaßnahmen als die zunehmenden Streitigkeiten zwischen unterschiedlichen palästinensischen Kräften sowie die internationalen Verwerfungen. Dazu gehörten insbesondere der Zusammenbruch der Sowjetunion als wichtiger Verbündeter der PLO und der Zweite Golfkrieg, der mit der irakischen Invasion Kuwaits im August 1990 begann. Mit dem Junktim, das Saddam Hussein formulierte – er konditionierte seinen Abzug aus Kuwait mit einem israelischen Abzug aus den besetzten Gebieten –, hatte er die Sympathien der palästinensischen Bevölkerung auf seiner Seite. Palästinensischer Jubel über irakische Scud-Raketen auf Tel Aviv rief allerdings internationales Befremden hervor, und als Arafat und die PLO-Führung sich nicht klar von Saddams Vorgehen distanzierten, erlitten sie einen massiven internationalen Ansehensverlust.[18] Auch stellten die arabischen Golfstaaten ihre finanzielle Unterstützung ein. Rund 350000–400000 palästinensische Gastarbeiter und ihre Familien flohen vor den Kampfhandlungen in Kuwait oder wurden ausgewiesen und verloren damit Wohnort, Arbeitsplatz und Einkommen. Damit fielen auch beachtliche Rücküberweisungen in die besetzten Gebiete weg, was dort eine massive Wirtschaftskrise und bei der PLO eine Finanzkrise auslöste.[19] Zudem litt die palästinensische Gesellschaft immer stärker unter dem mit der Intifada einhergehenden Zusammenbruch der sozialen Ordnung, der Zunahme von Kriminalität und intra-palästinensischer Gewalt insbesondere gegen diejenigen, die der Kollaboration mit Israel beschuldigt wurden.[20] Die Bevölkerung hielt zwar an den Zielen der Intifada fest, aber sie hatte keine Hoffnung mehr, diese durch zivilen Ungehorsam und Demonstrationen erreichen zu können. Mit der israelisch-palästinensischen Prinzipienerklärung vom September 1993 fand die Intifada ihr Ende.

2. Die Islamische Widerstandsbewegung

Der Ausbruch der Ersten Intifada war für die palästinensischen Muslimbrüder unter der Führung von Scheich Ahmed Jassin (siehe S. 121 f.) der Anlass, die Hamas zu gründen. Angesichts des Volksaufstands sahen die Muslimbrüder die Zeit gekommen, ihre politische Zurückhaltung aufzugeben und sich am Kampf gegen die israelische Besatzung zu beteiligen. Dabei betonten sie ihre langjährige Tradition des Widerstands, die sich bis auf Izz al-Din al-Qassams Kampf gegen die britische Mandatsmacht zurückführen lasse. Auch wenn die Geschichte der Muslimbrüder bis dato eher von einem taktischen Verhältnis zum Widerstand geprägt war: Mit der Hamas entstand eine Bewegung, die in der palästinensischen Gesellschaft, vor allem im Gazastreifen, tief verwurzelt war und den nationalen Befreiungskampf religiös begründete und legitimierte. Sie machte der PLO den Alleinvertretungsanspruch für die Palästinenser streitig und wurde damit zu einer gewichtigen Rivalin der Fatah, der PLO und (später) der PA.[21]

Die palästinensische Muslimbruderschaft

Die Gründung der Hamas stellte für die Muslimbruderschaft, die im März 1928 von Hassan al-Banna in Ägypten etabliert worden und ab Mitte der 1940er Jahre mit Zweigstellen in Palästina präsent war, einen Strategiewechsel dar. Denn seit dem Beginn der israelischen Besatzung 1967 hatten sich die palästinensischen Muslimbrüder nicht am Kampf gegen Israel beteiligt, sondern sich vor allem auf religiöse und sozialreformerische Arbeit konzentriert und damit eine breite gesellschaftliche Basis geschaffen. Doch war dies nicht der erste Strategiewechsel in der Geschichte des palästinensischen Zweigs der Bruderschaft. Schon in der Vergangenheit hatte sie sich immer wieder an veränderte Rahmenbedingungen angepasst.

Bereits in den 1930er Jahren war Palästina – aufgrund der herausragenden Bedeutung Jerusalems im Islam und der geopolitischen Bedeutung des Landes für die arabisch-muslimische Welt – für die gerade gegründete Muslimbruderschaft ein wichtiger Schauplatz des Widerstands gegen Kolonialismus und Fremdherrschaft.[22] So unterstützte sie die Revolte von 1936–1939 gegen die britische Mandatsmacht und die zionistische Bewegung. Ab Oktober 1945 gründete sie dann in Jerusalem und anderen Städten Palästinas (u.a. Haifa, Jaffa, Hebron) Zweigstellen. Im November 1946 entstand auch im Gazastreifen unter Führung von Scheich Omar Sawan ein Ableger. Analog zur Mutterorganisation setzten diese Ableger zunächst auf eine Kombination aus nationalem Befreiungskampf und moralischer Erneuerung. Der Dschihad, verstanden als Pflicht aller Muslime zum Befreiungskampf, bildete ein zentrales Konzept ihrer Doktrin. In diesem Sinne beteiligten sich Kämpfer der Bruderschaft 1948 am Krieg gegen Israel. Nach der arabischen Niederlage prangerten die Muslimbrüder den «Verrat» der arabischen Regime im Kampf gegen die zionistische Bewegung an, woraufhin die Bruderschaft im Dezember 1948 von der ägyptischen Regierung verboten wurde.[23]

Unterschiedliche Bedingungen

In den Folgejahren entwickelten sich die Zweigstellen im Gazastreifen und im Westjordanland getrennt und unterschiedlich.[24] Maßgeblich für ihre Ausrichtung und Aktivitäten war dabei in erster Linie das Verhältnis der Bruderschaft zu den Machthabern in Kairo bzw. Amman.

Im Gazastreifen wurden (unter einem Decknamen) zunächst weitere Ableger aufgebaut. Nachdem die Muslimbrüder 1952 den Coup der Freien Offiziere unter Gamal Abdel Nasser unterstützt hatten, der zum Sturz der Monarchie führte, wurde die Organisation wieder zugelassen. Der ägyptische Präsident drückte seine Anerkennung aus, indem er noch 1952 Scheich Sawan als Bürgermeister von Gaza-Stadt einsetzte. Nachfolgend stieg die Bruderschaft rasch zur größten politischen Gruppierung im Gazastreifen auf. Doch nach einem Attentat auf Nasser 1954 kam es zu einem erneuten Verbot, weshalb sie von diesem Zeitpunkt bis zum Ende der ägyptischen Verwaltung nur noch verdeckt arbeiten konnte. Nach der Sueskrise 1956 hielt sie sich zudem an Kairos Anweisung, keine weiteren Angriffe auf Israel durchzuführen, sollte diesem doch kein Anlass für einen Militärschlag geboten werden.

Vielmehr setzte die Bruderschaft darauf, durch die Islamisierung der Gesellschaft eine kulturelle Renaissance hervorzubringen, die, gemäß den Schriften von al-Banna, die Voraussetzung für einen erfolgreichen Kampf gegen Fremdherrschaft und Kolonialismus war. In diesem Sinne zielte sie als erstes – erfolgreich – darauf ab, den religiösen Bereich zu dominieren, indem sie unter anderem ein umfangreiches Moscheebauprogramm umsetzte. In den 1960er Jahren machte Ahmed Jassin, dessen Predigten ein großes Publikum anzogen, zum ersten Mal von sich reden. Als die Mitglieder des Führungszirkels der palästinensischen Muslimbrüder im August 1965 verhaftet und deportiert wurden, weil Nasser die Herausbildung der Organisation als politische Kraft fürchtete, bot sich die Chance für Jassin aufzusteigen. So wurde der junge Lehrer, der nicht einmal über eine religiöse Ausbildung verfügte, zur Führungsfigur der palästinensischen Bruderschaft.

Die Muslimbrüder des Westjordanlands schlossen sich hingegen mit dem jordanischen Zweig zusammen. Da sie einen gemäßigten Kurs befürworteten, politische Gewalt ablehnten und sich ihre Arbeit zudem auf religiöse und sozialreformerische Erziehung, Wohlfahrt und Mobilisierung konzentrierte, wurden sie von der haschemitischen Monarchie toleriert, die die Muslimbrüder als Verbündete gegen den arabischen Nationalismus begriff.

Die israelische Besatzung 1967

Nachdem sich im Zuge der israelischen Besatzung im Juni 1967 eine neue Bewegungsfreiheit zwischen Westjordanland und Gazastreifen ergeben hatte, schlossen sich die beiden Zweige der palästinensischen Muslimbrüder zur «Gemeinde der Muslimbrüder in Jordanien und Palästina» zusammen. Um ihrer Selbsterhaltung willen lehnten sie allerdings die Beteiligung an einer breiten Allianz palästinensischer politischer Kräfte und prominenter Persönlichkeiten ab, die im Gazastreifen ihre Maßnahmen gegen die israelische Besatzung koordinieren wollten. Daher wurden sie in den folgenden Jahren von den Repressionen und Deportationen verschont, die Israel anwandte, um den Widerstand gegen die Besatzung zu ersticken.

Die vereinigte Bruderschaft führte ihr Moscheebauprogramm fort,[25] verlegte sich aber ab Mitte der 1970er Jahre auch verstärkt auf soziale bzw. sozialpolitische Aktivitäten: Sie betrieb Gesundheits- und Wohlfahrtseinrichtungen und engagierte sich im Bildungssektor. In diesem Rahmen gründete Jassin 1973 das sogenannte Islamische Zentrum, das neben Moschee, Sportclub, Festhalle, Frauenzentrum und Kindergarten auch ein Krankenhaus umfasste und bald zur dominanten islamischen Einrichtung im Gazastreifen wurde. In der Leitung des Zentrums, das zudem als Hauptquartier der Muslimbrüder diente, versammelten sich diejenigen, die später auch die Führung der Hamas übernehmen sollten: neben Jassin unter anderem Abdelaziz al-Rantisi, Mahmud al-Zahar, Abdelfattah Dukhan und Ibrahim Jazuri. Ende der 1970er Jahre wurde das Zentrum von den israelischen Behörden offiziell zugelassen. Im Gegensatz zu den PLO-Gruppierungen konnte es damit legal arbeiten, was nicht zuletzt die Mobilisierung von Ressourcen erleichterte.

Die politische Zurückhaltung der Bruderschaft in Kombination mit der Anerkennung des Zentrums durch Israel führte dazu, dass die Hamas vor allem von ihren politischen Gegnern oft als Kreation Israels dargestellt wird.[26] Dabei ist sicherlich zutreffend, dass Israels Regierung in den quietistischen Muslimbrüdern zunächst eine willkommene Opposition zu den radikaleren, säkularen palästinensischen Strömungen sah. Eine Schöpfung Israels sind sie damit aber keineswegs. Zutreffender scheint die Charakterisierung der israelischen Haltung zwischen 1967 und 1987/88 als «Politik der freundlichen Duldung».[27] Es dürfte damals im Sinne der Besatzungsmacht gewesen sein, dass die Bruderschaft ihre Präsenz auch im Westjordanland ausweitete und Schritt für Schritt versuchte, Institutionen im Gazastreifen zu übernehmen, die bislang durch die linken PLO-Gruppierungen (vor allem die PFLP und die Kommunistische Partei) dominiert worden waren. Im Januar 1980 griffen die Brüder (mit Unterstützung der Fatah, aber letztlich erfolglos) die Zentrale des Roten Halbmondes in Gaza an, um diese unter ihre Kontrolle zu bringen. Auch mit der Fatah gerieten die Muslimbrüder in Konkurrenz, etwa über die Kontrolle der Islamischen Universität in Gaza. Dabei setzten die Islamisten ihre Moralvorstellungen zunehmend auch gewaltsam durch, etwa durch Angriffe auf Kinos sowie auf Läden und Cafés, in denen Alkohol verkauft wurde.[28]

Die Gründung der Hamas

Auch für die Führung der palästinensischen Bruderschaft kam die Erste Intifada überraschend und setzte sie unter Zugzwang. Schon zuvor war sie unter anderem durch den Palästinensischen Islamischen Dschihad herausgefordert worden, der 1981 von dem ehemaligen Muslimbruder Fathi Schikaki gegründet worden war und ab 1986 Anschläge auf israelische Ziele verübte. Seit Mitte der 1980er Jahre hatten Muslimbrüder begonnen, an Protesten teilzunehmen und sich auf den bewaffneten Kampf vorzubereiten. Der Volksaufstand war nun der Katalysator, der den Führungszirkel um Scheich Jassin im Dezember 1987 zur Gründung der Hamas bewegte. Diese sollte dazu dienen, unabhängig von der Bruderschaft in Ägypten und Jordanien agieren zu können, im Aufstand nicht marginalisiert zu werden und zugleich die soziale und religiöse Arbeit der Mutterorganisation nicht zu gefährden.[29]

Das erste Flugblatt, das von der Islamischen Widerstandsbewegung unterzeichnet war, erschien am 14. Dezember 1987. Darin wurde, gemäß dem Wahlspruch der Muslimbrüder, der «Islam als die Lösung» hervorgehoben. Zudem beanspruchte die Organisation, Initiatorin der Intifada zu sein und den Aufstand anzuführen, weshalb sie im Folgenden ihren eigenen Streik- und Protestkalender durchzusetzen suchte. Dies wurde allerdings von der Vereinten Führung des Aufstands abgelehnt. Aufgrund der bisherigen Positionen der Muslimbruderschaft hatten viele Palästinenserinnen und Palästinenser, insbesondere im Westjordanland, eine skeptische Haltung gegenüber der neuen Bewegung. Die Hamas unterstützte zunächst den unbewaffneten Ansatz der Intifada und kopierte die Aktions- und Kommunikationsformen der Vereinten Führung – auch sie gab Anweisungen über Flugblätter und bildete Komitees, um die Versorgung der Bevölkerung zu gewährleisten. Dabei spielten das Islamische Zentrum und die Moscheen eine bedeutende Rolle.[30]

Ihre Vorstellungen und Ziele stellte die Hamas in ihrer Charta dar, die sie im August 1988, also nach dem Verzicht Jordaniens auf das Westjordanland, vorlegte.[31] Darin präsentierte sie sich explizit als palästinensische Bewegung, die auf den bewaffneten Kampf setzte, um ganz Palästina zu befreien. Dies wurde von ihr als religiöse Pflicht angesehen. Denn Palästina sei eine den Muslimen von Gott anvertraute – und daher unveräußerliche – religiöse Stiftung (arab. Waqf). Damit griffen ihre Wortführer auf die gleiche Argumentation zurück, die schon Großmufti al-Husseini in den 1940er Jahren verwendet hatte. Verhandlungen mit Israel lehnte die Organisation ab. Neben der religiösen Begründung des nationalen Befreiungskampfes betonte die Hamas in ihrer Charta auch die Bedeutung der Islamisierung der Gesellschaft. Darüber hinaus finden sich in dem Dokument Verschwörungsideen (etwa durch den Bezug auf die sogenannten Protokolle der Weisen von Zion) und antisemitische Elemente. Zwischen Israel, Zionismus und Judentum wird kaum differenziert.

Mit ihrem Ansatz stand die Hamas in direktem Gegensatz zur PLO-Führung, die kurz darauf einen palästinensischen Kleinstaat und eine Zweistaatenregelung akzeptieren und dem Terrorismus abschwören sollte. Auch sprach sie der PLO das Recht ab, auf einen Teil des historischen Palästina zu verzichten. Entsprechend nahmen ab Herbst 1988 die Spannungen mit der Fatah zu; unter anderem rief die Hamas zu einem Generalstreik gegen die Staatsproklamation des Nationalrates auf. Immer stärker kam es auch zur Konkurrenz um finanzielle Unterstützung aus den konservativen Golfmonarchien. Diese gingen dazu über, statt der PLO die Hamas zu finanzieren, so dass die PLO zunehmend auf Finanzierung aus dem Irak angewiesen war.[32] Die fatale Positionierung Arafats im Zweiten Golfkrieg und die Haltung der Hamas, die sich auf die Seite des kuwaitischen Volkes stellte,[33] führten dazu, dass die PLO die finanzielle Unterstützung aus den Golfmonarchien vollends zugunsten ihrer Konkurrentin verlor. Vor dem Hintergrund ihrer zunehmenden Stärke forderte die Hamas bereits 1990 eine substantielle Beteiligung an den Institutionen der PLO, was indes von der Fatah entschieden abgelehnt wurde. Doch die Hamas-Führung war nun entschlossen, dauerhaft Politik und Gesellschaft in Palästina mitzugestalten. Daher beteiligte sie sich, mit zunehmendem Erfolg, an Wahlen etwa in Handelskammern, Berufsvereinigungen und Studierendenvertretungen.

Porträt 5: Scheich Ahmed Jassin

Scheich Ahmed Ismail Hassan Jassin war Gründer und charismatischer Führer der Hamas, der moralische Reinheit – demonstriert durch seinen einfachen, selbstlosen Lebensstil –, soziales Engagement und das Versprechen göttlicher Erlösung durch den bewaffneten Kampf miteinander verband. Jassin wurde 1936 im Süden des heutigen Israels im Dorf Al-Dschura als Sohn einer relativ wohlhabenden Bauernfamilie geboren.[34] Die Familie flüchtete während der Nakba nach Gaza, wo sie fortan im Flüchtlingslager Al-Schati in Armut lebte. Als Jugendlicher zog sich Jassin beim Spielen eine schwerwiegende Verletzung zu, die ihn bald an den Rollstuhl fesselte. Er studierte in Kairo und schloss sich dort den Muslimbrüdern an. Im Anschluss an seine Rückkehr nach Gaza war er als Lehrer und als Prediger in einer lokalen Moschee tätig und engagierte sich im palästinensischen Zweig der Muslimbruderschaft. Ziel seiner Aktivitäten war die Islamisierung der Gesellschaft, die er als Voraussetzung zur Befreiung Palästinas sah. So gründete er 1973 das «Islamische Zentrum», das religiöse, soziale, kulturelle und sportliche Angebote machte.

Mit dem Ausbruch der Ersten Intifada 1987 sah Jassin die Zeit gekommen, sich auf den bewaffneten «Widerstand» zu konzentrieren. Dazu gründete er die Hamas, die den nationalen Befreiungskampf religiös begründete und untermauerte. 1989 wurde Jassin inhaftiert und von einem israelischen Militärgericht wegen seiner Rolle in der Hamas und (unter anderem) bei der Ermordung israelischer Soldaten zu langjähri-

Scheich Ahmed Jassin wenige Wochen vor seiner gezielten Tötung durch einen israelischen Raketenangriff im März 2004. Der Gründervater und spirituelle Führer der Hamas befürwortete den bewaffneten Kampf gegen Israel, war aber auch zu einem langfristigen Waffenstillstand bereit.

ger Haft verurteilt. Im Oktober 1997 wurde er im Rahmen eines Abkommens zwischen Jordanien und Israel freigelassen.

Nach seiner Rückkehr in den Gazastreifen leitete er einen begrenzten, realpolitisch motivierten Wandel ein: Er betonte die Bedeutung nationaler Einheit und stellte sich hinter die PA. Im Juli 2000 bot er Israel einen langfristigen Waffenstillstand an, wenn es sich aus den 1967 besetzten Gebieten zurückziehe.[35] Während der Zweiten Intifada beteiligte er sich 2003/04 an Gesprächen über eine Waffenruhe. Dennoch wurde Jassin – wie auch andere politische und militärische Führer der Hamas, die für das Gros der Selbstmordattentate auf israelische Zivilisten verantwortlich zeichneten – im März 2004 durch einen gezielten israelischen Raketenangriff getötet.

Eskalation der Gewalt

Die zunehmend brutale israelische Unterdrückung der Ersten Intifada führte zur Radikalisierung der Hamas, die nun schrittweise zu bewaffneten Aktionen überging, zunächst überwiegend in Form von Messerangriffen auf Soldaten. Als der israelischen Regierung das Ausmaß der islamistischen Bewaffnung und der inzwischen gebildeten Untergrundstrukturen bewusst wurde, begann sie im Herbst 1988 ihrerseits, gegen die Bewegung mit Verhaftungen vorzugehen. Anfang 1989 ging die Hamas dazu über, israelische Soldaten zu entführen und zu töten, um die Freilassung von Hamas-Führern und -Kämpfern zu erzwingen. Daraufhin erklärte Israel sie im September 1989 für illegal.[36] Eine weitere Eskalationsstufe bedeuteten die Anstalten der extremistischen jüdischen Gruppierung «Getreue des Tempelbergs» im Oktober 1990, auf dem Tempelberg/Haram al-Scharif den Grundstein für einen Wiederaufbau des Tempels zu legen. In der Folge kam es zu Zusammenstößen mit Tausenden von Palästinenserinnen und Palästinensern, die herbeiströmten, um die Al-Aqsa-Moschee zu schützen. Siebzehn von ihnen wurden durch die israelische Grenzpolizei erschossen. Anschließend verübte die Hamas – im Wesentlichen – Messerattacken nicht nur auf die israelische Armee, sondern auch auf Siedler. Und sie baute systematisch einen bewaffneten Arm auf, den sie nach Izz al-Din al-Qassam benannte und der ab 1992 verstärkt auch Schusswaffen einsetzte.

Auf die Entführung und Tötung eines Soldaten, mit dem der zuvor inhaftierte Jassin freigepresst werden sollte, reagierte Israel im Dezember 1992 mit Massenverhaftungen von Hamas-Unterstützern und der Deportation von über vierhundert Hamas-Kadern aus den palästinensischen Gebieten in den

Südlibanon. Die Hamas bezeichnete die Deportation als «totalen Krieg» und kündigte an, ihre Angriffe fortan auf alle Israelis auszuweiten. Nun suchte die Vereinte Führung des Aufstands den Schulterschluss mit der Hamas, um die Rückkehr der Deportierten auch mit Gewaltaktionen durchzusetzen. Letztlich konnten die Deportierten zwar in mehreren Gruppen im Herbst/Winter 1993 zurückkehren, doch der zivile Charakter des Aufstands wurde durch die Kooperation der Vereinten Führung mit der Hamas aufgegeben. Noch prägender für die Zukunft sollte allerdings eine andere, mit der Deportation verbundene Entwicklung werden: Während ihres Aufenthalts im Libanon kamen die Deportierten mit der libanesischen Hisbollah in Kontakt, von der sie in Guerillataktiken fortgebildet und über Selbstmordattentate informiert wurden.

FÜNFTES KAPITEL

Friedensverhandlungen und Selbstverwaltung

Mit der Konferenz von Madrid begann im Oktober 1991 eine neue Etappe des nahöstlichen Friedensprozesses. Zum ersten Mal seit 1948 wurde eine umfassende Friedensregelung für den israelisch-arabischen Konflikt unter Beteiligung aller Parteien angestrebt. Basis sollten die Sicherheitsratsresolutionen 242 (1967) und 338 (1973) sowie das Prinzip «Land für Frieden» sein. Entsprechend nahmen erstmalig Unterhändlerinnen und Unterhändler Israels, Jordaniens, Syriens und des Libanon teil. Palästinenserinnen und Palästinenser waren zunächst nur in einer gemeinsamen jordanisch-palästinensischen Delegation vertreten, während die PLO offiziell ausgeklammert blieb. In Madrid und den Folgekonferenzen in Washington 1991–1993 wurden zum einen bilaterale Verhandlungsstränge zwischen Israel auf der einen sowie Jordanien, Syrien und Libanon auf der anderen Seite eingerichtet, um jeweils Friedensabkommen auszuhandeln. Zum anderen wurde ein multilaterales Verhandlungsforum geschaffen, in dem grenzüberschreitende Probleme gelöst und regionale Kooperation gefördert werden sollten.

Aus dem israelisch-jordanisch-palästinensischen Verhandlungsstrang entwickelten sich bald zwei getrennte Foren: ein israelisch-jordanisches und ein israelisch-palästinensisches. In der Folge fanden im Zeitraum von Oktober 1991 bis Juli 1993 zehn Runden israelisch-palästinensischer Verhandlungen in Washington statt. Nach wie vor war die PLO offiziell nicht vertreten, auch war der Rahmen eng abgesteckt: Weder ein palästinensischer Staat noch die Umsetzung des Rückkehrrechts standen auf der Agenda.

1993 wurden die Washingtoner Gespräche durch geheime Verhandlungen zwischen Israel und der PLO in Norwegen überholt. Das Ergebnis war die israelisch-palästinensische Prinzipienerklärung, die am 13. September 1993 in Washington unterzeichnet wurde. Darin erkannte die PLO den Staat Israel und Israel seinerseits die PLO als Vertreterin des palästinensischen Volkes an. Oslo gilt vor allem deshalb als Durchbruch, weil erstmalig beide Seiten anerkannten, dass die nationalen Ansprüche der anderen Seite legitim waren. Die nachfolgenden Abkommen sahen eine fünfjährige Übergangsperiode vor, in der Israel nach und nach Zuständigkeiten an eine zu bildende Palästinensische Autonomiebehörde (PA) übergeben sollte. Die kompliziertesten politischen und territorialen Fragen im israelisch-palästinensischen Verhältnis wurden als sogenannte Endstatusfragen zunächst ausgelagert und auf spätere Verhandlungen vertagt. Diese hätten ursprünglich bis zum Ende der Übergangsperiode im Mai 1999 abgeschlossen sein und ein endgültiges Friedensabkommen hervorbringen sollen.

Allerdings geriet der Zeitplan rasch ins Stocken. Insbesondere in der ersten Amtszeit von Premierminister Benjamin Netanjahu (Mai 1996–Mai 1999) wurden keine Verhandlungserfolge mehr erzielt. Als im Sommer 1999 Ehud Barak von der Arbeitspartei die Regierung übernahm, kam Hoffnung auf eine rasche Wiederaufnahme des Friedensprozesses und einen Abschluss der Verhandlungen auf. Die im Juli 2000 in Camp David unter Vermittlung des US-amerikanischen Präsidenten Bill

Clinton geführten Verhandlungen scheiterten allerdings kläglich und sollten den Boden für die Zweite Intifada bereiten.

Aber auch die Art der Herrschaftsausübung durch die palästinensische Autonomiebehörde unter der Ägide der aus dem tunesischen Exil zurückgekehrten PLO-Spitze trug zur Unzufriedenheit der Bevölkerung bei. So gab es eine starke Machtkonzentration beim Präsidenten, einen einflussreichen Sicherheitsapparat sowie einen Mangel an Gewaltenteilung, Rechtsstaatlichkeit und Respekt für Menschen- und Bürgerrechte. In der Bevölkerung wurde der palästinensische Sicherheitsapparat nicht als Instanz zum Schutz der Palästinenser wahrgenommen, sondern als Erfüllungsgehilfe der Besatzung und Apparat zur Machterhaltung einer korrupten Elite. Vielen schien es, als ob öffentliche Ämter nicht in erster Linie im Interesse der Gemeinschaft ausgeübt würden, sondern vor allem der privaten Bereicherung und Vorteilsnahme dienten.

1. Eine neue Etappe im Friedensprozess

Der Zweite Golfkrieg 1990/91 eröffnete eine Chance für die Regelung des arabisch-israelischen Konflikts. Denn die USA hatten den arabischen Staaten eine Friedensinitiative im Nahen Osten versprochen, um Zweifel an der Glaubwürdigkeit der Motive für den massiven Einsatz amerikanischer Militärmacht am Persischen Golf zu zerstreuen. Israels Regierung unter Jitzchak Schamir (Likud) (Oktober 1986–Juli 1992) hatte zwar kein Interesse an einer Friedenskonferenz auf Basis des «Land für Frieden»-Prinzips, konnte sich aber den amerikanischen Plänen nicht offen widersetzen, unter anderem deswegen, weil Israel an strategischer Bedeutung für die USA verloren hatte.

Schließlich hatte sich Washington im Golfkrieg auf arabische Verbündete, darunter auch ehemalige enge Partner der Sowjetunion wie Syrien, gestützt.[1]

Die PLO war ihrerseits diplomatisch und finanziell geschwächt, nachdem Arafat weder die irakische Invasion in Kuwait verurteilt noch sich vom irakischen Präsidenten distanziert hatte. Mit dem Zerfall der Sowjetunion verlor sie zudem eine langjährige diplomatische Unterstützerin und Waffenlieferantin.[2] Die USA, die Ende 1988 einen Gesprächskanal mit der Befreiungsbewegung eröffnet hatten, hatten den Dialog im Juni 1990 wieder eingestellt, weil sich die PLO-Führung weder von einem Anschlagsversuch der Palästinensischen Befreiungsfront (Palestine Liberation Front, PLF) in Israel distanziert noch deren Vorsitzenden Abu al-Abbas in die Verantwortung genommen und aus dem Exekutivkomitee der PLO ausgeschlossen hatte.[3] Daher war die PLO-Führung bereit, sich auf Verhandlungen einzulassen, auch wenn diese nicht ihren Vorstellungen entsprachen: Denn die Organisation war formal nicht vertreten. Überdies sollte die UN-Teilungsresolution (Generalversammlungsresolution 181 von 1947) nicht Basis der Verhandlungen sein.

Multilaterale Gespräche

Neben den bilateralen Verhandlungen wurde in Madrid unter Federführung der USA und Russlands und unter Einbeziehung von Staaten der Region (der arabischen Golfstaaten, des Jemen und der nordafrikanischen Staaten mit Ausnahme Libyens) sowie weiterer interessierter Staaten ein multilaterales Verhandlungsforum eingerichtet. Im multilateralen Rahmen sollten nicht nur grenzüberschreitende Probleme gemeinsam angegangen, sondern auch regionale Kooperation gefördert werden, um so langfristig die Rahmenbedingungen für regionale Stabilität und Wohlstand im Nahen Osten zu schaffen. In fünf Arbeitsgruppen sollten Rüstungskontrolle, Flüchtlinge, Wasser, Umwelt und regionale wirtschaftliche Entwicklung behandelt werden.

Schon bald stellte sich allerdings heraus, dass die arabischen Konfliktparteien deutlich mehr Wert auf die bilateralen Verhandlungen mit Israel legten, in denen es darum ging, die territorialen Fragen zu regeln. Erst im Anschluss daran waren sie bereit, über die Lösung grenzüberschreitender Angelegenheiten und über regionale Zusammenarbeit zu verhandeln. Infolgedessen erzielten die multilateralen Arbeitsgruppen kaum substanzielle Fortschritte und führten damit nicht zu einer nennenswerten regionalen Kooperation. Und dies, obwohl in den Folgejahren verschiedene große regionale Wirtschaftskonferenzen stattfanden und mit internationaler Unterstützung mehrere Institutionen für eine Zusammenarbeit in der Region gegründet wurden: etwa ein permanentes Sekretariat für wirtschaftliche Zusammenarbeit und ein Trainingszentrum für Umweltmanagement in Jordanien sowie ein Forschungszentrum für Meerwasserentsalzung in Oman.

Für Israel bot das multilaterale Format die Möglichkeit, Kontakte zu den kleineren Golfstaaten sowie zu Marokko und Tunesien zu knüpfen, Handels- bzw. Interessenvertretungen zu etablieren und damit die bisherige Boykottfront zu durchbrechen. Der Friedensprozess der 1990er Jahre erlaubte es Israel auch, seine weitgehende internationale Isolation schrittweise aufzuweichen und diplomatische Beziehungen mit den bis dato blockfreien Staaten aufzunehmen.[4] Die Intensität der Beziehungen zu den arabischen Staaten blieb allerdings von den Schwankungen im israelisch-palästinensischen Konflikt abhängig. Und einer vollständigen Normalisierung stand – zumindest bis zu den durch US-Präsident Donald Trump 2020/21 vermittelten Abkommen mit den Vereinigten Arabischen Emiraten (VAE), Bahrain, Marokko und Sudan – nach wie vor die ungelöste Palästinafrage im Wege.

Die wiederholte gewaltförmige Zuspitzung des israelisch-arabischen Konfliktes wirkte sich schon früh negativ auf den multilateralen Prozess aus: Im Frühjahr 1996 suspendierten die arabischen Konfliktparteien alle offiziellen multilateralen Treffen und froren den Normalisierungsprozess ein – zunächst in Reaktion auf israelische Luftangriffe im Südlibanon, dann aufgrund der Verhärtung der israelischen Positionen in der ersten Regierungszeit Benjamin Netanjahus. Internationale Versuche, den multilateralen Prozess nach dem Amtsantritt von Premier Barak wiederzubeleben, blieben erfolglos.

Auf bilateraler Ebene begannen substanzielle Verhandlungen erst, nachdem 1992 Israels Premierminister Jitzchak Schamir durch Jitzchak Rabin (Arbeitspartei) abgelöst worden war. Denn Schamir zeigte keinerlei Interesse daran, Verhandlungsergebnisse zu erzielen. Ihm ging es vielmehr darum, im Sinne der Groß-Israel-Ideologie unter anderem mit einer forcierten Siedlungspolitik und Abriegelung Ost-Jerusalems vom Westjordanland Tatsachen zu schaffen.[5]

Frieden zwischen Israel und Jordanien

Jordanien, das schon seit Langem verdeckt mit Israel kooperiert hatte, schloss im Oktober 1994 einen Friedensvertrag mit Israel, der den Kriegszustand zwischen beiden Staaten offiziell beendete, diplomatische Beziehungen etablierte und eine

Zusammenarbeit insbesondere in den Bereichen Wirtschaft, Tourismus, Ressourcennutzung und Infrastruktur sowie Verbrechensbekämpfung vorsah. Die gegenseitige Anerkennung Israels und der PLO im September 1993 und die israelisch-palästinensische Einigung auf Verhandlungen über eine Konfliktlösung hatten den Weg für den Vertrag frei gemacht. Er legte die internationale Grenze zwischen beiden Ländern mit geringfügigen Änderungen auf Basis der «Mandatsgrenzen» fest, das heißt der Grenze zwischen den beiden Mandatsgebieten Palästina und Transjordanien, vorbehaltlich des endgültigen Status des Westjordanlandes. Er sah auch eine Aufteilung des Jordanwassers, israelische Wasserlieferungen an Jordanien und eine Kooperation bei der Bekämpfung der Wasserknappheit vor. Israel erkannte überdies die besondere Rolle des Haschemitischen Königreiches im Hinblick auf die islamischen heiligen Stätten in Jerusalem an und sagte zu, Gläubigen dort freien Zugang zu gewährleisten. Die besondere Verantwortung des haschemitischen Königshauses geht auf das Jahr 1924 zurück, als der Oberste Muslimische Rat die Treuhandschaft über den Al-Aqsa-Komplex an den haschemitischen Scherifen von Mekka übertrug, der als Nachkomme des Propheten Mohammed anerkannt wurde. Bis heute verwaltet deshalb die jordanische Waqf-Behörde die muslimischen heiligen Stätten in Jerusalem.[6] Das Flüchtlingsproblem sollte in den israelisch-palästinensischen Endstatus- und den entsprechenden multilateralen Verhandlungen geklärt werden.

Konkret wurden Schritte zur Normalisierung der zwischenstaatlichen Beziehungen eingeleitet. Gleichwohl blieb der Frieden zwischen den beiden Nachbarn ein «kalter Frieden»; ein substanzieller Ausbau der offiziellen Zusammenarbeit und der gesellschaftlichen Beziehungen hat bis heute nicht stattgefunden. In Jordanien lehnen nach wie vor große Teile der Bevölkerung den Friedensvertrag ab. Diese Ablehnung gründet vor allem im ungelösten israelisch-palästinensischen Konflikt, der aufgrund der palästinensischen Bevölkerungsmehrheit auch die Regimestabilität in Jordanien bedroht. Anschaulich wird diese Bedrohung durch den Slogan der israelischen Rechten «Jordanien ist Palästina», der einen palästinensischen Staat östlich des Jordans und den Transfer der palästinensischen Bevölkerung des Westjordanlandes dorthin vorsieht.[7] Vor diesem Hintergrund war das Königshaus in Amman auch einer der schärfsten Gegner der von der israelischen Regierung im Frühsommer 2020 vorgelegten Pläne einer formalen Annexion großer Teile des Westjordanlands, die einer Zweistaatenregelung definitiv einen Riegel vorgeschoben hätte.

Schwierige Streitfragen: Israel, Syrien und Libanon

Auch Syrien und Israel führten nach 1992 zum ersten Mal ernsthafte Friedensgespräche. Dabei ging es in erster Linie um das von Israel 1967 besetzte und 1981 annektierte syrische Territorium der Golanhöhen, die damit verbundene Wassernutzung, beidseitige Sicherheitsvorkehrungen, die Normalisierung der Beziehungen und die palästinensischen Flüchtlinge in Syrien. 1995/1996 kam es unter US-amerikanischer Vermittlung zu intensiven Verhandlungen, die von beiden Seiten als gute Basis für künftige Gespräche über einen Friedensvertrag bewertet wurden. Diese wurden allerdings erst unter Premierminister Barak, erneut unter Vermittlung der USA, ab Dezember 1999 wieder aufgenommen. Obgleich die israelisch-syrischen Streitfragen deutlich weniger komplex und ideologisch-religiös aufgeladen waren als jene mit den Palästinensern und obwohl eine weitgehende Annäherung der Positionen stattfand, brachen die Verhandlungen im Frühjahr 2000 ab. Nach dem Tod des langjährigen syrischen Präsidenten Hafiz al-Assad im Juni 2000 fanden keine Verhandlungen auf Regierungsebene mehr statt. Allerdings kam es zunächst unter schweizerischer (2004–2007) und ab 2007 unter türkischer Vermittlung zu inoffiziellen Gesprächen zwischen beiden Seiten. Besonders strittig blieb in den Verhandlungen der genaue Umfang eines «vollständigen israelischen Abzugs» von den Golanhöhen. Kontrovers wurde dabei in erster Linie die Frage diskutiert, wer die Kontrolle über das nordöstliche Jordanufer und den nordöstlichen Uferstreifen des Sees Genezareth ausüben würde. Syrien bestand auf einer vollständigen Rückgabe des 1967 besetzten Gebiets, während Israel sich lediglich auf die Waffenstillstandslinien von 1949 zurückziehen wollte, die ihm den Zugang zum gesamten Ufer des Sees gewährten.

Auch zwischen Israel und dem Libanon kam es infolge der Madrid-Konferenz 1991 zu bilateralen Verhandlungen. Allerdings waren diese von Anfang an von Syriens Interessen dominiert, stand doch der Libanon seit dem Ende des dortigen Bürgerkriegs 1991, je nach Lesart, unter syrischem Schutz oder unter syrischer Besatzung. Während Syrien und Israel ihre gemeinsame Grenze ruhig hielten, trugen sie ihren Konflikt immer wieder im oder über den Libanon aus. Israel intervenierte nicht nur militärisch im libanesischen Bürgerkrieg (1978, 1982–1985) und führte wiederholt Militäroperationen gegen die Hisbollah durch (1996, 2006), sondern hielt seinerseits auch von 1982 (bzw. 1985) bis 2000 eine Zone im Süden («Sicherheitszone») in Kooperation mit ihrer lokalen Stellvertreterin, der SLA, besetzt. Sowohl Syrien als auch der Libanon betonten immer wieder, dass die syrische und die libanesische

Verhandlungsschiene nicht zu trennen seien. Entsprechend wurden die bilateralen israelisch-libanesischen Gespräche 1994 abgebrochen und sollten erst nach einer Klärung des israelisch-syrischen Verhältnisses fortgeführt werden. Bis heute steht ein Friedensabkommen zwischen Israel und dem Libanon aus, das den genauen Grenzverlauf, die Wassernutzung und das Schicksal der dortigen palästinensischen Flüchtlinge vertraglich regeln würde.

Selbstverwaltung vs. Selbstbestimmung: die israelisch-palästinensischen Verhandlungen

Ab dem dritten Treffen in den USA im Januar 1992 führten die Delegationen die israelisch-jordanischen und die israelisch-palästinensischen Verhandlungen getrennt. Über eineinhalb Jahre (3. November 1991–1. Juli 1993) gab es zehn teils mehrwöchige Runden israelisch-palästinensischer Gespräche in Washington.[8] Im Mittelpunkt stand eine fünfjährige Übergangsperiode, die den Weg bereiten sollte, um auf Basis von Sicherheitsratsresolution 242 ein sogenanntes Endstatusabkommen auszuhandeln. Palästinensische Selbstbestimmung oder die Umsetzung des Rückkehrrechts standen nicht auf der Tagesordnung.

Die USA stellten sich zwar als «ehrlicher Makler» (honest broker) dar, hatten Israel aber bereits in der Vergangenheit zugesagt, keine für Israel inakzeptablen Vorschläge vorzulegen.[9] Zwar war US-Außenminister James Baker durchaus bereit, Druck auszuüben, um eine israelische Beteiligung herbeizuführen und zumindest einen befristeten Siedlungsstopp durchzusetzen,[10] ansonsten aber unterstützten die USA die israelischen Forderungen, was die Beschränkung des Verhandlungsmandats und die palästinensische Delegation anging: Die PLO war formal nicht vertreten, palästinensische Unterhändlerinnen und Unterhändler durften lediglich aus dem Westjordanland und dem Gazastreifen, nicht aber aus Jerusalem oder der Diaspora stammen. Die bekanntesten Mitglieder der palästinensischen Delegation waren Haidar Abdel Schafi, Hanan Aschrawi und Sari Nusseibeh sowie ihre Berater Rashid Khalidi, Raja Schehadeh und Camille Mansour. Erst ab dem Frühjahr 1993 durfte auch Faisal al-Husseini, prominenter Fatah-Vertreter aus Jerusalem, offiziell an den Verhandlungen teilnehmen. Dies war Teil eines Kompromisses über die stufenweise Rückkehr der in den Libanon deportierten Hamas-Kader, nachdem die palästinensische Seite ihre Beteiligung an den Verhandlungen wegen der Deportation zuvor ausgesetzt hatte. Von Anfang an stimmte sich die Delegation eng mit der Führung der Exil-PLO in Tunis ab.

Die Positionen der beiden Konfliktparteien blieben in den zehn Gesprächsrunden weit voneinander entfernt. Die palästinensische Seite fordorte für die Übergangsperiode einen vollständigen Siedlungsstopp und die Aufhebung der Militärverordnungen, die die Basis für die Enteignung von Land waren. Zudem legte sie den Vorschlag für eine palästinensische Übergangsregierung vor (Palestinian Interim Self-Governing Authority, PISGA). In ihren Hoheitsbereich sollte nicht nur die palästinensische Bevölkerung in den besetzten Gebieten, sondern auch die Kontrolle über das Land fallen. Dazu sollte – als Vorstufe zur staatlichen Unabhängigkeit – eine autonome, von der Bevölkerung gewählte palästinensische Autorität eingerichtet werden.[11] Die israelische Seite beharrte ihrerseits auf alleiniger israelischer Souveränität und war nur zu kleinen Zugeständnissen bereit, wie der Übergabe einzelner Kompetenzen, etwa des Gesundheitswesens, an eine palästinensische Selbstverwaltung sowie der Durchführung von Kommunalwahlen. Auch nach dem Regierungsantritt von Jitzchak Rabin änderte sich die israelische Haltung nicht grundlegend. Zumindest offerierte die israelische Seite nun die Bildung eines palästinensischen Rates mit beschränkten Selbstverwaltungskompetenzen. Die israelische Delegation legte Ausarbeitungen vor, nach denen in unterschiedlichen Orten in den palästinensischen Gebieten (Ost-Jerusalem, palästinensische Bevölkerungszentren, Siedlungen, Staatsland und Militärzonen) verschiedene Rechtssysteme gelten sollten – und nahmen damit die heutige Realität vorweg. In den letzten beiden Runden diskutierten die Verhandlungsführerinnen und -führer über eine israelisch-palästinensische Grundsatzerklärung, konnten sich aber weder auf einen der Vorschläge der beiden Seiten noch auf den der USA einigen.

Porträt 6: Hanan Aschrawi

Hanan Daoud Mikhail Aschrawi wurde als Sprecherin der palästinensischen Verhandlungsdelegation bei den Friedensgesprächen 1991–1993 international bekannt.[12] Sie verlieh der palästinensischen Führung ein neues Image auf der Weltbühne: intellektuell, zivil, weiblich, selbstbewusst. Die 1946 in Nablus (im heutigen Westjordanland) geborene christliche Palästinenserin stand nicht nur im Auftreten in starkem Kontrast zu Jassir Arafat und zur PLO-Exilführung. Sie trat (und tritt) auch inhaltlich für ein anderes – ein demokratisches, gleichberechtigtes und von zivilem Engagement geprägtes – Palästina ein. Die promovierte Literaturwissenschaftlerin lehrte von 1973–1995 an der Birzeit-Universität im Westjordanland, baute dort ein Masterprogramm Anglistik auf und wurde 1986 Dekanin. Zu ihren Veröffentlichungen

Hanan Aschrawi, Sprecherin der palästinensischen Verhandlungsdelegation bei den Friedensgesprächen in Madrid zu Beginn der 1990er Jahre und Abgeordnete im Palästinensischen Legislativrat, bei einer Pressekonferenz im November 2012, bei der sie sich für die Aufnahme Palästinas als Beobachterstaat in die UN stark macht.

zählen wissenschaftliche Aufsätze und Bücher, insbesondere zur palästinensischen Literatur.[13] Während der Ersten Intifada war sie Mitglied des Politischen Komitees, das unter anderem Untergrundschulen, medizinische Versorgung und Lebensmittelhilfen organisierte. Obwohl Aschrawi die Oslo-Abkommen kritisierte, engagierte sie sich im Rahmen der neu geschaffenen palästinensischen Institutionen: 1996 wurde sie als parteilose Vertreterin in den Palästinensischen Legislativrat gewählt,[14] 2006 als Vertreterin des Dritten Weges, einer Partei, die sie als Alternative zu den dominanten Parteien Fatah und Hamas mitgegründet hatte. Aschrawi war zudem ab 1996 Ministerin für Bildung und Forschung, trat aber, weil sie mit der Regierungsführung Arafats unzufrieden war, 1998 zurück. 2009 wurde sie als erste Frau ins Exekutivkomitee der PLO gewählt und blieb dort das einzige weibliche Mitglied, bis sie Ende 2020 aus Protest gegen dessen Marginalisierung im Entscheidungsprozess, den Reformstau in der PLO und ausbleibende Wahlen ihr Amt niederlegte.[15] Darüber hinaus setzte sich die Palästinenserin auf der zivilgesellschaftlichen Ebene vor allem für Menschen- und Frauenrechte ein und gründete mehrere NGOs, die wichtige Korrektive zur Autonomiebehörde darstellen. Aschrawi wurde international, sowohl für ihren Einsatz für eine Zweistaatenlösung als auch für die Rechte von Frauen, vielfach ausgezeichnet.

Track Two in Oslo

Die Washingtoner Verhandlungen wurden 1993 durch geheime und zunächst inoffizielle Verhandlungen zwischen Israel und der PLO – sogenannte *track two*-Gespräche – in Norwegen bedeutungslos gemacht. Dieser alternative Gesprächskanal war auf Initiative des norwegischen Verteidigungs-, dann Außenministers Johan Jørgen Holst ab Januar 1993 zwischen den israelischen Akademikern Jair Hirschfeld und Ron Pundak auf der einen und den engen Vertrauten Arafats Ahmed Qurei', Hassan Asfur und Maher al-Kurd auf der anderen Seite begründet worden.[16] Schnell entwickelte er sich zu einem vollwertigen parallelen Verhandlungsforum, das mit der Zustimmung von Arafat und Rabin und unter der Ägide von Schimon Peres und Mahmud Abbas tagte, von dem die Delegation, die in Washington verhandelte, aber nichts wusste. Daneben fanden weitere Gespräche auch noch in weiteren Foren statt, die die spezifischen Sicherheitsarrangements für die Übergangsperiode klären sollten.[17]

Für die PLO-Vertreter standen in Oslo die Anerkennung der Befreiungsorganisation und ihre eigene Rückkehr in die Heimat im Vordergrund. Im Austausch dafür ließen sie sich auf einen Prozess ein, der weder die Besatzung oder die Besiedlung beendete noch die staatliche Unabhängigkeit zumindest als Ziel festhielt. Eine Ursache für die Asymmetrie lag auch darin, dass die palästinensischen Oslo-Unterhändler ihren israelischen Gegenspielern, was die Verhandlungskompetenz, Sach- und Ortskenntnis anging, deutlich unterlegen waren.[18] Doch ein schrittweiser Ansatz, der zentrale Fragen aufschob, kam auch Arafat entgegen. Denn so sah er sich erst einmal nicht gezwungen, schmerzhafte Kompromisse in Bezug auf Jerusalem, das Rückkehrrecht oder Einschränkungen palästinensischer Staatlichkeit einzugehen.

2. Die Oslo-Abkommen und der Oslo-Prozess

Ergebnis des Osloer Verhandlungsstrangs war die israelisch-palästinensische Prinzipienerklärung bzw. das Oslo-I-Abkommen, das am 13. September 1993 in Washington unterzeichnet wurde. Darin erkannte die PLO den Staat Israel und Israel seinerseits die PLO als Vertreterin des palästinensischen Volkes an. Mit dieser Anerkennung verpflichtete sich Israel jedoch nicht darauf, mit dem palästinensischen Volk die Souveränität im ehemaligen Mandatsgebiet zu teilen, diesem also Selbstbestimmung in einem eigenen Staat zu gewähren – auch nicht als Ergebnis von Verhandlungen über einen endgültigen Status.[19]

Die nachfolgenden Abkommen von 1994 und 1995 sahen eine fünfjährige Übergangsperiode vor, in der Israel nach und nach Zuständigkeiten an eine zu bildende Palästinensische Autonomiebehörde übergeben sollte.[20] Als sogenannte Endstatusfragen wurden die zwischen Israel und der PLO am stärksten umstrittenen Punkte zunächst ausgeklammert und auf spätere

Verhandlungen vertagt. Dazu gehörten vor allem der völkerrechtliche Status eines künftigen palästinensischen Gemeinwesens und der Verlauf der Grenzen zu Israel, Sicherheitsvorkehrungen, die Zukunft der jüdischen Siedlungen, die Kontrolle über Jerusalem inklusive des Zugangs zur Altstadt und zu den heiligen Stätten, die palästinensischen Flüchtlinge sowie die Aufteilung und das Management der Ressourcen, insbesondere des Wassers. Die Verhandlungen über diese Fragen hätten ursprünglich bis zum Ende der Übergangsperiode im Mai 1999 abgeschlossen sein und ein endgültiges Friedensabkommen hervorbringen sollen.

Mit dem israelisch-palästinensischen Gaza-Jericho-Abkommen vom Mai 1994 begann die fünfjährige Übergangsperiode zunächst im Gazastreifen und in der Oasenstadt Jericho im Jordangraben. Kurz zuvor war im Pariser Protokoll vom April 1994 das wirtschaftliche Verhältnis zwischen Israel und der PA geregelt und eine von Israel dominierte Zollunion festgeschrieben worden. Die PA sollte zwar eine eigene Wirtschaftspolitik betreiben dürfen, aber in eng abgestecktem Rahmen. Eine eigene palästinensische Währung war nicht vorgesehen. Israel würde weiterhin sämtliche Außengrenzen – und damit den palästinensischen Außenhandel – kontrollieren. Zudem sollte die Autonomiebehörde für den größten Teil der Einnahmen des öffentlichen Sektors von Israel abhängig bleiben. Denn die von Israel auf Importe in die palästinensischen Gebiete erhobenen Zölle ebenso wie die Sozialabgaben palästinensischer Arbeitnehmerinnen und Arbeitnehmer in Israel sollten von Israel überwiesen werden.[21] Diese Transfers wurden im Folgenden immer wieder von Israel als Strafmaßnahme gegen die Autonomiebehörde ausgesetzt.

Im September 1995 einigten sich Israel und die PLO auf das

Palästinensische Autonomiegebiete, Westjordanland, gemäß Oslo-Abkommen 1995
Bet Sche'an
Dschenin
Tulkarm
Nablus
Qalqiliya
Tel Aviv-Jaffa
WESTJORDANLAND
Jordan
JORDANIEN
Ramallah
Jericho
Jerusalem
ISRAEL
Bethlehem
Totes Meer
Hebron
0 10 20 km
Staatsgebiet Israels
Größere israel. Siedlung
A-Gebiete – Palästinensische Selbstverwaltung und Verantwortung für Innere Ordnung und Sicherheit; 3 % des Westjordanlandes
B-Gebiete – Palästinensische Selbstverwaltung und Verantwortung für innere Ordnung; 27 % des Westjordanlandes
C-Gebiete – eingeschränkte palästinensische Selbstverwaltung, israelische Verantwortung für innere Ordnung, Raumplanung und Sicherheit; 70 % des Westjordanlandes

sogenannte Interims- oder Oslo-II-Abkommen. Darin wurden das Westjordanland und der Gazastreifen in Gebiete mit unterschiedlichem Status und eigenen Kompetenzen für Israel und die PA aufgeteilt (A-, B- und C-Gebiete); Ost-Jerusalem blieb davon ausgenommen. Dabei kamen der PA Aufgaben der Selbstverwaltung und der inneren Ordnung in den A- und B-Gebieten zu; in den A-Gebieten sollte die PA auch für die Sicherheit zuständig sein. Israel behielt sich allerdings überall die Verfolgung von Terroristen vor («right of hot pursuit»). Für die C-Gebiete des Westjordanlandes, in denen sich neben palästinensischen Dörfern, Beduinenansiedlungen und Feldern auch die israelischen Siedlungen, landwirtschaftlichen Flächen und Militäreinrichtungen befinden, sah das Interimsabkommen eine fortgesetzte vollständige israelische Kontrolle über öffentliche Ordnung und Sicherheit sowie Planverfahren und Baugenehmigungen vor.

Entgegengesetzte Erwartungen

Im Oktober 1994 ging der Friedensnobelpreis gemeinsam an Arafat, Rabin und Peres für ihre Bemühungen, Frieden im Nahen Osten zu schaffen. Doch die Erwartungen an den Oslo-Prozess und sein Ergebnis waren auf israelischer und palästinensischer Seite entgegengesetzt. Zwar wurden die Abkommen weltweit mehrheitlich als Schritt in Richtung Frieden und palästinensischer Selbstbestimmung begrüßt, doch gab es von Anfang an auch harsche Kritik an den Vereinbarungen. Diese kam nicht nur, wie oft dargestellt, von denjenigen auf beiden Seiten, die einen friedlichen Ausgleich und Verhandlungen grundsätzlich ablehnten,[22] sondern vor allem auch aus dem palästinensischen Verhandlungsteam in Washington, etwa von

Abdel Schafi und Aschrawi, sowie von Intellektuellen wie Edward Said, der Oslo als «palästinensisches Versailles» bezeichnete.[23]

Porträt 7: Edward W. Said

Der Professor für Vergleichende Literaturwissenschaft Edward William (ursprünglich Wadie) Said gilt als herausragender Intellektueller und einer der Begründer der postkolonialen Theorie.[24] 1935 als Sohn einer wohlhabenden, christlichen, palästinensisch-amerikanischen Familie geboren, verbrachte er seine Kindheit in Jerusalem, siedelte 1948 nach Kairo über, nachdem seine Eltern im Zuge der Nakba ihren Besitz in Jerusalem verloren hatten, und besuchte ab 1951 ein Elite-Internat in Massachusetts, USA. Said studierte in Princeton, promovierte in Harvard und lehrte an der Columbia Universität in New York sowie als Gastprofessor an weiteren renommierten Universitäten. In seinem breit diskutierten Buch «Orientalismus» (1978), das heute als grundlegendes Werk der postkolonialen Theorie gilt, kritisierte er die europäisch-koloniale Wissensproduktion über den Nahen Osten und setzte sie in Beziehung zur kolonialen Herrschaft.[25] In den späten 1970er Jahren wurde die Theorie herangezogen, um den Beitrag der Wissenschaft zur Legitimierung und Verfestigung (neo-)kolonialer Machtstrukturen zu thematisieren.

Said genoss zudem Hochachtung als palästinensische Stimme im Westen und als Verfechter eines säkularen, binationalen Staates in Israel/Palästina, mit gleichen Rechten für alle.[26] Aufgerüttelt durch den israelisch-arabischen Krieg 1967 engagierte er sich auch politisch. Ab 1977 war er gewähltes, parteiloses Mitglied des Palästinensischen Nationalrats, aus dem er jedoch 1991 austrat, weil die palästinensische Führung während des Irak-Kuwait-Krieges Saddam Hussein unterstützte.

Bis zu seinem Lebensende blieb er lautstarker Kritiker Arafats und

Edward Said im Herbst 1999. Der in Jerusalem aufgewachsene palästinensisch-amerikanische Intellektuelle gilt als Begründer der postkolonialen Theorie und als wichtige palästinensische Stimme im Westen. Er war ein lautstarker Kritiker Arafats und Verfechter eines säkularen, binationalen Staates in Israel/Palästina.

der PA[27] – und damit auch seiner Überzeugung treu, dass es die Aufgabe von Intellektuellen in einer modernen Gesellschaft sei, gegenüber den Mächtigen die Wahrheit auszusprechen.[28] Als leidenschaftlicher Pianist gründete Said 1999 zusammen mit dem argentinisch-israelischen Musiker und heutigen Generalmusikdirektor der Berliner Staatsoper Daniel Barenboim das «West-Eastern Divan Orchestra», in dem junge Musikerinnen und Musiker aus verfeindeten Staaten des Nahen Ostens zusammen spielen. Said starb im September 2003 in New York an den Folgen einer bereits Anfang der 1990er Jahre diagnostizierten Leukämieerkrankung.

Umsetzung und Verzögerungen

Arafat und die Führung der Exil-PLO kehrten, bis auf die wenigen Mitglieder, die die Abkommen ablehnten (so etwa Faruq al-Qaddumi), am 1. Juli 1994 nach Gaza zurück und verlegten auch die PLO-Bürokratie größtenteils in die palästinensischen Gebiete. Dadurch schränkten sie freilich die Handlungsfreiheit der Befreiungsorganisation deutlich ein, war diese doch jetzt in fast jeder Hinsicht von der Besatzungsmacht abhängig.

Ende 1995 zog Israel seine Truppen, wie vorgesehen, aus den Bevölkerungszentren des Westjordanlandes ab. Damit schien zunächst ein erster Schritt zur Beendigung der Besatzung vollzogen. Doch wurde das Besatzungsregime lediglich durch eine Arbeitsteilung mit der PA ergänzt: Die PA übernahm die Verantwortung für die Selbstverwaltung, während die internationale Gemeinschaft einen großen Teil der Kosten für Aufbau und Unterhalt der Regierungs- und Verwaltungsstrukturen der PA schulterte. Fortan zeichnete die Autonomiebehörde für die innere Ordnung und Sicherheit in den A-Gebieten verantwortlich und führte gemeinsam mit Israel Patrouillen durch. Dabei dienten die palästinensischen Sicherheitskräfte in erster Linie nicht dem Schutz der eigenen Bevölkerung, etwa gegen Siedlerübergriffe, sondern dem Schutz Israels und der Siedlerbevölkerung. Für die alltäglichen Belange war nun die PA zuständig, während Israel die übergeordnete Kontrolle über die besetzten Gebiete und ihre Bevölkerung behielt. Ausgeübt wurde sie durch die Anwendung von Militärrecht, das Bevölkerungsregister, ein System von Checkpoints, Fahrverboten, Genehmigungen und Abriegelungen sowie die Hoheit über die Außengrenzen – ein komplexes System, das Israel in den Folgejahren immer weiter ausdifferenzierte.

Die Umsetzung des Zeitplans, nach dem der israelische Truppenrückzug und der Abschluss eines Friedensabkommens erfolgen sollte, verzögerte sich allerdings. Die Ermordung Rabins durch einen jüdischen Extremisten im November 1995 erwies sich als entscheidender Rückschlag für die rasche Umsetzung des Oslo-Prozesses.[29] Schon zuvor hatten Siedler versucht, ihn zu torpedieren. So hatte im Februar 1994 der radikale Siedler Baruch Goldstein 29 betende Muslime in der Patriarchenhöhle bzw. Abrahamsmoschee in Hebron erschossen. Palästinensische Extremisten unterminierten den Prozess ihrerseits durch Gewalt. Die Hamas, die bereits 1993 erste Selbstmordattentate durchgeführt hatte, weitete ihre Anschläge in Vergeltung des Goldstein-Massakers auch auf zivile Ziele im israelischen Kernland aus. Dennoch hatte Rabin bis zu seiner Ermordung betont, es gelte weiter zu verhandeln, als ob es keinen Terror gäbe, sowie den Terrorismus zu bekämpfen, als ob es keine Verhandlungen gäbe.[30]

Während der ersten Regierungszeit Benjamin Netanjahus wurde die Atmosphäre zwischen Israel und der PA dann jedoch eisig. Denn Netanjahu, dessen Partei Likud nach wie vor an einer Groß-Israel-Ideologie festhielt (und bis heute festhält), war nicht bereit, den vertraglich vorgesehenen Truppenabzug aus weiteren Gebieten umzusetzen.[31] Auch wenn er die PA nicht als Partner sah, so war er doch im weiteren Verlauf gezwungen, Abkommen mit ihr zu schließen, um Unruhen einzudämmen und dem Druck der USA zu entsprechen. Das galt etwa für die sogenannten Tunnelunruhen, die im September 1996 ausgelöst wurden, weil Israel zur Öffnung eines antiken Tunnels unter dem Tempelberg in Ost-Jerusalem Bauarbeiten durchführen ließ. Die Folge waren Massenproteste und bewaffnete Auseinandersetzungen in Ost-Jerusalem, die sich

Seit 1994 ist die Schuhada-Straße in Hebron für die palästinensische Bevölkerung gesperrt; israelische Soldaten kontrollieren den Zugang. Die radikale Siedlerbevölkerung inmitten der Altstadt Hebrons hat den ursprünglichen palästinensischen Einwohnerinnen und Einwohnern das Leben zur Hölle gemacht, ihnen ihre Existenzgrundlage genommen und sie zunehmend verdrängt.

rasch auf das Westjordanland und den Gazastreifen ausweiteten. Binnen einer Woche kam es zu Hunderten von Verletzten und 90 Toten, ganz überwiegend auf palästinensischer Seite. Die Gewalt konnte erst durch ein Gipfeltreffen zwischen Arafat und Netanjahu in Washington eingehegt werden, bei dem sie sich auf die Wiederaufnahme von Gesprächen über die Umsetzung des Oslo-II-Abkommens einigten. Daraus ging das Hebron-Protokoll vom Januar 1997 hervor, das die palästinensische Selbstverwaltung auch auf einen Teil der Altstadt Hebrons ausweitete, allerdings zugleich den Grundstein für die Erweiterung der israelischen Siedlungen in und die Verdrängung der palästinensischen Bevölkerung aus dem anderen Teil der Altstadt Hebrons legte.[32]

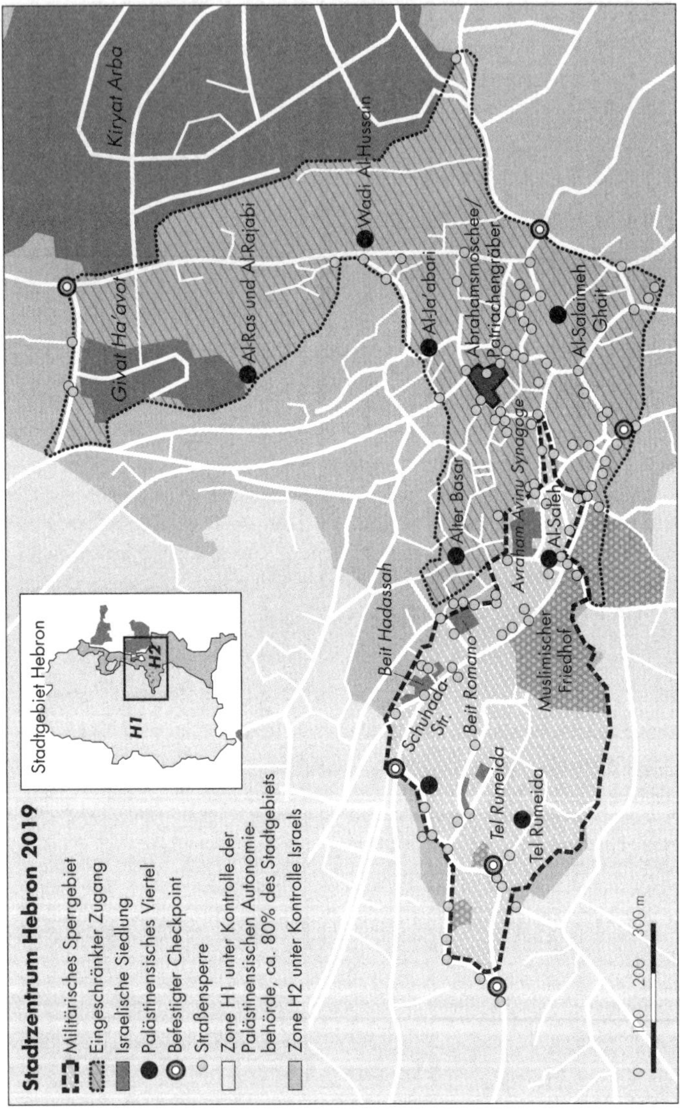
Stadtzentrum Hebron 2019
Militärisches Sperrgebiet
Eingeschränkter Zugang
Israelische Siedlung
Palästinensisches Viertel
Befestigter Checkpoint
Straßensperre
Zone H1 unter Kontrolle der Palästinensischen Autonomiebehörde, ca. 80% des Stadtgebiets
Zone H2 unter Kontrolle Israels
Stadtgebiet Hebron
H1
H2
Kiryat Arba
Givat Ha'avot
Al-Ras und Al-Rajabi
Wadi Al-Hussain
Al-Ja'abari
Abrahamsmoschee/ Patriarchengräber
Al-Salaimeh Ghait
Alter Basar
Avraham Avinu Synagoge
Al-Saleh
Beit Hadassah
Beit Romano
Schuhada-Str.
Muslimischer Friedhof
Tel Rumeida
Tel Rumeida
0
100
200
300 m

Auf US-amerikanischen Druck kam im Oktober 1998 auch das Wye-River-Memorandum zwischen den Konfliktparteien zustande. Dieses bestätigte die Verpflichtung der PA zur Terrorismusbekämpfung, die nun unter CIA-Aufsicht erfolgen sollte, und hielt fest, dass der Palästinensische Nationalrat in Anwesenheit von US-Präsident Bill Clinton formal die bereits 1996 beschlossenen Änderungen der PLO-Charta bestätigen würde.[33] Im Gegenzug sah das Memorandum die Ausdehnung der Selbstverwaltung auf weitere Gebiete, einen weiteren Truppenabzug und den Beginn von Endstatusverhandlungen vor. Auch sollten der internationale Flughafen in Gaza und ein Industriegebiet eröffnet werden und Verhandlungen unter anderem über einen Tiefseehafen beginnen. Beide Seiten würden Hetze und Aufstachelung zu Gewalt fortan unterbinden. Israel setzte allerdings in Folge nur einen Teil des Truppenabzugs um. Beide Seiten beschuldigten sich gegenseitig, ihre Verpflichtungen nicht zu erfüllen. Insgesamt wurden in der Regierungszeit Netanjahus keine Verhandlungsfortschritte gemacht und die Endstatusverhandlungen nicht aufgenommen. Umgesetzt wurde der vorgesehene Truppenabzug erst, nachdem Ehud Barak im Mai 1999 zum israelischen Premierminister gewählt und die Übergangsperiode durch das Abkommen von Scharm El-Scheich (September 1999) bis September 2000 verlangert worden war.[34]

Verhandlungen über den endgültigen Status

Verhandlungen über den endgültigen Status waren zwar formell im Mai 1996 aufgenommen, dann aber bis zum Ende der Interimsperiode nicht tatsächlich geführt worden. Nur aufgrund der intensiven Vermittlungsbemühungen der US-Administration gelang es überhaupt, die Konfliktparteien im Juli 2000 in Camp David zu Verhandlungen über den endgültigen Status zusammenzubringen und zum ersten Mal auf höchster Ebene – die Delegationen wurden von Clinton, Barak und Arafat geleitet – die komplexen Fragen des endgültigen Status zu besprechen. Allerdings waren diese Bemühungen nicht von Erfolg gekrönt. Obwohl die israelische Seite territoriale Vorschläge für eine Zweistaatenregelung machte, die weitreichender waren als alle bisherigen Angebote, blieben sie doch weit hinter den palästinensischen Minimalforderungen zurück: einem zusammenhängenden Staatsgebiet in den Grenzen von 1967 mit Ost-Jerusalem als Hauptstadt und einer Lösung der Flüchtlingsfrage auf Basis der UN-Generalversammlungsresolution 194.[35] Barak wollte die großen Siedlungsblöcke im Westjordanland annektieren und die israelische Souveränität über den Tempelberg/Haram al-Scharif behalten. Die Anerkennung eines individuellen Rückkehrrechts palästinensischer Flüchtlinge lehnte er ab. Die palästinensische Seite war zwar zu einem Landtausch bereit, nicht aber dazu, Baraks ungleichen Tauschvorschlag zu akzeptieren.

Eine Einigung konnte in den zwei Wochen dauernden Verhandlungen nicht erzielt werden. Dabei dürfte auch das gegenseitige Misstrauen zwischen Barak und Arafat eine Rolle gespielt haben. Überdies dürfte dazu beigetragen haben, dass Barak von Anfang an direkte Verhandlungen mit Arafat ablehnte und sein Angebot als unverhandelbar präsentierte. Auch unterbreitete er die territorialen Aspekte des Arrangements lediglich mündlich, so dass genauer Umfang und Zusammenhang des vorgesehenen palästinensischen Territoriums unklar blieben.[36] Auf der anderen Seite verhielt Arafat sich wenig konstruktiv, statt die Chance zu ergreifen und aktiv in die Verhandlungen einzusteigen. Tatsächlich war die Kompromissfähigkeit sowohl von Barak, der zu diesem Zeitpunkt nicht mehr über eine Mehrheit in der Knesset verfügte, als auch von Arafat, der hohe Erwartungen in der palästinensischen Bevölkerung geweckt hatte, deutlich eingeschränkt. Clinton wiederum, der sich dem Ende seiner Amtszeit näherte, versuchte, in kurzer Zeit eine Einigung zu erzwingen, statt Raum für weitere Verhandlungen zu geben.[37]

Im Dezember 2000 – also bereits nach Ausbruch der Zweiten Intifada – fasste der amerikanische Präsident den bisherigen Verhandlungsstand (in den sogenannten Clinton-Parametern, die fortan als Eckpunkte einer Verhandlungslösung galten) zusammen. Auf dieser Basis konnten die Konfliktparteien bei einer Fortführung der Verhandlungen im Januar 2001 im ägyptischen Taba eine Annäherung der Positionen erreichen. Doch für die Konfliktdynamik entscheidend wurde nicht diese Annäherung, sondern eine Lesart der Verhandlungen in Camp David, die das Scheitern allein Arafat zuschob – eine Schuldzuweisung, die Präsident Clinton in seinem Statement zum Ende der Gespräche vornahm. Den auf dieser Interpretation der Verhandlungen beruhenden Mythos, dass es auf palästinensischer Seite keinen Partner für Frieden gebe, nährte Barak,[38] obgleich er selbst in den Taba-Verhandlungen deutlich konzilianter in Bezug auf territoriale Zugeständnisse war als in Camp David. Ende Januar 2001 wurden die Verhandlungen abgebrochen, da die Amtszeit Clintons ablief und Israel vor Neuwahlen stand. Die Verhandlungspartner versäumten es, ihren Nachfolgern zumindest die Umrisse einer Regelung als Ausgangspunkt für weitere Gespräche zu hinterlassen. Zwar fasste der EU-Beauftragte für den Friedensprozess Miguel Ángel Moratinos die Positionen und den Stand der Annäherung als sogenannten Taba-Acquis zusammen, doch Barak beharrte auf dem Grundsatz «Nichts gilt als vereinbart, bis alles vereinbart ist».[39]

3. Der Aufbau staatlicher Strukturen

Die israelisch-palästinensische Prinzipienerklärung und die gegenseitige Anerkennung der beiden Konfliktparteien hatten für viele Beobachter nicht nur eine Befriedung des Nahostkonflikts, sondern auch eine Verwirklichung des palästinensischen Selbstbestimmungsrechts in einem unabhängigen Staat in greifbare Nähe gerückt. Das Vertragswerk von Oslo war die Grundlage für den Aufbau eines palästinensischen Regierungssystems, das die Selbstverwaltung in der Übergangsperiode umsetzen sollte, zugleich aber auch als Nukleus eines palästinensischen Staatswesens gesehen wurde. Entsprechend begann mit dem Gaza-Jericho-Abkommen vom Mai 1994 unter der Ägide der aus dem tunesischen Exil zurückgekehrten PLO-Spitze der Aufbau vorstaatlicher Regierungsinstitutionen. Freilich kamen der neu errichteten PA dabei nur beschränkte Kompetenzen zu, die zwar während der Interimsperiode schrittweise erweitert wurden, aber nicht annähernd den vollen Umfang staatlicher Souveränität erreichten.[40]

Nach dem Abzug des israelischen Militärs aus dem Großteil des Gazastreifens und aus dem Stadtgebiet von Jericho (im Mai 1994) sowie aus den Städten der Westbank (im November/Dezember 1995) wandelte sich die Lage für das Gros der palästinensischen Bevölkerung zunächst spürbar. Denn mit Ausnahme Ost-Jerusalems und der Innenstadt von Hebron gab es in den palästinensischen Bevölkerungszentren keine nächtlichen Ausgangssperren mehr und bedeutend weniger Zusammenstöße zwischen Bevölkerung und Besatzungsmacht.[41] Ein Stück weit konnte nach der Intifada normales städtisches Leben in diese Zentren zurückkehren. Die Graffiti der Intifada wurden übermalt, Restaurants, Kultureinrichtungen, Cafés und Bars geöffnet, und es kam zu einem Bauboom. Vor allem in Ramallah und Gaza City entstanden Regierungsgebäude, große Hotels und Eigenheime. In Jericho wurden ehrgeizige Tourismusprojekte – eine Bergbahn, Luxushotels und ein Spielcasino – umgesetzt und in Bethlehem nahm man im Rahmen des «Bethlehem 2000»-Projektes eine umfangreiche Altstadtsanierung in Angriff.

Abgesehen von der Legalisierung der palästinensischen Flagge und Hymne sowie der Einführung eher symbolischer Insignien von Staatlichkeit wie palästinensischer Briefmarken, Autokennzeichen und Reisepässe baute die PA neben Ministerien und Behörden einen starken Sicherheitsapparat auf. Innerhalb weniger Jahre entstand ein umfassendes palästinensisches Regierungssystem mitsamt den dazugehörigen Organen.[42] Diese Institutionen bestimmten – im Rahmen der der PA zugestandenen Kompetenzen – zunehmend die innere Ordnung für den allergrößten Teil der palästinensischen Bevölkerung in den 1967 von Israel besetzten Gebieten.

Ein neopatrimoniales Herrschaftssystem

Bei den im Januar 1996 in den palästinensischen Gebieten zum ersten Mal abgehaltenen Wahlen für den Palästinensischen Legislativrat (Palestinian Legislative Council, PLC) und die Präsidentschaft wurde Arafat (bei einer Wahlbeteiligung von knapp über 70 Prozent der registrierten Wählerinnen und

Wähler) mit 88,2 Prozent zum Präsidenten gewählt, während die Fatah 50 von 88 Sitzen im Legislativrat errang. Trotz Unregelmäßigkeiten und der Einschränkungen durch die Besatzung verlief die Abstimmung im Wesentlichen frei und fair; das Ergebnis konnte als zustimmendes Referendum zu den Oslo-Abkommen gewertet werden.[43]

Dennoch waren die Wahlen nicht der Auftakt für die Herausbildung eines liberal-demokratischen politischen Systems. Vielmehr entstand in den palästinensischen Gebieten ein Herrschaftstypus, der als neopatrimonial bezeichnet werden kann. Das heißt, dass das System zwar durchaus demokratische Verfahren und moderne Regierungs- und Verwaltungsstrukturen aufwies, die Herrschaft sich aber in erster Linie auf informelle, klientelistische Praktiken stützte, welche die formalen Institutionen überlagerten. Das politische System zeichnete sich durch eine starke Machtkonzentration beim Präsidenten der PA aus, der zugleich auch Vorsitzender der PLO und der Regierungspartei Fatah war, sowie einen Mangel an Gewaltenteilung, Rechtsstaatlichkeit und Respekt für Menschen- und Bürgerrechte.

Bezeichnend für die Herrschaftsausübung war die Kombination aus Repression einerseits (etwa gegenüber der Hamas) und Günstlingswirtschaft über ein Netzwerk persönlicher Beziehungen, das der «wohlwollende Patriarch» pflegte, andererseits. Öffentliche Gelder wurden mit dem Ziel der politischen Patronage eingesetzt, was zu einer aufgeblähten Bürokratie führte und Mittelmissbrauch und Korruption mit sich brachte. Zwischen öffentlichen und privaten Kassen sowie zwischen denen der PLO und der PA wurde nicht klar getrennt. Für die Aufnahme in den öffentlichen Dienst waren nicht in erster Linie die Fähigkeiten der Bewerberinnen und Bewerber entscheidend, sondern ihre Loyalität zum Präsidenten. Zudem kennzeichnete das System eine geringe Institutionalisierung und eine hohe Informalität von Entscheidungsprozessen. Dabei schürte Arafat immer wieder auch den Wettbewerb und Zwist zwischen potenziellen Konkurrenten, etwa den Köpfen der überdimensionierten Sicherheitsdienste.[44]

Kernbereiche palästinensischer Politik und Zukunftsgestaltung blieben – schon aufgrund der Vorkehrungen in den Oslo-Abkommen – der demokratischen Kontrolle durch die gewählten Volksvertreterinnen und -vertreter entzogen. Verantwortlichkeiten der politischen Führung wurden nicht etabliert, Legislaturperioden nicht eingehalten und damit die Bevölkerung der Abwahlmöglichkeit beraubt. Die Amtszeit von Präsident und PLC sollte vier Jahre betragen, die nächsten Wahlen fanden aber erst 2005 bzw. 2006 statt.

Die Verfassungsdebatte

Die Ausarbeitung einer palästinensischen Verfassung war bereits durch einen Beschluss des Palästinensischen Nationalrates nach der Unabhängigkeitserklärung vom 15. November 1988 in die Wege geleitet und durch den Auftrag des PLO-Exekutivkomitees im November 1993 bestätigt worden. Doch obwohl in der Übergangsperiode eine Verfassung entworfen wurde, trat sie nicht in Kraft. Damit fehlte eine verbindliche Regelung zentraler Fragen, etwa was die Nachfolge des Präsidenten, die Kompetenzen und Verantwortlichkeiten der verschiedenen Regierungsorgane sowie Entscheidungsprozesse anging.

Insgesamt wurden im Zeitraum zwischen 1993 und 1997 sechs Entwürfe für eine palästinensische Verfassung von unterschiedlichen Gremien vorgelegt und diskutiert. Schon Ende

1993 wurde der erste präsentiert und in den beiden folgenden Jahren breit und sehr kritisch nicht nur in den Gremien der PLO, sondern auch in der palästinensischen Öffentlichkeit debattiert – in den lokalen Medien, auf akademischen Konferenzen sowie von Vertreterinnen und Vertretern von Menschenrechts- und Frauenorganisationen.

Der Palästinensische Legislativrat, der sich im Frühjahr 1996 konstituierte, sah die Verabschiedung eines Grundgesetzes als eine seiner vornehmlichen Aufgaben an und wurde fortan zum Zentrum der Debatte.[45] Arafat versuchte allerdings über Wochen hinweg, die Diskussion darüber im PLC zu unterbinden. Ende Juli 1996 kam es deswegen zur Konfrontation zwischen Arafat und dem Parlamentssprecher Ahmed Qurei', in deren Verlauf Qurei' seinen Rücktritt androhte, weil die Exekutive den PLC an der Erfüllung seiner Aufgaben hindere. Letztlich gestand Arafat dem PLC die weitere Beratung über den Entwurf zu. Daraufhin einigte sich der Legislativrat im August 1996 auf den Text eines Grundgesetzes, der schließlich in dritter Lesung im Oktober 1997 angenommen wurde.

Dieser Text sah für die Übergangsperiode ein demokratisches, pluralistisches und parlamentarisches politisches System vor.[46] Er legte die Kompetenzen der Regierungsorgane sowie Rechtsstaatlichkeit und Gewaltenteilung fest und garantierte Menschen- und Bürgerrechte. Nicht zuletzt aufgrund der klaren Beschränkung des Ausnahmezustands handelte es sich um eines der liberalsten und am sorgfältigsten ausgearbeiteten Verfassungsdokumente der arabischen Welt. Nach über vier Jahrhunderten der Rechtsetzung durch unterschiedliche Besatzungs- beziehungsweise Mandatsmächte hätte diesem Grundgesetz über die Interimsperiode hinaus herausragende Bedeutung im Prozess der Selbstbestimmung des palästinensischen Volkes zukommen können, formulierten die Abgeordneten doch eine eigene und zukunftsgewandte Identität für das palästinensische Gemeinwesen.

Arafat allerdings fertigte bis zum Ende der Interimsperiode das vom PLC beschlossene Grundgesetz weder aus noch schlug er Änderungen vor, so dass keine verbindliche Regelung zustande kam. Daher liegt die Vermutung nahe, dass es tatsächlich Arafats Strategie war, das Festschreiben eines verfassungsrechtlichen Rahmens zu verhindern, der die Grundrechte des Einzelnen verankert und die Kompetenzen der Regierungsorgane festgelegt und so die Basis für Rechtsstaatlichkeit etabliert hätte. So sah es jedenfalls Ziad Abu-Amr, parteiloses Mitglied des PLC aus dem Gazastreifen und damals Vorsitzender des politischen Ausschusses. Er betonte, dass die Exekutive bewusst diesen Zustand der Rechtsfreiheit aufrechterhalte, um ihre Interessen durchsetzen zu können, nicht an Gesetze oder eine Verfassung gebunden zu sein und nicht zur Rechenschaft gezogen werden zu können.[47] So entstand der Eindruck, Arafat wolle insbesondere die Trennlinien zwischen Exekutive und Legislative, zwischen den Institutionen der PA und denen der PLO sowie zwischen den einzelnen Ministerien und Behörden absichtlich unscharf halten, um diese gegeneinander ausspielen und so die letzte Entscheidung über alle wichtigen Angelegenheiten selbst treffen zu können. Und es lag wohl auch in seinem Interesse, Vorgaben für seine Nachfolge zu verhindern.

Im November 1999 setzte Arafat dann ein Komitee ein, das in Vorbereitung auf die staatliche Unabhängigkeit eine Verfassung ausarbeiten sollte. Damit wurde dem PLC die diesbezügliche Kompetenz entzogen und einem Gremium übergeben, das dem Ministerium für Planung und internationale Zusammenarbeit (de facto Außenministerium) unterstellt war. Im Sommer 2000 wurde – allerdings noch im Diskussionsstadium – ein Verfassungsentwurf vorgelegt,[48] über den zwar eine Debatte unterschiedlicher Interessengruppen in Gang gebracht wurde, die aber in der Bevölkerung nur wenig Aufmerksamkeit erringen konnte und mit dem Ausbruch der Zweiten Intifada schließlich ganz unterging.

Die Kontroverse über die NGO-Gesetzgebung

Beispielhaft für das zunehmend angespannte Verhältnis zwischen der PA und der palästinensischen Bevölkerung waren auch die heftigen Auseinandersetzungen über die Rolle und den Status der palästinensischen Nichtregierungs- und Wohlfahrtsorganisationen.[49] Deren Situation hatte sich durch die Errichtung der PA grundsätzlich verändert. Hatten sie zuvor wichtige Funktionen des öffentlichen Sektors, vor allem im Bereich des Gesundheits- und Bildungswesens, übernommen,[50] so entstand mit der Errichtung einer zentralen Autorität die Notwendigkeit, die jeweiligen Aufgaben- und Kompetenzbereiche abzustecken.

Während nach dem Amtsantritt der PA ein Teil der NGOs im öffentlichen Sektor aufging, verstanden sich andere als gesellschaftliches Gegengewicht zur Autonomiebehörde und nahmen eine kritische Haltung gegenüber ihrem politischen Kurs ein. Einige NGOs schlossen sich bereits Ende 1993 zum PNGO-Netzwerk zusammen, um angesichts der anstehenden Veränderungen den Aufbau einer Zivilgesellschaft zu unterstützen, den Einfluss ihrer Organisationen auf die politische Entwicklung zu verstärken und eine Monopolisierung der ausländischen Hilfsgelder durch die PA zu verhindern.[51] Die PA hingegen versuchte, sich gesellschaftliche Organisationen unterzuordnen und unabhängige Netzwerke zu unterbinden. Sie bemühte sich, ausländische Gelder für Entwicklungsprojekte, die vor den Oslo-Abkommen direkt an die ausführenden NGOs geflossen waren, zu zentralisieren und zu kontrollieren. Die Folge war, dass die Einnahmen der NGOs zu Beginn der Interimsperiode drastisch sanken. Das hatte nicht nur negative Auswirkungen auf deren Leistungsfähigkeit, sondern auch auf die Versorgung der Bevölkerung – insbesondere da die PA nicht in der Lage war, rasch ein ebenso umfassendes Dienstleistungsnetz aufzubauen.[52]

Bald wurde über eine Gesetzgebung diskutiert, die den NGO-Sektor regulieren sollte. Hauptstreitpunkte zwischen Vertretern der PA und der organisierten Zivilgesellschaft waren dabei die Fragen der Lizenzierung, das Ausmaß der politischen Autonomie und der finanziellen Eigenständigkeit der NGOs sowie die Möglichkeit einer gerichtlichen Überprüfung des Verwaltungshandelns.[53] Im Sommer 1998 wurde im Legislativrat der Entwurf für ein fortschrittliches NGO-Gesetz, das sich in weiten Teilen auf einen Entwurf von PNGO stützte, diskutiert. Das Gesetz wurde im Dezember 1998 in dritter Lesung vom PLC verabschiedet und Arafat zur Ausfertigung vorgelegt. Dieser jedoch verzögerte die Unterzeichnung und versah den Gesetzentwurf mit der Änderung, dass NGOs bei dem ihm unterstellten Innenministerium zu registrieren seien. Obwohl der PLC diese Änderung mit 38 zu 12 Stimmen ablehnte, fertigte Arafat das Gesetz in Missachtung der Legislative mitsamt den Änderungen aus. Überdies schuf er im Sommer 1999 per Präsidialdekret ein neues Ministerium für NGO-Angelegenheiten und berief an dessen Spitze seinen Vertrauten Hassan Asfur.

Rahmenbedingungen

Das politische System und die Herrschaftsstrukturen, die sich nach Oslo in den palästinensischen Gebieten herausbildeten, lassen sich nicht durch eine angeblich in der arabischen Kultur verwurzelte Demokratieunfähigkeit erklären, wie immer wieder behauptet wird.[54] Sicherlich ist eine Ursache in der «Guerillamentalität» Arafats und der PLO-Führung zu finden – hervorgegangen aus jahrzehntelangem Leben und politischem Handeln im Untergrund und in autoritären Systemen.[55] Entscheidend waren aber vor allem die politischen Rahmenbedingungen, unter denen die Autonomiebehörde entstand.

Die beträchtliche internationale finanzielle Unterstützung für den Friedensprozess und den Aufbau staatlicher palästinensischer Strukturen hatte dabei überaus ambivalente Auswirkungen. Auf der einen Seite wurde es der PA, die kaum in der Lage war, sich durch eigene Einnahmen zu finanzieren, dadurch ermöglicht, überhaupt zu überleben und einen Regierungs-, Verwaltungs- und Sicherheitsapparat zu errichten.[56] Auf der anderen Seite führten die Finanzspritzen jedoch zu einer relativen finanziellen Autonomie von der eigenen gesellschaftlichen Basis, die es der PA erlaubte, die externen Einnahmen im Inneren überwiegend nach machtpolitischen Gesichtspunkten zu verteilen. Dadurch wurde ein politisches System begünstigt, das sich nicht über demokratische Mechanismen, sondern in erster Linie über Klientelbeziehungen legitimierte.[57]

Zugleich verhinderte die fortwährende Außenfinanzierung autonome Politikentscheidungen in Bezug auf den Friedensprozess, unterlag die Autonomiebehörde in dieser Hinsicht doch einer klaren Konditionierung durch die Geberstaaten. Die Herausbildung des palästinensischen Regierungssystems fand zwar vor dem Hintergrund des globalen Siegeszuges des westlichen Diskurses von Demokratie, Marktwirtschaft und Menschenrechten statt.[58] Allerdings ordneten die wichtigsten externen Akteure – Israel, die USA und die EU – das Ziel eines im Inneren demokratischen, rechtsstaatlichen palästinensischen Gemeinwesens eindeutig dem Ziel der Erfüllung des israelischen Sicherheitsbedürfnisses und der Fortführung des Friedensprozesses unter. Eine effektive und schonungslose Terrorismusbekämpfung war ihnen wichtiger als Demokratie, Gewaltenteilung, die Wahrung der Menschenrechte und eine aktive Zivilgesellschaft in den palästinensischen Gebieten.[59] Gleichzeitig suchte die Gebergemeinschaft durch die Ausrichtung ihrer Unterstützung auch auf die palästinensische Zivilgesellschaft einzuwirken. Dies hatte eine Dienstleistungsorientierung, Entpolitisierung und Professionalisierung palästinensischer NGOs zur Folge; ehrenamtliches Engagement und Graswurzelorganisationen wurden hingegen verdrängt.[60] Damit hing die Legitimität der PA nach außen von der Fortführung des Oslo-Prozesses ab – und sei es gegen den Willen der eigenen Bevölkerung. Eine demokratische Entscheidungsfindung hätte die Fortführung des Prozesses kaum erlaubt.

Abnehmende Unterstützung in der Bevölkerung

Die Missachtung des PLC und der Zivilgesellschaft durch Arafat und seine Entourage, die in den Kontroversen um die Verfassung und das NGO-Gesetz zutage trat, führte zu großem Unmut in den Reihen der Abgeordneten und bei denjenigen in der palästinensischen Gesellschaft, die sich teils schon seit Langem politisch und gesellschaftlich engagiert hatten. Doch auch in der breiten Bevölkerung verstärkte sich im Laufe der

Übergangsperiode zunehmend die Wahrnehmung, öffentliche Ämter würden nicht in erster Linie zum Gemeinwohl ausgeübt, sondern dienten der privaten Bereicherung und Vorteilsnahme der neuen Elite. Es entstand der Eindruck, die Bürokratie habe vor allem die Funktion, Arbeitsplätze für Loyalisten zu schaffen und (potenzielle) Gegner zu kooptieren.

Die Tatsache, dass die PLO-Exilführung die Macht übernahm, ihre Herrschaft konsolidierte und einen von ihr dominierten Verwaltungsapparat aufbaute, führte zu zusätzlichen Spannungen, brachte sie doch nicht nur die Zentralisierung der Entscheidungsfindung, sondern auch die Marginalisierung der bisherigen lokalen politischen Elite mit sich. Die Spannungen wurden durch die unterschiedliche Sozialisation – im Exil und unter der Besatzungsherrschaft – und die daraus resultierenden voneinander abweichenden Vorstellungen noch verstärkt. Gesellschaftliche, politische und politökonomische Konfliktlinien machten sich zwischen den lokalen Führungspersonen des Widerstands und den Rückkehrern der Exilbewegung, zwischen Bürgern und Flüchtlingen, zwischen Gazastreifen und Westjordanland und zwischen den in den palästinensischen Gebieten Ansässigen und der Diaspora bemerkbar. Für viele Rückkehrerinnen und Rückkehrer zeigte sich zudem, dass die tatsächliche Heimat mit der erträumten nur bedingt übereinstimmte.[61]

Die Legitimität der PA-Institutionen litt aber auch darunter, dass es nach den ersten Truppenabzügen kaum zu weiteren spürbaren Fortschritten bei der Verwirklichung des palästinensischen Selbstbestimmungsrechtes kam. Denn letztlich hatte der palästinensische Staat am Ende der Interimsperiode nach wie vor weitgehend «virtuelle» Qualität, wie selbst Präsident Arafat in einer Rede zum ursprünglich vorgesehenen

Ende der Übergangsperiode am 4. Mai 1999 betonte.[62] Die PA hatte die alleinige Kompetenz für Selbstverwaltung, innere Ordnung und Sicherheit nur in den A-Gebieten, die rund 60 Prozent des Gazastreifens und 10 Prozent des Westjordanlands umfassten;[63] für Ost-Jerusalem hatte sie überhaupt keine Zuständigkeit. Zudem bildeten die Gebiete unter ihrer Kontrolle kein zusammenhängendes Territorium, sondern nach wie vor eine Ansammlung einzelner Enklaven. Verbindungsstraßen zwischen Gazastreifen und dem Westjordanland waren zwar ausgeschildert worden, aber unter israelischer Kontrolle verblieben. Darüber hinaus überwachte Israel mittels eines Genehmigungssystems den Zugang von Palästinensern nach Ost-Jerusalem sowie durch ein System sogenannter interner Abriegelungen die Bewegungsfreiheit zwischen den verschiedenen palästinensischen Gebieten mit unterschiedlichem Status. Folglich blieb die Besatzungsmacht für die palästinensische Bevölkerung allgegenwärtig, auch wenn sie sich aus den Stadtzentren zurückgezogen hatte. Mit der wiederholten Verschiebung der Staatsausrufung und der Verlängerung der Interimsperiode sowie mit der Fortführung der israelisch-palästinensischen Sicherheitszusammenarbeit – selbst angesichts israelischer Repressionsmaßnahmen und der Blockade des Friedensprozesses – erschien die PA in den Augen der Bevölkerung immer stärker als Handlangerin der Besatzungsherrschaft statt als Befreierin von derselben.[64]

SECHSTES KAPITEL

Die Zweite Intifada

Die Zweite Intifada, ausgelöst durch den provokanten Besuch des damaligen israelischen Oppositionsführers Ariel Scharon (Likud) auf dem Tempelberg/Haram al-Scharif am 28. September 2000, unterschied sich grundlegend vom ersten Aufstand. War das Bild der Ersten Intifada im Wesentlichen durch zivilen Ungehorsam und Steine werfende Jugendliche geprägt, dominierten die Zweite Intifada schnell bewaffnete Gruppierungen. Selbstmordattentate und Anschläge auf die Zivilbevölkerung im Kernland Israels wurden zu ihrem Kennzeichen. Dies führte dazu, dass die Palästinenser in der israelischen Bevölkerung sowie in der internationalen Gemeinschaft deutlich an Sympathie und Unterstützung einbüßten. Die zunächst von Premierminister Barak nach Camp David verbreitete Unterstellung, man habe auf der palästinensischen Seite keinen Partner für Frieden, wurde nun auch von weiten Teilen der israelischen Linken und der Friedensbewegung übernommen.

Dies erlaubte es dem israelischen Premierminister Ariel Scharon, auf einseitige Schritte statt auf gemeinsames Konfliktmanagement oder Verhandlungen zu setzen. Zwei Maßnahmen sollten dabei für die weitere Entwicklung besondere Bedeutung haben: Ab 2002 errichtete Israel Sperranlagen, die allerdings meist nicht entlang der Grünen Linie, sondern teilweise bis zu mehrere Kilometer innerhalb des Westjordanlandes verlaufen und damit de facto rund acht Prozent der Fläche dieses Gebietes abtrennen. Im Sommer 2005 räumte Israel alle Siedlungen und militärischen Anlagen im Gazastreifen. Damit wurde zwar nicht die Besatzung des Küstengebiets beendet, aber die Basis für seine dauerhafte Abriegelung und damit die Trennung von Westjordanland und Gazastreifen gelegt. Noch dazu stärkte der Abzug im Gazastreifen die militanten Kräfte, die ihn als Erfolg ihres Widerstands darstellen konnten.

Mit der Zweiten Intifada, dem Tod Arafats (November 2004) und dem israelischen Abzug aus dem Gazastreifen änderte sich auch das innerpalästinensische Kräftegleichgewicht. Bei den Wahlen im Januar 2006 erzielte die Hamas einen Erdrutschsieg. Allerdings waren die Wahlverlierer der Fatah nicht bereit, die Hamas auch regieren zu lassen. Gewaltsame Auseinandersetzungen zwischen der Fatah, die ihre Wahlniederlage nicht eingestehen wollte, und den Milizen der Hamas führten die palästinensischen Gebiete 2007 an den Rand eines Bürgerkriegs. Auch das kurzlebige Experiment einer Regierung der nationalen Einheit (Mitte März–Mitte Juni 2007) scheiterte. Mitte Juni 2007 errang die Hamas nach blutigen Auseinandersetzungen die Oberhand im Gazastreifen.

Seither sind die palästinensischen Gebiete nicht nur geographisch, sondern auch politisch gespalten. Im Westjordanland und im Gazastreifen bildeten sich zwei parallele Verwaltungen, Justizsysteme und Sicherheitsapparate heraus. Die demokratischen Institutionen wurden weitgehend außer Kraft gesetzt, die Unabhängigkeit der Justiz unterminiert. Die Regierungsführung nahm in beiden Gebieten immer autoritärere Züge an. Bislang scheiterten alle Bemühungen um eine Aussöhnung und Überwindung der Spaltung, und dies, obwohl in der Hamas zunehmend eine realpolitische Strömung die Oberhand gewann und sich immer wieder arabische Regierungen einschalteten, um die verfeindeten Parteien zusammenzubringen. Einen nicht unerheblichen Anteil daran hatten die USA, die EU und Israel, die die Hamas als terroristische Gruppierung betrachteten und sie isolierten.

1. Der bewaffnete Widerstand

Im Herbst 2000 brach das in Oslo vereinbarte Konfliktmanagement – konkret: die Sicherheitskooperation zwischen Israel und der PA – zusammen; schnell eskalierte der Konflikt zu gewaltsamen Auseinandersetzungen von ungekannter Schärfe. Auslöser war der demonstrative, von einem massiven Sicherheitsaufgebot begleitete Besuch Scharons auf dem Jerusalemer Tempelberg/Haram al-Scharif. Der damalige israelische Oppositionsführer betonte, dass der Tempelberg «in unseren Händen ist und in unseren Händen bleiben wird».[1] Palästinensische Proteste gegen den Besuch wurden von israelischen Sicherheitskräften blutig niedergeschlagen: Mindestens fünf Palästinenser kamen allein am nächsten Tag ums Leben, rund 160 Menschen wurden verletzt, darunter auch zwölf israelische Sicherheitskräfte.[2] In der Folge kam es zu Massenprotesten, die sich schnell von Jerusalem auf die gesamten palästinensischen Gebiete und auf die palästinensischen Bevölkerungszentren in Israel ausweiteten.[3]

Damit wurden auch die palästinensischen Bürgerinnen und Bürger Israels, die ihren Kampf um Gleichberechtigung ganz überwiegend friedlich und im Rahmen des politischen Systems verfolgten, Teil der Auseinandersetzungen. Polizeigewalt führte bereits im Oktober 2000 dazu, dass zwölf palästinensische Israelis bei Protesten zu Tode kamen. Viele solidarisierten sich in der Folge mit dem Aufstand in den besetzten Gebieten und wurden von der Mehrheitsgesellschaft zunehmend als fünfte Kolonne angesehen.[4]

Ursächlich für die Zweite Intifada – in der palästinensischen Geschichtsschreibung wegen ihres Auslösers in der Regel als Al-Aqsa-Intifada bezeichnet – war die in der palästinensischen Bevölkerung angestaute Frustration über den Oslo-Prozess, der weder ein Ende der Besatzung noch eine greifbare ökonomische Friedensdividende gebracht hatte.[5] Arafat hatte die Erwartungen seiner Landsleute noch erhöht, als er für das Jahr 2000 den Slogan «Jahr des palästinensischen Staates» ausgegeben hatte. Nach den gescheiterten Verhandlungen in Camp David war die Desillusionierung umso größer; für viele waren sie der Beleg dafür, dass Israel zu einem gerechten Frieden nicht bereit war und einen lebensfähigen palästinensischen Staat nie zulassen würde.[6] Ein beträchtlicher Teil der Unzufriedenheit richtete sich aber auch gegen die eigene Führung, die als Handlangerin Israels gesehen und der Selbstbereicherung, Korruption, Vetternwirtschaft und Repression beschuldigt wurde.

Eskalationsspirale

Am 30. September 2000 wurde im Gazastreifen der zwölfjährige Mohammed al-Durra von israelischen Soldaten erschossen und zur ersten Ikone der Zweiten Intifada. Sein Vater hatte vergeblich versucht, ihn zu schützen. Das Video, das seinen Tod zeigt, übermittelt das Gefühl der palästinensischen Bevölkerung, einer übermächtigen und barbarischen Armee ausgeliefert zu sein.[7] Innerhalb weniger Wochen entwickelte sich vor diesem Hintergrund aus zunächst relativ friedlichen Massenprotesten ein bewaffneter Kampf militanter palästinensischer Gruppierungen. Ihre Anschläge richteten sich nicht nur gegen militärische Einrichtungen und Siedlungen in den besetzten Gebieten, sondern auch gegen die Zivilbevölkerung in Israel. Heckenschützenangriffe auf Militär und Siedlerbevölkerung, Sprengsätze gegen Einrichtungen der Besatzung sowie Selbstmordattentate waren bald an der Tagesordnung.

Arafat ergriff die Flucht nach vorne und stellte sich an die Spitze des Aufstands, um neue Legitimität im Befreiungskampf zu erlangen.[8] Getragen wurde die Bewegung allerdings im Wesentlichen durch lokale Fatah-Kader wie Marwan Barghuthi (siehe S. 171 f.), Fatah-Generalsekretär im Westjordanland und PLC-Abgeordneter, der die Milizen der Tanzim (arab. für Organisation) anführte,[9] sowie die bald darauf gegründeten Al-Aqsa-Märtyrer-Brigaden. Auch die Sicherheitskräfte der PA waren an Angriffen beteiligt. Zwischen den Fatah-assoziierten Gruppierungen und denen der Hamas, des Islamischen Dschihad, der PFLP und der DFLP kam es zunehmend zu einer Art Wettstreit, wer die spektakulärsten Attentate verübte. Was hingegen völlig fehlte, war eine strategische Linie und eine klare Darstellung, was das Ziel des Aufstands sei. Auf jeden Fall war die Botschaft, die bei den Israelis ankam, dass sie auch in den Grenzen von 1967 nicht sicher waren. Denn es wurden insgesamt mehr Israelis in Israel als in den palästinensischen Gebieten und mehr als doppelt so viele israelische Zivilisten wie Sicherheitskräfte getötet.[10]

Israel reagierte von Anfang an mit massiver Gewaltanwendung, etwa dem Einsatz von scharfer Munition gegen Demonstrierende und der Bombardierung von Wohngebieten wie beispielsweise der nahezu vollständigen Zerstörung des Flüchtlingslagers Dschenin, aus dem der prominente Anführer der

Ein palästinensischer Junge wirft einen Stein auf einen Panzer der israelischen Armee. Die Szene, aufgenommen zu Beginn der Zweiten Intifada im Oktober 2000 im Gazastreifen, wurde berühmt, denn sie illustrierte die Machtverhältnisse, wie sie die palästinensische Bevölkerung wahrnahm: Der palästinensische David mit Stein oder Schleuder stand dem israelischen Goliath gegenüber, der bis an die Zähne bewaffnet war.

Al-Aqsa-Märtyrer-Brigaden Zakaria Swaid stammte. Zudem wandte Israel das Prinzip der Kollektivstrafen an; zum Beispiel riegelte es A-, B- und C-Gebiete vollständig ab, verhängte teils monatelange Ausgangssperren, etwa in Hebron, und verwüstete – vor allem im Gazastreifen – landwirtschaftliche Flächen. Schrittweise (ab August 2001) wurden die A-Gebiete wieder besetzt, Einrichtungen der PA, unter anderem Polizeiwachen, der nur wenige Jahre zuvor eingeweihte Flughafen in Gaza sowie Rundfunk- und Fernsehstationen, zerstört und gezielt Anführer des Aufstands getötet.[11]

Zunehmend, wenn auch ohne Erfolg, konzentrierte sich Israel darauf, Arafat unter Druck zu setzen, um ihn zur Aufgabe zu zwingen: Im Dezember 2001 erklärte die Regierung, Arafat sei nicht mehr von Bedeutung und werde nicht länger als Ansprechpartner gesehen. Nachdem die israelische Armee seine Hubschrauber zerstört hatte, fuhren im Januar 2002 zum ersten Mal Panzer vor seinem Amtssitz auf und setzten ihn praktisch unter Hausarrest. Im März 2002 erklärte das israelische Kabinett ihn zum Feind, im April 2002 bot Scharon ihm an, ins Exil zu gehen, und im September 2002 zerstörte die Armee bis auf wenige Räume Arafats Hauptquartier. Ein Jahr später wurde seine Ausweisung beschlossen, der Beschluss im Folgenden jedoch nicht umgesetzt. Scharons späterer Nachfolger Ehud Olmert erwog zu diesem Zeitpunkt öffentlich einen Anschlag, um den Präsidenten der PA aus dem Weg zu räumen.[12] Am 11. November 2004 starb Arafat, die Todesumstände sind bis heute nicht eindeutig geklärt.

Insgesamt war die Zweite Intifada deutlich gewaltsamer als die Erste Intifada und es gab auch deutlich mehr Opfer zu beklagen. Bis Anfang Februar 2005, als Arafats Nachfolger Mahmud Abbas sich mit Ariel Scharon im ägyptischen Scharm El-Scheich auf einen Waffenstillstand einigte, der gemeinhin als Ende des Aufstands gilt, kamen nach Angaben der israelischen Menschenrechtsorganisation B'Tselem rund 950 Israelis und über 3200 Palästinenser ums Leben – auf beiden Seiten ganz überwiegend Zivilisten.[13]

Porträt 8: Marwan Barghuthi

Der seit 2002 in Israel inhaftierte Marwan Hasib Barghuthi ist für viele Palästinenser ein Held der Zweiten Intifada und gilt als Integrationsfigur, die die Spaltung zwischen Fatah und Hamas überwinden könnte.[14] 1959 in Kobar bei Ramallah im Westjordanland geboren, wuchs Barghuthi in bescheidenen Verhältnissen auf und trat bereits im Alter von 15 Jahren in die Fatah ein. Er war Mitbegründer und erster Leiter ihrer Jugendorganisation, der Schabibeh. 1978 wurde er wegen seiner Fatah-Mitgliedschaft verhaftet und verbrachte mehr als vier Jahre in israelischen Gefängnissen, wo er seine Schulbildung abschloss und Hebräisch lernte. An der Birzeit-Universität im Westjordanland begann er 1983 ein Studium, das er 1998 mit einem Master in Internationalen Beziehungen beendete. Da für ihn die politische Arbeit gegen die israelische Besatzung im Mittelpunkt stand, wurde er bereits vor dem Ausbruch der Ersten Intifada erneut verhaftet und nach Jordanien deportiert. Erst nach Abschluss der Oslo-Abkommen konnte er 1994 zurückkehren und wurde Generalsekretär der Fatah im Westjordanland.

Nachdem er 1996 in den Palästinensischen Legislativrat gewählt worden war, kritisierte er, gemeinsam mit anderen Vertretern der «jungen Garde» innerhalb der Fatah, Arafats Regierungsstil sowie Menschenrechtsverletzungen und forderte umfassende Reformen.[15] Zudem setzte er sich für eine Zweistaatenregelung ein und pflegte enge Kontakte zu israelischen Politikern, insbesondere des Friedenslagers. Gleichzeitig verlor er jedoch zunehmend die Hoffnung, dass die Besatzung durch den Friedensprozess beendet werden könnte. Nach Ausbruch der Zweiten Intifada wurde unter seiner Führung der Tanzim schnell zu einer bestimmenden Kraft des bewaffneten Aufstandes. Barghuthi lehnte zwar Angriffe auf Zivilisten ab, befürwortete aber den Einsatz von Gewalt, um ein Ende des Besatzungsregimes zu erreichen. Am Ziel einer Zweistaatenlösung hält er bis heute fest.[16] Im August

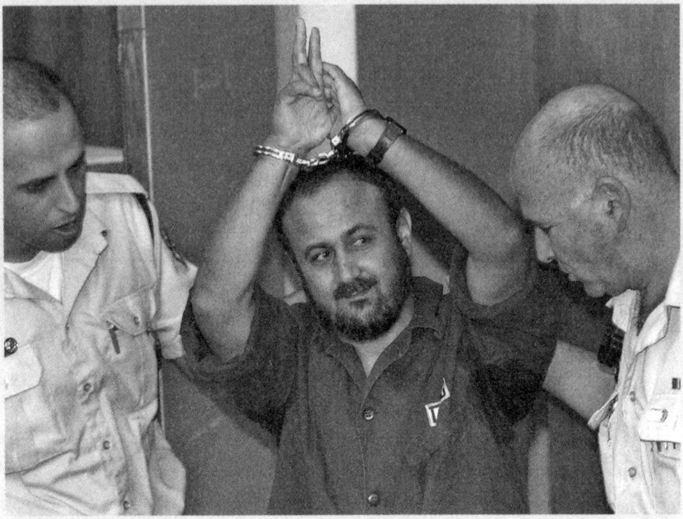

Marwan Barghuthi auf dem Weg zur letzten Sitzung seines Verfahrens vor einem israelischen Militärgericht im Mai 2004, in dem er für mehrere Anschläge gegen Israelis verantwortlich gemacht und zu mehrfach lebenslänglicher Haft verurteilt wurde.

2001 entging er nur knapp einem Tötungsversuch Israels, das ihn für Gewalt und Selbstmordattentate der 2000 aus den Reihen der Fatah gegründeten Al-Aqsa-Märtyrer-Brigaden verantwortlich machte. Im April 2002 wurde er verhaftet und im Juni 2004 zu fünfmal lebenslänglich plus 40 Jahren Haft verurteilt.[17] Auch in Haft ist Barghuthi einflussreich geblieben und hat sich für die Überwindung der innerpalästinensischen Spaltung eingesetzt.[18] Zeitweise galt er als wahrscheinlichster Nachfolger von Arafat, verzichtete aber vor den Präsidentschaftswahlen 2005 zugunsten von Mahmud Abbas auf eine Kandidatur. 2006 wurde er auf Platz 1 der Fatah-Liste wieder in den Legislativrat gewählt. Nach wie vor gilt er als aussichtsreiche, integre und einende Führungspersönlichkeit.[19]

Die Arabische Friedensinitiative

Während in den arabischen Staaten die Bevölkerung ihre Solidarität mit dem palästinensischen Aufstand bekundete, waren die Führungen in erster Linie daran interessiert, keine Unruhe in ihren eigenen Ländern aufkommen zu lassen. Daher brach keiner der arabischen Staaten, die einen Friedensvertrag mit Israel geschlossen hatten, die diplomatischen Beziehungen ab, auch wenn zeitweise die Botschafter abgezogen wurden. Vielmehr bemühte sich eine Mehrheit der arabischen Regierungen, konstruktiv zu einer Deeskalation bzw. Konfliktregelung beizutragen. So legten etwa Jordanien und Ägypten im April 2001 eine Initiative vor, die eine weitere Eskalation der Zweiten Intifada mit Hilfe vertrauensbildender Maßnahmen, der Wiederaufnahme der Verhandlungen und eines internationalen Monitorings verhindern sollte.

Im März 2002 einigte sich die Arabische Gipfelkonferenz in Beirut auf einen vom damaligen saudischen Kronprinzen und späteren König Abdallah ibn Abdel Aziz al-Saud lancierten Plan, der als Arabische Friedensinitiative bekannt wurde: Wenn Israel bereit sei, sich auf die Grenzen von 1967 zurückzuziehen, einer gerechten und einvernehmlichen Regelung für das Problem der palästinensischen Flüchtlinge zuzustimmen und einen unabhängigen, souveränen palästinensischen Staat mit der Hauptstadt Ost-Jerusalem zuzulassen, dann würden die arabischen Staaten im Gegenzug «den Konflikt für beendet betrachten» und wären zu «normalen Beziehungen» mit Israel bereit. Ein begrenzter Austausch von Territorium sowie Grenzkorrekturen wurden dabei nicht ausgeschlossen. Ziel war es, die Anreize für eine Konfliktregelung auf Basis der entsprechenden internationalen Resolutionen zu erhöhen: Israel würde nicht nur Frieden mit den Palästinensern, sondern mit allen arabischen Staaten gewinnen. Auch die 57 Mitglieder zählende Organisation für Islamische Zusammenarbeit (früher: Organisation der Islamischen Konferenz) schloss sich der Initiative an und stellte damit Israel einen Friedensschluss mit den mehrheitlich muslimischen Ländern in Aussicht.

Allerdings fiel die Initiative in Israel nicht auf fruchtbaren Boden. Der Anschlag eines palästinensischen Selbstmordattentäters auf eine Familienfeier am Pessach-Abend 2002 in Netanja, bei dem 30 Israelis getötet und über 100 verletzt wurden, überschattete das Friedensangebot, verstärkte in Israel die Furcht vor dem Terrorismus und verdrängte die Initiative sofort aus Medien, Diskurs und Bewusstsein.

2. Unilaterale Politik statt Friedensprozess

Dies ebnete den Weg für Ariel Scharon, der in Israel seit 2001 eine Regierung der nationalen Einheit anführte, auf unilaterale Maßnahmen statt auf Verhandlungen zu setzen. Seither ist dieser Ansatz für israelische Regierungen bestimmend geblieben – auch wenn Israel und die PA nach Beginn des Amtsantritts von Mahmud Abbas im Januar 2005 wieder zu einer begrenzten Kooperation im zivilen und Sicherheitsbereich zurückkehren sollten. Die einzige Ausnahme bildeten die israelisch-palästinensischen Verhandlungen, die 2007/2008 aus dem Annapolis-Prozess hervorgingen (S. 203 ff.), allerdings nicht zum Durchbruch führten.

«Die Apartheidsmauer»

Im Juni 2002 begann die israelische Regierung mit dem Bau eines sogenannten Sicherheitszaunes, der verhindern sollte, dass etwaige Attentäter über die Grüne Linie aus dem Westjordanland nach Israel kamen. Tatsächlich gelang es, die Zahl von Selbstmordattentaten in Israel deutlich zu reduzieren – allerdings nicht allein durch den Bau der Sperranlagen, sondern auch durch die Wiederaufnahme der israelisch-palästinensischen Sicherheitskooperation unter Abbas Anfang 2005.

Problematisch an den bis zu acht Meter hohen und zusätzlich mit Gräben und elektronischen Einrichtungen geschützten Sperranlagen ist, dass sie nicht entlang der Grenzen von 1967, sondern durchweg einige hundert Meter, teilweise sogar bis zu mehrere Kilometer innerhalb des Westjordanlandes verlaufen, so dass rund acht Prozent seiner Fläche (in denen die großen Siedlungsblöcke liegen) de facto abgetrennt werden. Die palästinensische Bezeichnung für die Anlagen ist daher auch «Annexionsmauer». Oft wird sie auch «Apartheidsmauer» genannt, da sie ausschließlich Palästinensern die Bewegungsfreiheit verwehrt, während die Siedlerbevölkerung ungehindert passieren kann.[20]

Einem Rechtsgutachten des Internationalen Gerichtshofs (IGH) in Den Haag vom Juli 2004 zufolge verstößt der Verlauf der Sperranlagen auf palästinensischem Territorium gegen internationales Recht, nicht zuletzt da die Abtrennung von Gebieten eine De-facto-Annexion darstellen könnte.[21] Einige palästinensische Ortschaften östlich der Grünen Linie, aber westlich der Sperranlagen bleiben gänzlich isoliert zurück. Andere Städte, wie Qalqilja im nördlichen Westjordanland,

Das eingemauerte palästinensische Viertel Schuafat in Ost-Jerusalem. Die israelischen Sperranlagen im Westjordanland sind über 700 Kilometer lang. Mauern und Zäune riegeln das israelische Kernland, Ost-Jerusalem und einen Teil der Siedlungen ab, um Infiltration zu verhindern. Dadurch werden rund acht Prozent der Fläche des Westjordanlands de facto annektiert. Palästinensische Ortschaften werden von ihrer Umgebung isoliert, Bäuerinnen und Bauern von ihrem Land abgeschnitten, manche Städte wie Qalqilja sind fast vollständig von Absperrungen umgeben.

sind nahezu vollständig von Mauern und Zäunen umschlossen oder, wie Bethlehem, durch die Anlagen geteilt. Ost-Jerusalem wurde durch die Mauer nun auch baulich von seinem Hinterland abgetrennt; teils verläuft diese mitten durch die palästinensischen Viertel. 2021 waren die Sperranlagen zu einem großen Teil fertiggestellt, es fehlten lediglich einzelne Teile, die die großen Siedlungsblöcke (Ariel, Gush Etzion und Maale Adumim) abtrennen sollen. Verzichtet wurde bislang auch auf die vorgesehene Vervollständigung der Sperranlagen im Osten des Westjordanlandes, die große Teile des Jordantals abgetrennt hätten.

Durch die Sperranlagen wurde eine neue geopolitische Realität geschaffen. Allerdings nehmen sie keine Grenzziehung entlang der Grünen Linie vorweg, sondern führen zu einer (zumindest teilweisen) Trennung zwischen jüdischen Siedlern und palästinensischer Bevölkerung in den palästinensischen Gebieten. Sie zerstückeln damit diese Gebiete weiter und schränken die Bewegungsfreiheit der palästinensischen Bevölkerung noch stärker ein.

Internationale und lokale Friedensbemühungen

Ende 2003 kündigte der israelische Premierminister Scharon mit seinem «Abkoppelungsplan» weitere unilaterale Maßnahmen an, um sich des internationalen Drängens auf eine Eindämmung der Gewalt durch den Wiedereinstieg in einen Friedensprozess zu entledigen. Dieses hatte deutlich zugenommen, weil die Auseinandersetzungen der Intifada nicht eingehegt werden konnten.

Im April 2003 hatte das sogenannte Nahostquartett (USA, EU, Russland und Vereinte Nationen) eine «Roadmap» vorgelegt, die die Konfliktparteien auf parallele Schritte verpflichtete und so über vertrauensbildende Maßnahmen zu einer Eindämmung der Gewalt, einer Rückkehr an den Verhandlungstisch und letztlich einer Friedenslösung führen sollte.[22] Veröffentlicht wurde der Plan erst, nachdem die PA von der internationalen Gemeinschaft geforderte Reformen durchgeführt hatte, die vor allem darauf abzielten, Arafat zu entmachten. Dazu wurde im April 2003 zusätzlich zum Amt des Präsidenten dasjenige eines Premierministers eingeführt und damit ein

Westjordanland 2018
Sperranlagen, fertiggestellt
Sperranlagen, im Bau oder genehmigt
«Grüne Linie»
Stadtgebiet von Jerusalem
A-, B-Gebiete – Palästinensische Selbstverwaltung und Verantwortung für innere Ordnung; ca. 40 % des Westjordanlandes
C-Gebiete – eingeschränkte palästinensische Selbstverwaltung, israelische Verantwortung für innere Ordnung, Raumplanung und Sicherheit; ca. 60 % des Westjordanlandes
durch Sperranlagen abgetrenntes Gebiet
Größere israel. Siedlung
Dschenin
Tubas
Tulkarm
Nablus
Qalqiliya
Salfit
WESTJORDANLAND
JORDANIEN
Ramallah
Jericho
Jordan
Jerusalem
Bethlehem
ISRAEL
Hebron
Totes Meer
0 5 10 15 km

semi-präsidentielles Regierungssystem geschaffen. Das Premierministeramt wurde mit Mahmud Abbas besetzt, der die Regierungsgeschäfte führen sollte. Arafats langjähriger Weggefährte galt zwar nicht als Reformer, lehnte aber Gewalt kategorisch ab und war bereit, zu Verhandlungen mit Israel zurückzukehren. In diesem Sinne wurde auch das palästinensische Grundgesetz, das 2002 endlich von Arafat ausgefertigt worden war, einmal mehr geändert.[23] Bemerkenswert an der Roadmap war, dass der ausdifferenzierte Zeitplan explizit zu einem palästinensischen Staat neben Israel führen und damit die von US-Präsident George W. Bush formulierte Vision zweier friedlich nebeneinander existierender Staaten umsetzen sollte.[24] Allerdings wurde die Roadmap von Israel nur mit Vorbehalten angenommen und letztlich von beiden Seiten nur ansatzweise umgesetzt. Ein internationaler Aufsichtsmechanismus war zwar vorgesehen, wurde aber nicht eingerichtet. Letztlich blieben damit die Bemühungen des Quartetts erfolglos.

Gleichzeitig stand der israelische Premier Scharon innenpolitisch unter Druck. Dazu gehörte Kritik aus den Reihen des israelischen Sicherheitsestablishments, die sich immer lauter artikulierte. Zudem wurde im Dezember 2003 unter anderem von Jossi Beilin (Arbeitspartei), der als damaliger stellvertretender Außenminister Israels in die Oslo-Verhandlungen involviert war, und Jassir Abed Rabbo, dem PA-Kulturminister und ehemaligen Vorsitzenden der FIDA (einer Abspaltung der DFLP), die sogenannte Genfer Initiative lanciert. Sie stellte eine Blaupause für ein israelisch-palästinensisches Friedensabkommen vor, die Expertinnen und Experten sowie Politikerinnen und Politiker beider Konfliktparteien inoffiziell in Genf erarbeitet hatten und die insbesondere in Europa enthusiastisch begrüßt wurde. Der Plan sah Kompromisse für nahezu alle Detailfragen des Verhältnisses vor – Kompromisse, die für beide Bevölkerungen deutlich zu weit gingen und daher letztlich keine Unterstützung fanden.[25] Schon 2002 hatten der palästinensische Intellektuelle Sari Nusseibeh und der frühere Chef des israelischen Inlandsgeheimdienstes Ami Ayalon eine weitere Initiative mit Umrissen für eine entsprechende Regelung präsentiert.

Einseitiger Abzug

Scharon gelang es, diese Initiativen rasch aus der Debatte zu verdrängen und mit seinem Plan eines einseitigen Abzugs aus dem Gazastreifen die Agenda zu bestimmen.[26] Umgesetzt wurde dieser allerdings erst nach dem Ende der Zweiten Intifada. Statt auf Fortschritte im Friedensprozess zu setzen, ließ Scharon im Sommer 2005 einseitig alle Siedlungen und militärischen Anlagen im Gazastreifen sowie – auf Druck der internationalen Gemeinschaft – vier Siedlungen im nördlichen Westjordanland räumen. Auf diese Weise brachte es der israelische Premier fertig, sich – zumindest in der israelischen Sicht – der Verantwortung für den Gazastreifen zu entledigen, die Ausgaben für die Sicherung der Siedlungen zu senken und die Besatzung im Westjordanland zu festigen, das für Israel sowohl ideologisch-religiös als auch in Bezug auf die Ressourcen bedeutsamer als der Gazastreifen ist. Damit legte er auch den Grundstein für eine dauerhafte Trennung von Westjordanland und Gazastreifen. Die Siedlungen, die Israel im Westjordanland räumte, blieben als militärische Sperrzone unter israelischer Kontrolle. Und ein guter Teil der Siedlerbevölkerung aus dem Gazastreifen wurde nicht im Kernland Israel, sondern in Siedlungen des Westjordanlandes ansässig gemacht.[27]

Das Besatzungsregime endete damit im Gazastreifen freilich nicht. Denn Israel behielt sich die Kontrolle über die Landgrenzen, die maritimen Grenzen, die Küstengewässer sowie den Luftraum und die elektromagnetische Sphäre vor.[28] Im November 2005 handelte der Quartett-Beauftragte James Wolfensohn mit den Konfliktparteien ein Abkommen über Bewegungsfreiheit und Zugang (Agreement on Movement and Access) aus. Dieses sollte den zukünftigen Handel mit dem Gazastreifen sowie die Mobilität der palästinensischen Bevölkerung zwischen Westjordanland und Gazastreifen gewährleisten. Zudem sollte – wie schon in den Oslo-Abkommen vorgesehen – ein Hafen in Gaza gebaut werden, um das Gebiet, das seit 1991 Bewegungseinschränkungen unterworfen und seit 1995 eingezäunt war, direkt mit der Außenwelt zu verbinden. Der Personenverkehr am Grenzübergang Rafah zwischen Gazastreifen und ägyptischer Sinai-Halbinsel sollte von der PA und Ägypten kontrolliert werden. Überdies war eine israelische Überwachung der dortigen Grenzkontrollen per Videoübertragung vorgesehen sowie eine zusätzliche Aufsicht durch internationale Beobachter vor Ort. Dazu entsandte die Europäische Union die Grenzmission European Border Assistance Mission in Rafah (EUBAM Rafah).[29]

Auswirkungen

Der einseitige Abzug Israels stärkte im Gazastreifen eher die militanten Kräfte. Denn es gelang der Hamas, diesen als Erfolg ihres «Widerstandes» darzustellen, während Präsident Abbas, der auf Verhandlungen und friedlichen Ausgleich setzte, nichts dergleichen vorzuweisen hatte. Im Juni/Juli 2006 führte die israelische Armee eine große Bodenoffensive im Gazastreifen durch, um einerseits den von Hamas-Kräften entführten Soldaten Gilad Schalit zu befreien – allerdings ohne Erfolg – und um andererseits gegen die militärische Infrastruktur bewaffneter Gruppierungen vorzugehen. Damit kam auch der geregelte Grenzverkehr schnell zum Erliegen, verschärfte Israel doch in Reaktion auf die Entführung die Abriegelung des Gazastreifens und setzte nach der Machtübernahme der Hamas im Juni 2007 auch die EU unter Druck, ihre Mission abzuziehen.[30] Diese Abriegelung hält bis heute an und wird auch von ägyptischer Seite umgesetzt. Der Hafen in Gaza wurde nicht gebaut.[31]

Gleichzeitig reagierte Israel im Sommer 2006 im Libanon zunächst mit Luft-, später mit Bodenoperationen auf die Entführung weiterer Soldaten durch die Hisbollah, die mit diesem Vorgehen von Israel Gefangene freipressen wollte. Erst einen Monat später konnten diese Auseinandersetzungen – der sechste israelisch-arabische Krieg – mit der Waffenstillstandsresolution 1701 des UN-Sicherheitsrates beendet werden. Zwar fügte Israel der Hisbollah empfindliche Verluste zu, dieser gelang es jedoch, den Raketenbeschuss auf israelische Städte sogar noch zu verstärken. Damit ging in den Augen vieler Menschen in der Region die Hisbollah als Siegerin aus der Konfrontation hervor. Auf jeden Fall wurde die Abschreckungskraft Israels nach dem «göttlichen Sieg» der Hisbollah, wie ihn ihr Generalsekretär Hassan Nasrallah glorifizierte, empfindlich geschwächt. In Israel verfestigte sich allerdings eine bis heute wirkkräftige Sichtweise, die den Vertretern einer Groß-Israel-Ideologie in die Hände spielt, dass nämlich der Verzicht auf Territorium nicht (wie es die «Land für Frieden»-Formel nahelegt) zu Frieden führe, sondern vielmehr zu Terrorismus ermutige.

In den palästinensischen Gebieten hatte die Zweite Intifada enorme wirtschaftliche und soziale Folgen. Zerstörungen, Abriegelungen und der Verlust von Arbeitsgenehmigungen in Israel und den Siedlungen ließen die palästinensische Wirtschaft in den ersten Jahren des Aufstands dramatisch einbrechen. Während vor der Intifada rund 128000 Palästinenser in Israel und den Siedlungen gearbeitet hatten, stellte Israel Ende 2002 nur rund 32000 Arbeitsgenehmigungen aus; zwischenzeitlich lag die Zahl noch niedriger. Die palästinensischen Exporte und Importe gingen von September 2000 bis Dezember 2002 um etwa ein Drittel zurück. Gleichzeitig sanken die Investitionen von etwa 1,45 Milliarden US-Dollar 1999 auf etwa 150 Millionen US-Dollar 2002, also um rund 90 Prozent. Das reale Bruttosozialprodukt fiel im gleichen Zeitraum um 38 Prozent, die Arbeitslosigkeit stieg auf 37 Prozent der Erwerbstätigen an und das reale Pro-Kopf-Einkommen lag 46 Prozent niedriger. Rund 60 Prozent der Bevölkerung waren von Armut betroffen (zuvor knapp über 20 Prozent), das heißt, dass sich unter Berücksichtigung des Bevölkerungswachstums die Zahl der Armen von 650000 auf 1,9 Millionen verdreifachte.[32]

Die Zweite Intifada führte überdies zu einem weitgehenden Zusammenbruch der öffentlichen Ordnung und Sicherheit und einer zunehmenden Militarisierung der Gesellschaft. Als die PA-Führung im Zuge der weltpolitischen Veränderungen nach dem 11. September 2001 versuchte, sich vom internationalen Terrorismus zu distanzieren, bewaffnete Angriffe auf Israel und Solidaritätskundgebungen für Osama Bin Laden zu unterbinden, Anhänger von säkularen oder islamistischen Oppositionsgruppierungen zu entwaffnen und ihre Führungsfiguren zu verhaften, kam es zu teils massiven bewaffneten Auseinandersetzungen zwischen Sicherheitskräften und bewaffneten

Gruppierungen, zu vermehrten Fällen von Lynchjustiz und zur gewaltsamen Befreiung von Häftlingen aus PA-Gefängnissen.

Nach dem Tod des langjährigen PLO-Vorsitzenden und palästinensischen Präsidenten Arafat im November 2004, der als Ikone des palästinensischen Unabhängigkeitskampfes in allen politischen Strömungen Autorität genossen hatte, verstärkten sich diese Tendenzen noch. Sein langjähriger Weggefährte Mahmud Abbas (Abu Mazen), der für einen friedlichen Ausgleich mit Israel stand und den PLO-Vorsitz übernahm, avancierte zum Präsidentschaftskandidaten der Fatah. Die Wahlen für den PLC sollten erst ein Jahr später stattfinden. Mit über 62 Prozent der Stimmen wurde er am 9. Januar 2005 zum Präsidenten der PA gewählt. Sein Konkurrent, der Arzt Mustafa Barghuthi, der Vorsitzende der säkular-demokratischen, reformorientierten Palästinensischen Nationalen Initiative (arab.: al-Mubadara al-Watanijja al-Filastinijja, in der Regel abgekürzt als Al-Mubadara), konnte immerhin knapp 20 Prozent der Stimmen auf sich vereinigen. Barghuthi war als Gründer und Leiter der Medizinischen Hilfskomitees im Verlauf der Zweiten Intifada durch die Erstversorgung von Verwundeten sowie mobile Kliniken im ganzen Land populär geworden.[33] Durch ein eindeutiges Bekenntnis zum Friedensprozess und zur Ablehnung von Gewalt gelang es Abbas zwar, die Beziehungen zur internationalen Gemeinschaft und zu Israel deutlich zu verbessern, doch verfügte er weder über das Charisma noch über die sozialen Fähigkeiten Arafats. So konnte er schon bald nicht mehr die Mehrheit der Palästinenserinnen und Palästinenser hinter sich versammeln.

3. Die palästinensische Spaltung

Mit der Zweiten Intifada, dem Tod Arafats und dem israelischen Abzug aus dem Gazastreifen änderte sich auch das innerpalästinensische Kräftegleichgewicht. Mitte der 1990er Jahre hatten die von der Fatah dominierten palästinensischen Sicherheitskräfte den Führungsanspruch der aus dem Exil zurückgekehrten PLO-Spitze gegenüber der Hamas mit Gewalt durchgesetzt.[34] Bereits in den frühen Oslo-Jahren war die Hamas dann, wenn auch zunächst sehr zurückhaltend, politisch aktiv geworden. Im Vorfeld der ersten Parlaments- und Präsidentschaftswahlen in den palästinensischen Gebieten 1996 bildete die Organisation den Kern einer Partei (Hizb al-Khalas al-Watani al-Islami, arab. für Partei der Islamischen Nationalen Errettung) und diskutierte intensiv über eine Beteiligung am Urnengang. Da sie den Oslo-Prozess ablehnte, nahm sie letztlich zwar als Partei nicht an den Wahlen teil, rief aber auch nicht zum Wahlboykott auf. Von der Handvoll Hamas-Mitglieder, die als Parteilose bei den Wahlen antraten, wurde Imad al-Faludschi als Minister in die Regierung eingebunden. Zudem beteiligte sich die Hamas erfolgreich an Wahlen in Institutionen wie Handelskammern, Studierendenvertretungen und Berufsverbänden.[35]

Wahlen 2006

Zehn Jahre später, im Jahr 2006, nahm die Hamas dann an den PLC-Wahlen teil, da ihre Führung davon ausging, die gestiegene Popularität in Wählerstimmen und damit Machtbeteiligung umsetzen zu können: Während sie in Umfragen während der frühen Oslo-Jahre auf eine Zustimmungsrate von 10 bis 15 Prozent gekommen war, stieg diese während der Zweiten Intifada auf 25 bis 30 Prozent und erreichte 30 bis 35 Prozent im Vorfeld der Wahlen 2006.[36] Gute Ergebnisse bei den Kommunalwahlen 2004/2005 hatten bereits dafür gesorgt, dass die Hamas in fast allen Städten des Gazastreifens und des Westjordanlands die Bürgermeister stellte bzw. die Stadträte dominierte. Selbst in einigen traditionellen Fatah-Hochburgen hatte die Hamas bei den Lokalwahlen Mehrheiten erzielt.[37]

Im März 2005 hatte Präsident Abbas der Hamas im Rahmen von Gesprächen über eine Waffenruhe mit Israel ein Machtteilungsangebot gemacht.[38] Die Zugeständnisse, die er der Hamas machte, um sie für eine Waffenruhe mit Israel zu gewinnen, waren ein deutliches Zeichen dafür, dass die Regierungspartei Fatah die politische Hegemonie bereits verloren hatte. In der Hamas war zudem mit der Strömung um Ismail Hanijjeh eine neue Führungselite emporgekommen, die für eine politische Beteiligung eintrat. In den Jahren 2002–2004 hatte die Bewegung durch israelische Militäroperationen und gezielte Tötungen einen Großteil ihrer historischen Führung – unter anderem Scheich Ahmed Jassin, Ismail Abu Schanab und Abdelaziz al-Rantisi – sowie viele ihrer Kämpfer verloren. Nicht zuletzt erleichterte der Zusammenbruch des Oslo-Prozesses der Hamas die Teilnahme an Wahlen für die PA-Institutionen, weil sie nun damit argumentieren konnte, dass eine Mitwirkung nicht länger die Anerkennung des Oslo-Rahmens bedeute.

Zu den zweiten palästinensischen PLC-Wahlen am 25. Januar 2006 trat die Hamas mit der Partei «Wandel und Reform» an. Wahlkampf und Wahlprogramm konzentrierten sich auf innenpolitische Reformen, die Bekämpfung von Vetternwirtschaft und Korruption sowie die Wiederherstellung von Ordnung und Sicherheit. Zwar wurde der bewaffnete Kampf gegen Israel befürwortet, aber (im Gegensatz zur Charta der Hamas) nicht zu dessen Vernichtung aufgerufen; eine zentrale Rolle spielte das Thema im Programm ohnehin nicht. Obwohl der Fatah-dominierte PLC im Vorfeld des Urnengangs die Sitzzahl des Parlaments erweitert und das Wahlsystem von einer Verhältniswahl zu einer komplizierten Kombination aus Mehrheits- und Verhältniswahl geändert hatte, um der bisherigen Regierungspartei die Mehrheit zu sichern, erzielte die Hamas – bei weitgehend freien, fairen und kompetitiven Wahlen – einen Erdrutschsieg und zog mit einer absoluten Mehrheit der Sitze (74 von 132) ins Parlament ein. Eine absolute Mehrheit der Stimmen erhielt sie hingegen nicht. Insofern hatten sich das Wahlsystem einerseits und die Uneinigkeit der Fatah andererseits zugunsten der Hamas ausgewirkt. Bei den Mandaten, die auf Distriktebene per Mehrheitswahl vergeben wurden, konnte die Hamas einen überwältigenden Vorsprung vor der Fatah verbuchen (45 vs. 17 Sitze), bei den nationalen Listen jedoch nur einen geringen Vorsprung erzielen (29 vs. 28 Sitze). Die deutliche Überlegenheit der Hamas bei den Distriktlisten war auch eine Folge des Umstands, dass über 70 Fatah-Kandidatinnen und -Kandidaten als Unabhängige angetreten waren und damit der Fatah-Liste Konkurrenz gemacht hatten. Davon unbenommen hatten viele Wählerinnen und Wähler ihre Stimme der Hamas gegeben, um die langjährige Regierungspartei Fatah abzustrafen.

Insgesamt war der gewählte Legislativrat nicht nur deutlich größer als zuvor (132 statt 88 Sitze), sondern zeichnete sich vor allem auch durch mehr Pluralismus aus. Neben Hamas und Fatah waren vier weitere Parteien bzw. Listenverbindungen sowie unabhängige Abgeordnete vertreten,[39] und damit alle relevanten politischen und gesellschaftlichen Kräfte mit Ausnahme des Islamischen Dschihad. Als ein großer Erfolg der palästinensischen Frauenbewegung war die Quotierung bei den Listen zu sehen. Frauen waren mit 18 Sitzen (davon 8 Fatah, 6 Hamas) deutlich stärker repräsentiert als in der vorausgegangenen Legislaturperiode (5 Sitze).

Blockierte Regierung und bürgerkriegsähnliche Zustände[40]

Die Hamas-Führung, von ihrem überwältigenden Wahlsieg anscheinend selbst überrascht, strebte zunächst eine Regierung der nationalen Einheit an – das Äquivalent zu einer Großen Koalition in Deutschland. Nach Weigerung der Fatah, sich daran zu beteiligen, bildete die Hamas schließlich im März 2006 eine Regierung aus Hamas-Ministern und parteilosen Experten. Da diese allerdings im Folgenden vom Fatah-dominierten Verwaltungs- und Sicherheitsapparat sabotiert wurde, konnte sie nicht effektiv regieren.

Gleichzeitig wurde der Hanijjeh-Regierung durch die israelische und westliche Isolationspolitik die finanzielle Basis entzogen. Nachdem sich die Hamas schon seit 1997 auf der US-Liste der terroristischen Gruppierungen befunden hatte, hatte 2001 auf israelisches Drängen auch die EU zunächst den militärischen Arm, 2003 dann auch den politischen Flügel der Hamas auf ihre Terrorliste gesetzt. Das Nahostquartett (USA, EU, Russische Föderation und UN) hatte direkt nach dem Wahlsieg der Hamas auf Betreiben der USA drei Bedingungen – die sogenannten Quartett-Kriterien – für eine Fortsetzung der Kooperation mit der PA formuliert: Anerkennung des Existenzrechts des Staates Israel, Anerkennung der bisherigen Abkommen zwischen Israel und der PLO sowie ein genereller Verzicht auf Gewalt.[41] Zu diesem Zeitpunkt hatte sich die Hamas-Führung zwar der Akzeptanz einer Zweistaatenregelung angenähert, zu einer Anerkennung der Legitimität des Staates Israel oder einem pauschalen Verzicht auf bewaffneten Widerstand gegen die Besatzung war sie aber nicht bereit. In der Folge lehnten die USA und die EU einen Dialog oder gar eine Kooperation mit der Hanijjeh-Regierung ab. Die europäischen Staaten und die EU stellten ihre Budgethilfe für die PA ein, die USA verhängten Finanzsanktionen und Israel hielt die Transfers von Mehrwertsteuer- und Zolleinnahmen zurück.

Letztlich gelang es dem Hamas-geführten Kabinett nicht, effektiv zu regieren und die Sicherheitslage zu stabilisieren, und es kam zu bürgerkriegsähnlichen Auseinandersetzungen zwischen Fatah und Hamas. Im Februar 2007 vermittelte Saudi-Arabien zwischen den palästinensischen Kontrahenten zwar das sogenannte Mekka-Abkommen, in dem man sich auf eine Machtteilung und die Bildung einer Regierung der nationalen Einheit einigte. Diese Einheitsregierung unter Premier Hanijjeh, in der neben Hamas und Fatah auch Parteilose und andere Parteien (PPP, Der Dritte Weg, Al-Mubadara, DFLP) vertreten waren, nahm Mitte März 2007 die Amtsgeschäfte auf. Dennoch verschärften sich die innerpalästinensischen Auseinandersetzungen weiter und es kam zu zahlreichen gewaltsamen Zusammenstößen zwischen Teilen des von der Fatah dominierten Sicherheitsapparates und Fatah-Milizen auf der einen und Hamas-Milizen auf der anderen Seite.

Gewaltsame Machtübernahme im Gazastreifen

Vor dem Hintergrund der Isolationspolitik Israels und des Westens gegenüber der Hamas-geführten Regierung schien eine gewaltsame Wiedereroberung der Macht durch die Fatah nicht völlig unrealistisch. Im Frühjahr 2007 begannen die USA zudem, diese direkt mit Geld, Training und militärischer Ausrüstung zu versorgen. Damit nahmen sie, von den europäischen Regierungen teils explizit unterstützt, teils ohne Widerspruch hingenommen, die gewalttätige Konfrontation zwischen den palästinensischen Gruppierungen nicht nur in Kauf, sondern sie förderten sie sogar mit dem Ziel, die Hamas letztlich aus der Regierung hinauszudrängen. Die Hamas wiederum sah sich durch die Aufrüstung der Fatah und den Aufbau zusätzlicher Fatah-Milizen zunehmend unter Druck gesetzt. Als Israel Anfang Juni 2007 grünes Licht für eine amerikanische Lieferung schwerer Waffen an Fatah-Einheiten im Gazastreifen gab und gleichzeitig die Fatah-Führungsriege außer Landes war, nutzte die Hamas die Gelegenheit, sich der Gefahr eines Putsches durch einen präemptiven Schlag zu entledigen.[42]

Mitte Juni 2007 errang sie nach blutigen Auseinandersetzungen die Oberhand im Gazastreifen, brachte die dortigen Sicherheitseinrichtungen unter ihre Kontrolle und verkündete den Beginn «islamischer Herrschaft». Dabei kam es zu Gräueltaten insbesondere an denjenigen Fatah-Milizen, die der Nationale Sicherheitsberater Mohammed Dahlan zur militärischen Bezwingung der Hamas aufgebaut hatte. Bei den Gewaltexzessen scheint auch Vergeltung für die durch die Fatah verübte Repression, nicht zuletzt die Folter von Häftlingen, seit Mitte der 1990er Jahre eine Rolle gespielt zu haben. Allein bei den Auseinandersetzungen im Juni 2007 starben über 180 Palästinenser.[43]

In Reaktion auf die öffentlichen Hinrichtungen und Demütigungen von Fatah-Milizen im Gazastreifen wurden im Westjordanland wiederum Hamas-Einrichtungen angegriffen und Racheakte von Fatah-Angehörigen und Mitgliedern der Al-Aqsa-Märtyrer-Brigaden verübt. Als Antwort auf die Machtübernahme der Hamas im Gazastreifen löste Abbas die Regierung der nationalen Einheit auf und verhängte den Ausnahmezustand. Er erklärte den militärischen Flügel und die Sicherheitskräfte der Hamas für illegal und ordnete ihre Entwaffnung an. Zudem setzte er eine Notstandsregierung unter Führung des bisherigen Finanzministers Salam Fajjad (Der Dritte Weg) ein und suspendierte die Arbeit des PLC. Abbas machte deutlich, dass er sich fortan statt auf den PLC auf den PLO-Zentralrat stützen würde. Im Widerspruch zur Verfassung bestätigte das von der Fatah dominierte und nach Abbas' Interpretation übergeordnete Organ sogleich die Ernennung der Notstandsregierung. Der Sicherheitsapparat begann zudem, militärische, politische und soziale Hamas-Strukturen im Westjordanland zu zerschlagen.

Das Experiment einer Regierung der nationalen Einheit war gescheitert; fortan waren die palästinensischen Gebiete, mit zwei verfeindeten Regierungen, nicht nur geographisch, sondern auch politisch gespalten. In der Folge entwickelten sich im Westjordanland und im Gazastreifen zwei parallele Verwaltungen, Justizsysteme und Sicherheitsapparate. Die demokratischen Institutionen waren weitgehend außer Kraft gesetzt und eine parlamentarische Kontrolle des Regierungshandelns fand nicht mehr bzw. im Gazastreifen nur noch eingeschränkt durch das dort tagende Rumpfparlament (die Hamas-Abgeordneten des PLC im Gazastreifen) statt. Sowohl im Gazastreifen als auch im Westjordanland nahm die Regierungsführung immer autoritärere Züge an. Während Abbas die Reformen der vorangegangenen Jahre zurückdrehte und systematisch die Machtkonzentration in seiner Person ausbaute, stellte sich der Westen auf die Seite der Regierung in Ramallah, verschärfte die Isolation der Hamas und trug die israelische Abriegelung und Blockade des Gazastreifens zu Land und zu Wasser zumindest passiv mit. Israel erklärte den Gazastreifen im September 2007 zum «feindlichen Gebiet», schränkte damit faktisch auch den Zugang von Palästinensern aus dem Küstengebiet zum israelischen Rechtsweg weiter ein und verschärfte die Abriegelung.

Aussöhnungsbemühungen

In den folgenden Jahren scheiterten alle Bemühungen um eine Überwindung der Spaltung, obwohl dies für die palästinensische Bevölkerung an erster Stelle stand und obwohl sich immer wieder arabische Regierungen einschalteten, um die verfeindeten Parteien zusammenzubringen – allen voran Saudi-Arabien und Ägypten. Als Referenzdokument entsprechender Dialoge diente dabei das in Kairo im Mai 2011 geschlossene Versöhnungsabkommen zwischen den palästinensischen Fraktionen.[44] Doch obwohl immer wieder Versöhnungsabkommen geschlossen und Neuwahlen angekündigt wurden, geriet der Prozess jedes Mal schnell wieder ins Stocken. So konnte auch eine im Juni 2014 eingesetzte Technokratenregierung unter Rami Hamdallah (Fatah), die weitgehend aus parteilosen Expertinnen und Experten bestand und die Unterstützung der Hamas hatte, die Gräben zwischen Hamas und Fatah nicht überbrücken und scheiterte ein gutes Jahr später. Denn die Hürden für Fortschritte blieben zu groß: Die Beziehungen

Bei einer Sitzung des Rumpfparlaments im Gazastreifen stellen die Mandatsträger im November 2007 Bilder mit von Israel verhafteten Hamas-Abgeordneten zur Schau. Seit der politischen Spaltung tagt nur noch der Gaza-Anteil des Legislativrates.

zwischen den Führungen in Gaza-Stadt und Ramallah waren von Konkurrenz und großem Misstrauen geprägt. Insbesondere die Zusammenführung der Sicherheitsapparate barg Sprengstoff, weil der jeweilige Apparat als Sicherung des eigenen politischen wie physischen Überlebens galt und zudem keine Einigkeit über die Sicherheitskooperation mit Israel bestand. Wahlen bargen für beide Seiten das Risiko, Zustimmung zu verlieren statt zu gewinnen, und eine Regierung der nationalen Einheit gefährdete die Finanzierung und internationale Akzeptanz der PA, wie sich ab März 2007 gezeigt hatte. Eine Aufnahme der Hamas in die PLO, deren Reform und eine Anpassung des PLO-Programms bedrohten wiederum die Fatah-Dominanz der Befreiungsbewegung.

Erst über die gemeinsame Ablehnung der vom israelischen

Premier Benjamin Netanjahu im Mai 2020 angekündigten Annexion von Teilen des Westjordanlandes kam es zu einem Schulterschluss zwischen Fatah und Hamas und im September 2020 zu einer erneuten Willensbekundung einer innerpalästinensischen Aussöhnung.[45] Im Vorfeld des Amtsantritts des neuen US-Präsidenten Joe Biden verkündete Präsident Abbas dann, im Mai, Juli und August 2021 Wahlen für den PLC, die Präsidentschaft und den PNC abhalten zu wollen. Anfang Februar 2021 einigten sich die palästinensischen Gruppierungen in Kairo auf die Modalitäten der Wahlen und begannen mit der Registrierung der Wählerinnen und Wähler in den palästinensischen Gebieten.

Die Hamas lernt Realpolitik

Während das Verhältnis zwischen der Hamas und der Fatah über fünfzehn Jahre zerrüttet blieb, gewann in der Hamas zunehmend eine realpolitische Strömung die Oberhand. Ihre Vertreterinnen und Vertreter waren nach den verheerenden kriegerischen Auseinandersetzungen mit Israel im Sommer 2014 zu der Einsicht gelangt, weder die Besatzung noch die Blockade des Gazastreifens militärisch und im Alleingang beenden zu können. Nicht zuletzt hatte dazu die Stimmung der kriegsmüden Bevölkerung im Gazastreifen beigetragen, die in erster Linie eine konkrete Verbesserung der Lebenswirklichkeit und eine Überwindung der palästinensischen Spaltung forderte. Überdies wurde der Hamas-Führung zunehmend klar, dass die israelisch-ägyptische Blockade, eine weitgehende internationale Isolierung sowie Sanktionsmaßnahmen durch die PA nicht nur eine erfolgreiche Politik verhinderten, sondern auch ihre Popularität stark beeinträchtigten. Deshalb bemühte man sich um eine Annäherung an Kairo – das die Hamas 2015 vorübergehend als Terrororganisation eingestuft und sämtliche Aktivitäten der Bewegung in Ägypten verboten hatte –,[46] eine Aussöhnung mit Ramallah und einen langfristigen Waffenstillstand mit Israel.[47]

Eine Rolle spielte bei dieser Einsicht sicherlich, dass sich der Handlungsspielraum der Hamas-Regierung zunehmend verengt hatte. Seit der Machtübernahme von Abdel Fattah al-Sisi in Ägypten Mitte 2013 hatten sich die Beziehungen zum südlichen Nachbarn extrem verschlechtert. Die neue Führung in Kairo beschuldigte die Hamas der Kooperation mit den ägyptischen Muslimbrüdern und machte sie für die Eskalation der Sicherheitslage auf dem Sinai verantwortlich. Aus diesem Grund sorgte Präsident Sisi für die Zerstörung der Tunnel an der Grenze zwischen Gazastreifen und Ägypten und die – mit wenigen Ausnahmen – dauerhafte Schließung des Grenzübergangs. Damit verlor die Hamas die wichtige Einnahmequelle aus der Besteuerung des Tunnelhandels und die Bevölkerung des Gazastreifens die Möglichkeit, über Ägypten ein- oder auszureisen. Katar, in den Jahren zuvor Hauptsponsor von großen Infrastrukturprojekten im Gazastreifen, fuhr seine Unterstützung merklich zurück, seit es im Juni 2017 durch das unter anderem von Saudi-Arabien, den VAE und Ägypten verhängte Embargo unter Druck geraten war, sich von der Hamas zu distanzieren.[48] Nachdem diese ein Verwaltungskomitee eingerichtet und damit größere Autonomie von Ramallah signalisiert hatte, reagierte Ramallah ab März 2017 mit Strafmaßnahmen, welche die humanitäre Krise im Gazastreifen dramatisch verschärften. Zu den Sanktionen gehörten etwa die Kürzung der Gehälter von PA-Angestellten, die Einschränkung von Zahlungen für von Israel gelieferte Elektrizität und die Reduzierung von Gesundheitsleistungen für die Bevölkerung in Gaza.

Nicht zuletzt bereitete es der Hamas-Regierung Schwierigkeiten, einen islamischen Lebensstil durchzusetzen. Zwar ist die Bevölkerung Gazas überwiegend sozial konservativ eingestellt, sie wollte sich aber ungern noch weiter einengen und die wenigen verbleibenden Freiheiten und Vergnügungen nehmen lassen. Ein Verbot von Alkohol und Kinos hatte die Regierung schnell durchgesetzt. Doch gegen die Einführung der Geschlechtertrennung an den Universitäten und der islamischen Körperstrafen opponierten selbst Hamas-Abgeordnete. Und auch als Mohammed Assaf aus Gaza im Juni 2013 den «Arab Idol»-Wettbewerb gewann, gelang es der Hamas nicht, öffentliche Auftritte und Feierlichkeiten zu unterbinden.[49]

Im Zuge ihrer Wiederannäherung an Ägypten im Sommer 2017 richtete die Hamas eine Pufferzone an der Grenze zum Sinai ein und ging offensiv gegen militante Dschihadisten vor, die zuvor weitgehend ungehindert über die Grenzlinie hinweg agieren konnten. Zudem demonstrierte sie, dass sie durchaus in der Lage war, Widerstandsrhetorik und die Wahrnehmung von Sicherheitsverantwortung unter einen Hut zu bringen. So hielt sie sich – was von Seiten des israelischen Sicherheitsestablishments durchaus positiv vermerkt wurde – weitgehend an die 2014 mit Israel vereinbarte Waffenruhe im Gazastreifen, hinderte andere militante Gruppierungen daran, Israel zu beschießen oder auf israelisches Territorium vorzudringen, und verzichtete auf bewaffnete Angriffe im Westjordanland.[50] Darüber hinaus führte die Hamas ernsthafte Verhandlungen mit Israel über einen langfristigen Waffenstillstand.[51]

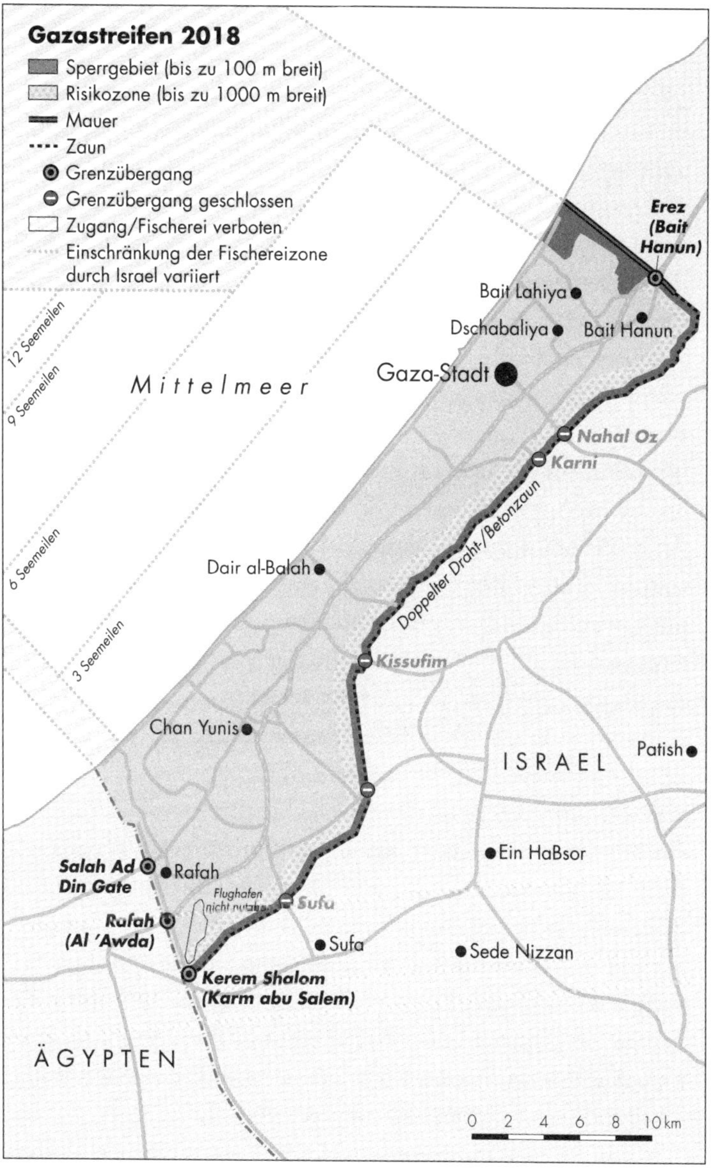
Gazastreifen 2018
Sperrgebiet (bis zu 100 m breit)
Risikozone (bis zu 1000 m breit)
Mauer
Zaun
Grenzübergang
Grenzübergang geschlossen
Zugang/Fischerei verboten
Einschränkung der Fischereizone durch Israel variiert
12 Seemeilen
9 Seemeilen
6 Seemeilen
3 Seemeilen
Mittelmeer
Erez (Bait Hanun)
Bait Lahiya
Dschabaliya
Bait Hanun
Gaza-Stadt
Nahal Oz
Karni
Doppelter Draht-/Betonzaun
Dair al-Balah
Kissufim
Chan Yunis
ISRAEL
Patish
Ein HaBsor
Salah Ad Din Gate
Rafah
Flughafen nicht nutzbar
Sufu
Rafah (Al 'Awda)
Sufa
Sede Nizzan
Kerem Shalom (Karm abu Salem)
ÄGYPTEN
0 2 4 6 8 10 km

Anpassung des politischen Programms

Auch programmatisch entwickelte sich die Hamas in eine realpolitische Richtung weiter. Im Mai 2017 legte sie das sogenannte Politikdokument vor,[52] das aus intensiven und kontroversen Diskussionen in ihren Gremien hervorgegangen war und fortan als offizielle ideologische Plattform der Organisation dienen und so die Hamas-Charta von 1988 ergänzen sollte. Damals hatte der bewaffnete Kampf zur Befreiung ganz Palästinas im Vordergrund gestanden, zwischen Israel, Zionismus und Judentum war kaum differenziert und Palästina als unveräußerliche, religiöse Stiftung aufgefasst worden. Auch wenn sich die Hamas im Politikdokument von 2017 nach wie vor als Widerstandsbewegung definierte, das langfristige Ziel der Befreiung «ganz Palästinas» aufrechterhielt und die Legitimität Israels nicht anerkannte, enthielt das Dokument dennoch wichtige Akzentverschiebungen. So verortete sich die Organisation im «nationalen (palästinensischen) Konsens» dadurch, dass sie einen palästinensischen Staat in den Grenzen von 1967 zumindest als Interimsschritt akzeptierte. Gleichzeitig war nicht länger von der Zerstörung Israels die Rede und der israelisch-palästinensische Konflikt wurde nicht mehr als religiöse Auseinandersetzung interpretiert. Die Hamas, so hielt das Dokument fest, sei nicht Juden feindlich gesinnt, sondern lehne lediglich Zionismus und Besatzung ab. Darüber hinaus erkannte sie die PLO als «nationalen Rahmen des palästinensischen Volkes» sowie die Rolle der PA für die Regierung in den palästinensischen Gebieten an – auch wenn sie die Oslo-Abkommen, aus der die PA hervorgegangen war, auf Basis einer völkerrechtlichen Argumentation ablehnte.

In den Folgejahren näherte sich die Hamas noch weiter der

Fatah an: So ist in der Präambel des Versöhnungsabkommens vom Oktober 2017 – entsprechend dem PLO-Programm – als Ziel der nationalen Ambitionen der Palästinenser ein souveräner Staat in den 1967 besetzten palästinensischen Gebieten mit Jerusalem als Hauptstadt sowie die Rückkehr der Flüchtlinge festgehalten.[53] Und im Februar 2021 betonte die Organisation im Vorfeld der geplanten Wahlen, dass sie die Einhaltung der bisherigen Abkommen bereits unter Beweis gestellt und den nationalen Konsens – ein palästinensischer Staat in den Grenzen von 1967 mit Jerusalem als Hauptstadt – akzeptiert habe.[54]

Das Politikdokument von 2017 enthielt ferner keine Hinweise mehr auf eine Verbindung zur Muslimbruderschaft, der Mutterorganisation der Hamas, betonte die nationale Zielsetzung der Bewegung und wandte sich gegen eine Einmischung in innere Angelegenheiten anderer Staaten – ein deutliches Entspannungssignal an den ägyptischen Präsidenten Sisi, der die Muslimbrüder als Hauptfeind ansah.[55]

Westliche Erwartungen, die Hamas würde sich auf eine Auflösung ihres militärischen Flügels einlassen, einen generellen Gewaltverzicht erklären oder ihre Beziehungen zum Iran kappen, waren hingegen von Anfang an unrealistisch. So betonte sie nicht nur das Recht auf Widerstand gegen eine fortdauernde Besatzung,[56] sondern sah auch den Weg, den die Fatah gegangen war, als wenig ermutigend an. Letzterer war es zwar gelungen, durch Gewaltverzicht, die Anerkennung Israels und eine Sicherheitskooperation ihre internationale Legitimität zu erhöhen. Fortschritte in Richtung Unabhängigkeit oder auch nur eine dauerhafte Verbesserung der Lebensbedingungen hatte sie hingegen nicht erzielen können. Hinzu kam die zentrale Bedeutung der Qassam-Brigaden für das Vorgehen gegen radikalere Kräfte im Gazastreifen, würde ihre Auflösung doch das Risiko bergen, dass sich ihre Kämpfer zentraler Kontrolle entziehen und radikaleren Gruppen zuwenden könnten. Damit blieb aber auch ein großes Hindernis für die Aussöhnung zwischen Ramallah und Gaza bestehen.

SIEBTES KAPITEL

Blockaden und die Suche nach alternativen Strategien

Nach der politischen Spaltung der palästinensischen Gebiete im Juni 2007 stellte sich der Westen nicht nur auf die Seite Ramallahs, sondern ergriff unter Führung der US-Administration auch Maßnahmen, um die PA durch diplomatische und finanzielle Unterstützung zu stärken und einen neuen Friedensprozess in Gang zu bringen.[1] In diesem Sinne lud Präsident George W. Bush die Vertreter Israels und der PA im November 2007 zu einem Treffen in die USA ein. Bei den folgenden Gesprächen näherten sich die Konfliktparteien stärker an als je zuvor – und als es danach der Fall sein sollte. Letztlich brachen die Verhandlungen aber Ende 2008 ab, weil der israelische Premier zurückgetreten war und in Israel für Februar 2009 Neuwahlen anberaumt worden waren. Damit waren die bis heute ersten und letzten umfassenden Verhandlungen über ein Friedensabkommen gescheitert.

Zudem eskalierte der Konflikt zwischen Hamas und Israel in immer kürzeren Abständen und mit immer höheren Opferzahlen unter der Zivilbevölkerung. Die kriegerische Auseinandersetzung zur Jahreswende 2008/2009 brachte die schwersten israelischen Luftangriffe seit dem Krieg 1967 sowie eine Bodenoffensive mit sich. Verheerend, was Opferzahlen und Zerstörung anging, waren aber vor allem die Gefechte im Sommer 2014.

Die Bemühungen der Obama-Administration um einen Neustart im Friedensprozess kamen über Vorgespräche mit den Unterhändlern beider Seiten und eine intensive Pendeldiplomatie des US-Außenministers John Kerry nicht hinaus. Und nachdem US-Präsident Donald Trump bereits im Wahlkampf versprochen hatte, eine Regelung des Konflikts herbeizuführen, legte er im Januar 2020 mit seinem sogenannten Jahrhundertdeal einen Plan vor, der zwar von einer Zweistaatenregelung sprach, aber keinen souveränen, zusammenhängenden und lebensfähigen palästinensischen Staat vorsah. Eine Grundlage für Verhandlungen konnte die unverhohlen einseitige Positionierung der Trump-Administration, die sich weder am Völkerrecht noch am bisherigen internationalen Konsens über eine Konfliktregulierung orientierte, nicht sein. Vielmehr führte sie zu einer Ermutigung israelischer Siedlungs- und Annexionspolitik, einer «Normalisierung» der Besatzung im Zuge der Abkommen zwischen Israel und arabischen Staaten sowie einer massiven Verschlechterung der Beziehungen zwischen der PA und den USA.

Durch die seit 1993 gesammelten Erfahrungen kam es bei den Palästinenserinnen und Palästinensern zu einem Umdenken. Denn weder Verhandlungen im Rahmen des Oslo-Prozesses noch der bewaffnete Widerstand der Zweiten Intifada (2000–2005) hatten zu Fortschritten in Richtung Unabhängigkeit geführt. So setzte die Führung in Ramallah zunehmend auf internationale Anerkennung und den internationalen Rechtsweg. Palästinensische Aktivistinnen und Aktivisten konzentrierten sich stärker auf unbewaffnete Aktionen gegen die Besatzung, den sogenannten Volkswiderstand. Und sie gründeten eine Boykottbewegung, um internationalen Druck auf Israel zu erreichen.

1. Von Annapolis zum «Jahrhundertdeal»[2]

Am 27. November 2007 lud Bush den palästinensischen Präsidenten Abbas und den israelischen Premier Ehud Olmert (April 2006–März 2009)[3] in die US Naval Academy in Annapolis, Maryland, ein. Die Parteien einigten sich darauf, ihre jeweiligen Verpflichtungen aus der Roadmap von 2003 umzusetzen und die Verhandlungen über den endgültigen Status wieder aufzunehmen, und zwar mit dem Ziel, bis Ende 2008 eine Zweistaatenregelung auszuhandeln.[4] Schon im Vorfeld hatten sich Abbas und Olmert bei sechs Treffen über grundlegende Fragen verständigt, zudem hatte Abbas begonnen, den palästinensischen Sicherheitssektor unter Anleitung der CIA zu reformieren. In diesem Kontext ordnete er Ende Juli 2007 die Entwaffnung aller Milizen und bewaffneten Gruppen, einschließlich der Al-Aqsa-Märtyrer-Brigaden, an. Im Gegenzug amnestierte Israel insgesamt über 450 flüchtige Angehörige der Brigaden und des Tanzim.[5]

Bereitschaft zu Zugeständnissen

Nach der Annapolis-Konferenz wurden Gespräche über Endstatusfragen auf der Ebene technischer Arbeitsgruppen wie auch der Verhandlungsdelegationen geführt. Bei den Gesprächen näherten sich die Konfliktparteien stärker an als je zuvor, was vor allem daran lag, dass Olmert bereit war, über eine Zweistaatenregelung zu verhandeln, und in seinen Angeboten deutlich über Baraks Offerten von 2000/2001 hinausging. Sein Vorschlag lautete, lediglich die Siedlungsblöcke und damit rund 6,5 Prozent der 1967 besetzten Gebiete zu annektieren –

im Austausch für Land innerhalb Israels, das rund 5,6 Prozent ausgemacht hätte, sowie für eine Landverbindung zwischen Westjordanland und Gazastreifen. Auch in Bezug auf Jerusalem ging Olmert weiter als alle seine Vorgänger: Er bot an, die Stadt zu teilen, die jüdisch bewohnten Stadtteile der israelischen Hauptstadt und die arabisch bewohnten Stadtteile der palästinensischen Hauptstadt zuzuschlagen und für das sogenannte heilige Becken (die Altstadt, den Tempelberg/Haram al-Scharif, die an die Altstadt angrenzende Davidstadt und den Ölberg) einen Sonderstatus unter Verwaltung einer dritten Partei einzurichten. Allerdings blieb eine Einigung auch diesmal aus.[6]

Ohnehin war auf beiden Seiten fraglich, ob die Regierungen in der Lage gewesen wären, die vorgeschlagenen Kompromisse innenpolitisch durchzusetzen und ein entsprechendes Abkommen umzusetzen. Abbas konnte nach der politischen Spaltung der palästinensischen Gebiete nur mehr für das Westjordanland sprechen. Als der katarische Fernsehsender Al Jazeera im Januar 2011 die sogenannten Palestine Papers veröffentlichte, geriet die palästinensische Führung enorm unter Druck. Denn die rund 1700 Dokumente über die israelisch-palästinensischen Verhandlungen des Zeitraums 1999–2010 offenbarten, was die Annapolis-Verhandlungen betraf, die Bereitschaft des palästinensischen Teams zu weitreichenden Zugeständnissen, insbesondere in Bezug auf die Umsetzung des Rückkehrrechts und israelische Souveränität im größten Teil Ost-Jerusalems.[7] Der Chefunterhändler der PLO, Saeb Erekat, bezeichnete die veröffentlichten Dokumente zwar als «Lügenpaket», musste aber dennoch seinen Rücktritt verkünden. (Tatsächlich blieb er allerdings weiter im Amt.) Auf der israelischen Seite hätte ein entsprechendes Übereinkommen zum Verlust der Regierungsmehrheit in der Knesset geführt: Als Olmert im Oktober 2007 angedeutet hatte, dass er bereit sei, im Rahmen einer Friedensregelung Jerusalem zu teilen, hatte ihm dies erhebliche Kritik eingebracht; die sephardisch-ultraorthodoxe Schas-Partei hatte angekündigt, die Regierungskoalition zu verlassen, sollte Olmert tatsächlich einer Teilung Jerusalems zustimmen. Nachdem Olmert im September 2008 wegen Korruptionsvorwürfen seinen Rücktritt angekündigt hatte, führte seine Außenministerin Tzipi Livni die Verhandlungen noch bis Ende des Jahres weiter, brach sie dann aber ab, da für Februar 2009 Neuwahlen anberaumt worden waren. Damit waren die ersten – und bis heute letzten – umfassenden Verhandlungen über ein Friedensabkommen gescheitert.

Erneute Gewalt

Im Dezember 2008 lief ein zwischen Israel und der Hamas im Juni desselben Jahres vereinbarter Waffenstillstand aus; auf eine Verlängerung hatten sich die Parteien nicht einigen können. Denn die mit dem Waffenstillstand verbundenen Ziele beider Seiten waren nicht erreicht worden: Die Hamas und andere militante Gruppierungen hatten ihren Beschuss der an den Gazastreifen angrenzenden israelischen Ortschaften zwar deutlich reduziert, aber nicht vollständig eingestellt. Umgekehrt hatte Israel die Blockade nicht spürbar gelockert. Anfang November 2008 hatte die israelische Armee bei Luftangriffen und im Rahmen einer Kommandooperation sechs Hamas-Kämpfer getötet, die in den Bau von Tunneln involviert gewesen sein sollen. Nachdem der Waffenstillstand abgelaufen war, hatte die Hamas mit einem massiven Raketenbeschuss des südlichen Israel begonnen. Dies führte zur Jahreswende

2008/2009 zu einer erneuten kriegerischen Auseinandersetzung, welche die schwersten israelischen Luftangriffe seit 1967 sowie eine Bodenoffensive mit sich brachte. Massive Zerstörungen im Gazastreifen und rund 1400 Tote (ganz überwiegend auf palästinensischer Seite) waren die Folge.[8]

Ägypten hielt während dieser Zeit seinen Grenzübergang zum Gazastreifen geschlossen und Sicherheitskräfte hinderten Palästinenser mit Waffengewalt daran, vor den Luftangriffen zu fliehen. Israel konnte seine Kriegsziele nicht erreichen; ein Großteil der militärischen und politischen Infrastruktur der Hamas wurde zwar durch die Angriffe zerstört und die Organisation geschwächt, aber nicht geschlagen. Die Hauptlast trug Gazas Zivilbevölkerung. Eine Erklärung dafür könnte darin zu finden sein, dass Israel zum ersten Mal die «Dahijjeh-Doktrin» anwandte, die 2006 im Zweiten Libanonkrieg von Generalmajor Gadi Eisenkot, dem späteren Generalstabschef, entwickelt worden war. Das Konzept ist nach den südlichen Vororten von Beirut benannt, in denen die Hisbollah ihre Hochburgen hat, und sieht vor, Gebiete, aus denen gefeuert wird, als militärische Ziele zu betrachten und mit dem Einsatz unverhältnismäßiger Gewalt – auch auf Wohnhäuser und Infrastruktur – die Unterstützung der Bevölkerung für die Miliz zu untergraben.[9]

Im September 2009 wurde der Sonderbericht einer Untersuchungskommission unter Leitung des ehemaligen südafrikanischen Richters Richard Goldstone veröffentlicht, der vom UN-Menschenrechtsrat in Auftrag gegeben worden war. Im sogenannten Goldstone-Bericht wird sowohl Israel als auch den bewaffneten palästinensischen Gruppierungen vorgeworfen, während der Auseinandersetzungen Kriegsverbrechen und möglicherweise auch Verbrechen gegen die Menschlichkeit begangen zu haben. Israels Offensive gegen den Gazastreifen sei «ein vorsätzlicher, unverhältnismäßiger Angriff» gewesen, der darauf abgezielt habe, «eine Zivilbevölkerung zu bestrafen, zu demütigen und zu terrorisieren»; einzelne Israelis müssten dafür «individuelle strafrechtliche Verantwortung» übernehmen. In dem Bericht werden auch die Hamas und andere militante Gruppierungen scharf kritisiert, da ihr Raketenbeschuss nicht zwischen zivilen und militärischen Zielen in Israel unterschieden und Terror unter der Zivilbevölkerung verursacht habe. Beide Seiten werden verpflichtet, die gegen sie erhobenen Vorwürfe untersuchen zu lassen, ansonsten werde der Fall an den Internationalen Strafgerichtshof (IStGH) überwiesen.[10] Allerdings kam es weder zu einer umfassenden Aufarbeitung noch zu einer entsprechenden Überweisung an den IStGH. Damit konnte auch keine abschreckende Wirkung auf die Konfliktparteien im Hinblick auf künftige Auseinandersetzungen eintreten.

Ein neuer US-Präsident, ein neuer Friedensprozess?

Als Barack Obama Anfang 2009 die US-Präsidentschaft antrat, keimte einmal mehr Hoffnung auf einen Friedensprozess auf. Denn Obama wollte einen Neubeginn der USA im Verhältnis zur arabischen und islamischen Welt wagen und hielt dafür Fortschritte in der Palästinafrage für entscheidend.[11] Allerdings kamen die Bemühungen der Obama-Administration über Vorgespräche mit den Unterhändlern beider Seiten und eine intensive Pendeldiplomatie von Außenminister John Kerry nicht hinaus. Im Endeffekt gelang es Obama nicht einmal, den palästinensischen Präsidenten und den israelischen Premier an einen Tisch zu bringen. Die letzten Anstrengungen Kerrys scheiterten im April 2014.

Das lag vor allem daran, dass nicht nur die israelische, sondern mittlerweile auch die palästinensische Seite immer stärker auf unilaterale Schritte setzte. Die palästinensische Führung versprach sich von Verhandlungen mit dem nationalkonservativen Likud-Führer Netanjahu, der seit März 2009 wieder Premierminister war, keine Fortschritte im Hinblick auf Unabhängigkeit und ein Ende der Besatzung. Netanjahu äußerte zwar unter US-amerikanischem Druck in einer Rede an der israelischen Universität Bar Ilan im Juni 2009 seine Bereitschaft, einen palästinensischen Staat an der Seite Israels zu akzeptieren, postulierte dafür allerdings Bedingungen, die für die palästinensische Seite nicht annehmbar waren: die Anerkennung Israels als jüdischer Staat; die Lösung der Flüchtlingsfrage außerhalb Israels; die Entmilitarisierung des zukünftigen palästinensischen Staates; Grenzen, die sich verteidigen ließen (soll heißen, nicht die Grenzen von 1967); und Jerusalem als vereinigte Hauptstadt Israels.[12] Zu keinem Zeitpunkt zeigte er sich zu einem Siedlungsstopp bereit und immer wieder betonte er, dass es in seiner Regierungszeit keinen palästinensischen Staat oder höchstens «einen palästinensischen Staat minus», das heißt ohne Souveränität, geben werde.[13] Vor diesem Hintergrund war die palästinensische Führung in Ramallah nicht länger bereit, sich an einem Prozess «um des Prozesses willen» zu beteiligen. Nachdem sich die verschiedenen palästinensischen Fraktionen im April 2014 auf die Bildung einer Regierung des nationalen Konsenses geeinigt hatten, brach Israel seinerseits den Prozess ab. Obwohl Netanjahu zuvor zu Recht festgestellt hatte, dass Abbas nicht für alle Palästinenser sprechen konnte, forderte er jetzt von diesem, sich zu entscheiden, ob er Frieden mit Israel oder mit der Hamas machen wolle.[14]

Die Auswirkungen des Arabischen Frühlings

Bei der Verhärtung der Positionen spielten auch die Auswirkungen des sogenannten Arabischen Frühlings eine Rolle. Israel hatte auf die durch die Protestbewegungen Ende 2010/Anfang 2011 angestoßenen Veränderungen und die massive Destabilisierung in der Nachbarschaft mit einem verstärkten Wagenburgdenken reagiert. Hamas und Fatah wiederum hatten jeweils wichtige regionale Unterstützer verloren und der Druck zur Aussöhnung hatte sich durch Proteste von Palästinenserinnen und Palästinensern erhöht, die durch den Arabischen Frühling inspiriert waren.[15]

Allerdings hatte die Protestbewegung, die sich in den palästinensischen Gebieten herausgebildet hatte, einen deutlich anderen Fokus als in den anderen arabischen Ländern. Während dort zunächst Reformen und dann der Sturz des Regimes im Mittelpunkt standen, verlangten die Palästinenserinnen und Palästinenser an erster Stelle die Überwindung der politischen Spaltung zwischen Fatah und Hamas. Bereits Anfang Januar 2011 äußerten junge Internet-Aktivisten aus Gaza ihren Unmut über die herrschenden Verhältnisse in einem Manifest.[16] Am 15. März 2011 forderten Zehntausende im Westjordanland und im Gazastreifen Hamas und Fatah zur Einigung auf. Die «Bewegung des 15. März» konnte aber kein Momentum entwickeln und ihre Proteste nicht verstetigen.

Zwar ähnelten viele Missstände in den palästinensischen Gebieten denen in anderen arabischen Ländern – autoritäre Regierungsführung, Korruption, Vetternwirtschaft, schlechte Zukunftsaussichten –, doch kam es nur begrenzt zu vergleichbaren Massenprotesten. Das lag daran, dass sich die Rahmenbedingungen grundlegend von denen in anderen arabischen

Ländern unterschieden. Erstens erschwerte es die politische Spaltung zwischen Hamas und Fatah, den Protest gezielt gegen *eine* palästinensische Führung zu richten. Die geographische Spaltung zwischen Westjordanland und Gazastreifen machte die Herausbildung einer einheitlichen Front der Protestierenden zusätzlich schwierig. Zweitens war die Unzufriedenheit mit den palästinensischen Führungen zwar auch auf deren zunehmend autoritären und repressiven Führungsstil zurückzuführen, aber vor allem auf den mangelnden Fortschritt bei der Beendigung der Besatzung. Dabei wurde Präsident Abbas das Scheitern seines Verhandlungsansatzes vorgeworfen, der Hamas wiederum der Misserfolg ihrer Widerstandsstrategie. Massenproteste gegen Israel, das als Urheber des Problems gesehen wurde, waren und sind indes schwierig. Denn die weitreichende Einschränkung der Bewegungsfreiheit sorgt auch dafür, dass palästinensische Großversammlungen an symbolischen Orten, wie vor der Knesset, vor der Residenz des Premierministers, auf dem Rabinplatz in Tel Aviv oder selbst an einem zentralen Ort im Westjordanland unmöglich sind. Deshalb gibt es in den palästinensischen Gebieten vor allem lokale Proteste.

Diese Faktoren erleichterten es den Führungen in Ramallah und Gaza-Stadt, aufkeimende Demonstrationen schnell zu unterdrücken und das Entstehen einer Protestbewegung wie in anderen arabischen Ländern zu verhindern. Dennoch erhöhten die Proteste den Druck auf die Führungen, aufeinander zuzugehen, und bewirkten zumindest vorübergehend Fortschritte bei der innerpalästinensischen Aussöhnung. Der Unmut über die politischen Führungen blieb und bleibt jedoch bestehen, wie Meinungsumfragen offenbaren.[17]

Längerfristig sollten sich vor allem die Verschiebung der

Machtbalance in der Region und die Herausbildung neuer Allianzen auswirken, die durch die arabischen Revolten begünstigt wurden: So sah sich Israel zunehmend in einer Interessenkonvergenz mit den konservativen Golfmonarchien.

Eskalation im Gazastreifen

Die Hamas konnte einen großen innenpolitischen Sieg verbuchen, als sie sich im Oktober 2011 mit Israel darauf einigte, im Austausch gegen den bereits 2006 entführten israelischen Soldaten Gilad Schalit rund 1000 in Israel inhaftierte palästinensische politische Häftlinge freizulassen, unter ihnen auch führende Köpfe anderer palästinensischer Fraktionen. Doch auch wenn in dieser spezifischen Frage ein Handel abgeschlossen werden konnte, eskalierte der Konflikt zwischen Hamas und Israel in immer kürzeren Abständen. Denn es konnten keine tragfähigen Arrangements getroffen werden, die eine Verbesserung der Lebensbedingungen im Gazastreifen und eine Stabilisierung der Situation erlaubt hätten.

Im November 2012 führte Israel eine einwöchige Militäroperation im Gazastreifen durch, um gegen Einrichtungen der Hamas vorzugehen, nachdem zuvor der Raketenbeschuss auf das südliche Israel stark zugenommen hatte und eine israelische Patrouille im Grenzgebiet beschossen worden war.

Doch verheerend, was Opferzahlen und Zerstörung anging, waren vor allem die kriegerischen Auseinandersetzungen des Sommers 2014. Auslöser der neuerlichen Eskalation war die Entführung von drei israelischen Jugendlichen im Juni 2014 im Westjordanland durch eine lokale Hamas-Zelle. Bei der Suche nach den Entführten und ihren Entführern kam es zu Toten und Verwundeten. Israel nahm die gesamte Führungsriege der Hamas im Westjordanland fest, woraufhin die Hamas ihren Raketenbeschuss aus dem Gazastreifen intensivierte, was Israel wiederum dazu veranlasste, eine umfassende Luft- und Bodenoperation einzuleiten. Einmal mehr litt vor allem die Zivilbevölkerung unter den Auseinandersetzungen: Rund zwei Drittel der über 2200 Toten waren palästinensische Zivilisten. Für die Bevölkerung in Gaza gab es keine Möglichkeit, sich in Sicherheit zu bringen. Über 11 000 Menschen wurden verwundet, rund 18 000 Wohneinheiten zerstört.[18] Die massiven Bombardierungen von Wohnhäusern und Versorgungsinfrastruktur, etwa des einzigen Kraftwerks in Gaza, deuteten einmal mehr auf die Anwendung der Dahijjeh-Doktrin hin.[19] Beide Konfliktparteien wurden aufgrund gravierender Menschenrechtsverstöße kritisiert.[20] Sicherheitskräfte der Hamas richteten mindestens 23 angebliche Kollaborateure öffentlich hin.[21] Eine vom UN-Menschenrechtsrat eingesetzte Untersuchungskommission stellte einmal mehr auf beiden Seiten Hinweise auf schwerwiegende Verletzungen des humanitären Völkerrechts und der Menschenrechte bis hin zu mutmaßlichen Kriegsverbrechen fest. Beklagt wurde zudem die durchgehende Straflosigkeit in Bezug auf entsprechende Verletzungen, sowohl in Israel als auch in den palästinensischen Gebieten. Die Kommission forderte die Parteien auf, uneingeschränkt mit einer Voruntersuchung des Internationalen Strafgerichtshofs im Zusammenhang mit den Vorfällen zusammenzuarbeiten.[22]

Im Einklang mit den westlichen Staaten gaben Ägypten und die PA der Hamas die Schuld an der Eskalation; im Westjordanland unterdrückte die PA Solidaritätskundgebungen mit der Bevölkerung im Gazastreifen. Auch die meisten arabischen Staaten hielten sich weitgehend mit ihrer Kritik an Israel zurück. Nach siebenwöchigen Kampfhandlungen gelang es Ägypten endlich, einen haltbaren Waffenstillstand zu vermitteln, woraufhin sich beide Seiten zum Sieger des Waffengangs erklärten. Die Hamas konnte eine leichte Abschwächung, wenn auch keine Aufhebung der Blockade durchsetzen.

Bemerkenswerterweise hielt die Hamas-Regierung in Gaza seit den kriegerischen Auseinandersetzungen 2014 bis in den Spätherbst 2018 die Waffenruhe gegenüber Israel nicht nur selbst ein, sondern setzte diese auch weitestgehend gegenüber anderen militanten Gruppierungen durch. Die Proteste am Grenzzaun des Gazastreifens führten allerdings in der Folge mehrfach zur Eskalation. 2019 und 2020 versuchte die Hamas wiederholt und teils erfolgreich, durch Gewalt Zugeständnisse im Hinblick auf eine Lockerung der Blockade und die Wiederaufnahme von Hilfsleistungen durch Katar zu erreichen, die Israel zuvor unterbunden hatte; dies brachte den Gazastreifen wiederum wiederholt an den Rand eines Krieges. Gleichzeitig war der Hamas daran gelegen, Verhandlungen über einen langfristigen Waffenstillstand und einen Gefangenenaustausch mit Israel nicht zu gefährden. Bis heute ist es jedoch nicht gelungen, in dieser Hinsicht Fortschritte zu erzielen, die Zerstörungen von 2014 vollständig zu beseitigen und ein Arrangement zu finden, das eine nachhaltige Entwicklung des Gazastreifens erlauben würde. Schon 2012 hatten die UN davor gewarnt, dass das Küstengebiet bis 2020 eigentlich nicht mehr bewohnbar sei.[23]

2015 eskalierte auch im Westjordanland und in Jerusalem die Gewalt einmal mehr. Auslöser war Ende Juli 2015 ein mit Brandbomben verübter Mordanschlag radikaler Siedler auf eine palästinensische Familie. Insgesamt hatten in den vorangegangenen Jahren Angriffe radikaler Siedler zugenommen,

Blick auf das weitgehend zerstörte Schujaija-Viertel in Gaza im Frühjahr 2015. Während der rund siebenwöchigen kriegerischen Auseinandersetzungen zwischen Israel und der Hamas im Sommer 2014 kam es zu schweren Schäden an Wohnhäusern und Versorgungsinfrastruktur, wie dem einzigen Kraftwerk im Gazastreifen. Für die Zivilbevölkerung gab es keine Möglichkeit, sich in Sicherheit zu bringen. Rund zwei Drittel der über 2200 Getöteten waren palästinensische Zivilistinnen und Zivilisten. Über 11 000 wurden verwundet; rund 18 000 Wohneinheiten wurden zerstört oder schwer beschädigt. Der Wiederaufbau wurde durch die Blockade des Gazastreifens erschwert.

sei es aus Vergeltung für die Evakuierung von Außenposten, sei es gegen religiöse Stätten (Kirchen und Moscheen) oder etwa zur Verhinderung der Olivenernte. Ermutigt fühlten sich die Angreifer durch die rechtsgerichtete Regierung unter Netanjahu, die den Siedlungsbau vorantrieb und sich von einer Zweistaatenregelung längst verabschiedet hatte. 2015/2016 stieg der Gewaltpegel auch von palästinensischer Seite aus deutlich an. Doch obschon vielfach die Rede von einer «Dritten Intifada» war, handelte es sich in diesem Fall vor allem um Messerattacken von Einzeltäterinnen und -tätern, aber nicht um einen organisierten Aufstand.[24]

In einer Rede vor der UN-Generalversammlung Ende September 2015 machte Präsident Abbas seiner Frustration Luft und drohte damit, sich nicht länger an die Oslo-Abkommen gebunden zu sehen, wenn Israel fortgesetzt die Abkommen verletze und insbesondere seine Siedlungspolitik fortführe. Weitere bilaterale Verhandlungen seien nicht sinnvoll; stattdessen solle die internationale Gemeinschaft die entsprechenden UN-Resolutionen umsetzen.[25] Damit beschrieb er die verhärteten Fronten, die die Wiederaufnahme substanzieller israelisch-palästinensischer Friedensgespräche unwahrscheinlich machten – und nach wie vor machen.

Umstrittener Trump-Plan

Donald Trump versprach schon im Wahlkampf, eine Regelung des Konflikts herbeizuführen. Im Januar 2020 legte er mit seinem sogenannten Jahrhundertdeal einen Plan vor, der zwar von einer Zweistaatenregelung sprach, den Zweistaatenansatz aber ad absurdum führte.[26] Ergänzt wurde er durch die schon im Juni 2019 in Manama (Bahrain) präsentierte ökonomische Komponente, die *nach* einer Konfliktregelung über massive Investitionen in Palästina und der Region einen enormen Entwicklungsschub anstoßen sollte.[27] Doch bei einer Realisierung dieses Ansatzes wäre gerade kein souveräner, lebensfähiger palästinensischer Staat mit einem zusammenhängenden Territorium entstanden. Israel hätte vielmehr die Kontrolle über ganz Jerusalem (abgesehen von einigen Vororten jenseits der Sperranlagen), die Grenzen, den Luftraum und die Küstengewässer beibehalten und ein Vetorecht erhalten, was die palästinensische Ressourcennutzung sowie die Rückkehr von Flüchtlingen selbst in den Staat Palästina betrifft. Zudem sah der Trump-Plan die israelische Annexion von rund 30 Prozent des Westjordanlandes vor.[28]

Insgesamt war der Plan in einem Duktus verfasst, der direkt der Feder der israelischen Rechten zu entstammen schien. Zudem stand er im Widerspruch zu völkerrechtlichen Grundsätzen wie der Unzulässigkeit der Aneignung von Territorium durch Gewalt. Darüber hinaus fiel er weit hinter den bisherigen internationalen Konsens in Bezug auf eine Konfliktregelung zurück, der einen Interessenausgleich auf Basis der Grenze von 1967 und eine einvernehmliche Regelung der Flüchtlingsfrage vorsieht.[29] Damit wurde der palästinensischen Führung keine Basis für Verhandlungen geboten.

Unter Präsident Trump trugen die USA vielmehr maßgeblich dazu bei, Israels Führung in ihrer Siedlungs-, Besatzungs- und Annexionspolitik zu ermutigen, statt auf Anreize zur Konfliktregelung zu setzen. Sie erkannten nicht nur Jerusalem als Hauptstadt Israels an und verlegten ihre Botschaft dorthin, sondern auch Israels Souveränität über die annektierten syrischen Golanhöhen. US-Außenminister Mike Pompeo behauptete, das Völkerrecht sei bei der Konfliktregelung nicht hilfreich, es gebe keinen internationalen Konsens in Bezug auf Jerusalem und Siedlungen seien nicht per se als völkerrechtswidrig anzusehen. Überdies verfügte das Außenministerium, in die USA importierte Produkte aus den Siedlungen als israelische Produkte zu kennzeichnen. Gleichzeitig erhöhte die

Die Vision der Trump-Administration für einen palästinensischen Staat: Dieser würde weder über ein zusammenhängendes Gebiet noch über Souveränität verfügen. Israel würde rund 30 Prozent des Westjordanlandes annektieren.

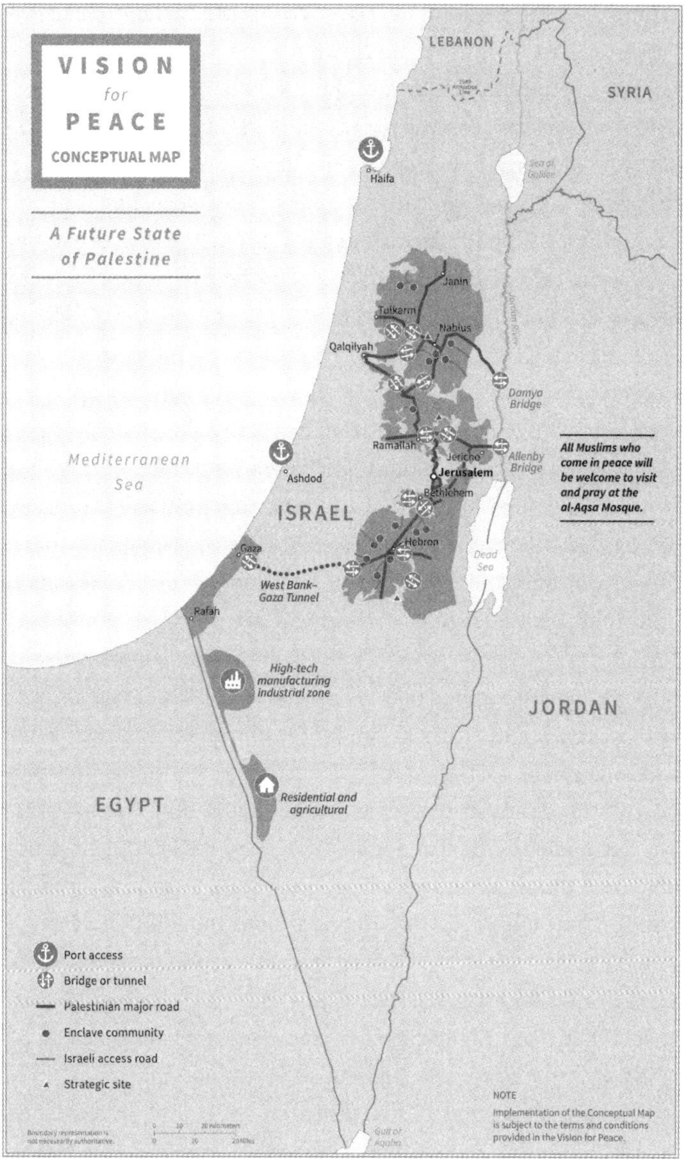
VISION
for
PEACE
CONCEPTUAL MAP
A Future State
of Palestine
LEBANON
SYRIA
Haifa
Jenin
Tulkarm
Nablus
Qalqilyah
Damya
Bridge
Ramallah
Jericho
Allenby
Bridge
Jerusalem
Mediterranean
Sea
Ashdod
ISRAEL
Bethlehem
All Muslims who come in peace will be welcome to visit and pray at the al-Aqsa Mosque.
Hebron
Gaza
Dead
Sea
West Bank–
Gaza Tunnel
Rafah
High-tech
manufacturing
industrial zone
JORDAN
Residential and
agricultural
EGYPT
Port access
Bridge or tunnel
Palestinian major road
Enclave community
Israeli access road
Strategic site
NOTE
Implementation of the Conceptual Map is subject to the terms and conditions provided in the Vision for Peace.

Trump-Administration den Druck auf die palästinensische Führung, den US-Ansatz mitzutragen. Dazu gehörte, dass die finanzielle Unterstützung für die PA, palästinensische NGOs, palästinensische Institutionen in Ost-Jerusalem und die UNRWA eingestellt wurde. Auch die PLO-Vertretung in Washington, D.C. und das für die palästinensische Bevölkerung zuständige US-Generalkonsulat in Ost-Jerusalem wurden geschlossen. Infolgedessen kam es zu einer massiven Verschlechterung der Beziehungen zwischen den USA und der PA, deren Führung letztlich das Gespräch mit dem US-Nahostteam verweigerte.[30]

Im April 2020 sah die Koalitionsvereinbarung zwischen den israelischen Parteien Likud und dem Parteienbündnis des rechten Zentrums Kachol-Lavan (hebr. für Blau-Weiß) formale Annexionen im Westjordanland vor. Obwohl Netanjahu nach Regierungsantritt im Mai 2020 verkündete, die Annexionen bald umsetzen zu wollen,[31] kam es dazu letztlich nicht. Den Grund dafür bildeten die von der US-Administration vermittelten Normalisierungsabkommen zwischen Israel und einigen arabischen Staaten, die sogenannten Abraham Accords, bilaterale Verträge zwischen Israel auf der einen Seite und den VAE (2020), Bahrain (2020), Marokko (2020) und Sudan (2021) auf der anderen, die unterschiedlich enge Beziehungen vorsehen und durch diverse Zusagen der USA attraktiv gemacht wurden. Für die Normalisierung der Beziehungen mit den VAE und Bahrain verzichtete Israel auf die geplante Annexion.[32] Damit blieb Netanjahu bei seinem Kurs: einen Endstatus aufzuschieben, den Siedlungsbau voranzutreiben und die Kontrolle über die besetzten Gebiete zu vertiefen.

Nebeneffekt dieser Entwicklungen war die dramatische Schwächung der palästinensischen Position und die Isolierung der Autonomiebehörde auch in der Arabischen Liga. Denn die Abkommen verringerten die Anreize für Israel, den Konflikt mit den Palästinensern zu lösen, hebelten sie doch die Formel der Arabischen Friedensinitiative aus, nach der eine Normalisierung der Beziehungen erst *nach* einer Regelung der Palästinafrage stattfinden sollte. Damit wurden von Seiten der beteiligten arabischen Staaten nicht nur die Beziehungen zu Israel, sondern auch die fortdauernde Besatzung «normalisiert». Die PA verurteilte die Abkommen, fand für ihre kritische Haltung aber keine Unterstützung in der Arabischen Liga, die im September 2020 zu einer Sondersitzung zusammenkam. Im Gegenteil: In einem dreiteiligen Fernsehprogramm, das die Fehler der palästinensischen Führung auflistete, griff der einflussreiche saudische Prinz Bandar bin Sultan bin Abdul Aziz die PA scharf an.[33] Daraufhin verweigerte die palästinensische Führung die turnusgemäße Übernahme des Vorsitzes der Regionalorganisation ab Januar 2021.

Gleichzeitig stand auch das finanzielle Überleben der PA auf dem Spiel: So war nicht nur die amerikanische Unterstützung weggefallen, die Geberleistungen hatten auch insgesamt nachgelassen. Vor allem aber hatte die palästinensische Führung seit der israelischen Ankündigung formaler Annexionen die Kooperation mit Israel im Zivil- und Sicherheitsbereich eingestellt und die Annahme israelischer Transferleistungen verweigert. Dadurch waren rund zwei Drittel bzw. im Zusammenwirken mit dem Wirtschaftseinbruch infolge der Covid-19-Pandemie rund 80 Prozent der Einnahmen der PA weggefallen. Erst mit dem Wahlsieg von Joe Biden bei den US-Präsidentschaftswahlen Anfang November 2020 signalisierte die palästinensische Führung erneut Bereitschaft zu Verhandlungen und begann wieder mit den USA und Israel zu kooperieren.

2. Internationalisierung, Volkswiderstand und Boykottbewegung

Weder Verhandlungen im Rahmen des Oslo-Prozesses noch der bewaffnete «Widerstand» der Zweiten Intifada (2000–2005) hatten zu Fortschritten auf dem Weg zur palästinensischen Unabhängigkeit geführt. Vielmehr hatten die israelischen Regierungen vermehrt auf einseitige Schritte gesetzt, um ihre Interessen zu sichern. Die Zahl der Siedlungen war immer weiter gestiegen und das israelische Besatzungsregime hatte sich immer stärker verfestigt. In der Folge bemühte sich die palästinensische Führung in Ramallah zunehmend um internationale Anerkennung und beschritt den internationalen Rechtsweg. Palästinensische Aktivistinnen und Aktivisten gingen im Rahmen des sogenannten Volkswiderstands unbewaffnet gegen die Besatzung vor und gründeten eine Boykottbewegung, um internationalen Druck auf Israel zu erzeugen.

Palästina bei den Vereinten Nationen

Während die palästinensische Führung Verhandlungen mit Israel nicht grundsätzlich ausschloss, hatte sie doch immer weniger Hoffnung, auf diesem Weg eine staatliche Unabhängigkeit und eine Beendigung der Besatzung zu erreichen. Daher setzte sie zunehmend auf eine internationale Anerkennung Palästinas, Mitgliedschaft in UN-Institutionen und internationalen Abkommen und die Durchsetzung palästinensischer Interessen über den internationalen Rechtsweg.[34]

Im September 2011 beantragte Palästina deshalb die Vollmitgliedschaft in den Vereinten Nationen.[35] Bereits im August

2009 hatte Salam Fajjad, der damalige Premierminister der Regierung in Ramallah, einen Plan zur Staats- und Institutionenbildung vorgelegt und zielstrebig umgesetzt, der binnen zwei Jahren zur Eigenstaatlichkeit führen sollte.[36] Der UN-Sonderbeauftragte für den Nahostfriedensprozess, Robert Serry, hatte im Juli 2011 vor dem Sicherheitsrat der Vereinten Nationen betont, dass die PA in der Lage sei, «die Verpflichtungen, die mit Eigenstaatlichkeit einhergehen, zu jedem Zeitpunkt in der nahen Zukunft zu übernehmen».[37]

Zunächst wurde der Antrag auf Vollmitgliedschaft an einen Ausschuss des Sicherheitsrats verwiesen, der zu prüfen hatte, ob die Voraussetzungen für eine Aufnahme nach Artikel 4 der UN-Charta erfüllt waren. Dabei stand die Frage nach Palästinas Staatsqualität im Zentrum. Der Ausschuss legte im November 2011 seinen Bericht vor, erteilte dem Sicherheitsrat aber keine einstimmige Empfehlung. Daraufhin wurde der Beschluss vertagt.[38] Eine Aufnahme Palästinas als Vollmitglied wäre ohnehin am Veto der USA gescheitert, die daran festhielten, dass ein palästinensischer Staat aus Verhandlungen mit Israel hervorgehen müsse. Über einen solchen Antrag entscheidet zwar die UN-Generalversammlung mit Zweidrittelmehrheit, dies geschieht indes auf Empfehlung des Sicherheitsrates, wobei seinen fünf ständigen Mitgliedern ein Vetorecht zukommt.

Im Folgenden setzte die palästinensische Führung darauf, ihren Status in den Vereinten Nationen unterhalb der Schwelle der Vollmitgliedschaft aufzuwerten, und war dabei erfolgreich: Am 29. November 2012 erkannte die Generalversammlung Palästina als Nichtmitgliedstaat mit Beobachterstatus an.[39] Diese Anerkennung hatte zwar keine unmittelbaren Auswirkungen auf den völkerrechtlichen Status Palästinas, brachte aber zusätzliche Verfahrensprivilegien im UN-System mit sich.[40] Und sie zog eine weitere Welle bilateraler Anerkennungen nach sich. Bis Anfang 2020 erkannten 138 von 193 UN-Mitgliedsstaaten, und damit deutlich mehr als zwei Drittel, den Staat Palästina an.[41]

Vor allem aber machte die Aufnahme als Beobachter*staat* den Weg frei für die Unterzeichnung von internationalen Abkommen und den Beitritt zu Unterorganisationen der Vereinten Nationen. Damit eröffneten sich weitere Foren, um die internationale Aufmerksamkeit auf die palästinensische Frage zu lenken. In diesem Sinne unterzeichnete die palästinensische Führung allein 2014 nicht weniger als 15 internationale Konventionen, u.a. die Genfer Konventionen, die Antifolterkonvention der UN, die UN-Konvention gegen Korruption und die Haager Landkriegsordnung. Bereits 2011 war Palästina Mitglied der UNESCO geworden.[42] Damit werden die bereits bei den UN etablierten Verfahren und Institutionen ergänzt, die speziell auf die Situation in den palästinensischen Gebieten zugeschnitten sind, etwa der Sonderberichterstatter des Menschenrechtsrates, der seit 1993 regelmäßig über israelische Menschenrechtsverletzungen in den besetzten palästinensischen Gebieten berichtet.[43]

Im Frühjahr 2015 wurde Palästina Mitglied des Internationalen Strafgerichtshofes, im Dezember des gleichen Jahres trat es dem Ständigen Schiedshof bei. Im Folgenden führte der IStGH auf Antrag Palästinas Vorermittlungen zu mutmaßlichen Kriegsverbrechen seit Juni 2014 im Gazastreifen sowie in Zusammenhang mit der Siedlungs- und Besatzungspolitik im Westjordanland und in Ost-Jerusalem durch.[44] Noch im April 2012 hatte der Chefankläger des IStGH es abgelehnt, das von Palästina gegen Israel beantragte Verfahren wegen der

2008/2009 in Gaza durchgeführten Militäroperation zu eröffnen bzw. entsprechende Vorermittlungen einzuleiten. Als Begründung wurde damals angeführt, dass Unterwerfungserklärungen (die erste palästinensische Unterwerfungserklärung war im Januar 2009 erfolgt) nach Artikel 12 des Römischen Statuts nur von Staaten wirksam abgegeben werden könnten und nicht rechtsverbindlich geklärt sei, ob Palästina ein Staat im Sinne dieser Vorschrift sei.[45] Nach Abschluss der Vorermittlungen, die Hinweise auf Kriegsverbrechen in den palästinensischen Gebieten ergeben hatten, ließ die Chefanklägerin Fatou Bensouda noch durch eine Kammer des Gerichts klären, für welches Territorium das Gericht zuständig sei.[46] Im Februar 2021 entschied das Gericht, dass Palästina ein Vertragsstaat sei – und damit im Sinne des IStGH-Statuts ein Staat – und sich die territoriale Zuständigkeit des IStGH auf die 1967 von Israel besetzten Gebiete Westjordanland, Gazastreifen und Ost-Jerusalem erstrecke.[47] Die Bestätigung, dass Israel in den palästinensischen Gebieten keine Souveränität habe, war insbesondere vor dem Hintergrund der Haltung wichtig, die die Trump-Administration in dieser Frage eingenommen hatte.

Ob schließlich ein Verfahren eröffnet wird, wird nunmehr vor allem von der Beurteilung der Frage abhängen, ob die lokalen Behörden in der Lage und willens sind, Verletzungen des Kriegsvölkerrechts angemessen zu untersuchen. Bislang ist weder von Seiten Israels noch von Seiten der Hamas ernsthaft in Sachen Kriegsverbrechen ermittelt worden. Erschwerend kommt hinzu, dass Israel den Zugang für Menschenrechtsvertreter vor allem in den Gazastreifen stark einschränkt.[48] Dadurch können Menschenrechtsverletzungen, die der De-facto-Regierung der Hamas und bewaffneten Gruppierungen angelastet werden, ebenso wie schwere Kriegsverbrechen, wie sie etwa während der kriegerischen Auseinandersetzungen 2014 mutmaßlich von militanten palästinensischen Gruppierungen, dem militärischen Flügel der Hamas und von Israel begangen worden sind, nicht unabhängig geprüft werden. Israelische Menschenrechtsorganisationen wie B'Tselem betonen überdies, dass es im System der Militärjustiz für Palästinenser keine Möglichkeit gibt, Gerechtigkeit zu erfahren und Verantwortlichkeit zu etablieren.[49]

Insgesamt ist es der palästinensischen Führung seit der Aufnahme in die UN als Beobachterstaat gelungen, die Zahl der Foren auszuweiten, in denen sie die palästinensische Frage international hervorheben, Verantwortlichkeit für völkerrechtswidriges Verhalten Israels aufzeigen und Parameter für eine völkerrechtsbasierte Konfliktregelung verankern kann. Dass dies allerdings dazu führen wird, die Menschenrechtsverletzungen abzustellen, ist – selbst bei einem entsprechenden Urteil des IStGH – kaum zu erwarten. Denn Zwangsmaßnahmen müssten durch den Sicherheitsrat beschlossen und durch seine Mitglieder umgesetzt werden. Dies dürfte aber auch weiterhin durch ein US-amerikanisches Veto verhindert werden.[50]

Protestmärsche, Sit-ins und Hungerstreiks

Vor dem Hintergrund der verheerenden Auswirkungen des bewaffneten Widerstands der Zweiten Intifada kam es in den palästinensischen Gebieten zu einer Wiederbelebung des unbewaffneten, zivilen Widerstands, der auch als populärer oder Volkswiderstand bezeichnet wird.[51] Dieser knüpft ideell an den sechsmonatigen Generalstreik während des Aufstandes von 1936 gegen die britische Kolonialpolitik sowie an die durch

Volkskomitees organisierten Streiks, Proteste, Steuerrevolten und Selbstversorgungsstrukturen der Ersten Intifada an. Teil dieses neuen Volkswiderstands sind lokale Graswurzelbewegungen, die Proteste gegen die israelischen Sperranlagen, die Beschlagnahme von Land oder die Einschränkungen in Hebron organisieren. Oft werden sie dabei von internationalen und israelischen Aktivistinnen und Aktivisten unterstützt und ihre Aktionen von Gerichtsverfahren, etwa gegen den Verlauf der Sperranlagen, flankiert.[52]

Neben Protestmärschen, Sit-ins, Hungerstreiks und Boykotten gehören zum populären Widerstand auch Handlungen, die von Sumud (arab. für Standhaftigkeit, Durchhaltevermögen) getragen sind, der Weigerung, diskriminierende Politiken zu unterstützen und sich an ungerechte Gesetze zu halten. Dazu gehört, dass man etwa Checkpoints umgeht, Häuser und Infrastruktur auch ohne Genehmigung der Besatzungsmacht errichtet oder auf dem Land ausharrt, auch wenn der Zugang zu Wasser, Elektrizität, Gesundheits- und Bildungseinrichtungen und anderen Grundbedürfnissen verweigert wird und Gebäude immer wieder durch die israelische Armee zerstört werden.[53] Am bekanntesten wurden die wöchentlichen unbewaffneten Proteste der «Kampagne gegen die Apartheidsmauer» in den Dörfern, die besonders vom Bau der Sperranlagen betroffen sind, wie Ni'lin, Bil'in und Budrus.[54] In Kombination mit Gerichtsverfahren vor dem Obersten Gericht gelang es, an mehreren Stellen die Verlegung der Anlagen im Sinne der Dorfbewohner zu erreichen. Mit kreativen Aktionen wie dem im Januar 2013 in der Nähe von Jerusalem errichteten Protestdorf Bab al-Schams, einer «palästinensischen Gegen-Siedlung», machten Aktivistinnen und Aktivisten den palästinensischen Anspruch auf das Land deutlich und lenkten die internationale Aufmerksamkeit auf die fortgesetzte Beschlagnahme von Land für den Siedlungsbau durch die israelische Regierung, die noch dazu in einem für den territorialen Zusammenhang eines palästinensischen Gemeinwesens entscheidenden Gebiet vorgenommen wurde.[55] Immer wieder organisieren auch palästinensische Häftlinge in israelischen Gefängnissen Hungerstreiks, um gegen die Anwendung von Administrativhaft und schlechte Haftbedingungen zu protestieren.

Die israelische Regierung lässt die unbewaffneten Proteste unterdrücken und regelmäßig die Führungspersonen der Aktionen verhaften. In den C-Gebieten des Westjordanlands werden öffentliche Versammlungen von Palästinensern von israelischen Sicherheitskräften aufgelöst, oft unter Einsatz von Tränengas, Pfefferspray, Wasserwerfern, Gummigeschossen, scharfer Munition und körperlicher Gewalt, und immer wieder kommt es zu Verletzungen und Todesfällen. In Dörfern wie Nabi Saleh, Bil'in und Budrus versucht die Besatzungsmacht mit Massenverhaftungen, nächtlichen Razzien und Hausdurchsuchungen die Proteste zu unterbinden.[56]

Internationale Berühmtheit erlangte im Dezember 2017 die Verhaftung der damals sechzehnjährigen Ahed al-Tamimi aus Nabi Saleh, die bei einer Demonstration, bei der ihr Cousin schwer verletzt wurde, einen Soldaten ins Gesicht schlug und dafür zu acht Monaten Gefängnis verurteilt wurde. Dabei spielte sicherlich auch eine Rolle, dass Tamimi, die wie eine westliche Jugendliche aussah, nicht so leicht entmenschlicht werden konnte, wie dies bei aufgebrachten und gesichtslosen Demonstrierenden häufig geschieht. International lenkte die Verurteilung Tamimis die Aufmerksamkeit auch auf das Phänomen der inhaftierten Minderjährigen in israelischen Ge-

Ahed al-Tamimi im israelischen Gefängnis Ofer bei Ramallah im Dezember 2017. Im März 2018 wurde die damals Siebzehnjährige aus dem Dorf Nabi Saleh von einem israelischen Militärgericht zu acht Monaten Gefängnis verurteilt, weil sie bei einer Demonstration, bei der ihr Cousin schwer verletzt wurde, einen Soldaten ins Gesicht geschlagen hatte. Schnell wurde Tamimi zum Sinnbild des andauernden Protests gegen Besatzung und Diskriminierung.

fängnissen.[57] Für die Palästinenserinnen und Palästinenser wurde Ahed al-Tamimi zu einem Sinnbild des andauernden Protests gegen Besatzung und Diskriminierung.[58]

2018/2019 brachten die Vorgänge am Grenzzaun Gazas die Region mehrfach an den Rand erneuter kriegerischer Auseinandersetzungen zwischen Israel und der Hamas. Anlässlich des 70. Jahrestags der Nakba erinnerten – in Form des sogenannten Großen Rückkehrmarsches – ursprünglich aus der Zivilgesellschaft angestoßene, unbewaffnete Massenproteste an das Recht auf Rückkehr und forderten eine Aufhebung der Blockade.[59] Schnell wurden diese allerdings von den politischen Parteien, vor allem der Hamas, vereinnahmt und durch Gewaltakte unterminiert. Dazu gehörten insbesondere Versuche, den Grenzzaun zu überwinden bzw. zu zerstören, die Verwendung von Drachen und anderen Flugkörpern mit Brandsätzen sowie der vereinzelte Einsatz von Scharfschützen. Die israelische Armee ging von Anfang an mit großer Gewalt gegen die Protestaktionen vor. Von Beginn der Proteste im März 2018 bis Anfang April 2020 kamen bei gewaltsamen Zusammenstößen zwischen Demonstranten und der israelischen Armee laut UN 214 Palästinenser und ein Israeli ums Leben. Erst 2020 begannen die Proteste langsam abzuebben.[60]

In den letzten Jahren haben die Regierungen in Gaza und Ramallah den Volkswiderstand zwar theoretisch unterstützt, jedoch keine Strategie entwickelt, um ihn zu fördern und gezielt einzusetzen. Letztlich haben beide Führungen unabhängige Graswurzelproteste mit Argwohn beäugt, war ihnen doch bewusst, dass derartige Bewegungen nicht leicht unter Kontrolle zu halten sind und sich, aufgrund der großen Unzufriedenheit der Bevölkerung mit den Eliten, auch leicht gegen sie richten konnten. Während die Hamas-Regierung im Gazastreifen darauf setzte, den Rückkehrmarsch zu kontrollieren, versuchte die PA in Ramallah immer wieder, Proteste und Demonstrationen zu unterdrücken.[61] Auch die Mehrheit der palästinensischen Bevölkerung zweifelt an der Eignung des Volkswiderstands, ein Ende der Besatzung herbeizuführen. In einer Umfrage vom Dezember 2020 gaben 39 Prozent der Befragten den bewaffneten Kampf, 35 Prozent Verhandlungen und nur 18 Prozent populären Widerstand als wirksamstes Mittel hierfür an.[62]

Porträt 9: Issa Amro

Issa Amro ist heute einer der bekanntesten palästinensischen Menschenrechtsverteidiger. Er steht für eine Generation jüngerer palästinensischer Aktivistinnen und Aktivisten, die sich dem gewaltfreien Kampf gegen die israelische Besatzungspolitik verschrieben haben. Dabei setzt er sich vor allem für die Rechte der Palästinenser in seiner Geburtsstadt Hebron ein.[63] Hebron ist die größte Stadt im Westjordanland und (abgesehen von Ost-Jerusalem) die einzige, in der jüdische Siedler inmitten der palästinensischen Bevölkerung leben. Seit dem Hebron-Protokoll von 1997 ist das Stadtzentrum geteilt: Der Teil der Altstadt, in dem die Siedler leben, steht unter direkter Kontrolle des Militärs und der palästinensischen Bevölkerung ist der Zugang teils verwehrt, teils nur mit Genehmigung möglich; Siedler- und Militärgewalt gehören zum Alltag.[64]

1980 als Sohn eines Lehrers geboren, wuchs Amro in bescheidenen Verhältnissen auf und studierte später an der Polytechnischen Universität Palästina in Hebron Elektrotechnik.[65] Als die israelischen Besatzungsbehörden während der Zweiten Intifada die Universität schlossen, übernahm Amro – inspiriert von Mahatma Gandhi, Nelson Mandela und Martin Luther King – eine führende Rolle bei den gewaltfreien Aktionen der Studierenden, die schließlich zur Wiedereröffnung der Universität führten. In der Folge gründete Amro eine Reihe von Graswurzelorganisationen, um Menschenrechtsverstöße in Hebron und den südlichen Hebronbergen zu dokumentieren, die palästinensische Bevölkerung bei der Bewältigung alltäglicher Probleme zu unterstützen und die nächste Generation zur Gewaltfreiheit zu erziehen. Dazu gehörte die Organisation «Youth Against Settlements», die nicht zuletzt eine wichtige Ansprechpartnerin für die internationale Presse geworden ist. 2010 wurde er von den UN mit dem Preis «Human Rights Defender of the Year in Palestine» ausgezeichnet.[66] Nachdem Netanjahu

Issa Amro bei einer Demonstration gegen die israelischen Abriegelungen in der Innenstadt von Hebron im Februar 2016. Sein friedlicher Protest, seine Popularität in der lokalen Bevölkerung und sein gutes internationales Renommee sind sowohl Israel als auch der Palästinensischen Autonomiebehörde ein Dorn im Auge.

Anfang 2019 das Mandat der internationalen Beobachtergruppe in Hebron nicht verlängerte, rief Amro die «Hebron Defenders» ins Leben, die versuchen, vor Ort deeskalierend zu wirken.

Amro ist in den letzten Jahren immer wieder von Siedlern verletzt und von den israelischen Besatzungsbehörden verhaftet und eingeschüchtert worden. Im Januar 2021 wurde er von einem israelischen Militärgericht in sechs Anklagepunkten verurteilt, darunter Protestieren ohne Genehmigung, Behinderung der Aktivitäten von Soldaten und Körperverletzung.[67] Von palästinensischen Sicherheitskräften wurde er zum ersten Mal im September 2017 verhaftet; bislang ist das Gerichtsverfahren aufgeschoben worden.[68] Wie viele seiner Generation tritt Amro nicht explizit für eine Zweistaatenregelung ein; vorrangiges Ziel ist für ihn eine Regelung auf der Basis von Gleichheit, Gerechtigkeit und Freiheit mit vollen Rechten der Palästinenserinnen und Palästinenser.[69]

BDS – «Boycott, Divestment, and Sanctions»

Nachdem sich die bisher gewählten Ansätze als wenig erfolgreich erwiesen hatten, um eine palästinensische Selbstbestimmung, ein Ende der israelischen Besatzung und eine Regelung der Flüchtlingsfrage zu erzielen, riefen palästinensische Aktivistinnen und Aktivisten (sowie ihre internationalen und israelischen Unterstützerinnen und Unterstützer) 2005 die BDS-Bewegung ins Leben. Das Kürzel steht für «Boycott, Divestment, and Sanctions» und bezeichnet eine gewaltfreie zivilgesellschaftliche Bewegung. Diese setzt – unter anderem inspiriert vom Anti-Apartheidskampf in Südafrika – in erster Linie auf Maßnahmen wie Boykott (Verbraucherboykott, akademischer und kultureller Boykott), den Abzug von Investitionen sowie Sanktionen, um Israel dazu zu bringen, internationales Recht zu achten. Konkret geht es der Bewegung um drei Ziele: ein Ende der nunmehr seit über 50 Jahren andauernden Besatzung von Westjordanland, Gazastreifen und Ost-Jerusalem (sowie der syrischen Golanhöhen) und der Blockade Gazas; die Gleichstellung der palästinensischen Bürger Israels; und die Anerkennung des Rückkehrrechts der Flüchtlinge.[70] Dabei sind diese Ziele keineswegs spezifisch, vielmehr entsprechen sie einem breiten Konsens in der palästinensischen Gesellschaft.[71]

Die BDS-Bewegung ist als internationales Netzwerk dezentral organisiert. Dabei legt ihr nationales Komitee mit Sitz in Ramallah die grundsätzliche Ausrichtung fest und stößt anlassbezogene Kampagnen an. Getragen wird es von der ganz überwiegenden Mehrheit der zivilgesellschaftlichen Organisationen und Parteien in den palästinensischen Gebieten. Die globale Bewegung setzt sich aus einer Vielzahl von lokalen und nationalen Gruppierungen zusammen, die eigene Webauftritte haben und eigenständig Kampagnen und Veranstaltungen durchführen. Eine hierarchische Struktur gibt es nicht, das nationale BDS-Komitee verfügt über keine Sanktions- oder Disziplinargewalt gegenüber den einzelnen Gruppierungen. Entsprechend variieren auch die konkreten Forderungen und Verlautbarungen einzelner Gruppen. International hat die Bewegung mittlerweile einen breiten Unterstützerkreis gefunden – von herausragenden Persönlichkeiten wie Friedensnobelpreisträger Desmond Tutu über britische Gewerkschaften, Stadtverwaltungen in Spanien, die American Studies Association bis hin zu jüdischen Gruppierungen und Einzelpersonen inner- wie außerhalb Israels.

In Deutschland geriet die bis dahin von der breiten Öffentlichkeit kaum zur Kenntnis genommene BDS-Bewegung in den Fokus der Diskussion über den sogenannten neuen Antisemitismus. Im Mai 2019 nahm der Deutsche Bundestag einen Antrag gegen die Bewegung an, in dem ihr antisemitische Argumentationsmuster und Methoden vorgeworfen wurden; es handele sich hier um «antisemitische Äußerungen und Übergriffe, die als vermeintliche Kritik an der Politik des Staates Israel formuliert werden». Der Bundestag unterstellt, dass solche Kritik tatsächlich «Ausdruck des Hasses auf jüdische Menschen und ihre Religion» sei – also israelbezogener Antisemitismus.[72] Kritiker behaupten auch, die Bewegung sei nur eine Frontorganisation für terroristische Gruppierungen wie die Hamas. Und obwohl alle drei Ziele der BDS-Bewegung im Völkerrecht verankert sind (insbesondere Resolution 194 der UN-Generalversammlung, Resolution 242 des UN-Sicherheitsrates, Internationaler Pakt über bürgerliche und politische Rechte, 4. Genfer Konvention), werden auch diese zunehmend als antisemitisch – und damit als illegitim – bewertet. Denn die Bewegung, so die Vorwürfe, ziele letztlich auf die Auslöschung Israels und die Vernichtung der Juden ab. Sie erkenne nicht explizit das Existenzrecht Israels an; es sei unklar, auf welches Territorium die «Kolonisierung und Besatzung arabischen Landes»,[73] die es zu beenden gelte, sich beziehe; die Ziele stellten die jüdische Identität Israels in Abrede; und eine Rückkehr palästinensischer Flüchtlinge würde das demographische Verhältnis in Israel auf eine Art und Weise verändern, die letztlich einen jüdischen, demokratischen Staat unmöglich mache.[74]

Die Bewegung distanziert sich allerdings explizit von Antisemitismus.[75] Wichtiger noch: Sie setzt gerade *nicht* auf die Isolierung von Juden oder Angriffe auf das Judentum, sondern prangert israelische Politik gegenüber den Palästinensern an. Auch der von ihr geforderte Boykott gilt explizit nicht Menschen jüdischen Glaubens, sondern denjenigen Israelis (gleich welchen Glaubens), die sich nicht von Besatzung und Diskriminierung distanzieren.[76] Richtig ist: Was das Format einer Regelung des Konflikts betrifft, hat die Bewegung keine Präferenz, so tritt sie etwa nicht explizit für eine Zweistaatenregelung ein. Mehrfach aber hat sie klargestellt, dass sich das Ziel, die Besatzung und Kolonisierung zu beenden, lediglich auf die 1967 von Israel besetzten Gebiete bezieht.[77] Befürchtungen, es gehe ihr um palästinensische auf Kosten jüdisch-israelischer Rechte, könnte sie freilich aktiver entgegentreten, wenn sie sich explizit auch für das Selbstbestimmungsrecht des jüdischen Volkes einsetzen und den territorialen Bezug im Aufruf von 2005 klarstellen würde. Auch führt die Bewegung nicht aus, wie die Rückkehr palästinensischer Flüchtlinge praktisch umgesetzt werden sollte. Sie beharrt lediglich auf der Anerkennung des völkerrechtlich verbrieften individuellen Rückkehrrechts. Damit hebt sie hervor, dass die Flüchtlingsfrage – wie auch in den Oslo-Abkommen festgehalten – nach wie vor einer Regelung bedarf und die Rechte der Flüchtlinge einbezogen werden müssen. Sie postuliert aber keineswegs, dass die Umsetzung des Rechts durch die tatsächliche Rückkehr aller Flüchtlinge nach Israel erfolgen muss.

Die israelische Regierung stufte BDS 2017 als strategische Bedrohung ein; das zuständige Ministerium unter der Leitung von Gilad Erdan startete eine globale Kampagne gegen die Bewegung, die tatkräftig vom sogenannten NGO Monitor unterstützt wurde und wird.[78] Im Kern zielt sie darauf ab, Kritik an israelischer Regierungspolitik pauschal als antisemitisch zu diskreditieren, Kritiker als Terroristen oder Antisemiten zu dämonisieren und ihre Unterstützer einzuschüchtern. Der emeritierte Professor der Goethe-Universität Frankfurt am Main und Publizist Micha Brumlik konstatierte denn auch für die deutsche Diskussion über BDS, Antisemitismus und Israel einen «neuen McCarthyismus».[79] Auch namhafte jüdische und israelische Wissenschaftlerinnen und Wissenschaftler, darunter renommierte Holocaust-Forscher, lehnten – unabhängig von ihrer jeweiligen Haltung zu BDS – eine Gleichsetzung von BDS und Antisemitismus ab und betonten das Recht jedes und jeder Einzelnen, BDS zu unterstützen.[80]

Zudem wiesen mittlerweile mehrere Gerichtsurteile in verschiedenen Städten Deutschlands den pauschalen Antisemitismusvorwurf gegen BDS-Aktivisten zurück. Entsprechend begründete Raumkündigungen oder der Ausschluss von Veranstaltungen wurden gerichtlich aufgehoben.[81] Die Bundesregierung behielt ihre bisherige Linie bei, die BDS-Bewegung nicht per se als antisemitisch einzustufen, und bekräftigte, dass der

Bundestagsbeschluss keine Gesetzeskraft entfalte.[82] Damit stand sie auch im Einklang mit der Position der damaligen Hohen Vertreterin der EU für Außenbeziehungen, Federica Mogherini, sowie der UN-Berichterstatter für die Menschenrechtspakte, die BDS eindeutig von der Meinungsfreiheit gedeckt sahen.[83]

ACHTES KAPITEL

Gegenwärtige Situation und Möglichkeiten einer Konfliktregelung

In Israel und den palästinensischen Gebieten hat sich längst eine komplexe Einstaatenrealität etabliert. Dies hat dazu geführt, dass das Besatzungsregime von seinen Kritikerinnen und Kritikern zunehmend als Apartheid gesehen wird. Zudem wird über ein halbes Jahrhundert nach der Besetzung der palästinensischen Gebiete über die Völkerrechtswidrigkeit der auf Dauer angelegten Besatzung diskutiert.

Die Apartheid-Analogie bezieht sich in der Regel nicht nur auf die besetzten Gebiete, denn auch innerhalb des Kerngebiets von Israel sind arabische Bürger als Kollektiv verschiedenen Formen von Diskriminierung ausgesetzt. Im Kontext einer breiteren Verfassungsdiskussion legten sie in den 2000er Jahren Dokumente vor, die ihrem Anspruch als autochthone Minderheit auf einen angemessenen Platz innerhalb Israels Ausdruck verlieh. Darin wird Israel als Ethnokratie kritisiert und die Umformung in einen Staat für alle Bürgerinnen und Bürger gefordert. Eine konstruktive Debatte leiteten die Initiativen allerdings nicht ein. Im Gegenteil: Viele jüdische Israelis fühlten sich durch die Forderungen bedroht und lehnten sie rundweg ab. In der Folge wurde ab 2009, von den aufeinanderfolgenden Netanjahu-Regierungen in die Wege geleitet, eine Reihe von Gesetzen verabschiedet, die die dominante Lesart von Israels Geschichte und Identität festigen sollten.

Bei den Oslo-Verhandlungen der frühen 1990er Jahre waren die Hauptstreitpunkte zwischen Israel und der PLO ausgeklammert und auf später vertagt worden. Bisherige Beratungen und inoffizielle Ausarbeitungen zeigen jedoch, dass für alle Konfliktfelder Regelungen gefunden werden können, welche die unterschiedlichen Bedürfnisse der Konfliktparteien weitgehend vereinbaren. Auf dieser Basis ließe sich auch heute noch – theoretisch – eine Zweistaatenregelung umsetzen. Wahrscheinlich ist dies allerdings nicht. Denn heute liegen die Positionen bei sämtlichen Endstatusthemen weit auseinander – deutlich weiter als noch in den Verhandlungen in Annapolis 2008. Insbesondere seit Regierungsantritt von Netanjahu 2009 wird immer offensiver der Standpunkt vertreten, dass ein Ende der Besatzung und die Errichtung eines souveränen palästinensischen Staates für Israel aus Sicherheitsgründen nicht akzeptabel seien.

Vor dem Hintergrund zunehmender Zweifel an der Realisierbarkeit einer Zweistaatenregelung sind in den letzten Jahren alternative Ansätze entwickelt worden. Dazu zählen Einstaatenmodelle mit jüdischer Dominanz, Vorschläge für einen binationalen Staat mit gleichen Rechten für alle sowie Konzepte für eine Konföderation zweier unabhängiger Staaten. In diesem Zusammenhang gewinnt in den palästinensischen Gebieten und in der palästinensischen Diaspora insbesondere die Vision eines binationalen Staates mit gleichen Rechten für alle immer stärker an Zustimmung. Zwar verzeichnet eine Zweistaatenregelung nach wie vor die höchste Akzeptanz, aber der palästinensische Fokus verschiebt sich zunehmend vom Kampf gegen die Besatzung zu einem Kampf für gleiche Rechte.

1. Einstaatenrealität und Apartheidsvorwurf

Israel und die palästinensischen Gebiete sind heute durch eine komplexe Einstaatenrealität geprägt. Sie basiert auf dem 1967 etablierten Besatzungsregime, der Annexion Ost-Jerusalems sowie den Oslo-Abkommen (1993–1995), die ursprünglich für eine fünfjährige Übergangsperiode, das heißt bis Mai 1999, hätten gelten sollen. Ihre konkrete Ausformung wiederum ist eine Konsequenz des fortgesetzten Siedlungsbaus und der Ansiedlung israelischer Bevölkerung in den besetzten Gebieten, der Ausweitung israelischen Rechts auf die Siedlungsbevölkerung und zunehmend auch auf die Siedlungen, des Baus der Sperranlagen im Westjordanland sowie eines ausdifferenzierten Genehmigungssystems.

Die Hauptcharakteristika dieser Ordnung sind:

- die übergeordnete israelische Kontrolle über Territorium, Land- und Seegrenzen (mit Ausnahme der Grenze zwischen Gazastreifen und Ägypten), Küstengewässer, Luftraum, elektromagnetische Sphäre und Ressourcenausbeutung;
- die direkte israelische Kontrolle des Bevölkerungsregisters sowie der Währungs- und Geldpolitik;
- eine in ihrer Zuständigkeit auf innere Ordnung und Selbstverwaltung beschränkte und von israelischen Genehmigungen und Transferleistungen abhängige Palästinensische Autonomiebehörde;[1]
- die Zersplitterung des palästinensischen Territoriums in voneinander isolierte Enklaven, inklusive der Abriegelung des Gazastreifens und der Abtrennung Ost-Jerusalems vom Westjordanland, sowie die Einschränkungen der Bewegungsfreiheit zwischen den einzelnen Gebieten;[2]

– und ein System, in dem Bewohnern abhängig von ihrer Staatsbürgerschaft, ihrer religiös-ethnischen Zugehörigkeit (jüdisch vs. arabisch) und ihrem Wohnort (Israel, Jerusalem, A-, B-, C-Gebiete des Westjordanlandes oder Gazastreifen) unterschiedliche Rechte zukommen oder verwehrt werden.[3]

Systematische Unterdrückung und Dominanz

Diese Situation hat Palästinenserinnen und Palästinenser und zunehmend auch israelische und internationale Vertreterinnen und Vertreter aus Wissenschaft, Politik und Zivilgesellschaft dazu veranlasst, das Besatzungsregime mit der Apartheid zu vergleichen.[4] Dazu haben auch die Festschreibung der Diskriminierung im israelischen Nationalstaatsgesetz 2018 sowie die Annexionspläne 2020 beigetragen.[5] Vom israelischen Mainstream wird der Vergleich abgelehnt, weil er die Identität Israels als jüdischer Staat bzw. Staat der Juden in Frage stellt. Er ist aber auch aufgrund der rassistischen Konnotation in Südafrika normativ stark aufgeladen. Der historische Bezug zum Apartheidsregime in Südafrika erinnert zudem an dessen Überwindung durch Boykott und internationale Isolation – Analogien, an denen die Mehrheitsbevölkerung in Israel nachvollziehbarerweise kein Interesse hat.

Unabhängig davon existieren allerdings durchaus Schnittmengen zwischen der völkerrechtlichen Definition von Apartheid und der Situation in Israel und den besetzten Gebieten.[6] Insbesondere die eingeschränkten Rechte der palästinensischen Bevölkerung und die systematische Bevorzugung der jüdischen Bevölkerung verweisen auf ein «institutionalisiertes Regime systematischer Unterdrückung und Dominanz durch eine rassische Gruppe über eine andere» – so die Definition im

Römischen Statut des Internationalen Strafgerichtshofs in Artikel 7, Absatz 2 (h), das unmenschliche Behandlung in diesem Sinne als Verbrechen der Apartheid klassifiziert und zu den Verbrechen gegen die Menschlichkeit zählt. Dabei beruht das System der Differenzierung in Israel und den besetzten Gebieten freilich nicht auf «Rasse», sondern in erster Linie auf ethnisch-religiös definierter Volkszugehörigkeit.

Auf Dauer angelegte Besatzung

Mehr als ein halbes Jahrhundert nach der Besetzung der palästinensischen Gebiete wird überdies zunehmend in Frage gestellt, dass es sich bei der Besatzung um eine temporäre und militärisch notwendige Besatzung im Sinne der Genfer Konventionen handelt, die unter bestimmten Umständen völkerrechtskonform wäre. Dagegen sprechen die De-jure-Annexion Ost-Jerusalems und die systematische Aneignung von Teilen des Westjordanlands durch Siedlungspolitik, Raumplanung und Ressourcennutzung. Es ist vielmehr offensichtlich, dass die israelischen Regierungen unter anderem durch die Ansiedlung jüdischer Bürger in den besetzten Gebieten darauf abzielen, deren Status nachhaltig zu Ungunsten der lokalen Bevölkerung zu verändern. Der Wissenschaftliche Dienst des Bundestags bewertete im Juni 2017 die bisherigen israelischen Maßnahmen in den besetzten Gebieten als «Verdrängungshandlungen», hätten diese doch den Zweck, für die palästinensischen Bewohner ein «unwirtliches, abweisendes, entwicklungsfeindliches Umfeld» zu schaffen.[7] Die EU befürchtete, dass das Vorgehen der israelischen Behörden in den Gebieten um Jerusalem (etwa dem Entwicklungsgebiet E1), in den südlichen Hebron-Bergen und im Jordantal die lokale Bevölkerung dazu zwingen könnte, ihr Land zu verlassen.[8] Im November 2020 vorgelegte langfristige Infrastrukturplanungen lassen keinen Zweifel an Israels Absicht, dauerhaft an der Kontrolle über Jerusalem und das Westjordanland festzuhalten.[9] Vor diesem Hintergrund wird zunehmend diskutiert, dass nicht nur die Siedlungspolitik, die Ressourcenausbeutung und andere israelische Maßnahmen in den besetzten Gebieten als völkerrechtswidrig zu betrachten sind, sondern auch die auf Dauer angelegte Besatzung selbst.[10]

Diskriminierung der arabischen Minderheit in Israel

Dabei umfasst die oben skizzierte Einstaatenrealität auch die Situation in Israel selbst. In Israel lebten 2019 rund 1,9 Millionen Araberinnen und Araber, das sind knapp über 20 Prozent der Bevölkerung. Davon waren rund 83 Prozent (ganz überwiegend sunnitische) Muslime, rund 9 Prozent Christen und 8 Prozent Drusen.[11] Aus dem Widerspruch zwischen der israelischen Unabhängigkeitserklärung, die allen Bürgern des Landes, unabhängig von Religion, ethnischer Zugehörigkeit oder Geschlecht, gleiche Rechte verspricht, und Israels Selbstverständnis als «jüdischer und demokratischer Staat» ergibt sich seit jeher ein inneres Spannungsverhältnis. Die ethnisch-religiöse Dimension der Staatsdefinition manifestiert sich vor allem in einer Schlechterstellung des nicht-jüdischen gegenüber dem jüdischen Bevölkerungsteil: Arabische Bürger Israels sind als Kollektiv verschiedenen Formen von Diskriminierung ausgesetzt.[12]

Zwar gilt seit 1966 für den arabischen Bevölkerungsteil nicht mehr das Kriegsrecht, doch eine Fülle von diskriminierenden Gesetzen und Praktiken macht die Araber Israels effektiv zu Bürgern zweiter Klasse. Dazu gehört, dass sie kein «Recht auf Rückkehr» haben. Das entsprechende israelische Gesetz von 1950 räumt lediglich Juden weltweit das Recht ein, nach Israel zu migrieren und die Staatsbürgerschaft zu erlangen. Vor dem Hintergrund der demographischen Entwicklung sind seit 2003 auch die Einwanderung und Einbürgerung von Arabern aus den palästinensischen Gebieten und sogenannten Feindstaaten, etwa durch Heirat im Sinne einer Familienzusammenführung, grundsätzlich ausgeschlossen.[13] Begründet wurde diese Diskriminierung von der Regierung und dem Obersten Gerichtshof (der das Gesetz 2006 und 2012 bestätigte) mit dem Verweis auf Sicherheitsbelange – ein problematisches Argument, stellt es doch Araber unter Generalverdacht.[14]

Sie werden zudem beim Landbesitz benachteiligt, der zum großen Teil von jüdischen Organisationen geregelt wird. Der Jüdische Nationalfonds (JNF) etwa, der rund 13 Prozent des Landes in Israel besitzt, verpachtet Land ausschließlich an Juden. Er hat auch maßgeblichen Einfluss auf die Beschlüsse der Israelischen Landverwaltung, die über die Vergabe staatlichen Landes entscheidet. Rund 93 Prozent des gesamten Landes befinden sich in staatlichem Besitz, darunter ein erheblicher Teil, der von seinen ursprünglichen palästinensischen Besitzern enteignet wurde. Seit 1976 gilt der 30. März als «Tag des Landes», an dem die Palästinenserinnen und Palästinenser in Israel jedes Jahr gegen die Enteignung ihres Landes protestieren. Damals riefen sie einen Generalstreik aus und zu Massenprotesten auf, um bevorstehende Enteignungen zu verhindern; unterstützt wurden sie dabei durch ihre Landsleute in den palästinensischen Gebieten und den Flüchtlingslagern des Libanon. In vielen Städten und Gemeinden sorgen darüber hinaus spezielle Komitees dafür, dass nur solche Mieter oder Pächter zugelassen werden, die als «sozial passend» erachtet werden.[15]

Zudem bleiben die Haushaltsausgaben für arabische Kommunen weit hinter denen für jüdische zurück. Nach Kommunen aufgeschlüsselte Budgetzahlen belegen, dass die Regierung die Entwicklung jüdischer Gemeinden – etwa durch die Klassifizierung als «National Priority Area» – privilegiert. Arabische Gemeinden werden hingegen systematisch benachteiligt, wenn es um Budgetzuteilungen und Planungen für neue Wohnprojekte geht.[16] Besonders problematisch ist der Umgang mit den Beduinen, die zum großen Teil in staatlicherseits nicht anerkannten Dörfern leben, kaum öffentliche Dienstleistungen erhalten und regelmäßig von Hauszerstörungen und Vertreibung bedroht bzw. betroffen sind.[17] Nicht zuletzt haben Araber berufliche Nachteile, weil sie, mit Ausnahme der meisten Drusen, Beduinen und weniger Christen, nicht in der Armee dienen dürfen, die wichtige Kontakte und Verbindungen für die Karriere bietet. So sind beispielsweise auch Studienstipendien teils vom Militärdienst abhängig.

Gewandeltes Selbstverständnis

Die Selbstwahrnehmung des palästinensischen Bevölkerungssegments hat sich seit Oslo deutlich verändert. Dabei hatten zunächst die Oslo-Abkommen eine bedeutende Rolle gespielt: Erstens hatte Premier Rabin die Abkommen nur mit Unterstützung der sogenannten arabischen Parteien durch die Knesset gebracht – zum ersten Mal hatte sich damit eine israelische Regierung auf die arabischen Parteien gestützt und diese damit nicht länger als Parias behandelt. Zweitens hatte die PLO in Oslo de facto Israel in den Grenzen von 1967 anerkannt; die in Israel lebenden Palästinenser spielten damit im palästinensischen Staatsbildungsprojekt keine Rolle. Beides führte zunächst zu einer «Israelisierung» der arabischen Bevölkerung Israels.[18] Mit Azmi Bischara (siehe S. 251 f.) kandidierte 1999 zum ersten Mal ein israelischer Araber für das Amt des Premierministers (auch wenn er die Kandidatur später zurückzog). Überdies wurde 1999 zum ersten Mal ein arabischer Richter am Obersten Gerichtshof benannt.

Mit der Zweiten Intifada verschlechterte sich auch das Ansehen der arabischen Bevölkerung in Israel wieder – und bewirkte eine erneute «Palästinisierung»: Während sich 1995 noch knapp 50 Prozent der befragten Araberinnen und Araber in Umfragen als israelisch oder arabisch-israelisch bezeichnet hatten, wählten 2001 zwei Drittel der Befragten palästinensisch, arabisch-palästinensisch, Palästinenser in Israel oder palästinensisch-israelisch als die zutreffende Selbstbezeichnung.[19] 2017 definierten sich rund 38 Prozent als palästinensisch-israelisch und rund 22 Prozent als palästinensisch-arabisch.[20] Das mag auch daran gelegen haben, dass sich selbst in den Jahren größerer politischer Inklusion die soziale Lage des arabischen Bevölkerungssegments kaum verbessert hatte. Der Bericht der Or-Kommission über die Gewalt in Israel zu Beginn der Zweiten Intifada verwies auf das erhebliche soziale Gefälle zwischen jüdischen und arabischen Bürgern etwa in den Bereichen Bildung, Wohnverhältnisse, Entwicklung und Erwerbstätigkeit. Dabei habe die Vernachlässigung des arabischen Sektors durch die Regierung einen entscheidenden Beitrag zu den Vorkommnissen im Oktober 2000 geleistet. Ein Bericht des Nationalen Komitees arabischer Lokalverwaltungen in Israel aus dem Jahr 2006 unterstrich, dass arabisch-palästinensische Israelis «unter extremer strukturell diskriminierender Politik, nationaler Unterdrückung, [...] Enteignungen, ungleicher Budget- und Ressourcenzuteilung sowie Rechtsverletzungen und Abschiebungsdrohungen zu leiden haben».[21] Zwar sind Araberinnen und Araber in Israel heute wirtschaftlich immer besser integriert, ihr Bildungs- und Ausbildungsstand sowie die Beschäftigungsquote hinken dennoch nach wie vor deutlich hinter ihren jüdischen Landsleuten her.[22]

Die palästinensischen Visionspapiere

Im Rahmen einer breiteren Verfassungsdiskussion in Israel zu Beginn des 21. Jahrhunderts legten arabische Organisationen vier einander ergänzende Dokumente vor, die aus einer breiten Debatte unter arabischen Expertinnen und Experten, NGOs und den offiziellen Vertretungen der arabischen Bevölkerung hervorgegangen waren. Die Dokumente spiegelten das gewandelte Selbstverständnis der palästinensischen Araberinnen und Araber als autochthone Minderheit, die ihren Platz innerhalb Israels beansprucht, wider und formulierten zum ersten Mal eine positive Zukunftsvision. Eines dieser Dokumente veröffentlichte Adalah, das Zentrum für die Rechte der arabischen Minderheit, im März 2007. Es enthielt einen Vorschlag für eine israelische Verfassung, der auf dem Ansatz eines demokratischen, zweisprachigen, multikulturellen Staates basierte.[23] Im Mai 2007 dann gab Mossawa, das Advocacy Zentrum für palästinensisch-arabische Bürger in Israel, Vorschläge für Verfassungsprinzipien heraus, die es der arabischen Minderheit erlauben sollten, als gleichberechtigte Bürger am öffentlichen Leben teilzunehmen und gleichzeitig ihre kulturelle, religiöse und nationale Identität zu bewahren.[24] Im gleichen Monat publizierte Mada al-Carmel, das Arabische Zentrum für angewandte Sozialforschung, die sogenannte Haifa-Erklärung.[25] Bereits im Dezember 2006 hatten das High Follow-Up Committee for Arabs in Israel und das Nationale Komitee arabischer Lokalverwaltungen eine Zukunftsvision der palästinensischen Araber in Israel vorgestellt.[26]

Die Dokumente kritisierten Israel als koloniales Siedlerprojekt und als Ethnokratie und machten es allein verantwortlich für die Nakba.[27] Im Gegensatz zu den meisten Verfassungsentwürfen, die in der israelisch-jüdischen Bevölkerung diskutiert wurden, wird Israel hier nicht als jüdischer Staat, sondern als Staat aller seiner Bürger aufgefasst. Neben den individuellen Freiheiten werden in den Entwürfen auch Kollektivrechte gewährleistet und soziale sowie wirtschaftliche Rechte verankert. Arabische Bürger werden politisch gleichgestellt und sollen für bisherige Diskriminierung entschädigt werden. Ungleichheiten in zahlreichen Bereichen, etwa im Bildungswesen, beim Wohnungsbau, im Dienstleistungssektor, sollen abgebaut werden. Eine Änderung bzw. Erweiterung der bislang jüdisch geprägten Staatssymbole wird für erforderlich gehalten, um eine Identifikation der palästinensisch-arabischen Staatsbürger mit dem Staat Israel zu ermöglichen. In den Dokumenten wird die israelische Politik auch dazu aufgefordert, Verantwortung für die Nakba zu übernehmen, die Palästinenser als autochthone nationale Minderheit anzuerkennen, das palästinensische Rückkehrrecht umzusetzen und auf eine gerechte Zweistaatenlösung hinzuarbeiten. In allen Umfragen hat sich die arabische Minderheit bislang stets mehrheitlich gegen die Option ausgesprochen, in einen potenziellen palästinensischen Staat umzusiedeln. Sie beharrt vielmehr darauf, in ihrer angestammten Heimat zu bleiben und dort volle Rechte zu genießen.[28]

Der Backlash: Zunehmende Exklusion

Eine konstruktive Debatte zwischen Bevölkerungsmehrheit und -minderheit über die Dokumente folgte allerdings nicht. Im Gegenteil: Viele jüdische Bürgerinnen und Bürger lehnten die vorgelegten Analysen ab, die im krassen Gegensatz zur zionistischen Geschichtsauffassung stehen, sahen die Forderungen als Kriegserklärung und verstanden ihre Urheber als Feinde des Staates.[29] Die selbstkritischen Aspekte der Analyse, etwa in Bezug auf den patriarchalen Charakter der palästinensischen Gesellschaft in Israel, nahmen sie kaum wahr.

Ab 2009 brachten die Netanjahu-Regierungen eine Reihe von Gesetzesinitiativen ein, die darauf abzielten, jene Stimmen im öffentlichen Leben Israels zum Schweigen zu bringen, die das offiziöse Selbstverständnis des jüdischen Staates bzw. die dominante Lesart der Geschichte in Frage stellen. Zu den Gesetzen, die von der Knesset verabschiedet wurden, zählte etwa das sogenannte Nakba-Gesetz vom März 2011, das vorsieht, Organisationen die öffentliche Förderung zu entziehen, die Israels Unabhängigkeitskampf gemäß dem palästinensischen Narrativ für die Vertreibung und Flucht von Palästinensern verantwortlich machen und sich an entsprechenden Gedenkfeiern beteiligen. Dazu gehörte auch das sogenannte Ausschluss-Gesetz vom Juli 2016, das es ermöglicht, Abgeordnete wegen Aufhetzung, rassistischer Äußerungen oder Unterstützung des bewaffneten Kampfes gegen den Staat mit Hilfe einer qualifizierten Mehrheit vom Parlament auszuschließen. Darüber hinaus ist noch das sogenannte Anti-BDS-Gesetz vom März

2017 zu erwähnen, dem zufolge Personen, die für einen Boykott Israels oder der Siedlungen eintreten, die Einreise nach Israel verwehrt werden kann.[30]

Im März 2014 wurde zudem das Wahlsystem geändert und die Sperrklausel von 2 auf 3,25 Prozent erhöht, mit der kaum verhohlenen Zielsetzung, jene kleinen Parteien aus dem Parlament auszuschließen, die ganz überwiegend arabische Bürgerinnen und Bürger repräsentieren.[31] Erfolgreich war das Ansinnen jedoch nicht, weil sich die Parteien Hadasch, Ra'am, Balad und Ta'al in der Vereinten Liste zusammenschlossen und so die Hürde überwinden konnten. Mehr noch: Bei den Wahlen vom März 2015, September 2019 und März 2020 gelang es der Vereinten Liste, die arabische Bevölkerung zu einer deutlich höheren Wahlbeteiligung zu bewegen sowie das Gros ihrer Stimmen zu erhalten; sie wurde damit zur drittstärksten Fraktion in der Knesset.

Nachdem die Netanjahu-Regierung fortgesetzt darauf hingearbeitet hatte, den jüdischen Charakter Israels weiter zu stärken, verabschiedete die Knesset im Sommer 2018 in diesem Sinne ein Grundgesetz, durch das Israel als «Nationalstaat des jüdischen Volkes» definiert wird. Es legt fest, dass das «Recht auf nationale Selbstbestimmung» ausschließlich für Juden gilt und die jüdische Besiedlung besonders gefördert werden soll. Außerdem stuft es Arabisch von einer offiziellen zu einer Sprache mit «besonderem Status» herab.[32]

Überdies vergifteten der Diskurs der rechtsnationalen Netanjahu-Regierungen sowie Gewalt im Rahmen der Messer-Intifada 2015/2016 zunehmend das Verhältnis zwischen den beiden Volksgruppen innerhalb Israels. Einer Umfrage des Israeli Democracy Instituts von 2016 zufolge waren 46 Prozent der befragten jüdischen Israelis der Überzeugung, dass die meisten arabischen Staatsbürger die Zerstörung Israels anstreben. Vor diesem Hintergrund sahen es Teile der jüdischen Mehrheitsgesellschaft vermehrt als legitim an, die bürgerlichen und politischen Rechte des arabischen Bevölkerungsteils einzuschränken. Zwar beteuerten in der gleichen Umfrage 70 Prozent der befragten jüdischen Israelis, dass arabische Bürger grundsätzlich die gleichen Rechte haben sollten, rund 59 Prozent lehnten aber eine Regierungsbeteiligung arabischer Parteien ab. Über 52 Prozent befanden, dass diejenigen, die nicht bereit seien, Israel als den Nationalstaat der Juden anzuerkennen, ihr Wahlrecht verlieren sollten.[33] Laut einer im April 2017 von der Friedrich-Ebert-Stiftung in Israel veröffentlichten Umfrage unter israelischen Jugendlichen waren 39 Prozent der jüdischen Befragten der Meinung, arabische Bürger sollten kein passives Wahlrecht bei den Parlamentswahlen haben; nur 35 Prozent sprachen sich für volle politische Gleichheit aus.[34]

Porträt 10: Azmi Bischara

Der promovierte Philosoph Azmi Bischara gilt als einer der wichtigsten arabischen politischen Denker.[35] Als Abgeordneter in der Knesset (1996–2006) war er ein entschiedener Gegner von Israels Besatzungspolitik und Militäroffensiven und setzte sich für Israel als «Staat aller seiner Bürger» ein, in dem alle gleiche Rechte genießen könnten. Bischara wurde 1956 in einem Dorf bei Nazareth im nördlichen Israel als Sohn einer christlich-palästinensischen Familie geboren. Nach Studien an der Universität Haifa und der Hebräischen Universität in Jerusalem promovierte er 1986 an der Humboldt-Universität in Ost-Berlin. Anschließend unterrichtete er als Professor für Philosophie und kulturelle Studien an der Birzeit-Universität im Westjordanland und forschte am Van Leer Institute in Jerusalem.

1995 gründete er die Partei «Balad»,[36] die den Anspruch hat, Israel in einen säkularen Staat zu verwandeln, der alle Bürgerinnen und Bürger unabhängig von ihrer ethnischen und religiösen Identität gleichbehandelt und der arabischen Minderheit kulturelle Autonomie gewährt. Von 1996 bis 2006 wurde er viermal als Vertreter der Partei in die Knesset gewählt. 1999 kandidierte Bischara (als bislang einziger Palästinenser) sogar für das Amt des israelischen Premierministers, zog seine Kandidatur jedoch kurz vor der Wahl zurück, um Ehud Barak zum Wahlsieg gegen Netanjahu zu verhelfen.

Während des Libanonkriegs 2006 erklärte er sich mit dem Kampf der Hisbollah gegen Israel solidarisch und reiste wiederholt in den Libanon und nach Syrien. Deshalb wurde er wegen Geheimnisverrats an die Hisbollah und Landesverrats angeklagt und verlor die parlamentarische Immunität.[37] Bischara bestritt die Vorwürfe und sah die Strafermittlung als Mittel, um ihn mundtot zu machen. Da er kein faires Verfahren in Israel erwartete, ging er ins Exil[38] und lebt seit 2007 in Doha in Katar.

Bischara rief mehrere Forschungs- und Kulturzentren sowie Medien-

Azmi Bischara spricht im Januar 2000 in der Knesset. Der palästinensisch-israelische Abgeordnete und herausragende politische Denker tritt als entschiedener Gegner der israelischen Besatzungspolitik und israelischer Militäreinsätze auf. 2007 wurde er wegen Geheimnisverrat und Landesverrat angeklagt, verlor die parlamentarische Immunität und lebt seither im Ausland.

firmen ins Leben. Dazu gehören das 2010 in Doha gegründete Arab Center for Research and Policy Studies und The New Arab, eine arabisch- und englischsprachige Nachrichten-Website und ein TV-Sender. Regelmäßig veröffentlicht Bischara Kommentare zu aktuellen politischen Fragen der arabischen Welt. In seinen akademischen Publikationen beschäftigt er sich insbesondere mit Fragen des arabischen Nationalismus, des Säkularismus und der Religion, Zivilgesellschaft und Demokratisierung sowie Israels Staat und Gesellschaft.[39]

2. Alternativen zur Zweistaatenregelung

Bei den Oslo-Verhandlungen der frühen 1990er Jahre wurden die Hauptstreitpunkte zwischen Israel und der PLO ausgelagert und auf spätere Verhandlungen vertagt. Diese hätten ursprünglich bis zum Ende der Übergangsperiode im Mai 1999 abgeschlossen sein und ein endgültiges Friedensabkommen hervorbringen sollen. Doch die Suche nach Regelungen für die Kernfragen des israelisch-palästinensischen Konflikts – allen voran die Frage der palästinensischen Souveränität, die Kontrolle über Jerusalem und die heiligen Stätten, die Zukunft der israelischen Siedlungen in den besetzten Gebieten und das Flüchtlingsproblem – gestaltet sich äußerst schwierig. Dies liegt am Misstrauen zwischen den beteiligten Parteien sowie den Zweifeln daran, ob die andere Seite den Konflikt auch wirklich beenden oder sich nur eine bessere Ausgangsposition für die nächste Phase der Auseinandersetzung verschaffen will. Erschwerend kommt hinzu, dass die Streitfragen an das kollektive Selbstverständnis der beiden Völker, ihre Geschichtsinterpretation und die Legitimität ihrer (künftigen) staatlichen Verfasstheit rühren. Darüber hinaus sind Lösungen vielfach nur in einem multilateralen Rahmen zu finden, der die Interessen aller Nachbarstaaten berücksichtigt. Diese müssten insbesondere bei Verhandlungen über Flüchtlinge, Wasser und Sicherheitsvorkehrungen einbezogen werden.

Bisherige Verhandlungen, inoffizielle Initiativen und Vorschläge von Expertinnen und Experten zeigen, dass für alle Konfliktfelder Regelungen gefunden werden können, die die unterschiedlichen Bedürfnisse der Konfliktparteien weitgehend in Einklang bringen. Damit liegen bereits Lösungsansätze vor. Von besonderer Bedeutung sind dabei die von Bill Clinton im Dezember 2000 auf Basis der Positionen der Beteiligten vorgelegten Prinzipien («Clinton-Parameter»), die Zusammenfassung der Ergebnisse der Verhandlungen im ägyptischen Taba vom Januar 2001 durch den damaligen EU-Sonderbeauftragten Miguel Ángel Moratinos («Taba-Acquis»), die Ausarbeitungen der Genfer Initiative vom Dezember 2003 sowie die in Annapolis 2008 erzielten Annäherungen. Auf dieser Basis ließe sich auch heute noch eine Zweistaatenregelung umsetzen.

Wahrscheinlich ist dies allerdings nicht, liegen die Positionen bei sämtlichen Endstatusthemen doch aktuell weit auseinander. Insgesamt ist seit dem Scheitern der Verhandlungen in Camp David im Jahr 2000 und der darauffolgenden Zweiten Intifada eine deutliche Ernüchterung eingetreten. Diese ist im Zuge des Arabischen Frühlings noch verstärkt worden. Seither haben die israelischen Regierungen unter Netanjahu immer offensiver vertreten, dass unter den gegebenen Umständen ein Ende der Besatzung und die Errichtung eines souveränen palästinensischen Staates für Israel aus Sicherheitsgründen nicht akzeptabel seien.[40] Zwar könnten Siedlungen immer noch rückgebaut werden, wie die Evakuierung der Siedlerbevölkerung aus dem Sinai zu Beginn der 1980er Jahre und aus dem Gazastreifen 2005 gezeigt hat. Doch ist ein solches Szenario eher unwahrscheinlich. Denn dem Westjordanland kommt nicht nur eine herausgehobene religiös-ideologische Bedeutung zu, mit dem Andauern der Besatzung sowie mit jeder zusätzlichen Wohneinheit und Infrastrukturinvestition steigen auch die psychologischen, materiellen und politischen Kosten eines Rückbaus. Ohne bittere innerisraelische Auseinandersetzungen, so die Argumentation selbst von vielen Israelis, die eine Zweistaatenregelung befürworten, sei eine Evakuierung von Siedlungen im Westjordanland schon heute nicht mehr möglich.[41]

Zudem hat Netanjahu, unterstützt zuletzt von US-Präsident Trump, auf einer israelischen Souveränität über ganz Jerusalem beharrt. Die Siedlungspolitik hat dort mittlerweile dazu geführt, dass die Clinton-Formel kaum mehr angewendet werden kann, um über die Souveränität in den einzelnen Vierteln Ost-Jerusalems zu entscheiden.[42] Zudem lehnt die Netanjahu-Regierung eine Rückkehr von palästinensischen Flüchtlingen nach Israel strikt ab; auch darin sah sie sich durch Trump bekräftigt. Dabei wäre die Rückkehr zumindest eines Teils der Flüchtlinge nach Israel durchaus möglich. Sie wird von vielen Israelis vor allem deshalb abgelehnt, weil sie die Flüchtlinge als fünfte Kolonne sehen und eine Rückkehr für sie im Widerspruch zur Identität Israels als «Staat der Juden» stünde. Eine Rückkehr einer hohen Zahl von Palästinensern nach Israel würde auch – so formulierte es etwa Clinton – dem Ansatz «zwei Staaten für zwei Völker» widersprechen. Dieser Ansatz ist allerdings insbesondere dann problematisch, wenn er die Ungleichbehandlung der nicht-jüdischen Staatsbürger Israels fortschreibt.

In diesem Zusammenhang hat Israel in den letzten Jahren von der PLO gefordert, Israel explizit als «jüdischen Staat» anzuerkennen. Im Zuge des Oslo-I-Abkommens von 1993 hatte die PLO bereits den Staat Israel und Israel die PLO als die rechtmäßige Vertretung der Palästinenser anerkannt. Die Auseinandersetzung über die Anerkennung als jüdischen Staat hat Netanjahu auch genutzt, um Zweifel daran zu säen, dass die palästinensischen Unterhändler im guten Glauben über eine Zweistaatenregelung verhandeln würden. Die PA lehnt diese Art der Anerkennung jedoch aus mehreren Gründen ab: Erstens sei es nicht völkerrechtlicher Usus, die Identität von Staaten anzuerkennen, sondern nur einen Staat an sich. Zweitens könne eine solche Anerkennung so verstanden werden, dass die PA eine Ungleichbehandlung der palästinensischen Staatsbürger Israels gutheiße. Und drittens könne sie als Zeichen gesehen werden, dass die PA das Rückkehrrecht aufgegeben habe. Eine Anerkennung Israels als Nationalstaat der Juden könne daher, so signalisieren palästinensische Verhandlungsführer, nicht vor, sondern nur nach dem Abschluss von Verhandlungen erfolgen, in denen diese Fragen geklärt würden.[43] Davon abgesehen ist die Frage, was genau die jüdische Identität des Staates bedeuten und wie etwa das Verhältnis zwischen dem jüdischen und dem demokratischen Charakter des Gemeinwesens ausgestaltet sein soll, auch in Israel umstritten, wie die hitzige Debatte über das israelische Nationalstaatsgesetz offenbarte.[44]

Was die Möglichkeit einer Konfliktregelung angeht, so spiegelt sich auch in der öffentlichen Meinung deutlich eine Ernüchterung wider: Während über lange Zeit Mehrheiten in Israel und den palästinensischen Gebieten eine Zweistaatenregelung befürworteten, ist dies laut neueren Meinungsumfragen nicht mehr der Fall, auch wenn Zweistaatenansätze immer noch am meisten Unterstützung unter allen Optionen haben.[45] Die durch den US-amerikanischen «Jahrhundertdeal» angestoßene Diskussion über formale Annexionen im Westjordanland hat in Wissenschaft, Politik und Zivilgesellschaft den Trend weiter verstärkt, eine Zweistaatenregelung nicht mehr als realistisch anzusehen. Damit haben auch andere Optionen – etwa ein binationaler, demokratischer Staat oder eine Konföderation zweier unabhängiger Staaten –, die lange Zeit nur von Minderheiten vertreten wurden, in den letzten Jahren in der israelischen und US-amerikanischen Debatte Aufwind erhalten.[46]

Einstaatenmodelle

Die Vorschläge der israelischen Rechten für eine Konfliktregelung – etwa des ehemaligen Außen- und Verteidigungsministers Mosche Arens und des Staatspräsidenten Reuven Rivlin (beide Likud) sowie des Vorsitzenden der rechtsextremen Siedlerpartei Jüdisches Heim bzw. der Neugründung Neue Rechte Naftali Bennett – sehen eine Ausdehnung israelischer Souveränität auf die palästinensischen Gebiete vor. Während Rivlin und Arens allerdings der palästinensischen Bevölkerung gleiche staatsbürgerliche Rechte zukommen lassen wollen, lehnt Bennet dies ab. Alle drei sehen aber eine Bevorzugung der jüdischen Bevölkerung gegenüber der palästinensischen vor. Palästinensische Eigenstaatlichkeit lehnen sie grundsätzlich ab. Auffällig ist, dass bei diesen Vorschlägen die Annexion des Westjordanlandes (oder von Teilen desselben) vorgesehen ist, während der Gazastreifen meist explizit oder implizit ausgeschlossen wird. Denn nur ohne dessen Bevölkerung wäre es möglich, in einem Staat mittelfristig eine demographische jüdische Mehrheit aufrechtzuerhalten. In diesem Zusammenhang betonen rechte Befürworterinnen und Befürworter, dass palästinensische Flüchtlinge kein Recht auf Rückkehr erhalten würden. Demnach handelt es sich bei diesem Ansatz nicht um einen binationalen Staat mit gleichen Rechten für beide Gemeinschaften, sondern um eine jüdisch dominierte Einstaatlichkeit, die die israelische Souveränität auf einen Teil der besetzten Gebiete ausweiten würde.[47]

Im linken politischen Spektrum Israels gibt es Ansätze für

eine Einstaatenregelung bzw. einen binationalen Staat, die die Gewährung gleicher Rechte von Israelis und Palästinensern betonen. Für die Vertreterinnen und Vertreter dieser Meinung – etwa den ehemaligen Arbeitspartei-Politiker und Knesset-Sprecher Avraham Burg oder den israelischen Historiker Ilan Pappé – stellt eine binationale Regelung die einzige Option dar, um die Diskriminierung der palästinensischen Bevölkerung in Israel sowie die israelische Besatzung zu beenden und palästinensischen Flüchtlingen eine Rückkehr zu ermöglichen.[48] Auch der israelische Soziologe Yehouda Shenhav spricht sich für eine Einstaatenregelung aus. Da die Fokussierung des Zweistaatenansatzes auf die 1967 begonnene Besatzung das im Krieg von 1948 entstandene Unrecht vernachlässige und durch eine Evakuierung der Siedlungen neues Unrecht begangen würde, befürwortet er eine Einstaatenregelung mit einem konkordanzdemokratischen System, in dem alle Bevölkerungsgruppen angemessen vertreten sind und sowohl kollektive als auch individuelle Rechte geschützt werden. Zentrales Element der politischen Ordnung soll ein gemeinsames israelisch-palästinensisches Verfassungsgericht sein.[49]

Bereits 1999 hatte sich der palästinensische Literaturtheoretiker Edward Said (siehe S. 143f.) für einen binationalen Staat als Alternative zum Ansatz des Oslo-Friedensprozesses ausgesprochen. Denn einerseits gebe es so viele wechselseitige Abhängigkeiten zwischen beiden Seiten, dass eine Trennung praktisch unmöglich sei. Andererseits hielt er die Umsetzung der nationalen palästinensischen Selbstbestimmung in einem eigenen Staat wegen der israelischen Ansprüche auf das Territorium für nicht realisierbar.[50] Aufgrund ähnlicher Überlegungen plädierte der palästinensische Philosoph, ehemalige PLO-Vertreter in Ost-Jerusalem und langjährige Präsident der dortigen Al-Quds-Universität, Sari Nusseibeh, der die Zweistaatenregelung lange Zeit unterstützt hatte, für die israelische Annexion der besetzten Gebiete. Palästinenser wären dann zwar zunächst Bürger zweiter Klasse ohne politische Rechte, aber das Land wäre binational. Die Verwirklichung von vollen Bürgerrechten in dieser Einstaatenkonstellation würde die Lebenssituation der Palästinenser im Vergleich zur Besatzung deutlich verbessern. Auch die palästinensische Wissenschaftlerin und Aktivistin Ghada Karmi setzt sich für eine Einstaatenregelung ein. Sie sieht im Streben nach palästinensischer Eigenstaatlichkeit eine Illusion und setzt auf den Kampf für gleiche Rechte.[51] Der palästinensisch-amerikanische Journalist Ali Abunimah schlug 2006 eine Einstaatenregelung auf der Grundlage von bestimmten Prinzipien vor, die die Rechte beider Völker wahren sollten.[52]

Wenngleich sich die beschriebenen Vorschläge für Einstaatlichkeit in der konkreten Ausformung unterscheiden, teilen sie einige Merkmale: Generell soll es sich um einen binationalen, demokratischen und säkularen Staat für Israelis und Palästinenser handeln, in dem sowohl kollektive Rechte als auch die Rechte von Minderheiten effektiv geschützt werden. Damit unterscheiden sich diese Ansätze auch grundlegend von dem Einstaatenansatz, den etwa die Hamas in ihrer Charta propagiert hatte. 1988 beschrieb die Hamas in dem Dokument noch ganz Palästina als «islamische Stiftung», die Gott den Muslimen anvertraut habe. Dort könnten zwar auch Juden leben, sie hätten aber keinen gleichberechtigten Status und keine kollektiven politischen Rechte. Mittlerweile hat sich die Hamas schrittweise der Unterstützung einer Zweistaatenregelung und einer De-facto-Koexistenz mit Israel angenähert.

Konföderation

Neben diesen Vorschlägen gibt es innovative Ansätze, die über eine Ein- oder Zweistaatenregelung hinausgehen. In diesem Zusammenhang spielen insbesondere Konföderationsmodelle eine Rolle. So sieht etwa ein von der israelisch-palästinensischen NGO IPCRI (Israel Palestine Creative Regional Initiatives) ausgearbeiteter Plan die Schaffung zweier unabhängiger, souveräner und demokratischer Staaten – Israel und Palästina – auf der Grundlage der Grenzen von 1967 vor. Beide Staaten würden eine politische und ökonomische Union bilden, mit gemeinsamen wirtschaftlichen und sozialen Institutionen und einem Obersten Gerichtshof für Menschenrechte. Die Grenzen zwischen beiden Staaten wären offen und für ihre Bürger bestünde Bewegungsfreiheit. Nach und nach sollten diese auch Niederlassungsfreiheit erhalten. Jerusalem würde als offene und ungeteilte Stadt die Hauptstadt beider Staaten werden. Die Urheberinnen und Urheber dieses Plans betonen, dass auf diese Weise drei zentrale Probleme gelöst werden könnten: Erstens würde Jerusalem nicht geteilt, zweitens könnten palästinensische Flüchtlinge ein Rückkehrrecht erhalten und drittens müssten jüdische Siedlungen im Westjordanland nicht evakuiert werden.[53]

Kampf für gleiche Rechte

Konföderationsmodelle stellen eine Kompromissform dar, um nationale Identitäten und territoriale Ansprüche aufrechterhalten und gleichzeitig Wege der Kooperation finden zu können. Allerdings setzen auch sie palästinensische Souveränität voraus – und es ist nicht erkennbar, dass eine israelische Regierungskoalition in absehbarer Zeit dazu bereit sein wird, diese zuzulassen. Angesichts der aktuellen politischen Kräfteverhältnisse stellen Einstaatenmodelle derzeit keine gangbare Lösung für den Konflikt dar: Entsprechende Vorschläge der israelischen Rechten würden nur den Status quo festschreiben. Die Dominanz des jüdischen und des palästinensischen Nationalismus sowie damit einhergehende unvereinbare Identitätskonstruktionen (insbesondere der politische Zionismus und das palästinensische Streben nach Eigenstaatlichkeit) stehen der Realisierung eines binationalen Staates entgegen. Entsprechend lehnen laut Meinungsumfragen beide Bevölkerungen eine derartige Regelung bislang mit deutlicher Mehrheit ab.[54] Auch die Führung in Ramallah hält an einer Zweistaatenregelung fest.

Dessen ungeachtet verzeichnet in den palästinensischen Gebieten und in der palästinensischen Diaspora die Vision eines binationalen Staates mit gleichen Rechten für alle eine wachsende Zustimmung, die in den besetzten Gebieten laut Umfragen mittlerweile bei rund 30 Prozent liegt.[55] Damit verschiebt sich – auch vor dem Hintergrund großer Unzufriedenheit mit der seit 2007 fortdauernden innerpalästinensischen Spaltung und der Regierungsführung im Westjordanland und im Gazastreifen – der Fokus vieler Palästinenserinnen und Palästinenser zunehmend von einem Kampf gegen die Besatzung zu einem Kampf für gleiche Rechte bzw. in der Selbstwahrnehmung einem Anti-Apartheid-Kampf. Dazu gehört auch die Forderung nach einer Erneuerung der PLO, um diese (wieder) zu einer legitimen und repräsentativen Vertretung werden zu lassen.

Ausblick

Gegenwärtig zeichnet sich nicht ab, dass es in absehbarer Zeit zu einer friedlichen Regelung des israelisch-palästinensischen Konflikts und einer Überwindung der innerpalästinensischen Spaltung kommen könnte, die die Lebenswirklichkeit in den palästinensischen Gebieten entscheidend prägen. Genauso wenig ist dort eine demokratische Regierungsführung zu erwarten, die ohnehin durch die Besatzung nur in engen Grenzen möglich wäre.

Erneute Eskalation

Im Mai 2021 kam es zu einer erneuten Eskalation, die sich schnell auf den Gazastreifen, das Westjordanland und auf Israel ausweitete. Auslöser der Gewalt waren mehrere Vorgänge in Jerusalem. Zu ihnen gehörte erstens die bevorstehende Zwangsräumung palästinensischer Häuser im Ost-Jerusalemer Stadtviertel Scheich Jarrah zugunsten von Siedlerinnen und Siedlern. Diese Maßnahme würde sich in eine systematische Verdrängungspolitik in den palästinensischen Vierteln um die Altstadt Jerusalems einreihen und zu einer fortschreitenden Zerstückelung palästinensischer Nachbarschaften beitragen. Zweitens beschränkte die israelische Polizei zu Beginn des Fastenmonats Ramadan den Zugang zum Platz vor dem Damaskustor, der normalerweise vor allem an den Abenden nach dem Fastenbrechen von der palästinensischen Bevölkerung stark frequentiert wird. Dies führte zu Protesten, gegen die die israelische Polizei gewaltsam vorging. Dabei kam es am 10. Mai 2021 auch zum Einsatz von Tränengas und Schallgranaten in der Al-Aqsa-Moschee, dem drittwichtigsten Heiligtum des Islam. Drittens fachten Protestzüge rechter Israelis durch Ost-Jerusalem, die teils von Knesset-Abgeordneten angeführt wurden und bei denen Parolen wie «Tod den Arabern» skandiert wurden, die Emotionen weiter an. Sie erreichten am 10. Mai ihren Höhepunkt. Auf diesen Tag fiel der Jerusalemtag, an dem Israel die «Wiedervereinigung» der Stadt feiert und die israelische Souveränität über ganz Jerusalem demonstrativ bekräftigt. Schließlich trug auch die sogenannte TikTok-Affäre zur Eskalation bei: Palästinensische Jugendliche hatten sich dabei gefilmt, wie sie ultraorthodoxe Juden ohrfeigen und bespucken, und dies über die Plattform geteilt.

Hintergrund der Gewalteskalation war nicht nur, dass sich unter den von Benjamin Netanjahu seit 2009 geführten Regierungen die Besatzung weiter verfestigt hatte, Siedlungsbau und De-facto-Annexion im Westjordanland vorangetrieben wurden und die palästinensische Bevölkerung in strategischen Gebieten zunehmend durch Verdrängung bedroht wurde. Auch hatte die Politik der Trump-Administration die Autonomiebehörde weiter geschwächt. Zudem rückten die Normalisierungsabkommen, die Israel und die arabischen Staaten VAE, Bahrain, Marokko und Sudan 2020/21 schlossen, die palästinensische Frage in den Hintergrund und marginalisierten die palästinensische Führung zunehmend in der arabischen Welt.

Auch die Verschiebung der palästinensischen Wahlen Ende April 2021 auf ein unbestimmtes Datum, die einer Absage gleichkam, spielte eine entscheidende Rolle bei der Gewalteskalation, denn Präsident Abbas begründete seine Entscheidung damit, dass Israel dem Wahlvorgang in Ost-Jerusalem nicht zugestimmt habe. Dadurch beraubte er die palästinensische Bevölkerung einmal mehr der Gelegenheit, über ihre Vertretung abzustimmen, nachdem ihm gewichtige Konkurrenz auch aus dem eigenen Lager erwachsen war. Er brach die Umsetzung der gemeinsam mit der Hamas beschlossenen Schritte ab, die die innerpalästinensische Spaltung überwinden sollten. Und er räumte Israel ein faktisches Vetorecht über die palästinensischen Wahlen ein, obwohl die Oslo-Abkommen explizit vorsehen, dass die palästinensische Bevölkerung auch in Ost-Jerusalem an den Wahlen für die Autonomiebehörde teilnehmen darf.

Die krisenhafte Zuspitzung in Jerusalem konnte die Hamas nutzen, um sich im Gegensatz zu Abbas als Verteidigerin Jerusalems und der Al-Aqsa-Moschee zu präsentieren. In diesem Zusammenhang stellte sie Israel am 10. Mai ein Ultimatum: Bis 18 Uhr sollte es seine Polizeieinheiten vom Tempelbergplateau bzw. vom Haram al-Scharif abziehen. Nach Ablauf der Frist begann die Hamas mit einem intensiven Raketenbeschuss Israels. Die israelische Armee reagierte mit Bombenangriffen auf das Waffenarsenal, das Tunnelsystem sowie militärische Kader und die politische Führung der Hamas.

Als am 21. Mai eine Waffenruhe in Kraft trat, waren nach Angaben der UN im Gazastreifen durch die israelischen Bombardierungen und (wenn auch in deutlich geringerem Maße) durch Irrläufer der von Hamas abgeschossenen Raketen 242 Palästinenserinnen und Palästinenser getötet worden, davon mindestens die Hälfte Zivilisten und ein Viertel Kinder. Einmal mehr kam es auch zu beträchtlichen Schäden an Wohnhäusern und der Infrastruktur. In Israel waren zwölf Personen umgekommen, alle bis auf eine Person Zivilisten. Im Westjordanland und in Ost-Jerusalem dauerten die gewalttätigen Auseinandersetzungen auch nach der Waffenruhe an; hier kamen bis 22. Mai 27 Palästinenserinnen und Palästinenser zu Tode.

Die Eskalation ging auch mit einer neuartigen Solidarisierung von Palästinensern über Grenzen hinweg einher. So nahm an den Protesten in Scheich Jarrah von Anfang an eine große Zahl von Palästinenserinnen und Palästinensern aus Israel teil. Am 18. Mai initiierten die Palästinenser in Israel einen Generalstreik, der auch im Gazastreifen, im Westjordanland und in Ost-Jerusalem befolgt wurde, um gegen Israels Militäreinsatz und seine Maßnahmen in Jerusalem zu protestieren. Ideell knüpfte er an den Generalstreik zu Beginn des Arabischen Aufstands 1936 an. Auch in der Diaspora initiierten Palästinenserinnen und Palästinenser Solidaritätsdemonstrationen.

Gleichzeitig eskalierte die Gewalt zwischen jüdischen und palästinensischen Israelis und führte zu Lynchmobs, die teils durch rechtsgerichtete Israelis und Siedler, teils durch palästinensische Drogengangs weiter angeheizt wurden. Die bürgerkriegsähnlichen Szenen zeigten auch, wie angespannt das Verhältnis zwischen den Bevölkerungsgruppen ist, was viele Israelis und internationale Beobachter vor dem Hintergrund des sozialen Aufstiegs vieler palästinensischer Israelis in den letzten Jahrzehnten übersehen hatten. Zudem schien für viele eine Normalisierung des jüdisch-palästinensischen Verhältnisses in Israel auch auf der politischen Ebene nahe, denn im Frühjahr 2021 hatten Koalitionsverhandlungen zwischen zionistischen Parteien und der moderat-islamistischen Raam-Partei zum ersten Mal in der Geschichte Israels in den Bereich des Möglichen gerückt, dass eine arabische Partei Teil einer Regierungskoalition wird.

Neue Führungen in den USA und Israel

Auch wenn sich die Biden-Administration durch die neuerliche Eskalation gezwungen sah, sich stärker in Nahost zu engagieren als ursprünglich beabsichtigt, machte sie eine Konfliktregelung zwischen Israelis und Palästinensern nicht zu ihrer Priorität. Sie setzte vielmehr auf beschränkte Maßnahmen, die auf Stabilisierung abzielten, etwa durch einen langfristigen Waffenstillstand zwischen Israel und der Hamas, die Unterstützung der UNRWA und der palästinensischen Zivilgesellschaft, Entwicklungsprojekte in den palästinensischen Gebieten sowie die Wiederaufnahme der Beziehungen zur PA und die Sicherheitskooperation mit ihr. Vor allem aber musste die amerikanische Führung einiges an politischem Kapital aufwenden, um von der Politik der Trump-Administration zumindest teilweise zum traditionellen Ansatz der Demokraten und einer Zweistaatenrhetorik zurückzukehren. Wie sehr sich der Diskurs in Israel und in den USA durch die Politik unter Trump verschoben hatte, zeigte sich etwa daran, dass es Biden 2021 nicht gelang, gegen den Widerstand in der israelischen Regierung und im US-Kongress wieder ein Generalkonsulat mit Zuständigkeit für die Palästinenser in (Ost-)Jerusalem zu eröffnen.

Die breite Regierungskoalition, die in Israel unter Premierminister Naftali Bennett im Juni 2021 die Regierungsgeschäfte in Israel übernahm, verfügte über keinen Konsens in Bezug auf einen friedlichen Ausgleich mit den Palästinensern, der einen substantiellen Verzicht auf Territorium und Kontrolle beinhalten würde. Bennett selbst lehnte Verhandlungen über einen Endstatus und einen palästinensischen Staat kategorisch ab. Die Regierung arbeitete daher auf Basis eines Minimalkonsenses nach dem Konzept des «shrinking the conflict», das der israelische Intellektuelle und Siedler Micah Goodman entwickelt hat. Es geht dabei darum, den Konflikt durch beschränkte Maßnahmen zu entschärfen, etwa durch mehr Arbeitsgenehmigungen für palästinensische Arbeitskräfte in Israel oder die Erteilung von Baugenehmigungen in den C-Gebieten für palästinensische Einwohner. Die Beziehungen zur palästinensischen Führung werden verbessert. Man bemüht sich, die PA zu stärken bzw. zu erhalten und die Lebensbedingungen in den palästinensischen Gebieten zu verbessern. In diesem Sinne wurde auch das gemeinsame israelisch-palästinensische Wirtschaftskomitee wieder eingesetzt, das seit 2009 nicht mehr getagt hatte. Außenminister Lapid legte zudem Vorschläge für einen bedingten Wiederaufbau im Gazastreifen vor.

Diese Maßnahmen zielten keineswegs darauf ab, die Blockade des Gazastreifens aufzuheben, die Besatzung abzubauen, den Palästinensern mehr Rechte zu gewähren oder einseitig auf Territorium zu verzichten. Vielmehr setzte die Bennett-Regierung die Siedlungs-, Verdrängungs- und schleichende Annexionspolitik fort, unterminierte die PA, indem sie jegliche politischen Zugeständnisse ausschloss, und führte auch die Angriffe auf die palästinensische Zivilgesellschaft fort. Im Oktober 2021 stufte sie sechs prominente palästinensische Nichtregierungsorganisationen, darunter führende Menschenrechtsorganisationen, als Terrororganisationen ein.

Zugleich wurde 2021 zum ersten Mal eine unabhängige arabische Partei (Ra'am) Teil einer israelischen Regierungskoalition. Ihr Vorsitzender Mansur Abbas setzt auf pragmatische Kooperation und konkrete Verbesserungen im Alltag statt auf Fragen der Nationalität und Identität. Das lässt hoffen, dass sich die sozioökonomische Situation der palästinensischen

Siedlungen in Israel durch Investitionen verbessern wird und bislang staatlicherseits nicht anerkannte Dörfer einen rechtlichen Status erhalten werden. Es birgt auch die Chance, dass sich mittel- bis langfristig die arabische Beteiligung an der Regierung «normalisieren» könnte. Allerdings hat sich zunächst die institutionalisierte Ungleichheit fortgesetzt, nachdem der Oberste Gerichtshof im Juli 2021 die Rechtmäßigkeit des Nationalstaatsgesetzes bestätigt hat.

Zukunftsaussichten

Fehlende Fortschritte bei der Konfliktregelung zwischen Israelis und Palästinensern dürften dazu führen, dass es nicht beim Status quo bleibt. Vielmehr sind eine fortschreitende Erosion der im Rahmen der Oslo-Friedensverhandlungen verabredeten Arrangements und wiederholte gewalttätige Eskalationen zu erwarten. Dies dürfte umso mehr der Fall sein, wenn Israel seine Besatzungs-, Siedlungs-, Annexions- und Blockadepolitik fortsetzt. Denn dadurch würden eine verhandelte und tragfähige Konfliktregelung und ein lebensfähiger, souveräner palästinensischer Staat – im wahrsten Sinne des Wortes – dauerhaft verbaut. Auch eine Regelung der Flüchtlingsfrage ist nicht zu erwarten.

Dazu wird auch beitragen, dass das Verhältnis zwischen Fatah und Hamas weiterhin von Konfrontation bestimmt sein dürfte, Westjordanland und Gazastreifen politisch gespalten bleiben und beide palästinensischen Führungen weiter an Popularität verlieren, zunehmend repressiv regieren und nicht für sich beanspruchen können, für die palästinensische Bevölkerung zu sprechen. Zumindest solange Mahmud Abbas Präsident der PA und Vorsitzender der PLO ist, ist die Abhaltung von

Wahlen für die Institutionen der PA und der PLO äußerst unwahrscheinlich – und damit auch die Rückkehr zu einem demokratischen und gewaltenteiligen Regierungssystem. Damit dürfte sich die Menschenrechtslage in den palästinensischen Gebieten weiter verschlechtern, und es dürfte auch keine Erneuerung derjenigen Gremien stattfinden, die über die palästinensische Strategie zu befinden haben. Eine Folge dürfte ein weiterer Bedeutungsverlust von PA und PLO sein. Palästinensische Debatten über die politische Zielsetzung und Strategie würden dann künftig noch stärker außerhalb der etablierten Institutionen stattfinden als heute.

Unter den gegebenen Bedingungen kann in den palästinensischen Gebieten auch keine nachhaltige wirtschaftliche Entwicklung in Gang gesetzt werden. Das Risiko eines Kollapses der PA bzw. einer weiteren Erosion ihrer Regierungsfähigkeit steigt damit weiter. So wird ein Szenario immer wahrscheinlicher, in dem das palästinensische Territorium noch stärker fragmentiert wäre als heute und die einzelnen Enklaven autoritär durch lokale *Strongmen*, die jeweils separate Arrangements mit Israel hätten, kontrolliert würden.

Ein solcher Konfliktverlauf hätte auch internationale Auswirkungen. Die junge palästinensische Generation sähe keine Perspektive in Palästina mehr; auch die Hoffnung auf gleiche Rechte in einem binationalen Staat dürfte sich nicht erfüllen. Die Folgen wären ein hoher Migrationsdruck und ein Nährboden für Radikalisierung. Außerdem dürften die Auseinandersetzungen zwischen palästinensischer und israelischer Diaspora (sowie europäischen Juden) und ihren jeweiligen Unterstützern immer unversöhnlicher werden und das friedliche Zusammenleben auch in den USA und Europa bedrohen.

Anhang

Abkürzungen

ALF	Arab Liberation Front, Arabische Befreiungsfront
ANM	Arab Nationalist Movement, Bewegung Arabischer Nationalisten
ANO	Abu-Nidal-Organisation, auch: Fatah-Revolutionsrat
Balad	Nationale Demokratische Allianz (Akronym)
BDS	Boycott, Divestment, and Sanctions; Boykott, Investitionsabzug und Sanktionen
CIA	Central Intelligence Agency, Auslandsgeheimdienst der USA
DFLP	Democratic Front for the Liberation of Palestine, Demokratische Front zur Befreiung Palästinas
EU	European Union, Europäische Union
EUBAM Rafah	EU Border Assistance Mission in Rafah, Grenzmission der EU in Rafah
Fatah	Bewegung zur nationalen Befreiung Palästinas (Akronym)
Fida	Palästinensische Demokratische Union (Akronym)
FLN	Front de Libération Nationale, Nationale Befreiungsfront (Algerien)
GUPS	General Union of Palestinian Students, Generalunion Palästinensischer Studenten
G-77	Gruppe der 77: loser Zusammenschluss von Ländern des Globalen Südens in der UN
Hamas	Islamische Widerstandsbewegung (Akronym)
ICAHD	Israeli Committee Against House Demolitions, Israelisches Komitee gegen Hauszerstörungen
ICC	International Criminal Court, Internationaler Strafgerichtshof
IKRK	Internationales Komitee des Roten Kreuzes
IPCRI	Israel Palestine Creative Regional Initiatives
IStGH	Internationaler Strafgerichtshof
JMCC	Jerusalem Media and Communication Center, Jerusalemer Zentrum für Medien und Kommunikation

KPI	Kommunistische Partei Israels
MFO	Multinational Force and Observers (Sinai)
NGO	Non-Governmental Organisation, Nichtregierungsorganisation
OPCW	Organisation for the Prohibition of Chemical Weapons, Organisation für das Verbot chemischer Waffen
PA	Palestinian Authority, Palästinensische Autonomiebehörde
PDFLP	Popular Democratic Front for the Liberation of Palestine, Demokratische Volksfront zur Befreiung Palästinas
PFLP	Popular Front for the Liberation of Palestine, Volksfront zur Befreiung Palästinas
PFLP-GC	Popular Front for the Liberation of Palestine – General Command, Volksfront zur Befreiung Palästinas – Generalkommando
PISGA	Palestinian Interim Self-Governing Authority, Palästinensische Selbstverwaltungsbehörde in der Übergangsperiode
PLA	Palestine Liberation Army, Palästinensische Befreiungsarmee
PLC	Palestinian Legislative Council, Palästinensischer Legislativrat
PLF	Palestine Liberation Front, Palästinensische Befreiungsfront
PLO	Palestine Liberation Organisation, Palästinensische Befreiungsorganisation
PNC	Palestinian National Council, Palästinensischer Nationalrat
PNGO	Palestinian NGO Network, Netzwerk palästinensischer Nichtregierungsorganisationen
PNSF	Palestinian National Salvation Front, Palästinensische Nationale Rettungsfront
PPP	Palestinian People's Party, Palästinensische Volkspartei
SLA	South Lebanon Army, Südlibanesische Armee
TIPH	Temporary International Presence in the City of Hebron, Temporäre Internationale Präsenz in der Stadt Hebron
UN	United Nations, Vereinte Nationen
UNCTAD	UN Conference on Trade and Development, Konferenz der Vereinten Nationen für Handel und Entwicklung
UNDOF	UN Disengagement Observer Force, Beobachtertruppe der Vereinten Nationen für die Truppenentflechtung (Golan)

UNEF	UN Emergency Force, Noteinsatztruppe der Vereinten Nationen (Sinai)
UNESCO	UN Educational, Scientific and Cultural Organization, Organisation der Vereinten Nationen für Bildung, Wissenschaft, Kultur und Kommunikation
UNIDO	UN Industrial Development Organization, Organisation der Vereinten Nationen für industrielle Entwicklung
UNLU	Unified National Leadership of the Uprising, Gemeinsame Nationale Führung des Aufstandes
UNOCHA	UN Office for the Coordination of Humanitarian Affairs, Amt der Vereinten Nationen für die Koordinierung humanitärer Angelegenheiten
UNRWA	UN Refugee and Works Agency for Palestine Refugees in the Middle East, Hilfswerk der Vereinten Nationen für Palästina-Flüchtlinge im Nahen Osten
UNSCOP	UN Special Committee on Palestine, Sonderausschuss der Vereinten Nationen zu Palästina
UNTSO	UN Truce Supervision Organization, Organisation der Vereinten Nationen zur Überwachung des Waffenstillstands
VAE	Vereinigte Arabische Emirate

Zeittafel[1]

ab 1882	Beginn der jüdischen Einwanderung nach Palästina
1897	Gründung der Zionistischen Weltorganisation
1915/16	Hussein-McMahon-Korrespondenz
1916, Mai	Sykes-Picot-Abkommen
1917, Nov.	Balfour-Deklaration
1919	Erster palästinensisch-arabischer Kongress in Jerusalem fordert die Unabhängigkeit Palästinas (als Teil von Großsyrien).
1920, April	Aufteilung Palästinas in Einflusszonen bei der Konferenz von San Remo
1920, Dez.	Dritter palästinensisch-arabischer Kongress wählt das Arabische Exekutivkomitee als sein Vertretungsorgan.
1921	Großbritannien setzt Hadsch Amin al-Husseini als Großmufti von Palästina ein.
1922, Juli	Großbritannien erhält offiziell das Mandat des Völkerbundes über das Gebiet Palästina.
1929	Massaker an Juden in Hebron
1936–1939	Arabischer Aufstand gegen die britische Mandatsmacht
1937	Bericht der Peel Commission sieht erstmals Teilung des Mandatsgebiets in einen jüdischen und einen arabischen Staat vor.
1945–1946	Die Muslimbruderschaft gründet palästinensische Zweigstellen.
1947, 29. Nov.	UN-Generalversammlung nimmt Teilungsplan für Palästina (Resolution 181) an.
1948, 9. April	Massaker an der Zivilbevölkerung in Deir Jassin durch zionistische Verbände
1948, 14. Mai	Israelische Unabhängigkeitserklärung; Beginn des ersten israelisch-arabischen Krieges bzw. der Nakba; Flucht und Vertreibung von Hunderttausenden Palästinensern. Ägypten übernimmt in Folge des Krieges die Verwaltung des Gazastreifens, Jordanien besetzt das Westjordanland (incl. Ost-Jerusalems) und annektiert es 1950.

1948, 29. Mai	Mit der United Nations Truce Supervision Organization (UNTSO) wird die erste Nahostmission der UN eingesetzt.
1948, Juni	Die israelische Knesset beschließt, die Rückkehr palästinensischer Flüchtlinge grundsätzlich zu verhindern.
1948, 11. Dez.	UN-Generalversammlung nimmt Resolution 194 an, die u.a. das Rückkehrrecht palästinensischer Flüchtlinge festhält.
1949, 8. Dez.	Gründung des Hilfswerks der Vereinten Nationen für Palästina-Flüchtlinge im Nahen Osten (UNRWA)
1951	Gründung der Bewegung Arabischer Nationalisten (ANM) unter George Habasch
1952	Israelisches Staatsbürgerschaftsgesetz schließt geflüchtete Palästinenser von der Staatsbürgerschaft aus.
1956, Okt.–Dez.	Zweiter israelisch-arabischer Krieg (Sueskrise bzw. trilaterale Aggression)
1956, 29. Okt.	Massaker an der arabischen Zivilbevölkerung in Kafr Qasem
1959, Okt.	Gründung der Bewegung zur Befreiung Palästinas (Fatah)
1964, Juni	Gründung der Palästinensischen Befreiungsorganisation (PLO) mit Sitz in Jordanien
1965, Jan.	Gründung des militärischen Flügels der Fatah (Al-Asifa) und Beginn der ersten militärischen Operationen gegen Israel
1967, 5.–10. Juni	Dritter israelisch-arabischer Krieg bzw. Naksa; Israel besetzt das Westjordanland inklusive Ost-Jerusalems, den Gazastreifen, die syrischen Golanhöhen und die ägyptische Sinai-Halbinsel.
1967, 1. Sept.	Resolution der Arabischen Liga von Khartum («drei Neins»)
1967, 22. Nov.	UN-Sicherheitsrat verabschiedet Resolution 242, die den Abzug Israels aus besetzten Gebieten im Gegenzug zur Anerkennung Israels fordert.
1967, Dez.	Gründung der Volksfront zur Befreiung Palästinas (PFLP) unter George Habasch
1968, März	Schlacht um Karame (Jordanien) zwischen israelischen Truppen, palästinensischen Freischärlern und jordanischen Truppen
1969, Feb.	Jassir Arafat wird Vorsitzender des Exekutivkomitees der PLO.
1970, Sept.	Mitglieder der PFLP entführen vier Passagierflugzeuge, von denen drei zur Landung in der jordanischen Wüste gezwungen werden.

1970, Sept.	Schwarzer September (bewaffnete Auseinandersetzungen zwischen palästinensischen Guerillas und jordanischen Truppen); in der Folge verlegt die PLO ihr Hauptquartier nach Beirut.
1971, Nov.	Ermordung des jordanischen Ministerpräsidenten Wasfi al-Tall durch die Fatah-Abspaltung «Schwarzer September»
1972, Sept.	Münchner Olympia-Attentat
1972, Okt.–Dez.	Der israelische Geheimdienst beginnt damit, PLO-Vertreter umzubringen, darunter Abdel Wael Zwaiter (Rom), Mahmud Hamshari (Paris) und Ghassan Kanafani (Beirut).
1973	Ahmed Jassin etabliert das Islamische Zentrum in Gaza.
1973, 6.–26. Okt.	Vierter israelisch-arabischer Krieg bzw. Jom-Kippur-, Oktober- oder Ramadan-Krieg; arabische Staaten setzen zum ersten Mal Ölexporte als Waffe ein («Ölembargo»).
1974, Sept.	Der Fatah-Revolutionsrat (Abu-Nidal-Organisation, ANO) spaltet sich von der Fatah ab.
1974, Sept.	Die «Ablehnungsfront» aus PFLP, PFLP-Generalkommando (PFLP-GC) und der Arabischen Befreiungsfront (ALF) wird gegründet.
1974, Okt.	Die Arabische Liga erkennt die PLO als einzige legitime Vertretung des palästinensischen Volks an.
1974, Okt.	Die UN-Generalversammlung erkennt die PLO als Vertreterin des palästinensischen Volkes an.
1974, Nov.	Arafat spricht vor der UN-Generalversammlung. Die PLO erhält Beobachterstatus bei den UN.
1975–1989	Libanesischer Bürgerkrieg
1976, Jan.	Massaker von Damur, PLO-Kämpfer exekutieren Hunderte Christen.
1976, 30. März	«Tag des Landes»: seither jährlich Generalstreik und Massenproteste der Palästinenser in Israel, den palästinensischen Gebieten und den Flüchtlingslagern im Libanon gegen die Enteignung palästinensischen Landes
1976, Aug.	Massaker von Tal al-Zaatar, Vergeltungsaktion der libanesischen Falangisten an palästinensischen Flüchtlingen
1976, Sept.	Die PLO wird Vollmitglied der Arabischen Liga.
1978, März	Israel marschiert im Südlibanon ein und etabliert eine «Sicherheitszone».
1978, Sept.	Israelisch-ägyptisches Camp-David-Abkommen sieht Autonomiestatus für die palästinensischen Gebiete vor; dieser wird jedoch nicht umgesetzt.
1979, März	Friedensschluss zwischen Ägypten und Israel

1980	Israels Jerusalem-Gesetz bestätigt die Annexion Ost-Jerusalems und Jerusalem als unteilbare Hauptstadt.
1981	Gründung des Palästinensischen Islamischen Dschihad
1982	Israelischer Abzug aus dem Sinai; Räumung der dortigen Siedlungen
1982, Juni–Aug.	Fünfter israelisch-arabischer Krieg bzw. Libanon-Krieg; Israel interveniert gegen die PLO, Evakuierung der PLO aus dem Libanon, Verlegung des Hauptquartiers nach Tunesien
1982, 14. Sept.	Ermordung des Falangistenführers und libanesischen Präsidenten Baschir Gemayel, mutmaßlich durch palästinensische Attentäter
1982, 16.–18. Sept.	Massaker in den Flüchtlingscamps von Sabra und Schatila
1985, 7. Okt.	Die Palästinensische Befreiungsfront (PLF) entführt das Kreuzfahrtschiff Achille Lauro vor der Küste Ägyptens.
1985, Okt.	Israelischer Luftangriff auf das Hauptquartier der PLO in Tunis
1985, Nov.	Arafat distanziert sich in Kairoer Erklärung von allen Terroraktivitäten.
1987, 8. Dez.	Beginn der Ersten Intifada
1987, Dez.	Gründung der Hamas, einer militanten Abspaltung der palästinensischen Muslimbruderschaft
1988, Juli	Jordanien gibt alle Souveränitätsansprüche auf das Westjordanland und Ost-Jerusalem zugunsten der PLO auf.
1988, Aug.	Hamas veröffentlicht ihre Charta.
1988, 15. Nov.	Palästinensische Unabhängigkeitserklärung; Proklamation eines palästinensischen Staates in den 1967 besetzten Gebieten durch die Exil-PLO in Algier
1989, Sept.	Israel erklärt die Hamas für illegal.
1990/91	Solidarisierung Arafats mit Saddam Hussein während des Zweiten Golfkriegs; in Folge: Ausweisung von rund 450000 palästinensischen Arbeitnehmern und ihren Familien aus Kuwait
1991, 30. Okt.–1. Nov.	Nahost-Friedenskonferenz in Madrid
1992, Dez.	Deportation von über 400 Hamas-Kadern in den Südlibanon
1993, Januar	Beginn der geheimen Gespräche zwischen Israel und der PLO in Oslo
1993, 13. Sept.	Oslo-I-Abkommen (israelisch-palästinensische Prinzipienerklärung)

1994, 25. Feb.	Der jüdische Extremist Baruch Goldstein tötet in der Patriarchenhöhle/Abrahamsmoschee in Hebron 29 Palästinenser. In der Folge wird eine temporäre internationale Beobachtermission (TIPH) eingesetzt.
1994, 29. April	Pariser Protokoll (Protokoll über israelisch-palästinensische Wirtschaftsbeziehungen)
1994, 4. Mai	Gaza-Jericho-Abkommen; Etablierung der Palästinensischen Autonomiebehörde (PA)
1994, 1. Juli	Jassir Arafat kehrt aus dem Exil nach Gaza zurück. Erste PLO-Sitzung auf palästinensischem Boden
1994, 14. Okt.	Jassir Arafat, Jitzchak Rabin und Schimon Peres erhalten den Friedensnobelpreis.
1994, 26. Okt.	Israelisch-jordanischer Friedensvertrag
1995, 24. Sept.	Oslo-II-Abkommen (israelisch-palästinensisches Interimsabkommen)
1995, 4. Nov.	Jitzchak Rabin wird ermordet.
1995, Nov.–Dez.	Israelischer Truppenabzug aus den palästinensischen Bevölkerungszentren (A-Gebiete)
1996, Jan.	Wahlsieg der Fatah bei den ersten palästinensischen Wahlen zum Legislativrat. Jassir Arafat wird zum Vorsitzenden der Palästinensischen Autonomiebehörde gewählt.
1997, Jan.	Israelisch-palästinensisches Hebron-Protokoll
1997, Okt.	Der Palästinensische Legislativrat (PLC) verabschiedet in dritter Lesung einen Grundgesetzentwurf; Arafat fertigt das Gesetz nicht aus.
1998, 23. Okt.	Israelisch-palästinensisches Wye-River-Memorandum
2000, Juli	Israelisch-palästinensische Endstatus-Verhandlungen in Camp David
2000, 28. Sept.	Beginn der Zweiten Intifada bzw. Al-Aqsa-Intifada
2000, 30. Sept.	Das Kind Mohammed al-Durra wird im Gazastreifen zu einem der ersten zivilen Opfer.
2002, Januar	Israel setzt Arafat de facto unter Hausarrest.
2002, März	Arabische Friedensinitiative
2002, Juni	Israel beginnt mit dem Bau von Sperranlagen im Westjordanland.
2003, März	Auf internationalen Druck wird das Amt eines palästinensischen Premierministers eingeführt; erster Amtsinhaber wird Mahmud Abbas.
2003, April	Roadmap des Nahostquartetts (angenommen im Juni 2003)
2003, Dez.	Die Genfer Initiative legt einen Plan für eine Konfliktregelung vor.

2004, Juli	Der Internationale Gerichtshof (IGH) stuft den Verlauf der Sperranlagen als Verstoß gegen internationales Recht ein.
2004, 11. Nov.	Tod Jassir Arafats. Mahmud Abbas wird sein Nachfolger als Präsident, Fatah- und PLO-Vorsitzender.
2005	Gründung der BDS-Bewegung (Boycott, Divestment, and Sanctions)
2005, Aug.	Israel räumt Siedlungen und Militärbasen im Gazastreifen sowie vier isolierte Siedlungen im Westjordanland. In der Folge Verschärfung der Abriegelung des Küstenstreifens
2005, Nov.	Die European Border Assistance Mission Rafah (EUBAM Rafah) nimmt ihre Arbeit auf.
2006, 25. Jan.	Wahlsieg der Hamas bei den zweiten palästinensischen Parlamentswahlen
2006, März	Technokratenregierung der Hamas unter Ismail Hanijjeh
2006, Juni	Erfolglose israelische Militäroperation im Gazastreifen zur Befreiung des entführten Soldaten Gilad Schalit
2006, Juli/ Aug.	Sechster israelisch-arabischer Krieg bzw. zweiter Libanon-Krieg; zeitgleich militärische Auseinandersetzungen zwischen Israel und bewaffneten Gruppierungen im Gazastreifen
2006, Dez.– 2007, Mai	Arabische Organisationen in Israel legen sogenannte Visionspapiere für ein gleichberechtigtes Zusammenleben vor.
2007, Februar	Mekka-Abkommen zwischen Fatah und Hamas nach saudischer Vermittlung
2007, März– Juni	Palästinensische Regierung der nationalen Einheit
2007, Juni	Bürgerkriegsähnliche Auseinandersetzungen und gewaltsame Machtübernahme der Hamas im Gazastreifen; Abbas verhängt den Ausnahmezustand und setzt eine Notstandsregierung unter Salam Fajjad ein.
2007, Sept.	Israel stuft den Gazastreifen als «feindliches Territorium» ein.
2007, 27. Nov.	Wiederaufnahme israelisch-palästinensischer Friedensverhandlungen in Annapolis
2008, Dez.– 2009, Jan.	Militärische Auseinandersetzungen zwischen Israel und bewaffneten Gruppierungen im Gazastreifen
2009	Hanan Aschrawi wird als erste Frau ins Exekutivkomitee der PLO gewählt.

2009, Sept.	Goldstone-Bericht dokumentiert Kriegsverbrechen beider Seiten während der Auseinandersetzungen im Gazastreifen 2008/2009
2011, 15. März	Zehntausende palästinensische Demonstrierende fordern Fatah und Hamas zur Einigung auf.
2011, Mai	Erstes Versöhnungsabkommen zwischen Hamas und Fatah
2011, Sept.	Palästina beantragt (ohne Erfolg) Vollmitgliedschaft bei den Vereinten Nationen.
2011, Okt.	Abkommen über Gefangenenaustausch zwischen Israel und Hamas («Gilad Shalit Deal»)
2012, 29. Nov.	Palästina erhält bei den UN den Status als Beobachterstaat («non-member observer state»).
2012, Nov./ Dez.	Militärische Auseinandersetzungen zwischen Israel und bewaffneten Gruppierungen im Gazastreifen
2014, April	Letzte Runde israelisch-palästinensischer Friedensgespräche («Kerry-Initiative»)
2014, Juli/ Aug.	Militärische Auseinandersetzungen zwischen Israel und bewaffneten Gruppierungen im Gazastreifen
2015, April	Palästina tritt dem Internationalen Strafgerichtshof bei.
2015, Okt.– 2016, Juni	«Messer-Intifada»
2017, März	Nach der Einrichtung eines Verwaltungskomitees im Gazastreifen ergreift die PA Strafmaßnahmen gegen die Hamas.
2017, Okt.	Versöhnungsabkommen zwischen Fatah und Hamas
2017, 6. Dez.	US-Präsident Trump erkennt Jerusalem als Hauptstadt Israels an. Präsident Abbas lehnt in der Folge amerikanische Friedenspläne und eine Vermittlung durch die USA als parteiisch ab.
2018, 30. März	Proteste am Grenzzaun des Gazastreifens beginnen («Großer Rückkehrmarsch»).
2019, Jan.	Der israelische Premier Netanjahu beendet die Präsenz der internationalen Beobachtermission (TIPH) in Hebron.
2020, Jan.	US-Präsident Trump stellt den «Jahrhundertdeal» zur Lösung des Konfliktes vor. Dieser sieht keinen souveränen palästinensischen Staat und die Annexion von rund 30% des Westjordanlandes durch Israel vor.
2020, Mai	Die israelische Regierung kündigt Annexionen an. Präsident Abbas stellt in Reaktion die zivile und Sicherheitskoordination mit Israel ein.

2020, Sept.	Mit den von den USA vermittelten «Abraham Accords» zwischen Israel und den VAE sowie Israel und Bahrain über eine Normalisierung der Beziehungen wird mit dem Prinzip «Land für Frieden» gebrochen. Bis Januar 2021 folgen Abkommen Israels mit Marokko und dem Sudan.
2021, Jan.	Abbas kündigt Wahlen für den PLC, die Präsidentschaft und den PNC an.
2021, April	Abbas verschiebt die Wahlen auf unbestimmt.
2021, Mai	Militärische Auseinandersetzungen zwischen Israel und bewaffneten Gruppierungen im Gazastreifen; Proteste und Unruhen in Ost-Jerusalem und im Westjordanland; Gewalt zwischen Juden und Arabern in Israel

Tabelle 1: Das Verhältnis von PLO und PA[2]

	Palästinensische Befreiungsorganisation (Palestine Liberation Organisation, PLO)	Palästinensische Autonomiebehörde (Palestinian Authority, PA)
Entstehung / Funktion	1964 gegründet; von der Arabischen Liga seit 1974 als einzige legitime Vertretung des palästinensischen Volkes anerkannt; seit 1974 Beobachterstatus bei den UN (seit 2012 Palästina als «non-member observer state» der UN); von Israel seit 1993 als Vertretung der Palästinenser anerkannt; der PA übergeordnet, Kompetenz für Endstatusfragen	Gegründet auf Basis der Oslo-Abkommen 1993–1995; Aufgabe: Selbstverwaltung in der Übergangsperiode (ursprünglich bis 1999)
Gründungsdokument / Verfassung	PLO-Charta von 1964 (1968 und 1998 geändert)	Grundgesetz Palästinas von 2002 (2003 und 2005 geändert)
Vorsitz	Vorsitzender des Exekutivkomitees, gewählt vom Exekutivkomitee, derzeit: *Mahmud Abbas (Fatah)*	Präsident, direkt gewählt von der palästinensischen Bevölkerung in Westjordanland, Gazastreifen und Ost-Jerusalem; derzeit: *Mahmud Abbas (Fatah)*

Exekutive	Exekutivkomitee, gewählt vom Palästinensischen Nationalrat, 18 Mitglieder[3]	Kabinett, vom Präsidenten ernannt, derzeit: 23 Ministerinnen und Minister (inkl. des Premierministers, derzeit *Mohammad Schtajjeh, Fatah*)[4]
	Zentralrat, Mittlerinstanz zwischen Nationalrat und Exekutivkomitee, 124 Mitglieder	
Legislative	Palästinensischer Nationalrat (Palestinian National Council, PNC): Exil-Parlament; Mitglieder werden durch das palästinensische Volk gewählt, jedoch in der Praxis vom Exekutivkomitee auf Basis eines Quotensystems ernannt;[5] derzeitiger Präsident: *Salim Zanoun (Fatah)*	Palästinensischer Legislativrat (Palestinian Legislative Council, PLC): Parlament; 132 Mitglieder, die von der palästinensischen Bevölkerung in der Westbank, dem Gazastreifen und Ost-Jerusalem gewählt werden;[6] Mitglieder sind automatisch Mitglieder des PNC; seit 2007 funktionsunfähig; im Dezember 2018 aufgelöst; letzter Sprecher: *Abdel Aziz Duwaik (Hamas)*
Auswärtige Beziehungen	Zuständig für auswärtige Beziehungen und Verhandlungen, u.a. mit Israel	Formal keine Kompetenzen für auswärtige Beziehungen, de facto aber: Koordination mit Israel, Beziehungen zu Geberstaaten, etc.

Tabelle 2: Demografische Entwicklung im ehemaligen Mandatsgebiet Palästina[7]

Jahr	Juden	Palästinenser	Gesamt- bevölkerung
1882	15 000 (3,2%)	453 000 (96,8%)	468 000
1931	174 000 (16%)	865 000 (82%)	1 057 000
1947	608 000 (32,9%)	1,20 Mio. (65,2%)	1,85 Mio.
1967	2,38 Mio. (63,8%)	1,35 Mio. (36,2%) davon in Israel: 324 400, WBGS: 955 000, OJ: 68 600	3,73 Mio. (davon israelische Staatsbürger: 2,78 Mio.)
1993	4,34 Mio. (60,6%) davon Siedler: 281 800 (etwa ein Fünfzehntel)	2,82 Mio. (39,4%) davon in Israel: 992 500, in WBGS: 1,83 Mio., in OJ: 182 000	7,16 Mio. (davon israelische Staatsbürger: 5,33 Mio.)
2000	4,96 Mio. (53%) davon Siedler: 387 859 (etwa ein Zwölftel)	4,4 Mio. (47%) davon in Israel: 1,18 Mio., in WBGS: 3,01 Mio., in OJ: 208 700	9,36 Mio. (davon israelische Staatsbürger: 6,37 Mio.)
2018	6,74 Mio.[8] (49%) davon Siedler: 636 800[9] (etwa ein Elftel)	6,95 Millionen (51%) davon in Israel: 1,9 Mio.,[10] in WBGS: 4,7 Mio.,[11] in OJ: 345 000[12]	13,69 Mio. (davon israelische Staatsbürger: 9,01 Mio.)[13]

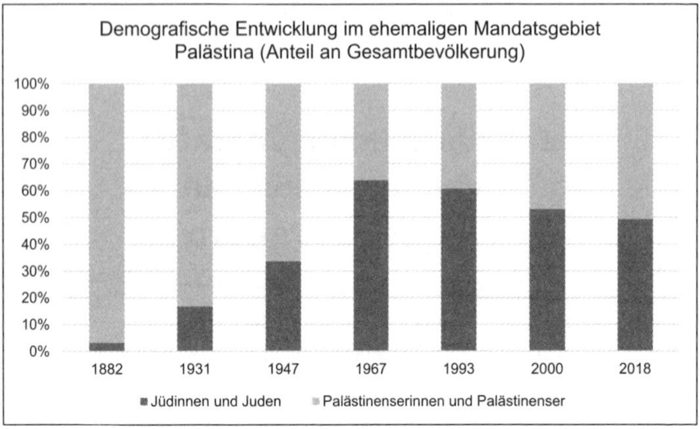
Demografische Entwicklung im ehemaligen Mandatsgebiet Palästina (Anteil an Gesamtbevölkerung)
100%
90%
80%
70%
60%
50%
40%
30%
20%
10%
0%
1882
1931
1947
1967
1993
2000
2018
Jüdinnen und Juden
Palästinenserinnen und Palästinenser

Palästinensische Literatur, Filme und Webseiten

Ausgewählte palästinensische Literatur, Autobiographien und Anthologien auf Deutsch

Abdel-Hadi, Hakam: Der hungrige Suleiman. Vom Lachen und Weinen in Palästina, Berlin 2010 (*Biographischer Roman, der die politische und gesellschaftliche Entwicklung Palästinas ab 1910 nachzeichnet*).

Abulhawa, Susan: Nahrs letzter Tanz, München 2019 (*Roman über eine junge Palästinenserin, die in Kuwait aufwächst, nach dem Zweiten Golfkrieg das Land verlässt und sich schließlich dem Widerstand in Palästina anschließt*).

Abu Saif, Atef: Frühstück mit der Drohne. Tagebuch aus Gaza, Zürich 2017 (*Persönliche Tagebucheinträge des palästinensischen Professors, Journalisten und Schriftstellers aus dem Gazastreifen in den 51 Kriegstagen im Sommer 2014*).

Alafenisch, Salim: Die Feuerprobe, Zürich 2007 (*Roman eines Beduinensohns, der die Anwendung von Gewohnheitsrecht durch die Beduinenstämme im Negev (im südlichen Israel) in den 1960er Jahren thematisiert*).

Alaiyan, Halima: Vertreibung aus dem Paradies. Meine lange Flucht aus Palästina, München 2003 (*Autobiographie einer palästinensischen Ärztin, die in Ägypten aufgewachsen ist und heute in Deutschland lebt*).

Al-Maaly, Khalid (Hg.): Nach dem letzten Himmel. Neue palästinensische Lyrik, Köln 2003 (*Anthologie mit Gedichten palästinensischer Dichterinnen und Dichter*).

Amiry, Suad: Sharon und meine Schwiegermutter. Tagebuch vom Krieg aus Ramallah, Palästina, Frankfurt am Main 2004 (*Tagebuch der palästinensischen Architektin aus Ramallah während der Ausgangssperren der Zweiten Intifada*).

Ashrawi, Hanan: Ich bin in Palästina geboren, München 1995 (*Autobiographie der palästinensischen Intellektuellen und Politikerin mit Fokus auf die Verhandlungen der 1990er Jahre*).

Darwish, Mahmoud: Tagebuch der alltäglichen Traurigkeit. Prosa aus Palästina, Berlin 1973 (*Band mit Kurzgeschichten des palästinensischen Nationaldichters*).

El Youssef, Samir/Keret, Etgar: Alles Gaza. Geteilte Geschichten, München 2006 (*Band mit fiktiven, teils absurden Kurzgeschichten über das Lebensgefühl der jüngeren Generation in Israel, Palästina und im Libanon von einem palästinensischen und einem israelischen Autor*).

Farhat-Naser, Sumaya: Thymian und Steine. Eine palästinensische Lebensgeschichte, Basel 1995 (*Autobiographie der palästinensischen Friedensaktivistin*).

Frangi, Abdallah: Der Gesandte. Mein Leben für Palästina. Hinter den Kulissen der Nahost-Politik, München 2011 (*Autobiographie des langjährigen palästinensischen Vertreters in Deutschland*).

Habibi, Emile: Der Peptimist oder Von den seltsamen Vorfällen um das Verschwinden Saids des Glücklosen, Basel 1992 (*Fantastischer Roman über das Leben der palästinensischen Minderheit in Israel; arabische Erstausgabe 1974*).

Kanafani, Ghassan: Männer in der Sonne. Roman aus Palästina, Basel 1985 (*Literarisches Gleichnis über das Erwachen des palästinensischen Bewusstseins, selbst für ein besseres Leben kämpfen zu müssen; arabische Erstausgabe 1963*).

Kashua, Sayed: Da ward es Morgen, Berlin 2005 (*Roman über die Situation der palästinensischen Minderheit in Israel und das Szenario einer Ausbürgerung im Rahmen eines Friedensabkommens*).

Khalifa, Sahar: Das Erbe, Zürich 2002 (*Sozialkritischer Roman über die palästinensische Gesellschaft in den frühen Oslo-Jahren*).

Milich, Stephan (Hg.): Poetik der Fremdheit. Palästinensische und irakische Lyrik des Exils, Wiesbaden 2009 (*Anthologie mit Gedichten palästinensischer und irakischer Dichterinnen und Dichter*).

Nusseibeh, Sari: Es war einmal ein Land. Ein Leben in Palästina, München 2008 (*Autobiographie des Jerusalemer Professors aus einer alteingesessenen Familie*).

Sabbagh, Raid: Der Tod ist ein Geschenk. Die Geschichte eines Selbstmordattentäters, München 2002 (*Anhand der Geschichte eines jungen Mannes, der auf seinen Einsatz wartet, zeigt der deutsch-palästinensische Autor die Motive eines Attentäters auf*).

Said, Edward W.: Am falschen Ort. Autobiografie, Berlin 2000 (*Autobiographie des palästinensischen Literaturprofessors*).

Shehadeh, Raja: Fremd in Ramallah. Mein Leben als Sohn im besetzten Palästina, Hamburg 2003 (*Autobiographie und Familiengeschichte des palästinensischen Juristen*).

Tawil, Raymonda: Mein Gefängnis hat viele Mauern. Eine Palästinenserin berichtet, Bonn 1979 (*Autobiographie der Mutter von Suha, die Anfang der 1990er Jahre Jassir Arafat heiratete*).

We are not numbers. Junge Stimmen aus Gaza. Bilder von Malak Mattar, Basel 2019 (*Anthologie mit Gedichten und Kurzgeschichten junger Palästinenserinnen und Palästinenser aus dem Gazastreifen*).

Ausgewählte palästinensische Spiel- und Dokumentarfilme[14]

Abourahme, Dahna: The Kingdom of Women. Ein El Hilweh, 2010 (*Dokumentarfilm über die israelische Invasion im Libanon 1982, die Zerstörung des Flüchtlingslagers und Verhaftung der männlichen Bewohner sowie die Rolle, die die Frauen des Lagers u.a. beim Wiederaufbau übernahmen*).

Abu-Assad, Hany: Omar, 2013 (*Spielfilm über einen jungen Bäcker aus Nablus, der inhaftiert und gefoltert wird und so zum Kollaborateur mit Israel wird*).

Alatar, Mohammad: Broken. A Palestinian Journey Through International Law, 2018 (*Dokumentarfilm über die Sperranlagen im Westjordanland und das Rechtsgutachten des Internationalen Gerichtshofes*).

Andoni, Raed: Ghost Hunting, 2017 (*Dokumentarfilm über ein Theaterprojekt, in dem ehemals in Israel Inhaftierte ihre Haftbedingungen, Folter und Demütigung nachstellen*).

Awwad, Nahed: Gaza Calling, 2012 (*Dokumentarfilm über die durch die israelische Politik erzwungene Trennung von Familien, die im Gazastreifen und im Westjordanland leben, anhand der Geschichte zweier Familien*).

Bakri, Mohammed: Jenin, Jenin, 2003 (*Dokumentarfilm über die israelische Militäroperation im Flüchtlingscamp von Jenin im April 2002, anhand von Interviews mit den Bewohnerinnen und Bewohnern des Lagers; die Darstellung der Ereignisse als Massaker führte zum wiederholten Verbot des Films in Israel*).

Burnat, Emat/Davidi, Guy: 5 Broken Cameras, 2011 (*Dokumentarfilm über die Proteste gegen die Sperranlagen in Bil'in 2005–2010 aus der Perspektive eines Dorfbewohners*).

Copti, Scandar/Shani, Yaron: Ajami, 2009 (*Spielfilm, der anhand von fünf persönlichen Geschichten die schwierige Lage der palästinensischen Bewohnerinnen und Bewohner eines Stadtteils von Jaffa (Ajami) sowie traditionelle Mechanismen der Konfliktregelung illustriert*).

Fleifel, Mahdi: A World Not Ours, 2012 (*Dokumentarfilm über mehrere*

Generationen einer Familie sowie die engsten Freunde des Regisseurs im Flüchtlingscamp Ain al-Helweh im Libanon aus der Perspektive eines jungen Emigranten, der im Camp aufgewachsen ist).

Habash, Ahmad: Fatenah, 2009 (*Animationsfilm über eine junge Frau im Gazastreifen, die aufgrund von Brustkrebs auf medizinische Behandlung in Israel angewiesen ist, beruhend auf einer realen Geschichte*).

Jacer, Annemarie: When I Saw You, 2013 (*Spielfilm über eine Mutter und ihren Sohn, die vor den Kriegshandlungen 1967 nach Jordanien flüchten, in einem Flüchtlingslager unterkommen und sich vorübergehend den Fedajin anschließen*); Wajib, 2017 (*Spielfilm über einen Vater und seinen Sohn, die gemeinsam die Pflicht (arab. Wajib) übernehmen, die Einladungen für die Hochzeit der Tochter/Schwester zu verteilen; der Film thematisiert humorvoll die palästinensische Gesellschaft in Israel*).

Jabaly, Mohamed: Ambulance, 2016 (*Dokumentarfilm über die Einsätze eines Rettungswagens während der kriegerischen Auseinandersetzungen im Gazastreifen 2014 aus der Perspektive eines jungen einheimischen Fotojournalisten*).

Khamis, Juliano Mer: Arna's Children, 2004 (*Dokumentarfilm über eine Gruppe von Kindern, die während der Ersten Intifada in einem Kindertheater, das von der Mutter des Regisseurs im Flüchtlingslager Jenin geleitet wird, Rollen üben und die als Jugendliche während der Zweiten Intifada kämpfen und sterben*).

Khleifi, Michel/Sivan, Eyal: Route 181: Fragmente einer Reise in Palästina-Israel, 2003 (*vierteiliger Dokumentarfilm, in dem die Regisseure entlang der im UN-Teilungsplan vorgesehenen Grenze zwischen dem jüdischen und dem arabischen Staat, Anwohnerinnen und Anwohner zu ihrem Leben und zum Konflikt interviewen*).

Maraana, Ibtisam: Three Times Divorced, 2007 (*Dokumentarfilm über den Kampf einer Frau aus dem Gazastreifen, die einen Beduinen aus Israel heiratet und, als er sich von ihr scheiden lässt, ihren Aufenthaltsstatus in Israel und das Sorgerecht für ihre Kinder verliert*); Write Down. I Am An Arab, 2014 (*Dokumentarfilm über den palästinensischen Nationaldichter Mahmud Darwisch mit vielen Originaldokumenten; benannt nach dem Refrain in Darwischs Gedicht* Identitätskarte).

Mansour, Carol: We Cannot Go There Now, My Dear, 2014 (*Dokumentarfilm über palästinensische Flüchtlinge, die vor dem Bürgerkrieg in Syrien aus den dortigen Flüchtlingslagern in den Libanon geflohen sind, ihre aktuelle Situation, ihre Hoffnungen und ihre Geschichte*).

Nabulsi, Farah: The Present, 2020 (*für den Oskar 2021 nominierter Kurzfilm über einen Vater, der gemeinsam mit seiner Tochter seiner Frau ein Geschenk zum Hochzeitstag kauft; illustriert die Einschränkung der Bewegungsfreiheit im Westjordanland*).

Odeh, May: Diaries, 2010 (*Dokumentarfilm über drei junge Frauen im Gazastreifen, die unter Besatzung und Hamas-Herrschaft leben, der die unterschiedlichen Lebensentwürfe und konkreten Herausforderungen sowie das Liebenswerte in Gaza aufzeigt*).

Nasser, Arab/Nasser, Tarzan: Dégradé, 2015 (*Spielfilm über Frauen, die in einem Schönheitssalon im Gazastreifen festsitzen, da das Viertel von bewaffneten Auseinandersetzungen zwischen der Hamas und bewaffneten Banden erschüttert wird, situiert während der innerpalästinensischen Konfrontationen 2007*).

Sansour, Leila: Open Bethlehem, 2014 (*Dokumentarfilm über eine Kampagne gegen die Abriegelung Bethlehems aus der Perspektive der Initiatorin, die aus dem Exil ins Haus ihrer Familie zurückgekehrt ist*).

Shomali, Amer/Cowan, Paul: The Wanted 18, 2014 (*Dokumentarfilm/Animationsfilm über den Aufbau von Selbstversorgungsstrukturen während der Ersten Intifada, hier eine Milchkooperative in Beit Sahour, die von Israel zur Sicherheitsbedrohung deklariert wird*).

Suleiman, Elia: Divine Intervention, 2002 (*Spielfilm, der mit schwarzem Humor die Absurditäten des Lebens unter Besatzung, die Abriegelung Jerusalems vom Westjordanland und die palästinensische Gesellschaft aufs Korn nimmt*).

Ausgewählte Onlineressourcen[15]

Nachrichtenportale

Electronic Intifada (Chicago; Nachrichten, Meinungsartikel) https://electronicintifada.net/

Jerusalem Media and Communications Centre (Jerusalem; Nachrichten, Meinungsumfragen) http://www.jmcc.org/

Ma'an News Agency (Ramallah; unabhängige palästinensische Nachrichtenagentur, auf Arabisch) https://www.maannews.net/, ausgewählte Artikel erscheinen auf Englisch über https://www.timesofisrael.com/topic/maan-news-agency/

The Palestinian Information Center (Gaza; Nachrichtenseite der Hamas) https://english.palinfo.com/

Palestine Monitor (Ramallah; Nachrichtenseite begründet von Mustafa Barghouthi) https://www.palestinemonitor.org/index.php

Palestine News and Info Agency (Ramallah; offizielle palästinensische Nachrichtenagentur) https://english.wafa.ps/

Politische Akteure

Fatah http://www.fatehfrc.plo.ps/en/
Hamas https://hamas.ps/en/
PLO http://www.plo.ps/
Volksfront zur Befreiung Palästinas (PFLP) https://english.pflp.ps/

Offizielle Institutionen

Außenministerium http://www.mofa.pna.ps/en-us/home
Palästinensischer Legislativrat http://www.pal-plc.org/english.aspx
Ministerrat der PA http://www.palestinecabinet.gov.ps/portal/Home/IndexEn
Präsidentschaft https://www.president.ps/eng/
Palästinensisches Statistikbüro http://pcbs.gov.ps/default.aspx
Vertretung bei den UN http://palestineun.org/

Think Tanks, akademische Zentren und NGOs

Adalah. The Legal Center for Arab Minority Rights in Israel (Haifa) https://www.adalah.org/en
AMAN (Ramallah; palästinensischer Ableger von Transparency International, Berichte zu Korruption/Transparenz) https://www.aman-palestine.org/en
Arab World for Research and Development (Ramallah; Studien zu aktuellen gesellschaftlichen Themen) http://www.awrad.org/en
The Applied Research Institute – Jerusalem (Informationen zum Thema nachhaltige Entwicklung, detaillierte Karten) http://www.arij.org/
Deutsch-Palästinensische Gesellschaft (Köln; Kommentare zu aktuellen Ereignissen, Palästina-Journal auf Deutsch) https://dpg-netz.de/
Institute for Palestine Studies (Beirut; Zeitschriften auf Englisch und Arabisch zu aktuellen Themen, Blog-Posts, Bücher etc.) https://www.palestine-studies.org/; Informationen zu palästinensischen Persönlichkeiten https://www.paljourneys.org/en/timeline/biographies; interaktive Chronologie https://www.paljourneys.org/en/timeline/overallchronology
Journal of Palestine Studies (Oakland; Chronologie aktueller Ereignisse, Zeitschrift zu aktuellen Themen) https://online.ucpress.edu/jps
Mossawa Center. The Advocacy Center for Arab Citizens in Israel (Haifa) http://www.mossawa.org/eng/

Palestine Economic Policy Research Institute (Ramallah; Statistiken, Studien zur wirtschaftlichen Situation) http://www.mas.ps/

Palestinian Academic Society for the Study of International Affairs (Jerusalem; akademische Veröffentlichungen, Bulletins, Datenbanken zu Palästina und palästinensischen Persönlichkeiten, Karten) www.passia.org; http://passia.org/personalities

Palestinian Center for Policy and Survey Research (Ramallah; Meinungsumfragen, Analysen zu aktuellen politischen Fragen) https://www.pcpsr.org/

Palestinian Centre for Human Rights (Gaza/Ramallah) https://www.pchrgaza.org/

Palestine Institute for Public Diplomacy (Ramallah; VR-Touren durch Palästina, Dokumentationen) http://thepipd.com/, Youtube-Kanal mit «Dardashe» (Gespräche mit palästinensischen Persönlichkeiten) https://www.youtube.com/channel/UCI1faJEQi3ZG-WkPLIBIS-g

Palestine-Israel Journal (Jerusalem; vierteljährliche Zeitschrift zu Israel/Palästina) https://www.pij.org/

Pal-Think for Strategic Studies (Gaza; Studien und Artikel mit Fokus auf den Gazastreifen) http://palthink.org/en/

Al-Shabaka. The Palestinian Policy Network (Kalifornien; Politikanalysen) https://al-shabaka.org/en/

Verwendete Literatur

Aaron, Paul G.: The Idolatry of Force. How Israel Embraced Targeted Killing, Journal of Palestine Studies, 46 (2017) 4, S. 75–99.

–: The Idolatry of Force (Part II). Militarism in Israel's Garrison State, Journal of Palestine Studies, 48 (2019) 2, S. 58–78.

Abdul Hadi, Mahdi (Hg.), Palestinian Personalities. A Biographic Dictionary, Jerusalem 2006 (2. Aufl.).

Abed, George T.: Die Palästinenser und die Golfkrise, in: Dietrich Neuhaus/Christian Sterzing (Hg.), Die PLO und der Staat Palästina. Analysen und Dokumente zur Entwicklung der PLO, Hanau 1991, S. 138–159.

Abu-Amr, Ziad: Islamic Fundamentalism in the West Bank and Gaza. Muslim Brotherhood and Islamic Jihad, Bloomington/Indianapolis 1994.

–: The Palestinian Legislative Council. A Critical Assessment, Journal of Palestine Studies, 26 (1997) 4, S. 90–97.

Abu Khalil, As'ad: Abu Nidal, in: Philip Mattar (Hg.), Encyclopedia of the Palestinians, New York 2000, S. 7 f.

Abunimah, Ali: One Country. A Bold Proposal to End the Israeli-Palestinian Impasse, New York 2006.

–: The Battle for Justice in Palestine, Chicago 2014.

–: Israeli Election Ad Boasts Gaza Bombed Back to «Stone Ages», in: The Electronic Intifada, 21.1.2019, https://electronicintifada.net/blogs/ali-abunimah/israeli-election-ad-boasts-gaza-bombed-back-stone-ages (27.2.2021).

Abu-Rish, Ziad: Resistance and Revolution as Lived Daily Experience. An Interview with Leila Khaled, in: Jadaliyya, 12.9.2011, https://www.jadaliyya.com/Details/24379 (5.10.2020).

Abu Scharif, Bassam: Arafat and the Dream of Palestine. An Insider's Account, New York 2009.

Abu Sitta, Salman: The Palestinian Nakba 1948. The Register of Depopulated Localities in Palestine, London 1998.

–: Mapping My Return. A Palestinian Memoir, Kairo 2017.

–: Palestine Right of Return, Sacred, Legal, and Possible, in: PalestineRemembered.com, 7.4.2007, https://www.palestineremembered.com/Acre/Right-Of-Return/index.html (12.11.2020).

Abu Toameh, Khaled: New Palestinian Government Sworn in, in: The Jerusalem Post, 13.4.2019, https://www.jpost.com/Middle-East/New-Palestinian-government-sworn-in-586728 (13.10.2020).

Adalah (Haifa), Discriminatory Laws in Israel, https://www.adalah.org/en/law/index (3.3.2021).

–, The State of Israel v. MK Dr. Azmi Bishara, 21.10.2006, https://www.adalah.org/en/content/view/7848 (2.10.2020).

–, The Democratic Constitution, 20.3.2007, https://www.adalah.org/uploads/oldfiles/Public/files/democratic_constitution-english.pdf (3.3.2021).

–, The Inequality Report. The Palestinian Arab Minority in Israel, März 2011, https://www.adalah.org/uploads/oldfiles/upfiles/2011/Adalah_The_Inequality_Report_March_2011.pdf (3.3.2021).

–, Palestinian Citizens of Israel. A Primer, 7.7.2019, https://www.adalah.org/uploads/uploads/Primer%20Palestinian%20Citizens%20of%20Israel%20Adalah%20June%202019.pdf (3.3.2021).

–, The October 2000 Killings, 11.8.2020, https://www.adalah.org/en/content/view/8639 (17.2.2021).

Aderet, Ofer: Jewish Soldiers and Civilians Looted Arab Neighbors' Property en Masse in '48. The Authorities Turned a Blind Eye, in: Haaretz, 3.10.2020, https://bit.ly/3axwMTs (12.11.2020).

Agreement between Fatah and Hamas, in: United Nations Peacemaker, 3.5.2011, http://peacemaker.un.org/sites/peacemaker.un.org/files/OPt_AgreementFatahHamas2011.pdf (16.2.2021).

Ajluni, Salem: The Palestinian Economy and the Second Intifada, Journal of Palestine Studies, 32 (2003) 3, S. 64–73.

Albanese, Francesca P./Takkenberg, Lex: Palestinian Refugees in International Law, New York 2020 (2. Aufl.).

Algazi, Gadi et al.: Ein Aufruf von Jüdischen und Israelischen Wissenschaftler[n] an Deutsche Parteien zu «BDS», Mai 2019, https://de.scribd.com/document/410140639/Aufruf-von-Judischen-und-Israelischen-Wissenschaftler-an-Deutsche-Parteien-zu-BDS (28.2.2021).

Al-Hayat al-Jadida (Ramallah), Mashruʿ al-dustur al-muʾaqqat (Das Projekt der befristeten Verfassung), 22.–26.07.2000.

Ali, Tariq: Remembering Edward Said. 1935–2003, in: New Left Review, 24 (2003), S. 59–65.

Al Jazeera, Trump and the Palestinians. A Timeline, 19.11.2019, https://www.aljazeera.com/news/2019/11/19/trump-and-the-palestinians-a-timeline (1.3.2021).

–, In Pictures. Israel's Illegal Separation Wall Still Divides, 8.7.2020, https://www.aljazeera.com/gallery/2020/7/8/in-pictures-israels-illegal-separation-wall-still-divides (17.2.2021).

–, Fatah, Hamas say deal reached on Palestinian Elections, 24.9.2020, https://www.aljazeera.com/news/2020/9/24/fatah-hamas-say-deal-reached-on-palestinian-elections (18.2.2021).

Allen, Lori: The ICC in Palestine. Reasons to Withhold Hope, in: Carnegie Endowment for International Peace, 17.2.2021, https://carnegieendowment.org/sada/83895 (27.2.2021).

Alsaafin, Linah: The Imperfect Revolution. Palestine's 15 March Movement One Year On, in: The Electronic Intifada, 23.3.2012, https://electronicintifada.net/content/imperfect-revolution-palestines-15-march-movement-one-year/11092 (28.2.2021).

Al-Shabaka, Rethinking Palestine, 2020–2021, https://podcasts.apple.com/us/podcast/rethinking-palestine/id1537774938 (3.3.2021).

Amnesty International (London), «Strangling Necks». Abductions, Torture and Summary Killings of Palestinians by Hamas Forces During the 2014 Gaza/Israel Conflict, 2015, https://www.amnesty.ch/de/laender/naher-osten-nordafrika/israel-besetzte-gebiete/dok/2015/gaza-summarische-hinrichtungen-und-folter-durch-die-hamas/amnesty-bericht-strangling-necks-engl-46 s (1.3.2021).

Amnesty International (Berlin), Bewohner_innen des Dorfes Nabi Saleh, 1.7.2018, https://www.amnesty.de/mitmachen/brief-gegen-das-vergessen/israel-und-besetzte-gebiete-bewohnerinnen-des-dorfes-nabi-saleh (1.3.2021).

Amnesty International (London), Palestine. Authorities Must Drop Charges Against Human Rights Defender Issa Amro for Peaceful Criticism, 27.3.2019, https://www.amnesty.org/en/latest/news/2019/03/palestine-authorities-must-drop-charges-against-human-rights-defender-issa-amro-for-peaceful-criticism (6.10.2020).

Amro, Issa: Palestine Field Post. I Am Not Your Normal Human Rights Campaigner, in: The Guardian, 10.3.2015, https://www.theguardian.com/global-development-professionals-network/2015/mar/10/palestine-fieldpost-not-normal-human-rights-campaigner (6.10.2020).

–: Where do we stand, https://wheredowestand.org/issaamro (6.10.2020).

Anderson, Benedict: Imagined Communities. Reflections on the Origin and Spread of Nationalism, London 1983.

Apartheid Israel. The Politics of an Analogy, Online Forum by Africa Is a Country, 22.11.2014, https://africaisacountry.atavist.com/apartheidanalogy (3.3.2021).

Arafat, Jassir: Rede vor der UN-Generalversammlung, New York, 13.11.1974. Transkript des arabischen Originaltexts: Palestinian News and Info Agency, Khitab Jasir Arafat amam al-jamiʿya al-ʿama lil-umam al-muttahida fi 13/11/1974, Ramallah, https://info.wafa.ps/ar_page.aspx?id=4932 (28.9.2020).

Arens, Moshe: There Must Be 50 Ways to Hate an Arab, in: Haaretz, 24.6. 2013, http://www.haaretz.com/opinion/.premium-1.531711 (4.3.2021).

Arnon, Arie/Luski, Israel/Spivak, Avia/Weinblatt, Jimmy: The Palestinian Economy. Between Imposed Integration and Voluntary Separation, Leiden 1997.

Aruri, Naseer H./Carroll, John J.: A New Palestinian Charter, Journal of Palestine Studies, 23 (1994) 4, S. 5–17.

Asher, Dani: The Egyptian Strategy for the Yom Kippur War. An Analysis, Jefferson 2009.

Ashrawi, Hanan: Contemporary Palestinian Literature under Occupation, Birzeit 1976.

–: «The Contemporary Palestinian Poetry of Occupation», Journal of Palestine Studies, 7 (1978) 3, S. 77–101.

–: The Contemporary Literature of Palestine: Poetry and Fiction, Ann Arbor 1987.

–: From Intifada to Independence, Den Haag 1989.

–: Ich bin in Palästina geboren, München 1997 (englisches Original: This Side of Peace. A Personal Account, New York 1995).

Assali, Hania: Le commerce extérieur palestinien. Importation et distribution, Monde arabe. Maghreb-Machrek, 161 (1998), S. 43–50.

Asseburg, Muriel: Palästina auf dem Weg zum Staat. Determinanten, Entwicklungen, Szenarien, Ebenhausen1999.

–: Arafat vor dem Aus. Und dann?, Berlin September 2002 a, https://www.swp-berlin.org/fileadmin/contents/products/aktuell/swpaktu_37_02_sicher.pdf (9.10.2020).

–: Blockierte Selbstbestimmung. Palästinensische Staats- und Nationenbildung während der Interimsperiode, Baden-Baden 2002.

–: Die Genfer Vereinbarung. Blaupause für eine Zwei-Staaten-Lösung in Nahost, Berlin November 2003 b, https://www.swp-berlin.org/fileadmin/contents/products/aktuell/swpaktu2003_43_ass.pdf (16.2.2021).

–: Auf dem Weg zu einem lebensfähigen palästinensischen Staat? Der Staatswerdungsprozeß Palästinas während der Interimsperiode, in: Dietmar Herz/Christian Jetzlsperger/Kai Ahlborn (Hg.), Der israelisch-palästinensische Konflikt. Hintergründe, Dimensionen und Perspektiven, Stuttgart 2003, S. 113–140.

–: Road map oder road blocks?, in: INAMO, 34 (2003a), S. 38–40.

–: Nach den palästinensischen Parlamentswahlen. Wie mit Hamas umgehen?, Berlin Februar 2006, https://www.swp-berlin.org/fileadmin/contents/products/aktuell/aktuell2006_08_ass_ks.pdf (16.2.2021).

–: «Hamastan vs. Fatahland». Fortschritt in Nahost?, Berlin Juli 2007, https://www.swp-berlin.org/fileadmin/contents/products/aktuell/2007A35_ass_ks.pdf (16.2.2021).

–: Die palästinensische Hamas zwischen Widerstandsbewegung und Reformregierung, in: Muriel Asseburg (Hg.), Moderate Islamisten als Reformakteure, Bonn 2008, S. 81–98.

–: Die ESVP-Missionen in den palästinensischen Gebieten (EUPOL COPPS, EU BAM Rafah). Frieden durch Sicherheit?, in: Muriel Asseburg/Ronja Kempin (Hg.): Die EU als strategischer Akteur in der Sicherheits- und Verteidigungspolitik? Eine systematische Bestandsaufnahme von ESVP-Missionen und -Operationen, Berlin 2009, S. 92–109, https://www.swp-berlin.org/fileadmin/contents/products/studien/2009_S32_ass_kmp_ks.pdf#page=92 (16.2.2021).

–: Palästina bei den Vereinten Nationen. Optionen, Risiken und Chancen eines palästinensischen Antrags auf Vollmitgliedschaft und Anerkennung, Berlin 2011, https://www.swp-berlin.org/fileadmin/contents/products/aktuell/2011A36_ass_ks.pdf (27.2.2021).

–: Nahost-Verhandlungen vor dem Aus. Die Einstaatenrealität verfestigt sich, Berlin 2014, https://www.swp-berlin.org/fileadmin/contents/products/aktuell/2014A28_ass.pdf (27.2.2021).

–: «Shrinking Spaces» in Israel. Die Verengung demokratischer Spielräume, die Verfestigung der Besatzung und stete Menschenrechtsverletzungen erfordern einen europäischen Paradigmenwechsel, Berlin 2017 a, https://www.swp-berlin.org/fileadmin/contents/products/aktuell/2017A61_ass.pdf (3.3.2021).

–: Das Versöhnungsabkommen zwischen Fatah und Hamas von Oktober 2017. Chance für eine Überwindung der humanitären Krise im Gaza-Streifen und seine dauerhafte Öffnung, Berlin 2017, https://www.swp-berlin.org/fileadmin/contents/products/aktuell/2017A73_ass.pdf (16.2.2021).

–: Die Palästinensische Autonomiebehörde und die Hamas-Regierung. Erfüllungsgehilfen der Besatzung?, in: Peter Lintl (Hg.), Akteure des israelisch-palästinensischen Konflikts. Interessen, Narrative und die Wechselwirkung der Besatzung, Berlin 2018, S. 31–47, https://www.swp-berlin.org/fileadmin/contents/products/studien/2018S02_ltl.pdf#page=31 (16.2.2021).

–: Palästinas verbauter Weg zur Eigenstaatlichkeit, Vereinte Nationen, 66 (2018a) 3, S. 105–110.

–: Der «Jahrhundert-Deal» zur Lösung des israelisch-palästinensischen Konflikts, Berlin 2019, https://www.swp-berlin.org/fileadmin/contents/products/aktuell/2019A19_ass.pdf (27.2.2021).

–: Nach der Vorlage der Trumpschen Vision für den Nahen Osten sind die Europäer gefordert, Berlin 2020, https://www.swp-berlin.org/publikation/trumps-jahrhundert-deal-fuer-nahost (27.2.2021).

–: Europa und der Nahostkonflikt. Wie weiter nach dem Ende der Oslo-

Ära?, in: Barbara Lippert/Günther Maihold (Hg.), Krisenlandschaften und die Ordnung der Welt. Im Blick von Wissenschaft und Politik, Berlin 2020a, S. 64–71, https://www.swp-berlin.org/fileadmin/contents/products/studien/2020S18_Krisenlandschaften.pdf#page=66 (27.2.2021).
–: Die deutsche Kontroverse um die BDS-Bewegung, in: Wolfgang Benz (Hg.), Streitfall Antisemitismus. Anspruch auf Deutungsmacht und politische Interessen, Berlin 2020b, S. 284–298.
– et al.: Im Kampf gegen Antisemitismus hilft das nicht, in: Zeit Online, 4.6.2019, https://www.zeit.de/politik/deutschland/2019-06/israel-boykott-bds-antisemitismus-meinungsfreiheit-bundesregierung/komplettansicht (28.2.2021).
–/ Busse, Jan: Das Ende der Zweistaatenregelung? Alternativen und Prioritäten für die Regelung des israelisch-palästinensischen Konflikts, Berlin 2016, https://www.swp-berlin.org/fileadmin/contents/products/aktuell/2016A27_ass_Busse.pdf (3.3.2021).
–/ Busse, Jan: Der Nahostkonflikt. Geschichte, Positionen, Perspektiven, München 2021 (4. Aufl.).
–/ Lintl, Peter/Steinberg, Guido: Annäherung Israel-Vereinigte Arabische Emirate. Palästinenser in der Abseitsfalle?, Berlin 2020, https://www.swp-berlin.org/publikation/annaeherung-israel-vereinigte-arabische-emirate-palaestinenser-in-der-abseitsfalle (1.3.2021).
–/ Lovatt, Hugh: Economic Band-Aids Won't Bring Peace to the Middle East, in: Foreign Policy, 25.6.2019, https://foreignpolicy.com/2019/06/25/economic-band-aids-wont-bring-peace-to-the-middle-east-kushner-bahrain-conference-netanyahu-pa-israeli-Palestinian (27.2.2021).
–/ Perthes, Volker: Palästina auf dem Weg zum Staat, Blätter für deutsche und internationale Politik, 41 (1996) 3, S. 266–270.
Avishai, Bernard/Bahour, Sam: Want Israeli-Palestinian Peace? Try Confederation, in: The New York Times, 12.2.2021, https://www.nytimes.com/2021/02/12/opinion/israel-palestinian-confederation.html (4.3.2021).
Avnery, Uri: My Friend, the Enemy, London 1986.
–: Die gefesselten Hände über dem Kopf, Berlin 28.9.2007, https://www.freitag.de/autoren/der-freitag/die-gefesselten-hande-uber-dem-kopf (9.10.2020).
Azarova, Valentina: Israel's Unlawfully Prolonged Occupation. Consequences Under an Integrated Legal Framework, Juni 2017, https://ecfr.eu/wp-content/uploads/ISRAELS_UNLAWFULLY_PROLONGED_OCCUPATION_ECFR216.pdf (3.3.2021).
al-Azm, Sadik J.: Palestinian Zionism, Die Welt des Islam, 28 (1988) 1, S. 90–98.
Azulay, Moran: «Israel Should Annex 60% of Area C», in: Ynet News, 23.2.

2012, http://www.ynetnews.com/articles/0,7340,L-4193978,00.html (4.3.2021).

Baconi, Tareq: Hamas Contained. The Rise and Pacification of Palestinian Resistance, Stanford 2018.

Bahar, Eli/Abu Ras, Thabet: Israel Is Wrong to Uproot Arab-Bedouin Citizens to Make Room for Jews, in: The Israel Democracy Institute, 28.3. 2016, https://en.idi.org.il/articles/3248 (3.3.2021).

Bard, Mitchell: The Palestinian Refugees. History & Overview, in: Jewish Virtual Library, https://www.jewishvirtuallibrary.org/history-and-overview-of-the-palestinian-refugees (13.11.2020).

Barghouthi, Mustafa: An Overview of Palestinian Non-governmental Organisations and their Future Role, in: Muriel Asseburg/Volker Perthes (Hg.), Surviving the Stalemate. Approaches to Strengthening the Palestinian Entity, Baden-Baden 1998, S. 82–92.

Barghuthi, Marwan: Want Security? End the Occupation, in: The Washington Post, 16.1.2002, https://www.washingtonpost.com/archive/opinions/2002/01/16/want-security-end-the-occupation/6d95b7aa-48bd-43e8-9698-e35331460ffb (9.10.2020).

Bashi, Sari/Feldman, Tamar: Scale of Control. Israel's Continued Responsibility in the Gaza Strip, November 2011, https://www.gisha.org/UserFiles/File/scaleofcontrol/scaleofcontrol_en.pdf (18.2.2021).

Baumgarten, Helga: Palästina. Befreiung in den Staat, Frankfurt am Main 1991.

–: Arafat. Zwischen Kampf und Diplomatie, München 2002.

–: Hamas. Der politische Islam in Palästina, München 2006.

–: Kampf um Palästina. Was wollen Hamas und Fatah?, Freiburg im Breisgau 2013.

BBC, Palestinian Fury as «Jewish Settler» Arson Attack Kills Child, 31.7. 2015, https://www.bbc.com/news/world-middle-east-33729281 (1.3. 2021).

BDS, FAQs. Isn't Boycott of Israel Anti-Semitic?, 2019, https://bdsmovement.net/faqs#collapse16241 (28.2.2021).

–, What is BDS?, 2019, https://bdsmovement.net/what-is-bds (28.2.2021).

–, Palestinians Overwhelmingly Condemn German Parliament's Anti-Palestinian Resolution, 23.5.2019, https://bdsmovement.net/news/palestinians-overwhelmingly-condemn-german-parliament%E2%80%99s-anti-palestinian-resolution (28.2.2021).

BDS-Kampagne, Deutschlandweiter BDS-Aufruf, 20.6.2015, http://bds-kampagne.de/aufruf/deutschlandweiter-bds-aufruf (28.2.2021).

Beck, Martin: The External Dimension of Authoritarian Rule in Palestine, Journal of International Relations and Development, 3 (2000) 1, S. 47–66.

Beinart, Peter: Yavne. A Jewish Case for Equality in Israel-Palestine, in: Jewish Currents, 7.7.2020, https://jewishcurrents.org/yavne-a-jewish-case-for-equality-in-israel-palestine (4.3.2021).

–: Gaza Myths and Facts. What American Jewish Leaders Won't Tell You, in: Haaretz, 19.2.2021, https://www.haaretz.com/opinion/.premium-gaza-myths-and-facts-what-american-jewish-leaders-won-t-tell-you-1.5257435 (19.2.2021).

Benari, Elad: Knesset Approves Nakba Law, in: Arutz Sheva, 23.3.2011, http://www.israelnationalnews.com/News/News.aspx/143069 (4.3.2021).

Ben Efrat, Roni: Porcupine Tangos. The PA and the NGOs (Accompanied by the CIA Orchestra), Challenge, 57 (1999), S. 8–15.

Benn, Aluf: The Selling of the Summit, in: Haaretz, 26.7.2001, https://www.haaretz.com/1.5355191 (7.2.2021).

Benvenisti, Eyal: The Status of the Palestinian Authority, in: Eugene Cotran/Chibli Mallat (Hg.), The Arab-Israeli Accords. Legal Perspectives, Den Haag 1996, S. 47–65.

Berger, Yotam: Secret 1970 Document Confirms First West Bank Settlements Built on a Lie, in: Haaretz, 28.7.2016, https://www.haaretz.com/israel-news/.premium-document-confirms-first-settlements-built-on-a-lie-1.5416937 (18.1.2021).

–: Palestinians Have Received 0.25% of State Land Israel Has Allocated in the West Bank Since 1967, in: Haaretz, 19.7.2018, https://www.haaretz.com/israel-news/.premium-palestinians-got-0-25-of-west-bank-state-land-israel-has-allotted-1.6290748 (18.01.2021).

Birzeit University (Birzeit), Press Release. Birzeit University Respects and Welcomes Supporters of Palestinian Rights, 30.9.2014, https://www.birzeit.edu/en/news/press-release-birzeit-university-respects-and-welcomes-supporters-palestinian-rights (28.2.2021).

Bischara, Azmi: Zur Entwicklung der politischen Doktrin der PLO, in: Dietrich Neuhaus/Christian Sterzing (Hg.), Die PLO und der Staat Palästina. Analysen und Dokumente zur Entwicklung der PLO, Hanau 1991, S. 17–43.

Bishara, Azmi: Civil Society. A Critical Study, Beirut 2000.

–: The Arabs in Israel. Moreton-in-Marsh 2003.

–: From the Jewishness of the State to Sharon, Kairo 2005.

–: Why Israel Is After Me, in: Los Angeles Times, 3.5.2007, https://www.latimes.com/la-oe-bishara3may03-story.html (1.10.2020).

–: Religion and Secularism in a Historical Context, Doha 2012.

–: Sect, Sectarianism and Imagined Sects, Doha 2018.

–: Sectarianism without Sects, London 2021 (i.E.).

Black, Ian/Beaumont, Peter/Roberts, Dan: Israel Suspends Peace Talks with Palestinians after Fatah-Hamas Deal, in: The Guardian, 24.4.2014, https://www.theguardian.com/world/2014/apr/24/middle-east-israel-halts-peace-talks-palestinians (27.2.2021).

Black, Ian: Israel Is Finding It Harder to Deny Targeting Gaza Infrastructure, in: The Guardian, 29.7.2014, https://www.theguardian.com/world/2014/jul/29/israel-gaza-infrastructure-blackouts-idf-civilian (27.2.2021).

Blair, David: Israel Ready to Assassinate Arafat, in: Independent, 15.9.2003, https://www.independent.ie/world-news/israel-ready-to-assassinate-arafat-25930728.html (17.2.2021).

Boehm, Omri: A Future for Israel. Beyond the Two-State-Solution, New York 2019.

–: Israel. Eine Utopie, Berlin 2020.

Böhme, Jörn/Sterzing, Christian: Kleine Geschichte des israelisch-palästinensischen Konflikts, Schwalbach 2018 (8. Aufl.).

Bowman, Glenn: «A Country of Words». Conceiving the Palestinian Nation from the Position of Exile, in: Ernesto Laclau (Hg.), The Making of Political Identities, London/New York 1994, S. 138–170.

Brenner, Michael: Geschichte des Zionismus, München 2002.

Bröning, Michael: The Politics of Change in Palestine. State-Building and Non-Violent Resistance, London 2011.

Brown, Nathan J.: Constituting Palestine. The Effort to Write a Basic Law for the Palestinian Authority, Middle East Journal, 54 (2000) 1, S. 25–43.

Brumlik, Micha: Unter BDS-Verdacht. Der neue McCarthyismus, Blätter für deutsche und internationale Politik, 8 (2019), https://www.blaetter.de/ausgabe/2019/august/unter-bds-verdacht-der-neue-mccarthyismus (28.2.2021).

Brynen, Rex: A Very Political Economy. Peacebuilding and Foreign Aid in the West Bank and Gaza, Washington, D.C. 2000.

B'Tselem (Jerusalem), New All Population Israeli-Palestinian Survey: 45% of Those Living Between the Jordan River and the Mediterranean Sea Believe «Apartheid» Is an Appropriate Description of the Regime, 12.4.2021 (15.4.2021).

–, Fatalities. Before Cast Lead, https://statistics.btselem.org/en/stats/before-cast-lead/by-date-of-incident?dateSensor=%22970189200000,1107903599000%22 (19.2.2021).

–, Fatalities During Operation Cast Lead, https://www.btselem.org/statistics/fatalities/during-cast-lead/by-date-of-event (28.2.2021).

–, B'Tselem's Video Camera Distribution Project Wins British One World Media Award, 23.6.2009, https://www.btselem.org/press_releases/20090623 (6.10.2020).

–, Israel in the West Bank. A 47-year-long Temporary Occupation, 28.5.

2014, https://www.btselem.org/publications/47_year_long_temporary_occupation (22.1.2021).
–, The Occupation's Fig Leaf. Israel's Military Law Enforcement System as a Whitewash Mechanism, Mai 2016, https://www.btselem.org/publications/summaries/201605_occupations_fig_leaf (27.2.2021).
–, Statistics on Settlements and Settler Population, 16.1.2019, https://www.btselem.org/settlements/statistics (18.1.2021).
–, Statistics on Revocation of Residency in East Jerusalem, 23.5.2019, https://www.btselem.org/jerusalem/revocation_statistics (19.1.2021).
–, A Regime of Jewish Supremacy from the Jordan River to the Mediterranean Sea. This Is Apartheid, Januar 2021, https://www.btselem.org/sites/default/files/publications/202101_this_is_apartheid_eng.pdf (3.3.2021).
–, Statistics on Demolition of Houses Built without Permits in East Jerusalem, 3.1.2021, https://www.btselem.org/planning_and_building/east_jerusalem_statistics (19.1.2021).
Bundeszentrale für politische Bildung (Bonn), Aus Politik und Zeitgeschichte, 9 (2010).
Burg, Avraham: Now It's Your Turn, in: Haaretz, 23.12.2011, http://www.haaretz.com/now-it-s-your-turn-1.403059 (4.3.2021).
Busse, Jan: Deconstructing the Dynamics of World-Societal Order. The Power of Governmentality in Palestine, Abingdon/New York 2018.
Carter, Jimmy: Palestine. Peace not Apartheid, New York 2006.
Central Bureau of Statistics (Jerusalem), Israel in Figures Rosh Hashana 5780. Selected Annual Data 2019, 26.9.2019, https://www.cbs.gov.il/he/mediarelease/DocLib/2019/304/11_19_304e.pdf (14.10.2020).
–, Population, by District, Sub-District and Religion, 15.9.2020, https://bit.ly/3imIqUP (18.1.2021).
–, Population by Religion, 15.9.2020, https://www.cbs.gov.il/he/publications/doclib/2020/2.shnatonpopulation/st02_02.pdf (3.3.2021).
Chabon, Michael/Waldman, Ayelet: Who's Afraid of Nonviolence?, in: The New York Times, 27.1.2017, https://www.nytimes.com/2017/01/27/opinion/whos-afraid-of-nonviolence.html (6.10.2020).
Clines, Francis X.: Talk with Rabin. Roots of the Conflict, in: The New York Times, 5.2.1988, https://www.nytimes.com/1988/02/05/world/talk-with-rabin-roots-of-the-conflict.html (29.1.2021).
Clot, Ziyad: Einen Palästinenserstaat wird es nicht geben. Tagebuch eines Unterhändlers in Palästina, Frankfurt am Main 2011.
Cobban, Helena: Palestinian Liberation Organisation. People, Power and Politics, Cambridge 1984, S. 272.
Cohen-Mor, Dalya: Mahmoud Darwish. Palestine's poet and the other as the beloved, Cham 2019.

Creery, Jennifer: A Life in Resistance. Naila Ayesh and the Women of the First Palestinian Intifada, in: Hong Kong Free Press, 30.3.2019, https://hongkongfp.com/2019/03/30/life-resistance-naila-ayesh-women-first-palestinian-intifada (12.10.2020).

Croitoru, Joseph: Hamas. Der islamische Kampf um Palästina, München 2007.

–: Operation Maulwurf. Rezension von Adam Raz: Das Massaker von Kafr Kassem. Eine politische Biographie (hebräisch), 2018, in: FAZ, 27. Oktober 2018, S. 16.

–: Al-Aqsa oder Tempelberg. Der ewige Kampf um Jerusalems heilige Stätten, München 2021.

Davis, Richard: Hamas, Popular Support and War in the Middle East. Insurgency in the Holy Land, London 2016.

Defense for Children International Palestine (Ramallah), Number of Palestinian Children (12–17) in Israeli Military Detention, 2.10.2020, https://www.dci-palestine.org/children_in_israeli_detention (1.3.2021).

Dekel, Udi/Petrack, Emma: The Israeli-Palestinian Political Process. Back to the Process Approach, Strategic Assessment, 19 (2017) 4, S. 29–42.

Deutscher Bundestag (Berlin), Antrag der Fraktionen CDU/CSU, SPD, FDP und BÜNDNIS 90/DIE GRÜNEN. Der BDS-Bewegung entschlossen entgegentreten. Antisemitismus bekämpfen, 15.5.2019, http://dip21.bundestag.de/dip21/btd/19/101/1910191.pdf (28.2.2021).

Deutschlandfunk, Vor Deutschlandreise. Netanjahu gibt palästinensischem Großmufti Mitschuld am Holocaust, 21.10.2015, https://bit.ly/2YNeI27 (6.1.2021).

Dietl, Gulshan: Portrait of a Revolutionary. Leila Khaled, 20 Years on, The Middle East, 171 (1989), S. 59 f.

Dingel, Eva: Power Struggles in the Middle East. The Islamist Politics of Hizbullah and the Muslim Brotherhood, London/New York 2017.

Dwonch, Albana S.: Palestinian Youth Activism in the Internet Age. Online and Offline Social Networks after the Arab Spring, London 2020.

Dyrud, Merete/Hollekim, Ragnhild: Palestine. Presidential Election 2005, Oslo: Norwegian Resource Bank for Democracy and Human Rights/ Norwegian Centre for Human Rights, 2005, https://www.jus.uio.no/smr/english/about/programmes/nordem/publications/2005/0805.pdf (19.2.2021).

Economic Cooperation Foundation (Tel-Aviv), The Israeli-Palestinian Conflict. An Interactive Database, https://ecf.org.il/issues/listIssues?-name=&sortBy=Relevance&tags=54&page=1 (25.2.2021).

Ehrenreich, Ben: The Way to the Spring. Life and Death in Palestine, London 2016.

–: Der Weg zur Quelle. Leben und Tod in Palästina, Berlin 2017.

Eisenstadt, Shmuel N.: Comparative Analysis of State Formation in Historical Contexts, International Social Science Journal, 32 (1980) 4, S. 624–654.

El-Ahmad, Nabila/Abu-Zahra, Nadia: Unfulfilled Promise. Palestinian Family Reunification and the Right of Return, Journal of Palestine Studies, 45 (2016) 3, S. 24–39.

Eldar, Akiva: What Went Wrong at Camp David. The Official PLO Version, in: Haaretz, 23.7.2001, https://www.haaretz.com/1.5344749 (7.2.2021).

Elias, Adel S./Leick, Romain: «Keine Gespräche zwischen Herr und Knecht». PLO-Chef Jassir Arafat, in: Spiegel, 26.12.1988, https://www.spiegel.de/spiegel/print/d-13532127.html (12.1.2021).

Erlanger, Steven: In Gesture to Abbas, Israel Releases 255 Palestinian Prisoners, in: The New York Times, 21.7.2007, https://www.nytimes.com/2007/07/21/world/middleeast/21mideast.html (28.2.2021).

Ertur, Basak/Sökmen, Müge Gürsoy (Hg.): Waiting for the Barbarians. A Tribute to Edward W. Said, New York 2008.

European Commission (Brüssel), Palestine. ECHO Factsheet, Januar 2018, http://ec.europa.eu/echo/files/aid/countries/factsheets/palestine_en.pdf (3.3.2021).

European Council on Foreign Relations (Brüssel), Mapping Palestinian Politics. Executive Committee (EC), ohne Datumsangabe, https://www.ecfr.eu/mapping_palestinian_politics/detail/executive_committee (13.10.2020).

European Parliament (Brüssel), Parliamentary Questions. Answer given by Vice-President Mogherini on Behalf of the Commission, 15.9.2016, http://www.europarl.europa.eu/doceo/document/E-8-2016-005122-ASW_EN.html?redirect (28.2.2021).

Farsoun, Samih K.: Palestine and the Palestinians, Boulder 1998.

Filali-Ansary, Abdou: Muslims and Democracy, Journal of Democracy, 10 (1999) 3, S. 18–32.

Filiu, Jean-Pierre: The Origins of Hamas. Militant Legacy or Israeli Tool?, in: Journal of Palestine Studies, 41 (2012) 3, S. 54–70.

Fiore, Massimiliano: The Abraham Accords and the Palestinian Issue, in: E-International Relations, 1.11.2020, https://www.e-ir.info/2020/11/01/the-abraham-accords-and-the-palestinian-issue (1.3.2021).

Fischbach, Michael R.: Records of Dispossession. Palestinian Refugee Property and the Arab-Israeli Conflict, New York 2003.

– (Hg.): Biographical Encyclopedia of the Modern Middle East and North Africa. Bd. 1, Detroit 2008.

Fisher, Max: Netanyahu: This is Why Israel Can Never Unilaterally Withdraw from the West Bank, in: Vox, 14.7.2014, https://www.vox.

com/2014/7/14/5895567/netanyahu-this-is-why-israel-can-never-unilaterally-withdraw-from-the (5.3.2021).
Fisk, Robert: Pity the Nation. Lebanon at War, London 1990.
Frangi, Abdallah: Die «umstrittene» Haltung der PLO im Golfkrieg, in: Dietrich Neuhaus/Christian Sterzing (Hg.), Die PLO und der Staat Palästina. Analysen und Dokumente zur Entwicklung der PLO, Hanau 1991, S. 160–162.
–: Der Gesandte. Mein Leben für Palästina. Hinter den Kulissen der Nahost-Politik, München 2011.
Friedman, Uri: The «Price Tag» Menace. Vigilante Israeli Settler Attacks Spread, in: The Atlantic, 3.10.2011, https://www.theatlantic.com/international/archive/2011/10/price-tag-menace-vigilante-israeli-settler-attacks-spread/337218 (1.3.2021).
Frontline Defenders (Dublin), Issa Amro, https://www.frontlinedefenders.org/en/profile/issa-amro (6.10.2020).
Fuchs, Amir: MK Suspension Bill. Anti-Democratic to the Core, in: The Israel Democracy Institute, 6.6.2016, https://en.idi.org.il/articles/2357 (4.3.2021).
Fukuyama, Francis: The End of History and the Last Man, New York 1992.
Gameel, Mohamed: Lose Your Privileges or Gain a Homeland?, The Cairo Review of Global Affairs, 32 (2019), https://www.thecairoreview.com/q-a/lose-your-privileges-or-gain-a-homeland (5.2.2021).
Garfield, Mark: Beirut Diary, Middle East Research & Information Project Reports, 108 (1982), S. 8–10.
Gaza Youth Breaks Out, Manifesto 1.0, Januar 2011, https://gazaybo.wordpress.com/manifesto-0-1 (28.2.2021).
Gellner, Ernest: Nations and Nationalism, Ithaca 1983.
Gerges, Fawaz A.: Lebanon, in: Philip Mattar (Hg.), Encyclopedia of the Palestinians, New York 2000, S. 258–262.
Gerster, Karin A.: Palestinian Non-Governmental Organizations. Their Socio-Economic, Social and Political Impact on Palestinian Society, Ramallah 2013.
Gisha (Tel Aviv-Jaffa), Gaza Up Close, September 2020, https://gisha.org/UserFiles/File/publications/Inside_look_at_gaza/Gaza_up_close_En.pdf (18.2.2021).
Glick, Caroline B.: The Israeli Solution. A One-State Plan for Peace in the Middle East, New York 2014.
Global Influence (Zürich), Azmi Bishara, http://www.globalinfluence.world/en/leader/azmi-bishara (1.10.2020).
Goldenberg, Suzanne: Rioting as Sharon Visits Islam Holy Site, in: The Guardian, 29.9.2000, https://www.theguardian.com/world/2000/sep/29/israel (16.2.2021).

Goldstone, Richard: Reconsidering the Goldstone Report on Israel and War Crimes, in: The Washington Post, 1.4.2011, https://www.washingtonpost.com/opinions/reconsidering-the-goldstone-report-on-israel-and-war-crimes/2011/04/01/AFg111JC_story.html (27.2.2021).

Goshko, John M.: Baker Bars Israeli Loan Aid Unless Settlements Are Halted, in: The Washington Post, 25.2.1992, https://wapo.st/3oW1DhT (4.2.2021).

Gresh, Alain: The PLO. The Struggle Within. Towards an Independent Palestinian State, London 1985.

Grünert, Angela: Der längste Weg heißt Frieden, München 1998.

Habermann, Clyde: Shamir Is Said to Admit Plan To Stall Talks ‹for 10 Years›, in: The New York Times, 27.6.1992, https://www.nytimes.com/1992/06/27/world/shamir-is-said-to-admit-plan-to-stall-talks-for-10-years.html (4.2.2021).

Halaby, Samia: Drawing the Kafr Qasem Massacre, Amsterdam 2017.

Halper, Jeff: A Middle East Union. A Two-Stage Solution to the Israeli-Palestinian Conflict, in: Mediate.com, Mai 2004, http://www.mediate.com/articles/halperJ1.cfm (4.3.2021).

Hamas, The Covenant of the Islamic Resistance Movement, 18.8.1988, https://avalon.law.yale.edu/20th_century/hamas.asp (12.11.2020).

–, A Document of General Principles and Policies, 1.5.2017, http://hamas.ps/en/post/678/a-document-of-general-principles-and-policies (16.2.2021).

Hammami, Rema: Women, the Hijab, and the Intifada, Middle East Report, 164/165 (1990), https://merip.org/1990/05/women-the-hijab-and-the-intifada (12.10.2020).

–: Palestinian Motherhood and Political Activism in the West Bank and Gaza, in: Alexis Jetter/Annelise Orleck/Diana Taylor (Hg.), The Politics of Motherhood. Activist Voices from Left to Right, Hanover, NH 1997, S. 161–168.

Haniyyeh, Akram: The Camp David Papers, Ramallah 2000.

Hankir, Zahra: «My story is one of many». The Palestinian Women behind the First Intifada, in: Middle East Eye, 15.3.2018, https://www.middleeasteye.net/features/my-story-one-many-palestinian-women-behind-first-intifada (12.10.2020).

Hass, Amira: Father of Palestinian Girl Slapping Israeli Soldier in Viral Video: She Was Upset Because Relative Was Shot in Head, in: Haaretz, 24.4.2018, https://www.haaretz.com/israel-news/.premium-palestinian-girl-slapped-soldier-because-relative-was-shot-father-says-1.5629212 (28.2.2021).

Hassassian, Manuel S.: Palestine. Factionalism in the National Movement, 1919–1939, Jerusalem 1990.

Hawari, Yara/Buttu, Diana: Apartheid. How Useful Is the Framework for the Palestinian Struggle?, in: Al-Shabaka Policy Lab, 23.5.2018, https://al-shabaka.org/labs/apartheid-how-useful-is-the-framework-for-the-palestinian-struggle (5.3.2021).

Hermann, Tamar et al.: The Israeli Democracy Index 2016, Jerusalem: The Israel Democracy Institute, 2016, https://en.idi.org.il/media/7811/democracy-index-2016-eng.pdf (4.3.2021).

–: A Conditional Partnership. Jews and Arabs, Jerusalem: The Israel Democracy Institute, 2019, https://en.idi.org.il/media/13323/summary-jews-and-arabs-conditional-partnership-2019.pdf (5.3.2021).

Hertzberg, Arthur: The Zionist Idea. A Historical Analysis and Reader, Philadelphia 1997 (2. Aufl.).

Heruti-Sover, Tali: Two Statistics Illustrate Problems Facing Israeli Arabs Today. Only One Gets Talked About, in: Haaretz, 14.2.2021, https://www.haaretz.com/israel-news/business/.premium-what-s-behind-the-rising-crime-rate-among-israel-s-arabs-1.9538818 (8.3.2021).

Herz, Dietmar: Palästina. Gaza und Westbank, Geschichte, Politik, Kultur, München 2017 (6. Aufl.).

Higgins, Andrew: How Israel Helped to Spawn Hamas, in: The Wall Street Journal, 24.1.2009, https://www.wsj.com/articles/SB123275572295011847 (1.2.2021).

Hijazi, Saleh/Lovatt, Hugh: Issa Amro and the EU's Palestinian Authority Problem, in: European Council on Foreign Relations, 7.9.2017, https://www.ecfr.eu/article/commentary_eu_palestinian_authority_problem (6.10.2020).

Hilal, Jamil: Hamas's Rise as Charted in the Polls, 1994–2005, Journal of Palestine Studies, 35 (2006) 3, S. 6–19.

– et al.: Focus On: Palestinian Political Leadership, in: Al-Shabaka, 23.2.2021, https://al-shabaka.org/focuses/focus-on-palestinian-political-leadership (27.2.2021).

Hiltermann, Joost R.: The Women's Movement During the Uprising, Journal of Palestine Studies, 20 (1991) 3, S. 48–57.

Hirst, David: Obituary. Sheikh Ahmed Yassin, in: The Guardian, 22.3.2004, https://www.theguardian.com/world/2004/mar/22/israel.guardianobituaries (30.9.2020).

Hobsbawm, Eric: Nations and Nationalism since 1780. Programme, Myth, Reality, Cambridge 1990.

–/ Ranger, Terence (Hg.): The Invention of Tradition, New York 1983.

Holmes, Oliver/Taha, Suflan: Ahed Tamimi: I Am a Freedom Fighter. I Will Not Be a Victim, in: The Guardian, 30.7.2018, https://www.theguardian.com/world/2018/jul/30/ahed-tamimi-i-am-a-freedom-fighter-i-will-not-be-the-victim-palestinian-israel (28.2.2021).

Hovsepian, Nubar: Edward Said. A Tribute, in: Middle East Report, 33 (2003), S. 2f.
Howard, Adam M.: Foreign Relations of the United States, 1969–1976. Band 26, Arab-Israeli Dispute, 1974–1976, Washington, D.C.: United States Government Printing Office, 2011, S. 838–840, https://history.state.gov/historicaldocuments/frus1969-76v26/d234 (4.2.2021).
Hroub, Khaled: Hamas. Political Thought and Practice, Washington, D.C. 2000.
–: Hamas. A Beginner's Guide, Ann Arbor 2006.
Human Rights Watch (New York), Gaza. Armed Palestinian Groups Commit Grave Crimes, 12.6.2007, https://www.hrw.org/news/2007/06/12/gaza-armed-palestinian-groups-commit-grave-crimes (16.2.2021).
–, Off the Map. Land and Housing Rights Violations in Israel's Unrecognized Bedouin Villages, März 2008, https://www.hrw.org/reports/2008/iopt0308/iopt0308webwcover.pdf (3.3.2021).
Human Rights Watch (Jerusalem), Israel. In-Depth Look at Gaza School Attacks, 11.9.2014, https://www.hrw.org/news/2014/09/11/israel-depth-look-gaza-school-attacks (1.3.2021).
–, Palestine. Torture, Death of Hamas Detainee, 15.2.2016, https://www.hrw.org/news/2016/02/15/palestine-torture-death-hamas-detainee (1.3.2021).
Human Rights Watch (New York), Unwilling or Unable. Israeli Restrictions on Access to and from Gaza for Human Rights Workers, April 2017, https://reliefweb.int/sites/reliefweb.int/files/resources/israel-palestine0417_web.pdf (27.2.2021).
–, Discriminatory Land Policies Hem in Palestinians, 12.5.2020, https://www.hrw.org/news/2020/05/12/israel-discriminatory-land-policies-hem-palestinians (3.3.2021).
–, World Report 2021. Events of 2020, 2021, https://www.hrw.org/sites/default/files/media_2021/01/2021_hrw_world_report.pdf (1.3.2021).
Human Rights Watch (Jerusalem), Israel. High Court Rulings Undermine Human Rights, 30.1.2021, https://www.hrw.org/news/2012/01/30/israel-high-court-rulings-undermine-human-rights (3.3.2021).
Hunter, Robert F.: The Palestinian Uprising. A War by Other Means, Berkeley 1993 (2. Aufl.).
Ibish, Hussein: Should the Palestinians Recognize Israel as a Jewish State?, in: Foreign Policy, 25.5.2011, https://foreignpolicy.com/2011/05/25/should-the-palestinians-recognize-israel-as-a-jewish-state (5.3.2011).
Indyk, Martin: The Strategic Legacy of Yitzhak Rabin, in: The Wall Street Journal, 4.11.2020, https://www.wsj.com/articles/the-strategic-legacy-of-yitzhak-rabin-11604512743 (4.2.2021).

Institute for Palestine Studies (Beirut), Ahmad Ismail Yasin, https://www.paljourneys.org/en/biography/9845/ahmad-ismail-yasin (30.9.2020).

–, Edward W. Said, https://www.paljourneys.org/en/biography/16018/edward-w-said (29.9.2020).

–, Hanan Ashrawi, https://www.paljourneys.org/en/biography/14595/hanan-ashrawi (28.9.2020).

–, Leila Khaled, https://www.paljourneys.org/en/biography/9857/leila-khaled (5.10.2020).

–, Mahmoud Darwish, https://www.paljourneys.org/en/biography/6550/mahmoud-darwish (28.9.2020).

International Criminal Court (Den Haag), Statement of ICC Prosecutor, Fatou Bensouda, on the Conclusion of the Preliminary Examination of the Situation in Palestine, and Seeking a Ruling on the Scope of the Court's Territorial Jurisdiction, 20.12.2019, https://www.icc-cpi.int/Pages/item.aspx?name=20191220-otp-statement-palestine (27.2.2021).

–, Report on Preliminary Examination Activities 2020, 14.12.2020, https://www.icc-cpi.int/itemsDocuments/2020-PE/2020-pe-report-eng.pdf (27.2.2021).

–, Situation in the State of Palestine, 5.2.2021, https://www.icc-cpi.int/CourtRecords/CR2021_01165.PDF (27.2.2021).

International Crisis Group (Brüssel), Palestinians, Israel, and the Quartet. Pulling Back from the Brink, 13.6.2006, https://d2071andvip0wj.cloudfront.net/54-palestinians-israel-and-the-quartet-pulling-back-from-the-brink.pdf (18.2.2021).

International Federation for Human Rights (Paris), Israel/OPT. Sentencing of Issa Amro, 15.2.2021, https://www.fidh.org/en/issues/human-rights-defenders/israel-opt-sentencing-of-issa-amro (28.2.2021).

International Foundation for Electoral Systems (Arlington, VA), Election for Palestinian Legislative Council, 25.1.2006, https://www.electionguide.org/elections/id/1433 (13.10.2020).

Interview with Gazan Activist Ahmed Abu Artema, in: Sada, Carnegie Endowment for International Peace, 28.3.2019, https://carnegieendowment.org/sada/78712 (1.3.2021).

Ir Amim (Jerusalem), Jerusalem Municipality Budget Analysis for 2013. Share of Investment in East Jerusalem, Dezember 2014, https://bit.ly/3qwfrAE (19.1.2021).

–, New Map Release. Settlement Ring around the Old City, 2019, 13.2.2019, https://www.ir-amim.org.il/en/node/2278 (19.1.2021).

Iraqi, Amjad: The Myth of Rabin the Peacemaker, in: +972 Magazine, 27.9.2020, https://www.972mag.com/yitzhak-rabin-oslo-accords-aoc (12.2.2021).

Irving, Sarah: Leila Khaled. Icon of Palestinian Revolution, London 2012.

Iskander, Adel/Rustom, Hakem (Hg.): Edward Said. A Legacy of Emancipation and Representation, Berkeley 2010.

Israeli Arabs. The Official Summation of the Or Commission Report, in: Jewish Virtual Library, 2.9.2003, https://www.jewishvirtuallibrary.org/the-official-summation-of-the-or-commission-report-september-2003 (19.2.2021).

Israeli Committee Against House Demolitions (London), End Home Demolitions. An Introduction, 15.3.2020, https://icahd.org/2020/03/15/end-home-demolitions-an-introduction (18.1.2021).

Israeli PM Netanyahu's Bar-Ilan Speech, 2009, in: Economic Cooperation Foundation, https://ecf.org.il/media_items/1141 (27.2.2021).

Israel Ministry of Foreign Affairs (Jerusalem), Israel's Diplomatic Missions Abroad. Status of Relations, https://bit.ly/3auS840 (4.2.2021).

–, Barak to Bush. Sharon is not bound by negotiating ideas, 8.2.2001, https://mfa.gov.il/MFA/MFA-Archive/2001/Pages/Barak%20 to%20 Bush-%20Sharon%20is%20not%20bound%20by%20negotiating.aspx (1.3.2021).

–, Statement by Yasser Arafat, 14.12.1988, https://bit.ly/3puMAgb (29.1.2021).

Jabareen, Yousef T.: An Equal Constitution for All? On a Constitution and Collective Rights for Arab Citizens in Israel, Haifa 2007, http://www.mossawa.org/eng/Public/file/02007%20An%20Equal%20Constitution%20For%20All%20(1).pdf (3.3.2021).

Jaraba, Mahmoud: Palestinian Popular Resistance, in: Sada, Carnegie Endowment for International Peace, 13.3.2018, https://carnegieendowment.org/sada/75781 (28.2.2021).

Jefferis, Jennifer: Hamas. Terrorism, Governance, and Its Future in Middle East Politics, Santa Barbara 2016.

Jerusalem Institute for Policy Research (Jerusalem), Table III/15. Population of Jerusalem, by Age, Quarter, Sub-Quarter and Statistical Area, 2018, in: Statistical Yearbook of Jerusalem 2020, https://jerusaleminstitute.org.il/wp-content/uploads/2020/04/shnaton_C1520.pdf (6.1.2020).

Jewish Virtual Library (Chevy Chase), Terrorism Against Israel. The Stabbing Intifada (October 2015-Present), https://www.jewishvirtuallibrary.org/the-stabbing intifada (1.3.2021).

Johannsen, Margret: Der Nahost-Konflikt. Eine Einführung, Wiesbaden 2006.

Kanaana, Sharif/Zaytuni, Nihad: Die zerstörten palästinensischen Städte. Nr. 4: Deir Jassin, Birzeit 1988, S. 57–60 (arabisch).

Kandil, Hazem: Inside the Brotherhood, Cambridge 2014.

Kapeliuk, Amnon: Yasser Arafat. Die Bibliographie, Heidelberg 2005.

Karmi, Ghada: Life with the Enemy. The One-State Solution, The World Today, 53 (1997) 8/9, S. 200–202.

–: Palestinians Need a One-State Solution, in: The Guardian, 20.9.2012, http://www.theguardian.com/commentisfree/2012/sep/20/one-state-solution-palestinians-israel (4.3.2021).

–/ Cotran, Eugene (Hg.): The Palestinian Exodus 1948–1998, Reading 1999.

Kashua, Sayed: Da ward es Morgen, Berlin 2006.

Kattan, Victor: From Coexistence to Conquest. International Law and the Origins of the Arab-Israeli Conflict 1891–1949, London 2009.

Kayyali, Abd al-Wahhab: Palestine. A Modern History, London 1978.

Kedourie, Elie: Democracy and Arab Political Culture, London/New York 1994.

Kenig, Ofer: The Electoral Threshold, Wasted Votes, and Proportionality, in: The Israel Democracy Institute, 26.1.2015, https://en.idi.org.il/articles/5225 (4.3.2021).

Kerangal, Maylis de: H2, in: Michael Chabon/Ayelet Waldman (Hg.), Kingdom of Olives and Ash. Writers Confront the Occupation, New York 2017, S. 405–417.

Khader, Hassan: Confessions of a Palestinian Returnee, Journal of Palestine Studies, 27 (1997) 1, S. 85–95.

Khaled, Leila: Women's Liberation, Beirut: Popular Front for the Liberation of Palestine, Information Department, 1971.

–: Mein Volk soll leben. Autobiographie einer Revolutionärin, München 1974 (englisches Original: My People Shall Live. Autobiography of a Revolutionary, London 1973).

–/Ferrari, Rogério: Palestine. Existences – résistances, Paris 2008.

Khalidi, Rashid: Palestinian Identity. The Construction of Modern National Conciousness, New York 1997.

–: Why this ‹Peace Process› Will not Lead to Peace, Tikkun, 14 (1999) 1, S. 11–14.

–: The Sabra and Shatila Massacre. New Evidence, 25.9.2018, https://www.palestine-studies.org/en/node/232060 (18.1.2021).

–: The Hundred Years' War on Palestine. A History of Settler Colonial Conquest and Resistance, 1917–2017, New York 2020.

–: No Deal. Why Trump's Plan for Palestine Will Only Create More Conflict, in: The Guardian, 30.1.2020, https://www.theguardian.com/world/2020/jan/30/no-deal-why-trumps-plan-for-palestine-will-only-create-more-conflict (1.3.2021).

Khalidi, Walid: Thinking the Unthinkable. A Sovereign Palestinian State, Foreign Affairs, 56 (1978) 4, S. 695–713.

–: Plan Dalet. Master Plan for the Conquest of Palestine, Journal of Palestine Studies, 18 (1988) 1, S. 4–33.
– (Hg.): All that Remains. The Palestinian Villages Occupied and Depopulated by Israel in 1948, Beirut 1992.
Khatib, Ahmad: Jerusalem Deal Boosts Jordan in Holy City, in: The Daily Star, 2.4.2013, http://www.dailystar.com.lb/Article.aspx?id=212248 (4.2.2021).
Khouri, Rami G.: The Arab-Israeli Peace Process. Lessons from the Five Years since Oslo, Security Dialogue, 29 (1998) 3, S. 333–344.
Kimmerling, Baruch/Migdal, Joel S.: Palestinians. The Making of a People, New York 1993.
King Abdullah II (Amman), Jordanian-Palestinian Agreement to Jointly Defend al-Masjid al-Aqsa, 31.3.2013, https://kingabdullah.jo/en/news/jordanian-palestinian-agreement-jointly-defend-al-masjid-al-aqsa (4.2.2021).
Kjorlien, Michele L.: Chronology. 16 May-15 August 2000, in: Journal of Palestine Studies, 30 (2000) 1, S. 163–181.
Klein, Menachem: The Jerusalem Problem. The Struggle for Permanent Status, Gainesville 2003.
–: Lives in Common. Arabs and Jews in Jerusalem, Jaffa and Hebron, New York 2014.
Kodmani-Darwish, Bassma: Arafat and the Islamists. Conflict or Cooperation?, Current History, 95 (1996) 597, S. 28–32.
Korach, Michal/Choshen, Maya: Jerusalem Facts and Trends 2020. At a Glimpse, Jerusalem: Jerusalem Institute for Policy Research, 2020, https://bit.ly/35bubft (14.10.2020).
Kramer, Steve: Jordan is Palestine, in: Israel365 News, 26.10.2017, https://www.israel365news.com/96897/jordan-is-palestine-opinion (4.2.2021).
Krämer, Gudrun: Gottes Staat als Republik. Reflexionen zeitgenössischer Muslime zu Islam, Menschenrechten und Demokratie, Baden-Baden 2000.
–: Geschichte Palästinas. Von der Osmanischen Eroberung bis zur Gründung des Staates Israel, München 2002.
Krauss, Joseph/Daraghmeh, Mohammed: Palestinians Face Mounting Barriers to Peaceful Protest, in: AP, 5.1.2020, https://apnews.com/article/9536874f962771f829e540991467e819 (1.3.2021).
Kretzschmar, Katharina: Identitäten im Konflikt. Palästinensische Erinnerung an die Nakba 1948 und deren Wirkung auf die dritte Generation, Bielefeld 2019.
Kulick, Amir: «Lebanon Lite». Lessons from the Operation in Gaza and the Next Round against Hizbollah, Military and Strategic Affairs, 1 (2009) 1, S. 51–66.

Kuttab, Daoud: Ashrawi's exit of the PLO sign of organization's demise, in: Al-Monitor, 10.12.2020, https://www.al-monitor.com/pulse/originals/2020/12/palestinian-hanan-ashrawi-resignation-plo-demise-abbas.html (16.12.2020).

Kuttab, Eileen S.: Palestinian Women in the «Intifada». Fighting on Two Fronts, Arab Studies Quarterly, 15 (1993) 2, S. 69–85.

Laïdi-Hanieh, Adila (Hg.): 100 Shaheed. 100 Lives, Ramallah 2001.

Lapidoth, Ruth: Les Refugies (sic!) palestiniens ont-ils un droit au retour en Israel?, in: Israel Ministry of Foreign Affairs, 15.1.2001, https://bit.ly/3pAMZy2 (13.11.2020).

Laqueur, Walter/Rubin, Barry (Hg.): The Israel-Arab Reader. A Documentary History of the Middle East Conflict, New York 1995 (5. Aufl.).

Legrain, Jean-François: The Islamic Movement and the Intifada, in: Jamal R. Nassar/Roger Heacock (Hg.), Intifada. Palestine at the Crossroads, New York 1990, S. 175–189.

–: A Defining Moment. Palestinian Islamic Fundamentalism, in: James Piscatori (Hg.), Islamic Fundamentalism and the Gulf Crisis, Chicago 1991, S. 70–87.

Lein, Yehezkel: Land Grab. Israel's Settlement Policy in the West Bank, Jerusalem 2002, https://www.btselem.org/download/200205_land_grab_eng.pdf (23.1.2021).

Le Monde, «L'urgence, c'est de se désengager inconditionellement des territoires», 22.12.2001, https://www.lemonde.fr/archives/article/-2001/12/22/l-urgence-c-est-de-se-desengager-inconditionnellement-des-territoires_255856_1819218.html (16.2.2021).

Leon, Dan: The Jewish National Fund. How the Land Was «Redeemed», Palestine-Israel Journal of Politics, Economics and Culture, 12 (2005) 4, http://www.pij.org/details.php?id=410 (3.3.2021).

Lerner, Peter: It's Not So Simple for Israel to Just «End the Occupation», in: Haaretz, 28.11.2018, https://www.haaretz.com/israel-news/.premium-it-s-not-so-simple-for-israel-to-just-end-the-occupation-1.6698018 (5.3.2021).

Lesch, Ann M.: Arab Politics in Palestine, 1917–39. Frustration of a Nationalist Movement, Ithaca 1979.

–: The Palestinian Uprising. Causes and Consequences, Indianapolis 1989.

–: Palestine Liberation Organisation, in: Philip Mattar (Hg.), Encyclopedia of the Palestinians, New York 2000, S. 288–294.

Lieber, Dov: Hamas Elects Convicted Murderer Yahya Sinwar as Gaza Chief, in: Times of Israel, 13.2.2017, https://www.timesofisrael.com/hamas-elects-hardliner-yahya-sinwar-as-gaza-chief (16.2.2021).

–: In Deal with Fatah, Hamas Said to Agree to Halt Attacks from West

Bank, in: Times of Israel, 15.10.2017, https://www.timesofisrael.com/in-deal-with-fatah-hamas-said-to-agree-to-halt-attacks-from-west-bank (16.2.2021).

–: Translation of Leaked Hamas-Fatah Agreement, in: Times of Israel, 15.10.2017, https://www.timesofisrael.com/translation-of-leaked-hamas-fatah-agreement (18.2.2021).

Lindholm Schulz, Helena: Between Revolution and Statehood. Reconstruction of Palestinian Nationalisms, Göteborg 1996.

Lintl, Peter: Israels Nationalstaatsgesetz. Die Regierung Netanyahu schafft Grundlagen für ein majoritäres System, Berlin 2018, https://www.swp-berlin.org/fileadmin/contents/products/aktuell/2018A50_ltl_wlf.pdf (4.3.2021).

Lockman, Zachary/Beinin, Joel (Hg.): Intifada. The Palestinian Uprising Against Israeli Occupation, Toronto 1989.

Louis, Wm. Roger/Shlaim, Avi (Hg.): The 1967 Arab-Israeli War. Origins and Consequences, New York 2012.

Lustick, Ian: Paradigm Lost. From Two-State Solution to One-State Reality, Philadelphia 2019.

Mada al-Carmel (Haifa), The Haifa Declaration, 15.5.2007, https://www.mada-research.org/wp-content/uploads/2020/06/haifaenglish.pdf (3.3.2021).

Mahler, Gregory S.: Constitutionalism and Palestinian Constitutional Development, Jerusalem 1996.

Mahmoud Darwish Foundation (Ramallah), Mahmoud Darwish, http://mahmouddarwish.ps/ (28.9.2020).

Makboul, Lina: Leila Khaled Hijacker, 2009, http://www.leilakhaled.com (5.10.2020).

Malley, Robert: Fictions about the Failure at Camp David, in: The New York Times, 8.7.2001, https://www.nytimes.com/2001/07/08/opinion/fictions-about-the-failure-at-camp-david.html (4.2.2021).

–/ Agha, Hussein: Camp David. The Tragedy of Errors, in: The New York Review, 9.8.2001, https://www.nybooks.com/articles/2001/08/09/camp-david-the-tragedy-of-errors (4.2.2021).

Malone, Linda A.: The Kahan Report, Ariel Sharon and the Sabra-Shatilla Massacres in Lebanon. Responsibility under International Law for Massacres of Civilian Populations, William & Mary Law School Faculty Publications, 587 (1985), S. 373–433.

Maltz, Judy: These Four Things Will Get You Barred From Entering Israel Under Its New BDS Travel Ban, in: Haaretz, 25.7.2017, http://www.haaretz.com/israel-news/1.803427 (4.3.2021).

Manna, Adel: The Massacre of Kufr Qassem, in: Nadim Rouhana/Areej

Sabbagh-Khoury (Hg.), The Palestinians in Israel. Readings in History, Politics and Society, Haifa 2011, S. 74–82.

Masalha, Nur: The Bible and Zionism. Invented Traditions, Archaeology and Post-Colonialism in Israel-Palestine, London/New York 2007.

Mattar, Philip: The Mufti of Jerusalem. Al-Hajj Amin al-Husayni and the Palestinian National Movement, New York 1988.

– (Hg.): Encyclopedia of the Palestinians, New York 2000.

Matza, Doron: Patterns of Resistance among Israel's Arab-Palestinian Minority. A Historical Review and a Look to the Future, Tel-Aviv 2018.

Mejcher, Helmut/Schölch, Alexander (Hg.): Die Palästina-Frage 1917–1948. Historische Ursprünge und internationale Dimensionen eines Nationenkonflikts. Paderborn 1981.

Middle East Eye (London), Egypt Court Declares Hamas a ‹Terrorist› Organisation, 5.3.2015, http://www.middleeasteye.net/news/egypt-court-declares-hamas-terrorist-organisation-2043944479 (16.2.2021).

MIFTAH (Ramallah), The Palestinian Legislative Council. The Basic Law, 1.6.2002, http://www.miftah.org/Display.cfm?DocId=790&CategoryId=7 (8.2.2021).

Milhem, Feras: Le mouvement associatif en Palestine. Les ONG face à l'Autorité palestinienne, Monde arabe. Maghreb-Machrek, 161 (1998), S. 91–101.

Milich, Stephan: Fremd meinem Namen und fremd meiner Zeit. Identität und Exil in der Dichtung von Mahmud Darwisch, Berlin 2005.

Miller, Aaron D.: Israel's Lawyer, in: The Washington Post, 23.5.2005, https://wapo.st/3rlFeMf (4.2.2021).

Mißling, Sven: Der Status Palästinas in internationalen Organisationen, Vereinte Nationen, 60 (2012) 4, S. 147–153.

Mohr, Melanie C.: Mahmoud Darwish. Mit arabischer Dichtkunst Brücken bauen, auf: Qantara.de, 2.11.2015, https://de.qantara.de/inhalt/mahmud-darwisch-mit-arabischer-dichtkunst-bruecken-bauen (28.9.2020).

Morris, Benny: Israel's Border Wars, 1949–1956. Arab Infiltration, Israeli Retaliation, and the Countdown to the Suez War, New York 1993.

–: Camp David and After. An Exchange. An Interview with Ehud Barak, in: The New York Review, 13.6.2002, https://www.nybooks.com/articles/2002/06/13/camp-david-and-after-an-exchange-1-an-interview-wi (4.2.2021).

–: The Birth of the Palestinian Refugee Problem Revisited, Cambridge 2003.

Mort, Jo-Ann: The Trump-Netanyahu Plan to Force Arab Population Transfer, in: The New York Review, 3.2.2020, https://www.nybooks.

com/daily/2020/02/03/the-trump-netanyahu-plan-to-force-arab-population-transfer (5.3.2021).
Muir, Dana: A Land without a People for a People without a Land, Middle East Quarterly, 15 (2008) 2, S. 55–62.
Müller, Patrick: Palästina-Konferenz in Berlin. Chancen für Sicherheitsreformen der Palästinensischen Autonomiebehörde, Berlin 2008, https://www.swp-berlin.org/fileadmin/contents/products/aktuell/2008A51_mpa_ks.pdf (24.2.2021).
Murciano, Gil: The Abraham Accords. A Chance to Rethink the Arab-Israeli Conflict, in: Fair Observer, 8.10.2020, https://www.fairobserver.com/region/middle_east_north_africa/gil-murciano-swp-israeli-palestinian-conflict-israel-uae-abraham-accords-arab-israeli-news-79174 (1.3.2021).
Muslih, Muhammad Y.: The Origins of Palestinian Nationalism, New York 1988.
–: Palestinian Civil Society, in: Augustus Richard Norton (Hg.), Civil Society in the Middle East, Leiden et al. 1995, S. 243–268.
Myre, Greg: Many Evicted Gaza Settlers Go to West Bank, at Least at First, in: The New York Times, 23.8.2005, https://www.nytimes.com/2005/08/23/world/middleeast/many-evicted-gaza-settlers-go-to-west-bank-at-least-at.html (19.2.2021).
Naim, Basem: Palestinian Elections Must Be Free, Fair, and the Results Respected, in: Middle East Eye, 8.2.2021, https://www.middleeasteye.net/opinion/palestinian-elections-free-and-fair-results-accepted (16.2.2021).
Nakhleh, Emile A.: The West Bank and Gaza. Twenty Years Later, Middle East Journal, 42 (1988) 2, S. 209–226.
Nassar, Jamal R.: The Palestine Liberation Organization. From Armed Struggle to the Declaration of Independence, New York u. a. 1991.
–/ Heacock, Roger (Hg.): Intifada. Palestine at the Crossroads, New York 1990.
Nathanson, Roby/Gazala, Itamar/Leyzer, Ron: Where Is Generation Z Going? Between Disappointment and Expectations. Personal, National and Societal Attitudes of Jewish and Arab Youth in Israel, Tel-Aviv 2017, http://s3-eu-central-1.amazonaws.com/fes-org-il-wp/wp-content/uploads/2017/05/18201503/Youth-Study-2017-English.pdf (4.3.2021).
Netanyahu, Benjamin: A Durable Peace. Israel and its Place Among the Nations, New York 2000.
–: No Palestinian State on my Watch, in: Times of Israel, 16.3.2015, https://www.timesofisrael.com/netanyahu-no-palestinian-state-under-my-watch (27.2.2021).
Nusseibeh, Sari: Once Upon a Country. A Palestinian Life, New York 2007.

–: What is a Palestinian State Worth?, Cambridge/London 2012.
O'Connor, Nigel: Q&A. Israeli Historian Ilan Pappe, in: Al Jazeera, 5.7. 2013, http://www.aljazeera.com/indepth/features/2013/06/201362583915886263.html (4.3.2021).
Orbach, Danny: Black Flag at a Crossroads. The Kafr Qasim Political Trial (1957–58), International Journal of Middle East Studies, 45 (2013) 3, S. 491–511.
Oren, Michael B.: Six Days of War. June 1967 and the Making of the Modern Middle East, New York 2002.
Ortlieb, Sylvia: Palästinensische Identität und Ethnizität. Genese und Entwicklung des Selbstverständnisses der Palästinenser, Köln 1995.
Osman, Tarek: Edward Said. A Legacy for Today, 4.10.2020, https://tarekosman.com/articles/edward-said (6.10.2020).
Otis, Rebecca A.: Palestinian Women. Mothers, Martyrs and Agents of Political Change, University of Denver 2011.
Palestine Institute for Public Diplomacy (PIPD), Dardashe with Hanan Aschrawi, 7.4.2020, https://www.youtube.com/watch?v=GYiyAqxTIbA (28.9.2020).
Palestinian Authority. The Palestine Papers, in: Jewish Virtual Library, https://www.jewishvirtuallibrary.org/the-palestine-papers (28.2. 2021).
Palestinian Center for Human Rights (Gaza-Stadt), Weekly Reports on Israeli Human Rights Violations in the Occupied Palestinian Territories, https://www.pchrgaza.org/en/category/weekly-reports (16.2. 2021).
Palestinian Center for Policy and Survey Research (Ramallah), Public Opinion Poll No. 75, 5.–8.2.2020, https://www.pcpsr.org/sites/default/files/Poll%2075%20English%20fulltext%20%D9%8D.pdf (4.3.2021).
–, Public Opinion Poll No. 78, 15.12.2020, http://www.pcpsr.org/sites/default/files/Poll%2078%20English%20fulltext%20December%202020.pdf (28.2.2021).
Palestinian Central Bureau of Statistics (Ramallah), Palestine in Figures 2019, März 2020, http://www.pcbs.gov.ps/Downloads/book2513.pdf (28.9.2020).
Pappé, Ilan: The Ethnic Cleansing of Palestine, London 2006.
PASSIA (Jerusalem), The Phenomenon of Collaborators in Palestine. Proceedings of a PASSIA Workshop, 5.2.2001, https://bit.ly/3oD3W9r (21.1. 2021).
–, Endless Injustice. Palestinian Refugees 66 Years On, März 2014, http://passia.org/media/filer_public/cc/b7/ccb7bc3c-d86e-416b-8fef-fa632aed67d1/refugees_2014.pdf (12.11.2020).
–, PLO vs. PA, September 2014, http://www.passia.org/media/filer_pub-

lic/8a/e7/8ae7c030-ac1d-4688-b3f4-606fbd50cd41/pa-plo2.pdf (13.10. 2020).
–, Israeli Occupation, 2019, http://passia.org/media/filer_public/2e/54/2e54f4ec-b857-4572-9c21-5f7a974cf067/factsheet_israeli_occupation_2019.pdf (18.1.2021).
–, Refugees, 2019, http://passia.org/media/filer_public/b5/59/b559549b-d266-41a3-bcff-3f500b512202/factsheet_refugees__2019.pdf, S. 2 (13.11.2020).
–, Palestinian Filmmakers and Their (Latest) Works, http://passia.org/media/filer_public/07/e4/07e40dd6-77eb-4997-9dfc-6836c6a918fa/palestinian_filmmakers_and_their_latest_works.pdf (4.3.2021).
–, Al-Barghouthi, Marwan Hasib (1959–), http://passia.org/personalities/514 (9.10.2020).
–, Al-Barghouthi, Mustafa Kamel (1954–), http://passia.org/personalities/512 (18.2.2021).
–, Khaled, Leila (1944–), http://passia.org/personalities/208 (5.10.2020).
–, Said, Edward Wadie (1935–2003), http://passia.org/personalities/673 (29.9.2020).
–, Yassin, Ahmed Ismail (Sheikh) (1936–2004), http://passia.org/personalities/831 (30.9.2020).
Patir, Yael: Who needs the Strategic Affairs Ministry?, in: Haaretz, 20.10. 2019, https://www.haaretz.com/opinion/.premium-who-needs-the-strategic-affairs-ministry-1.8009618 (28.2.2021).
Peace Now (Tel-Aviv), New 2018 Population Data for Israelis in the West Bank, 2.10.2019, https://peacenow.org.il/en/population-data-in-israel-and-in-the-west-bank (14.10.2020).
Peretz, Don: West Bank, in: Philip Mattar (Hg.), Encyclopedia of the Palestinians, New York 2000, S. 436–444.
Permanent Observer Mission of the State of Palestine to the United Nations (New York), Archives for Treaties & Conventions, www.palestineun.org/category/treaties-conventions (27.2.2021).
Peteet, Julie: The Work of Comparison. Israel/Palestine and Apartheid, Anthropological Quarterly, 89 (2016) 1, S. 247–281.
Peters, Joan: From Time Immemorial. The Origins of the Arab-Jewish Conflict over Palestine, New York 1984.
Philipp, Thomas: Die Palästinensische Gesellschaft zu Zeiten des Britischen Mandats, in: Bundeszentrale für Politische Bildung, 28.3.2008, https://www.bpb.de/internationales/asien/israel/44991/gesellschaft-palaestinas?p=all (10.11.2020).
Pilkington, Ed/Urquhart, Conal: UN Gaza Report Co-Authors Round on Goldstone, in: The Guardian, 14.4.2011, https://www.theguardian.com/world/2011/apr/14/un-gaza-report-authors-goldstone (27.2.2021).

Pina, Aaron D.: Palestinian Elections, Washington, D.C. 2006, S. 21, https://fas.org/sgp/crs/mideast/RL33269.pdf (16.2.2021).

Plitnick, Mitchell: AOC ignites a debate about Yitzhak Rabin, in: Responsible Statecraft, 28.9.2020, https://responsiblestatecraft.org/2020/09/28/aoc-ignites-a-debate-about-yitzhak-rabin/ (8.2.2021).

PLO Department of Public Diplomacy & Policy (Ramallah), Statement by Dr. Hanan Ashrawi Regarding Her Resignation, Ramallah, 9.12.2020, http://www.dci.plo.ps/en/article/17161/Statement-by-Dr-Hanan-Ashrawi-Regarding-Her-Resignation (16.12.2020).

PLO Negotiations Affairs Department (Ramallah), Camp David Peace Proposal of July 2000, 1.7.2000, https://www.nad.ps/en/publication-resources/faqs/camp-david-peace-proposal-july-2000 (8.2.2021).

–, Recognition of Palestine, 16.1.2020, https://www.nad.ps/en/publication-resources/faqs/recognition-palestine (25.2.2021).

Pogrund, Benjamin: Drawing Fire. Investigating the Accusations of Apartheid in Israel, Lanham/London 2016.

Policy Working Group, NGO Monitor. Shrinking Space. Defaming Human Rights Organizations that Criticize the Israeli Occupation, September 2018, http://policyworkinggroup.org.il/report_en.pdf (28.2.2021).

Porath, Yehoshua: The Emergence of the Palestinian-Arab National Movement, 1918–1929, London 1974.

–: The Palestinian-Arab National Movement. From Riots to Rebellion, 1929–1939, London 1977.

Pundak, Ron: From Oslo to Taba. What Went Wrong?, Survival, 43 (2001) 3, S. 31–45.

Qurei', Ahmad: From Oslo to Jerusalem. The Palestinian Story of the Secret Negotiations, London 2006.

Rabah, Jamil: Palestinian Public Opinion since the Peace Process, Jerusalem 1998.

Rabbani, Muin: Palestine Liberation Front, in: Philip Mattar (Hg.), Encyclopedia of the Palestinians, New York 2000, S. 287 f.

Rabinovich, Itamar: The Road Not Taken. Early Arab-Israeli Negotiations, New York 1991.

–: Yitzhak Rabin. Soldier, Leader, Statesman, New Haven 2017.

Raboteau, Emily: Sumud, in: Michael Chabon/Ayelet Waldman (Hg.), Kingdom of Olives and Ash. Writers Confront the Occupation, New York 2017, S. 159–177.

Rapoport, Meron: The Jewish Left Is Recognizing That Apartheid Is Here, in: +972 Magazine, 9.6.2020, https://www.972mag.com/israel-jewish left-apartheid (3.3.2021).

Raz, Adam: Looting of Arab Property in the War of Independence, Jerusalem 2020 (hebräisch).

Refugee Affairs Department of the PLO (Jerusalem), Al-majlis al-watani al-filastini (Der Palästinensische Nationalrat), 6.8.2018 (arabisch), https://bit.ly/2Iu5HpW (14.10.2020).

Reich, Bernard: The Israeli Response, in: Richard B. Parker (Hg.), The Six Day War. A Retrospective, Gainesville 1996, S. 119–152.

Rekhess, Elie: The First Word. How Palestinian-Arabs in Israel See their Future, in: The Jerusalem Post, 28.12.2006, https://www.jpost.com/Opinion/Columnists/The-First-Word-How-Palestinian-Arabs-in-Israel-see-their-future (4.3.2021).

Reuters, Colonel Says Rabin Ordered Breaking of Palestinians' Bones, in: Los Angeles Times, 22.6.1990, https://www.latimes.com/archives/la-xpm-1990-06-22-mn-431-story.html (29.1.2021).

–, Egypt-Gaza Border Opens Under PA Control for the First Time in a Decade, 18.11.2017, https://www.reuters.com/article/us-palestinians-reconciliation-rafah-idUSKBN1DI0C9 (18.2.2021).

Roberson Gaston, Heather: Palestinian Ghandi on Trial, 4 Podcast-Folgen, 2.10.2019–12.7.2020, https://talkinghumanrights.com/ (6.10.2020).

Robinson, Glenn E.: The Growing Authoritarianism of the Arafat Regime, Survival, 39 (1997) 2, S. 42–56.

Robinson, Shira: Local Struggle, National Struggle. Palestinian Responses to the Kafr Qasim Massacre and its Aftermath, 1956–66, International Journal of Middle East Studies, 35 (2003) 3, S. 393–416.

Rose, David: The Gaza Bombshell, in: Vanity Fair, 3.3.2008, https://www.vanityfair.com/news/2008/04/gaza200804 (16.2.2021).

Rosefsky Wickham, Carrie: The Muslim Brotherhood. Evolution of an Islamist Movement, Princeton 2013.

Rosen, Maya/Shaul, Yehuda: Highway to Annexation. Israeli Road and Transportation Infrastructure Development in the West Bank, Dezember 2020, https://www.breakingthesilence.org.il/inside/wp-content/uploads/2020/12/Highway-to-Annexation-Final.pdf (18.1.2021).

Ross, Dennis: The Missing Peace. The Inside Story of the Fight for Middle East Peace. New York 2004.

–/ Grinstein, Gidi/Agha, Hussein/Malley, Robert: Camp David. An Exchange, in: The New York Review, 20.9.2001, https://www.nybooks.com/articles/2001/09/20/camp-david-an-exchange (4.2.2021).

Rouhana, Nadim: Israel and its Arab Citizens. Predicaments in the Relationship Between Ethnic States and Ethnonational Minorities, Third World Quarterly, 19 (1998) 2, S. 277–296.

Rubin, Barry M./Colp Rubin, Judith: Yasir Arafat. A Political Biography, New York 2003.

Rubinstein, Amnon: Geschichte des Zionismus. Von Theodor Herzl bis heute, München 2001.
Sabbagh, Suha: Palestinian Women of Gaza and the West Bank, Bloomington 1998.
Sabbagh-Khoury, Areej: The Internally Displaced Palestinians in Israel, in: Nadim Rouhana/Areej Sabbagh-Khoury (Hg.), The Palestinians in Israel. Readings in History, Politics and Society, Haifa 2011, S. 26–46.
Sacco, Joe: Palestine, London 2003.
–: Gaza, Zürich 2011 (englisches Original: Joe Sacco, Footnotes in Gaza, London 2009).
Sadek, George: Legal Status of Refugees. Egypt, Jordan, Lebanon, and Iraq, Washington, D.C. 2013.
Said, Edward W.: Orientalism, New York, 1978 (auf Deutsch erschienen als Orientalismus, Frankfurt am Main 2009, 5. Aufl.).
–: The Question of Palestine, Beirut 1979.
–: Covering Islam. How the Media and the Experts Determine how We See the Rest of the World, New York 1981.
–: Representation of the Intellectual. Speaking Truth To Power, London: BBC, 21.7.1993, https://www.bbc.co.uk/sounds/play/p00gxqyb (29.9. 2020).
–: The Morning After, London Review of Books, 15 (1993) 20, https://www.lrb.co.uk/the-paper/v15/n20/edward-said/the-morning-after (29.9. 2020).
–: Kultur und Imperialismus. Einbildungskraft und Politik im Zeitalter der Macht, Frankfurt am Main 1994.
–: Frieden in Nahost? Essays über Israel und Palästina, Heidelberg 1997.
–: The One-State Solution, in: The New York Times, 10.1.1999, http://www.nytimes.com/1999/01/10/magazine/the-one-state-solution.html (4.3. 2021).
–: A People in Need of Leadership, in: New Left Review, 11 (2001), S. 27–33.
–: Das Ende des Friedensprozesses. Oslo und danach, Berlin 2002.
Saidel, Nicholas: Israel must free Marwan Barghouti, in: Times of Israel, 16.9.2015, https://blogs.timesofisrael.com/israel-must-free-marwan-barghouti (9.10.2020).
Sailer, Matthias/Roll, Stephan: Drei Szenarien zur Katar Krise. Zwischen Regime-Change, Konfliktbeilegung und Kaltem Krieg am Golf, Berlin 2017, https://www.swp-berlin.org/fileadmin/contents/products/aktuell/2017A44_rll_sil.pdf (16.2.2021).
Salloum, Rania: Das Gift-Rätsel, in: Spiegel, 6.11.2013, https://www.spiegel.de/politik/ausland/arafat-untersuchung-legt-ermordung-durch-gift-polonium-nahe-a-932254.html (28.9.2020).
–/ Schult, Christoph: Uno rügt Antisemitismus-Beschluss des Bundes-

tages, in: Spiegel, 25.10.2019, https://www.spiegel.de/politik/deutschland/vereinte-nationen-uno-ruegt-antisemitismus-beschluss-des-bundestags-a-1293375.html (28.2.2021).

Salzborn, Samuel: Globaler Antisemitismus. Eine Spurensuche in den Abgründen der Moderne, Weinheim 2018.

Sanger, Andrew: The Contemporary Law of Blockade and the Gaza Freedom Flotilla, in: Michael N. Schmitt/Louise Arimatsu/Tim McCormack (Hg.), Yearbook of International Humanitarian Law. Volume 13, 2010, Den Haag 2011, S. 397–447.

Sayigh, Rosemary: Too Many Enemies. The Palestinian Experience in Lebanon, London 1994.

Sayigh, Yezid: Struggle Within, Struggle Without. The Transformation of PLO Politics since 1982, International Affairs, 65 (1989) 2, S. 247–271.

–: Armed Struggle and the Search for State. The Palestinian National Movement 1949–1993, Oxford 1997.

–: Arafat and the Anatomy of a Revolt, Survival, 43 (2001) 3, S. 47–60.

Schafferman, Karin Tamar: Arab Identity in a Jewish and Democratic State, in: The Israeli Democracy Institute, 4.5.2008, https://en.idi.org.il/articles/10293 (17.2.2021).

Schaller, Christian: Palästinas Aufwertung zum Beobachterstaat in den Vereinten Nationen. Völkerrechtliche Konsequenzen und die Frage der Internationalen Strafgerichtsbarkeit, Berlin 2012, https://www.swp-berlin.org/fileadmin/contents/products/aktuell/2012A73_slr.pdf (27.2.2021).

–: Die zeitliche Dimension des Besatzungsvölkerrechts, Archiv des Völkerrechts, 57 (2019) 1, S. 83–113.

Scheindlin, Dahlia: The Confederation Alternative for Israel and Palestine, in: The Century Foundation, 3.2.2020, https://tcf.org/content/report/confederation-alternative-israel-palestine (5.3.2021).

Schleifer, Abdullah: The Fall of Jerusalem, 1967, Journal of Palestine Studies, 1 (1971) 1, S. 68–86.

Schröder, Lothar: «Die Kampagne ist nicht diffus, sondern strategisch». Interview mit Michael Wolffsohn, in: RP Online, 12.6.2019, https://rp-online.de/kultur/michael-wolffsohn-das-ziel-von-bds-ist-israels-ende_aid-39368509 (28.2.2021).

Schwartz, Adi/Wilf, Einat: The War of Return. How Western Indulgence of the Palestinian Dream has obstructed the Path to Peace, New York 2020.

Segev, Tom: 1949. The First Israelis, New York 1986.

–: 1967. Israel, the War, and the Year that Transformed the Middle East, New York 2007.

Serhan, Yasmeen: A Symbol of the Palestinian Resistance for the Internet

Age, in: The Atlantic, 5.1.2018, https://www.theatlantic.com/international/archive/2018/01/internet-famous-in-the-west-bank/549557 (28.2.2021).

Sfard, Michael: A «Targeted Assassination» of International Law, in: Haaretz, 4.8.2014, https://www.haaretz.com/opinion/.premium-targeted-assassination-of-int-l-law-1.5257983 (Zugriff am 27.2.2021).

–: Yes, It's Israeli Apartheid. Even Without Annexation, in: Haaretz, 9.7.2020, https://www.haaretz.com/israel-news/.premium-yes-it-s-israeli-apartheid-even-without-annexation-1.8984029 (8.3.2021).

Shahid, Leila: The Sabra and Shatila Massacres. Eye-Witness Reports, Journal of Palestine Studies, 32 (2002) 1, S. 36–58.

Shamir, Jonathan/Rouger, Nicolas: A Youth-led Palestinian Protest Movement is Rocking the Hills South of Jerusalem, in: Haaretz, 23.2.2021, https://www.haaretz.com/israel-news/.premium.MAGAZINE-a-youth-led-palestinian-protest-movement-is-rocking-the-hills-south-of-jerusalem-1.9559356 (27.2.2021).

Shapira, Anita: Land and Power. The Zionist Resort to Force, 1881–1948, New York 1992.

Sharon, Jeremy: Netanyahu Calls for Palestinian «State-Minus», in: The Jerusalem Post, 24.10.2018, https://www.jpost.com/Israel-News/WATCH-LIVE-Netanyahu-addresses-the-GA-570153 (27.2.2021).

Shehada, Muhammad: With Hanan Ashrawi's resignation goes the last shred of PLO decency, in: The New Arab, 11.12.2020, https://english.alaraby.co.uk/english/comment/2020/12/11/with-ashrawis-resignation-goes-last-shred-of-plo-decency (16.12.2020).

Shehadeh, Raja: Palestinian Walks. Notes on a Vanishing Landscape, London 2007.

–: The Countersettlement, in: The New York Times, 17.1.2013, https://latitude.blogs.nytimes.com/2013/01/17/palestinians-fight-israels-settlement-policy-with-settlements-of-their-own (27.2.2021).

–: Issa Amro's Plight Highlights Israel's Intolerance of Even Nonviolent Protest, in: The Guardian, 29.1.2021, https://www.theguardian.com/commentisfree/2021/jan/29/issa-amro-israel-nonviolent-protest-hebron-west--bank (28.2.2021).

Shenav, Yehouda: Beyond the Two-State Solution. A Jewish Political Essay, Cambridge 2012.

Shikaki, Khalil/Scheindlin, Dahlia: Palestinian-Israeli Pulse. A Joint Poll, Tel Aviv/Ramallah 2020, https://www.pcpsr.org/sites/default/files/Summary%20Report_%20English_Joint%20Poll%20Oct%202020.pdf (22.6.2020).

Shipler, David: Arab and Jew. Wounded Spirits in a Promised Land, New York 2002 (2. Aufl.).

Shlaim, Avi: Collusion Across the Jordan. King Abdullah, the Zionist Movement, and the Partition of Palestine, New York 1988.
–: The Iron Wall. Israel and the Arab World, London 2001.
–: Lion of Jordan. The Life of King Hussein in War and Peace, New York 2008.
Smooha, Sammy: The Model of Ethnic Democracy, Flensburg 2001.
–: Still Playing by the Rules. Index of Arab-Jewish Relations in Israel 2017, 2018, https://www.idi.org.il/media/15681/still-playing-by-the-rules-index-english-2017.pdf (5.3.2021).
Snow, Peter/Phillips, David: Leila's Hijack War. The True Story of 25 Days in September, 1970, London 1970.
Sosebee, Stephen J.: 13 Years After Massacre, Beirut's Palestinians Are Still Under Siege, Washington Report on Middle East Affairs, 14 (1995) 7, S. 28, 110.
Spiegel, Steven L.: The Other Arab-Israeli Conflict. Making America's Middle East Policy, from Truman to Reagan, Chicago 1985.
Spinner-Halev, Jeff: Unoriginal Sin. Zionism and Democratic Exclusion in Comparative Perspective, Israel Studies Forum, 18 (2002) 1, S. 26–56.
Sprinker, Michael: Edward Said. A Critical Reader, Oxford 1992.
Stockmarr, Leila: Gaza's New Islamists. The Atomization of Palestinian Islamism Since 2006, Kopenhagen 2011.
Sullivan, Denis J.: NGOs in Palestine. Agents of Development and Foundation of Civil Society, Journal of Palestine Studies, 25 (1996) 3, S. 93–100.
Susser, Asher: Partition and the Arab Palestinian Minority in Israel, Israel Studies, 14 (2009) 2, S. 105–119.
Sznaider, Natan: Gesellschaften in Israel. Eine Einführung in zehn Bildern, Berlin 2017.
Tal, Avraham: This Means War, 8.12.2006, https://www.haaretz.com/1.4937604 (4.3.2021).
Talmon, Stefan: Widersprüchlicher Widerspruch, in: Frankfurter Allgemeine Zeitung, 23.2.2021, https://www.faz.net/einspruch/kritik-an-istgh-entscheidung-widerspruechlicher-widerspruch-17207526.html (27.2.2021).
Tamari, Salim: Neue Strategien für die PLO nach der Golfkrise, in: Dietrich Neuhaus/Christian Sterzing (Hg.), Die PLO und der Staat Palästina. Analysen und Dokumente zur Entwicklung der PLO, Hanau 1991, S. 163–178.
–: The Next Phase. Problems of Transition, in: PASSIA (Jerusalem), Palestinian Assessments of the Gulf War and its Aftermath, 18.2.1991, http://www.passia.org/seminar/73 (29.1.2021).
Tessler, Mark: Intifada, in: Philip Mattar (Hg.), Encyclopedia of the Palestinians, New York 2000, S. 182–190.

The American Presidency Project (Santa Barbara), The President's News Conference in Huntsville, Alabama, 20.6.1990, https://www.presidency.ucsb.edu/node/264358 (4.2.2021).

The Basic Law on Apartheid, in: Haaretz Editorial, 1.12.2020, https://www.haaretz.com/opinion/editorial/the-basic-law-on-apartheid-1.9338799 (3.3.2021).

The Guardian, Barak: «This is Indeed the Dawn of a New Day», 18.5.1999, https://www.theguardian.com/world/1999/may/18/israel3 (16.2.2021).

The Knesset (Jerusalem), The Citizenship and Entry into Israel Law, 2003, http://www.knesset.gov.il/laws/special/eng/citizenship_law.htm (3.3.2021).

The National Committee for the Heads of the Arab Local Authorities in Israel (Nazareth), The Future Vision of the Palestinian Arabs in Israel, 2006, https://www.adalah.org/uploads/oldfiles/newsletter/eng/dec06/tasawor-mostaqbali.pdf (3.3.2021).

The New York Times, Declassified Documents Shed Light on a 1982 Massacre, 16.9.2012, https://nyti.ms/2NaHAPf (18.1.2021).

–, Saudi Prince Accuses Palestinian Leaders of Failing Palestinians, 6.10.2020 (updated 12.11.2020), https://www.nytimes.com/2020/10/06/world/middleeast/saudi-arabia-palestinians-israel.html (3.3.2021).

The White House (Washington, D.C.), President Bush Calls for New Palestinian Leadership, 24.6.2002, https://georgewbush-whitehouse.archives.gov/news/releases/2002/06/20020624-3.html (16.2.2020).

–, Joint Understanding Read by President Bush at Annapolis Conference, 27.11.2007, https://georgewbush-whitehouse.archives.gov/news/releases/2007/11/20071127.html (24.2.2021).

–, Remarks by the President at Cairo University, 4.6.2009, https://obamawhitehouse.archives.gov/the-press-office/remarks-president-cairo-university-6-04-09 (28.2.2021).

–, Peace to Prosperity. A Vision to Improve the Lives of the Palestinian and Israeli People, Januar 2020, https://trumpwhitehouse.archives.gov/wp-content/uploads/2020/01/Peace-to-Prosperity-0120.pdf (27.2.2021).

Thiel, Thomas: Wegbereiter des Judenhasses, in: Frankfurter Allgemeine Zeitung, 17.7.2019, https://www.faz.net/aktuell/feuilleton/debatten/bds-bewegung-wegbereiter-des-judenhasses-16287947.html (28.2.2021).

Times of Israel, Netanyahu: No Palestinian State on my Watch, 16.3.2015, https://www.timesofisrael.com/netanyahu-no-palestinian-state-under-my-watch (27.2.2021).

–, Egypt, Hamas Agree on Lifting of Gaza Border Restrictions. Report, 23.2.2018, https://www.timesofisrael.com/egypt-hamas-agree-on-lifting-of-gaza-border-restrictions-report (18.2.2021).

–, Unprecedented 1,200 East Jerusalem Palestinians Got Israeli Citizenship in 2019, 13.1.2020, https://bit.ly/38XNOKN (19.1.2021).
Timm, Angelika: Israel. Gesellschaft im Wandel, Wiesbaden 2003.
– (Hg.): 100 Dokumente aus 100 Jahren. Teilungspläne, Regelungsoptionen und Friedensinitiativen im israelisch-palästinensischen Konflikt (1917–2017), Berlin 2017.
Ungar-Sargon, Batya: A Palestinian in Israeli Military Court. Issa Amro, the Judge, and Me, in: The New York Review of Books, 13.5.2019, https://www.nybooks.com/daily/2019/05/13/a-palestinian-in-israeli-military-court-issa-amro-the-judge-me/ (6.10.2020).
UN Country Team in the oPt (Jerusalem), Gaza in 2020. A Liveable Place?, August 2012, https://www.unrwa.org/userfiles/file/publications/gaza/Gaza%20in%202020.pdf (1.3.2021).
United Nations (New York), Report of the Commissioner-General of the United Nations Relief and Works Agency for Palestine Refugees in the Near East. 1 July 1967–30 June 1968, 30.6.1968, https://www.un.org/unispal/document/auto-insert-184484 (13.11.2020).
–, 43/177. Question of Palestine, 15.12.1988, https://unispal.un.org/UNISPAL.NSF/0/146E6838D505833F852560D600471E25 (27.2.2021).
–, ICJ Advisory Opinion on the Legal Consequences of the Construction of a Wall in the OPT, 9.7.2004, https://www.un.org/unispal/document/auto-insert-178825 (17.2.2021).
–, Statement by Middle East Quartet, 30.1.2006, https://unispal.un.org/UNISPAL.NSF/0/354568CCE5E38E5585257106007A0834 (18.2.2021).
–, Human Rights in Palestine and Other Occupied Arab Territories. Report of the United Nations Fact-Finding Mission on the Gaza Conflict, 25.9.2009, https://www2.ohchr.org/english/bodies/hrcouncil/docs/12session/A-HRC-12-48.pdf (27.2.2021).
–, Palestinian Institutions Prepared to Assume Responsibilities of Statehood, but Achievement at Risk from Lack of Political Horizon, Warns UN Report, 14.9.2011, https://www.un.org/unispal/document/auto-insert-209944 (27.2.2021).
–, 67/19. Status of Palestine in the United Nations, 29.11.2012, https://unispal.un.org/UNISPAL.NSF/0/19862D03C564FA2C85257ACB004EE69B (27.2.2021).
–, President Abbas' statement at 70th session of General Assembly, 30.9.2015, https://www.un.org/unispal/document/auto-insert-209668 (1.3.2021).
–, Resolution 2334, 23.12.2016, https://www.un.org/depts/german/sr/sr_16/sr2334.pdf (27.2.2021).
United Nations Conciliation Commission for Palestine, First Interim Report of the United Nations Economic Survey Mission for the Middle

East, Jerusalem, 16.11.1949, https://unispal.un.org/DPA/DPR/unispal.nsf/0/648C3D9CF58AF0888525753C00746F31 (11.11.2020).

United Nations Economic and Social Commission for Western Asia (Beirut), Israeli Practices Towards the Palestinian People and the Question of Apartheid, 2017, https://www.researchgate.net/publication/329990893_Israeli_Practices_towards_the_Palestinian_People_and_the_Question_of_Apartheid#fullTextFileContent (3.3.2021).

United Nations Human Rights Council (Genf), Report of the Detailed Findings of the Independent Commission of Inquiry Established Pursuant to Human Rights Council Resolution S-21/1, 24.6.2015, https://www.ohchr.org/en/hrbodies/hrc/coigazaconflict/pages/reportcoigaza.aspx (1.3.2021).

United Nations Human Rights Office of the High Commissioner (Genf), The Mandate of the Special Rapporteur on the Situation of Human Rights in the Palestinian Territory Occupied Since 1967, http://www.ohchr.org/EN/HRBodies/SP/CountriesMandates/PS/Pages/SRPalestine.aspx (27.2.2021).

–, Germany's Response to the Joint Communication from Special Procedures AL DEU 3/2019, 14.1.2020, https://spcommreports.ohchr.org/TMResultsBase/DownLoadFile?gId=35109 (28.2.2021).

United Nations Special Coordinator for the Middle East Peace Process (Jerusalem), Joint UN Strategy for Hebron, 2016, https://unispal.un.org/pdfs/UNSCO_HEBRONRPT281116.pdf (5.2.2021).

UNOCHA (Ost-Jerusalem), Israeli-Palestinian Fatalities Since 2000. Key Trends, 31.8.2007, https://unispal.un.org/DPA/DPR/unispal.nsf/0/BE07C80CDA4579468525734800500272 (16.2.2021).

–, Area C of the West Bank. Key Humanitarian Concerns, August 2014, https://www.ochaopt.org/sites/default/files/ocha_opt_area_c_factsheet_August_2014_english.pdf (22.1.2021).

–, East Jerusalem. Key Humanitarian Concerns, August 2014, https://bit.ly/2M8ayi8 (19.1.2021).

–, Two Years On. People Injured and Traumatized During the «Great March of Return» Are Still Struggling, 6.4.2020, https://www.ochaopt.org/content/two-years-people-injured-and-traumatized-during-great-march-return-are-still-struggling (1.3.2021).

–, West Bank Access Restrictions, Juni 2020, https://www.ochaopt.org/sites/default/files/westbank_a0_25_06_2020_final.pdf (3.3.2021).

–, Gaza Strip. Snapshot, Dezember 2020, https://www.ochaopt.org/content/gaza-strip-snapshot-december-2020 (1.3.2021).

UNRWA (Jerusalem), Zusammenfassung häufig gestellter Fragen (FAQ) zur UNRWA, 2020, https://www.unrwa.org/node/42581 (12.11.2020).

UNRWA (New York), Special Report of the Director of United Nations Relief and Works Agency for Palestine Refugees in the Near East. Covering the Period 1 November 1956 to mid-December 1956, 1957, https://digitallibrary.un.org/record/710955 (12.11.2020).

UNRWA (Jerusalem), UNRWA in Figures, Juni 2020, https://www.unrwa.org/sites/default/files/content/resources/unrwa_in_figures_2020_eng_v2_final.pdf (13.11.2020).

–, Syria. UNRWA Humanitarian Snapshot August 2020, September 2020, https://www.unrwa.org/sites/default/files/content/resources/sfo-_humanitarian_snapshot_august_2020.pdf (13.11.2020).

Urquhart, Conal: Gaza on brink of implosion as aid cut-off starts to bite, in: The Guardian, 16.4.2006, https://www.theguardian.com/world/2006/apr/16/israel (18.2.2021).

U.S. Department of State Archive (Washington, D.C.), Foreign Relations, 1964–1968. Volume XIX, Arab-Israeli Crisis and War, 1967, Memorandum 124, https://2001-2009.state.gov/r/pa/ho/frus/johnsonlb/xix/28055.htm (20.2.2021).

Victor, Barbara: A Voice of Reason. Hanan Ashrawi and Peace in the Middle East, New York 1994.

Vital, David: The Origins of Zionism, Oxford 1980.

Wasserstein Fassberg, Celia: Legal Aspects of Israeli-Palestinian Economic Relations, in: Eugene Cotran/Chibli Mallat (Hg.), The Arab-Israeli Accords. Legal Perspectives, Den Haag 1996, S. 157–172.

Waxman, Dov/Peleg, Ilan: Neither Ethnocracy nor Bi-Nationalism. In Search of the Middle Ground, in: Michaela Birk/Steffen Hagemann (Hg.), The Only Democracy. Zustand und Zukunft der israelischen Demokratie, Berlin 2013, S. 119–136.

Weidner, Stefan: 1001 Buch. Die Literaturen des Orients, Bad Herrenalb 2019.

White, Ben: Land, Citizenship and Exclusion in Israel, in: openDemocracy, 30.3.2011, https://www.opendemocracy.net/ben-white/land-citizenship-and-exclusion-in-israel (3.3.2021).

Wildangel, René: Zwischen Achse und Mandatsmacht. Palästina und der Nationalsozialismus, Berlin 2008.

Wissenschaftliche Dienste Deutscher Bundestag (Berlin), BDS-Beschluss des Deutschen Bundestages, 21.12.2020, https://www.bundestag.de/resource/blob/814894/cf6a69d010a1cc9b4a18e5f859a9bd42/WD-3-288-20-pdf-data.pdf (28.2.2021).

–, Die Siedlungs- und Wohnungsbaupolitik der israelischen Regierungen seit 1967 in den besetzten Gebieten des Westjordanlandes und Ost-Jerusalem. Fakten und völkerrechtliche Einschätzung, 7.6.2017, https://www.bundestag.de/blob/515092/aeb99cfc8cadd52da68d65b50a725dec/wd-2-026-17-pdf-data.pdf (5.3.2021).

World Bank (Jerusalem), Twenty-Seven Months. Intifada, Closures and Palestinian Economic Crisis. An Assessment, Mai 2003, http://documents1.worldbank.org/curated/en/616581468765333893/pdf/263141270months0Intifada10Closures.pdf (19.2.2021).

Yaari, Ehud: Israel's Armistice with Hamas, Growing Tensions with Abbas, 24.4.2019, https://www.washingtoninstitute.org/policy-analysis/israels-armistice-hamas-growing-tensions-abbas (18.2.2021).

Yacobi, Haim et al.: Two States in One Space. A New Proposed Framework for Resolving the Israeli-Palestinian Conflict, Jerusalem: Israel Palestine Creative Regional Initiatives, 2014, https://issuu.com/ipcri/docs/two_states_in_one_space (4.3.2021).

Yadlin, Amos/Dekel, Udi/Lavi, Kim: A Strategic Framework for the Israeli-Palestinian Arena, Tel Aviv 2019, https://www.inss.org.il/wp-content/uploads/2019/03/MitveENG_e.pdf (22.6.2020).

Yadlin, Amos/Hatuel-Radoshitzky, Michal: BDS and Antisemitism. Examining the Ministry of Strategic Affairs Report, in: The Jerusalem Post, 11.10.2019, https://www.jpost.com/Opinion/BDS-and-antisemitism-604286 (28.2.2021).

Yiftachel, Oren: Ethnocracy. Land and Identity Politics in Israel/Palestine, Philadelphia 2006.

Zadoff, Noam: Geschichte Israels. Von der Staatsgründung bis zur Gegenwart, München 2020.

Zanany, Omer: The Annapolis Process (2007–2008). Negotiation and its Discontents, Jerusalem/Molad, 2015, http://www.molad.org/images/upload/files/Annapolis-and-its-discontents.pdf (25.2.2021).

Zausmer, Jonathan: Free Marwan Barghouti, in: Times of Israel, 20.10.2015, https://blogs.timesofisrael.com/free-marwan-barghouti (9.10.2020).

Zboun, Kifah: Palestinian Authority Sends Letter to Biden Asserting Factions' Commitment to 67' Border, in: Asharq al-Awsat, 22.2.2021, https://english.aawsat.com/home/article/2820376/palestinian-authority-sends-letter-biden-asserting-factions-commitment-67' (1.3.2021).

Zeira, Yael: The Revolution Within. State Institutions and Unarmed Resistance in Palestine, Cambridge 2019.

Zeit Online, Tote bei Massenprotest im Gazastreifen, 30.3.2018, https://www.zeit.de/politik/ausland/2018-03/marsch-rueckkehr-israel-warnung-palaestinenser-grenznaeherung-avigdor-lieberman (1.3.2021).

Zilber, Neri/Al-Omari, Ghaith: State with no Army. Army with no State. Evolution of Palestinian Authority Security Forces 1994 2018, Washington, D.C. 2018.

Zrahiya, Zvi: Israel Official: Accepting Palestinians Into Israel Better Than Two States, in: Haaretz, 29.4.2010, http://www.haaretz.com/israel-news/israel-official-accepting-palestinians-into-israel-better-than-two-states-1.287421 (4.3.2021).

Anmerkungen

Einleitung

1 Krämer 2002.
2 Palestinian Central Bureau of Statistics 2020.
3 Krämer 2002, S. 55.
4 Vgl. etwa Asseburg/Busse 2021; Böhme/Sterzing 2018; Johannsen 2006.
5 Laqueur/Rubin 1995; Timm 2017.
6 Die Kurzporträts stützen sich, neben personenspezifischen Quellen, auf Abdul Hadi (Hg.) 2006 (2. Aufl.); Fischbach 2008; Mattar 2000; Institute for Palestine Studies, Palestinian Journeys, https://www.paljourneys.org/en/timeline/biographies.

Die Gründung Israels und ihre Folgen

1 Dieses Kapitel beruht auf Asseburg/Busse 2021, S. 16–19. Zur Vorgeschichte vgl. insbesondere Krämer 2002; R. Khalidi 2020, S. 1–95; Mejcher/Schölch 1981; Kattan 2009.
2 Zur Entstehung des Zionismus vgl. insbesondere Rubinstein 2001; Hertzberg 1997; Vital 1980; Shapira 1992. Für kürzere Überblicke siehe auch Brenner 2002; Zadoff 2020, S. 7–29 sowie die Artikelserie «Von der Idee zum Staat» auf der Webseite der Bundeszentrale für politische Bildung, https://www.bpb.de/internationales/asien/israel/44940/von-der-idee-zum-staat.
3 Dies gilt, auch wenn die Formel gar nicht auf zionistische Denker zurückzuführen ist. Sie wird oft fälschlicherweise Theodor Herzl oder Israel Zangwill zugeschrieben, tatsächlich geht sie aber auf den philosemitischen Earl of Shaftesbury (1853) zurück. Ausgedrückt werden sollte durch sie nicht, dass das Land unbesiedelt gewesen wäre, wie von Kritikern oft behauptet. Sehr wohl sprach sie aber der ansässigen arabischen Bevölkerung die nationale Identität – und damit auch einen Anspruch auf nationale Selbstbestimmung – ab. Vgl. Krämer 2002, S. 197; Muir 2008, S. 55–62.

4 Vgl. Krämer 2002, S. 135–141.
5 Hier ist vom Nahen Osten im engeren Sinne die Rede, also dem Gebiet, das heute Israel und seine arabischen Nachbarstaaten in der Levante umfasst.
6 Zum historischen und religiösen Hintergrund des Begriffs Palästina vgl. Krämer 2002, S. 11–28.
7 Vgl. Krämer 2002, S. 46. Tatsächlich heißt es in der Charta, dass die religiöse Stiftung Palästina «zukünftigen Generationen bis zum Tag der Auferstehung geweiht ist», Hamas 1988. Vgl. auch Philipp 2008.
8 Zwischen 1939 und 1945 flohen trotz der britischen Politik rund 80 000 Juden vor der nationalsozialistischen Verfolgung nach Palästina.
9 Vgl. Krämer 2002, S. 359–362.
10 Vgl. Krämer 2002, S. 362–364.
11 Für den «David gegen Goliath»-Mythos und die subjektive Bedrohungswahrnehmung vgl. Krämer 2002, S. 368–370.
12 Die Linie bildet die Waffenstillstandslinien zwischen Israel und den arabischen Staaten gemäß der Waffenstillstandsabkommen von 1949 ab. Sie wird als Grüne Linie bezeichnet, weil sie mit grünem Stift auf der Karte eingezeichnet worden war.
13 Schon im Vorfeld des Krieges hatte es Absprachen zwischen der zionistischen und der transjordanischen Führung über eine Aufteilung des Gebiets gegeben. Vgl. Shlaim 1988.
14 United Nations Conciliation Commission for Palestine, First Interim Report of the United Nations Economic Survey Mission for the Middle East 1949.
15 Zu Flucht und Vertreibung zwischen 1947 und 1949 vgl. R. Khalidi 2020, S. 72–87.
16 Vgl. R. Khalidi 2020, S. 82; Abu Sitta 2017; Kretzschmar 2019.
17 Vgl. etwa Morris 2003; Segev 1986. Ilan Pappé spricht darüber hinaus von planmäßigen ethnischen Säuberungen, Pappé 2006.
18 Zu Plan Dalet vgl. insbesondere W. Khalidi 1988, S. 4–33; Krämer 2002, S. 365 f.
19 Vgl. auch den Augenzeugenbericht bei Zadoff 2020, S. 33. Krämer spricht von rund 250 Ermordeten. Krämer 2002, S. 366. Sharif Kanaana und Nihad Zaytuni berichten von 107 Getöteten, vgl. Kanaana/Zaytuni 1988, S. 57–60.
20 Krämer 2002, S. 366 f.
21 Zum Ausmaß und der politischen Bedeutung der Plünderungen vgl. ausführlich Raz 2020, zitiert nach dem Interview mit Raz in Aderet 2020. Raz weist darauf hin, dass auch die arabischen Truppen, von denen die große Mehrheit keine Einheimischen waren, plünderten,

dies aber in viel geringerem Ausmaß, nicht zuletzt da sie weniger Gelegenheit dazu hatten.

22 Vgl. Klein 2014.

23 Vgl. detailliert W. Khalidi 1992.

24 Für Befürworter und Gegner der Entscheidung vgl. Krämer 2002, S. 375 sowie Fußnote 29.

25 Vgl. Böhme/Sterzing 2018, S. 30; El-Ahmad/Abu-Zahra 2016, S. 24–39.

26 Vgl. Cohen-Mor 2019; Milich 2005; Institute for Palestine Studies (Beirut), Mahmoud Darwish; Mahmoud Darwish Foundation; Mohr 2015. Auf Deutsch sind unter anderem erschienen: Tagebuch der alltäglichen Traurigkeit (1978), Ein Liebender aus Palästina (1979), Ein Gedächtnis für das Vergessen (2001), Wir haben ein Land aus Worten (2002), Warum hast du das Pferd allein gelassen? (2004), Wo du warst und wo du bist (2004), Belagerungszustand (2005), Der Würfelspieler (2009) und Weniger Rosen (2010).

27 Vgl. auch Porträt Mahmud Darwisch, in: Weidner 2019, S. 226–241.

28 Mahmud Darwisch gab «al-Karmel» bis zu seinem Tod heraus, ab 1983 war ihr Sitz in Zypern, dann in Ramallah. 2009 erschien die letzte Ausgabe, vgl. Al-Karmel, 2009, https://www.alkarmel.org/index.html.

29 Die Absätze zur Entstehung und Entwicklung der Flüchtlingsfrage beruhen auf Asseburg/Busse 2021, S. 21 f. und 71–73. Vgl. auch Abu Sitta 1998; ders. 2007; Fischbach 2003; Karmi/Cotran 1999; für einen Überblick auch PASSIA 2014.

30 Vgl. die graphische Darstellung in Bundeszentrale für politische Bildung 2010, S. 9.

31 United Nations 1968.

32 UNRWA, UNRWA in Figures, Juni 2020.

33 Ebd.

34 Vgl. UNRWA, Syria. UNRWA Humanitarian Snapshot August 2020, September 2020.

35 Für die Zahlen 1950 und 2017 vgl. PASSIA, Refugees, 2019, S. 2; für 2019 UNRWA, Juni 2020.

36 Bis 1967 sind die Angaben für das Westjordanland in denen für Jordanien enthalten.

37 Darin nicht enthalten sind 45 800 Personen, die von der UNRWA bis 1952 in Israel versorgt wurden.

38 Nicht als Flüchtlinge registriert, aber mit Anspruch auf UNRWA-Leistungen: Ehemänner registrierter weiblicher Flüchtlinge und deren Kinder.

39 Drei weitere Wohnviertel in Amman, Zarqa und Madaba gelten als «inoffizielle» Flüchtlingslager.

40 Seit 2018 hat die UNRWA die Zahlen für die registrierten Flüchtlinge und Personen in den Flüchtlingslagern nicht mehr ausgewiesen, da sie nicht mehr der Realität entsprachen, vor allem aufgrund der Zerstörung der Lager in Syrien.

41 Für Geschichte und Aufgabe der Organisation sowie Angaben zu palästinensischen Flüchtlingen vgl. die Webseite der Organisation www.unrwa.org.

42 Vgl. etwa Schwartz/Wilf 2020.

43 Ausführlich bei Albanese/Takkenberg 2020; Sadek 2013; R. Sayigh 1994.

44 Für die Hauptkritikpunkte und die Position der UNRWA zu ihnen vgl. UNRWA, Zusammenfassung häufig gestellter Fragen (FAQ) zur UNRWA, 2020.

45 Lapidoth 2001; Salzborn 2018, S. 151.

46 Zu unterscheiden ist dabei zwischen dem individuellen Rechtsanspruch von Flüchtlingen auf Rückkehr und Entschädigung einerseits und einer politischen Regelung der Flüchtlingsfrage, die eine Abwägung zwischen dem individuellen Recht und den Interessen heutiger und künftiger Aufnahmestaaten trifft, andererseits. Vgl. auch die Darstellung der unterschiedlichen Positionen bei PASSIA 2014.

47 Auf Basis des Zensus von 1948 und einer weiteren Zählung von 1949, bei denen allerdings 13000–15000 Beduinen nicht mitgezählt wurden. Vgl. die Quellenangaben zur Tabelle in Asseburg/Busse 2021, S. 124. Andere gehen von rund 160000 aus, etwa Bard, The Palestinian Refugees.

48 Sabbagh-Khoury 2011, S. 26–46.

49 Für die Massaker in Khan Younis und Rafah vgl. UNRWA 1957; als ausdrucksstarker Cartoon aufgearbeitet bei Sacco 2011; ausführlich bei Morris 1993.

50 Zu Ablauf und Bewertung des Massakers sowie des Gerichtsverfahrens vgl. Manna 2011, S. 74–82; Orbach 2013; Croitoru 2018; S. Robinson 2003; zur Bedeutung des Massakers als einer der Bestimmungsfaktoren für das jüdisch-arabische Verhältnis in Israel auch Sznaider 2017, S. 155–190; künstlerisch aufgearbeitet bei Halaby 2017.

Die palästinensische Nationalbewegung

1 Vgl. etwa das Interview von Frank Giles mit der damaligen israelischen Premierministerin Golda Meir in: The Sunday Times, 15.6.1969: «There was no such thing as Palestinians. It was not as though there was a Palestinian people and we came and threw them out and took

their country away from them. They did not exist.» Zitiert nach Nassar 1991, S. 54. Beispielhaft auch Peters 1984.

2 Im Gegensatz dazu hält die PLO-Charta von 1968 in Artikel 4 ein essentialistisches Identitätsverständnis fest. Dort heißt es: «Die palästinensische Identität ist ein echtes, essenzielles und angeborenes Charakteristikum; sie wird von den Eltern auf die Kinder übertragen. Die zionistische Okkupation und die Zerstreuung des arabischen palästinensischen Volkes durch die Katastrophen, von denen es heimgesucht wurde, haben weder zu einem Verlust der palästinensischen Identität und der Zugehörigkeit zur palästinensischen Gemeinschaft noch zu ihrer Annullierung geführt.» Zur Herausbildung der palästinensischen Identität vgl. R. Khalidi 1997, S. 177 ff. Die Unterscheidung zwischen künstlichen und realen Identitäten ergibt wenig Sinn. Denn im Gegensatz zu biologistischen Ethnizitätstheorien sehen neuere wissenschaftliche Ansätze Nationenbildung grundsätzlich als Konstruktionsprozess, bei dem sich Gemeinschaften in Abgrenzung bilden und dabei auf (imaginierte) Vergangenheiten und Gemeinsamkeiten berufen. Vgl. vor allem Anderson 1983; Hobsbawm/Ranger 1983; Hobsbawm 1990; Gellner 1983.

3 Zur Herausbildung einer spezifischen palästinensischen Identität vgl. Porath 1974 und 1977; Kayyali 1978; Lesch 1979; R. Khalidi 1997; Lindholm Schulz 1996; Muslih 1988; Kimmerling/Migdal 1993; Ortlieb 1995.

4 Zur kulturellen Erneuerungsbewegung al-Nahda sowie anderen relevanten Geistesströmungen der Zeit vgl. Krämer 2002, S. 148–153; Philipp 2008.

5 Vgl. R. Khalidi 1997, S. 119–144.

6 Zu Begriff und Rolle der Notabeln: Krämer 2002, S. 113–116.

7 Vgl. zu dem von ihm als entscheidende Phase der Identitätsbildung betrachteten Zeitraum 1917–1923: R. Khalidi 1997, S. 27–31, 149–175.

8 Vgl. Hassassian 1990.

9 Vgl. Wildangel 2008; Mattar 1988. 2015 verstieg sich Premierminister Benjamin Netanjahu dazu zu behaupten, Hadsch Amin al-Husseini habe Hitler erst auf die Idee der «Endlösung der Judenfrage» gebracht, Deutschlandfunk, 21.10.2015.

10 Vgl. Krämer 2002, S. 303–307.

11 R. Khalidi 1997, S. 189 f. Zu den Phasen und dem Wandel des Aufstands vgl. Krämer 2002, S. 308–345.

12 Die Porträts palästinensischer Persönlichkeiten in diesem Band illustrieren, dass die Besitzverhältnisse (und die damit einhergehenden Bildungschancen) vor 1948 aber durchaus eine entscheidende Rolle für den weiteren Lebensweg zeitigten. Ebenso machte es einen

Unterschied, ob Flüchtlinge schon über sozioökonomische Verbindungen in den Aufnahmestaaten verfügten, die sie als soziales Kapital einsetzen konnten. Vgl. R. Sayigh 1994.

13 Vgl. R. Khalidi 1997, S. 179 f.

14 Zur Entstehung und Entwicklung der Bewegung der Arabischen Nationalisten ausführlich Baumgarten 1991, S. 81–132.

15 Vgl. Herz 2017, S. 34–36.

16 Vgl. R. Khalidi 1997, S. 183.

17 Zur Gründung und Entwicklung von Fatah vgl. insbesondere Baumgarten 1991, S. 133–151; dies. 2013, S. 18–48.

18 Frangi 2011, S. 256.

19 Vgl. Baumgarten 1991, S. 238 f.

20 Arafat legte sich den Beinamen zu, bevor er Nachwuchs hatte. Ammar verweist damit nicht wie üblich auf den erstgeborenen Sohn, sondern auf Ammar ibn Jassir, einen engen Gefährten des Propheten Mohammed. Cobban 1984, S. 272.

21 Vgl. insbesondere Baumgarten 2002; Frangi 2011; Abu Scharif 2009; Avnery 1986; Rubin/Colp Rubin 2003; Kapeliuk 2005.

22 Dabei sagte er unter anderem: «Ich habe Ihnen, Herr Präsident, einen Olivenzweig und das Gewehr eines Revolutionärs mitgebracht. Lassen Sie den Olivenzweig nicht aus meiner Hand fallen!», Jassir Arafat, Rede vor der UN-Generalversammlung, New York, 13.11.1974.

23 Salloum 2013.

24 Für eine Analyse der PLO-Charta von 1964 vs. 1968 vgl. Bischara 1991, S. 20–26; R. Khalidi 2020, S. 123–126.

25 Baumgarten 1991, S. 217.

26 Der Nationalrat sollte alle zwei Jahre zusammentreten. In der Realität waren die Treffen, die bis 1990 auf 421 Delegierte anwuchsen, allerdings zunehmend unregelmäßig. Rund 30% der Delegierten vertraten «Widerstandsgruppen», 20% Massenorganisationen wie Studierendenvertretungen und Gewerkschaften, 20% stammten aus der westlichen Diaspora und 30% setzten sich aus Einzelpersonen, Intellektuellen etc. zusammen. Das vom Nationalrat gewählte Exekutivkomitee mit 15 Mitgliedern diente als eine Art Regierung im Exil. 1975 wurde zusätzlich der Zentralrat mit 55 Mitgliedern (1990: 108) als Zwischeninstanz gegründet, um Entscheidungen des Nationalrates umzusetzen. Vgl. Lesch 2000, S. 290 f.; Grafik «Struktur der PLO» in Neuhaus/Sterzing 1991, S. 308 f. Bei seinem letzten Treffen 2018 hatte der Nationalrat dann 765 Sitze, darunter waren die größten Gruppierungen: Unabhängige (198), Mitglieder des Legislativrats (132), Rückkehrer (98), Fatah (49), Liste des Militärs (42), PFLP (21), DFLP (21), FIDA (12), PLF (12) und al-Sa'iqa (12). Vgl. Refugee Affairs Department

of the PLO 2018. Im Januar 2021 kündigte Präsident Abbas eine Reduzierung der Mitgliederzahl auf 350 sowie, wo möglich, Neuwahlen an.

27 Vgl. R. Khalidi 2020, S. 109–111.

28 Frangi 2011, S. 151.

29 Vgl. Bischara 1991; zu den Herausforderungen und zur Entwicklung der Befreiungsbewegung im Exil vgl. auch Baumgarten 1991, S. 216–249; Farsoun 1998, S. 171–212; Gresh 1985, S. 184.

30 Vgl. Frangi 2011, S. 152; Baumgarten 2013, S. 31–34; Y. Sayigh 1997, S. 143–318; Herz 2017, S. 53f.; Shlaim 2008, S. 311–340.

31 Vgl. insbesondere Irving 2012; Dietl 1989, S. 59f.; Snow/Phillips 1970; Institute for Palestine Studies, Leila Khaled; PASSIA, Khaled, Leila (1944-); sowie den Dokumentarfilm Leila Khaled Hijacker (2009) von Lina Makboul, http://www.leilakhaled.com.

32 Vgl. das ausführliche Interview von 2007: Ziad Abu-Rish 2011. Zu ihren Publikationen gehören: Leila Khaled, Mein Volk soll leben. Autobiographie einer Revolutionärin (1974); Women's Liberation (1971); Khaled/Ferrari 2008.

33 Die Identität des Täters oder der Täter ist unbekannt. Khaled geht davon aus, dass es sich um Doppelagenten des israelischen Geheimdienstes oder der libanesischen Falangisten innerhalb der PFLP handelte, vgl. Irving 2012, S. 74f.

34 1996 kehrte Khaled zum ersten Mal nach Palästina zurück, um an der Sitzung des Nationalrates in Gaza teilzunehmen, bei der die Passagen aus der PLO-Charta gestrichen wurden, die die Zerstörung Israels zum Ziel hatten.

35 Vgl. Frangi 2011, S. 161–163; Dokumentation von Spiegel TV, Vom Traum zum Terror. München 72, ARD, 22.7.2012.

36 In der Bundesrepublik kam es nach dem Olympia-Attentat unter anderem zur Ausweisung vieler palästinensischer Studierender; 330 von ihnen konnten ihr Studium in der DDR fortsetzen. Frangi 2011, S. 165.

37 Für die Politik der gezielten Tötungen von palästinensischen Kommandeuren, Diplomaten und Intellektuellen vgl. Aaron 2017; ders. 2019.

38 Vgl. Abu Khalil 2000, S. 7f.

39 Baumgarten weist darauf hin, dass das Forschungszentrum der PLO schon 1972 Studien über die Lebensfähigkeit eines palästinensischen Staates in den 1967 besetzten Gebieten in Auftrag gab. Baumgarten 1991, S. 244.

40 Bischara 1991, S. 32. Der syrische Intellektuelle Sadik J. al-Azm sprach in diesem Zusammenhang von «palästinensischem Zionismus». Al-Azm 1988.

41 R. Khalidi 2020, S. 152.

42 Für die Involvierung der PLO in die komplexen Entwicklungen des libanesischen Bürgerkriegs vgl. detailliert Fisk 1990; Gerges 2000.
43 Vgl. Frangi 2011, S. 223 f.; R. Khalidi 2020, S. 128–130.
44 Vgl. Herz 2017, S. 60; Frangi 2011, S. 235–243.
45 Vgl. Shahid 2002; aufgearbeitet wurde das Massaker unter anderem in dem Dokumentarfilm «Massaker» von Monika Borgmann/Lokman Slim/Hermann Theißen, 2004, der Interviews mit sechs der am Massaker beteiligten Täter enthält; sowie aus der Sicht eines an der Invasion beteiligten israelischen Soldaten durch den Zeichentrickfilm «Waltz with Bashir» von Ari Folman, 2008.
46 Ausführlich dazu R. Khalidi 2020, S. 154–156.
47 Vgl. auch den bereits 1978 erschienenen Beitrag von W. Khalidi 1978.
48 Vgl. Bischara 1991, S. 34. Für diese Phase auch Y. Sayigh 1989, S. 259–262.
49 Vgl. Frangi 2011, S. 283 f.
50 Die Generalversammlungsdebatte war nach Genf verlegt worden, um die Teilnahme Arafats zu ermöglichen, dem die USA kein Visum hatten ausstellen wollen. Vgl. Elias/Leick 1988.

Der Sechstagekrieg 1967

1 Zum Mythos der drohenden Vernichtung Israels, die etwa vom israelischen Außenminister Abba Eban beschworen wurde, aber weder der Einschätzung führender israelischer Militärs noch der des US-Außenministeriums entsprach, vgl. R. Khalidi 2020, S. 96–98.
2 Dieses Kapitel beruht auf Asseburg/Busse 2021, S. 24–31; R. Khalidi 2020, S. 96–167; Peretz 2000, S. 441–444. Vgl. auch Oren 2002; Segev 2007; Schleifer 1971; Louis/Shlaim 2012; Y. Sayigh 1997.
3 Vgl. Rabinovich 1991; Shlaim 2001.
4 Zur zögerlichen Haltung der Johnson-Administration vgl. Spiegel 1985, S. 136–152. Es ist unklar, ob die US-Administration tatsächlich beabsichtigte, «grünes Licht» für einen Präemptivschlag zu erteilen. Auf jeden Fall gelangte Israel zu der Auffassung, dass es kein «rotes Licht» aus D. C. gab, vgl. die Erinnerung des damaligen Mossad-Chefs Meir Amit an seine Unterhaltungen u. a. mit US-Verteidigungsminister Robert S. McNamara am 1. Juni 1967 in Washington, D. C., zitiert in: Reich 1996, S. 136–141. Das offizielle US-Dokument des Treffens findet sich in: U.S. Department of State Archive, Foreign Relations, 1964–1968.
5 Zur Sicherheitsratsresolution 242 vgl. auch R. Khalidi 2020, S. 101–109.
6 United Nations 1968.
7 Vgl. Peretz 2000, S. 441–444. Diese Maßnahmen konnten freilich ein

Erstarken der PLO-Gruppierungen nicht verhindern. Ab 1972 ließ die Militärverwaltung Kommunalwahlen zu. Während die PLO die Wahlen 1972 boykottierte, nahmen die Fatah, DFLP, PFLP, die Kommunisten und die Baath-Partei 1976 als Palästinensische Nationale Front teil und gewannen haushoch. Ab Dezember 1977 versuchte die Likud-Regierung der PLO die Unterstützung zu rauben, indem sie eine begrenzte Autonomie einführen wollte. Dazu setzte sie eine sogenannte Zivilverwaltung (nach wie vor unter der Ägide der Armee) ein und etablierte ein System von Dorfvorstehern, die nicht mit der palästinensischen Nationalbewegung verbunden waren. Das Ansinnen scheiterte, denn diese wurden von der lokalen Bevölkerung ganz überwiegend abgelehnt.

8 Nach Angaben der israelischen Menschenrechtsorganisation Hamoked wurden im Zeitraum 1967–2018 über 230000 Anträge auf Familienzusammenführung, Registrierung oder Aufenthalt durch die israelischen Behörden abgelehnt. Zitiert nach PASSIA, Israeli Occupation, 2019, S. 5.

9 Berger 2018.

10 Vgl. etwa Berger 2016; zu Politik, Mechanismen und Beispielen von Enteignungen auch Lein 2002.

11 Für eine Karte des Allon-Plans siehe Mattar 2000, S. 438.

12 B'Tselem, Statistics on Settlements and Settler Population, 2019. Ende 2019 war die Siedlerbevölkerung im Westjordanland auf knapp 442000 angestiegen, Central Bureau of Statistics, Population, by District, Sub-District and Religion, 2020. Für Jerusalem vgl. auch Korach/Choshen 2020, S. 4.

13 In rund 60% des Westjordanlands (sogenannte C-Gebiete) können die Palästinenser nur mit israelischer Genehmigung bauen, Landwirtschaft betreiben, Brunnen bohren etc. Von diesen Gebieten sind rund 70% der palästinensischen Entwicklung und Bebauung entzogen, da sie als Siedlungsland, Naturschutzgebiet oder Militärzonen klassifiziert sind. B'Tselem 2014; vgl. UNOCHA, Area C of the West Bank. Key Humanitarian Concerns 2014.

14 Israeli Committee Against House Demolitions 2020.

15 Rosen/Shaul 2020.

16 Bis heute ist es Israel nicht gelungen, eine jüdische Bevölkerungsmehrheit in Ost-Jerusalem zu erreichen. 2018 lebten dort rund 220000 Juden sowie 345000 Palästinenser. Korach/Choshen 2020, S. 4.

17 UNOCHA, East Jerusalem. Key Humanitarian Concerns, 2014.

18 B'Tselem, Statistics on Demolition of Houses Built without Permits in East Jerusalem 2021.

19 Vgl. Ir Amim 2019.

20 Zitiert nach B'Tselem, Statistics on Revocation of Residency in East Jerusalem, 2019.

21 Seit 2009 gab es jährlich 800–1000 Anträge, von denen ca. 400 positiv beantwortet wurden. Zwischen 2014 und 2016 kam es zu einem fast vollständigen Bearbeitungsstopp der Anträge. 2019 wurde ein Höchststand der bearbeiteten Anträge mit knapp 2600 erreicht, davon 1200 mit positiver Antwort. Times of Israel 2020.

22 Im Durchschnitt gibt die Stadt ungefähr sieben Mal mehr für einen jüdischen als für einen palästinensischen Einwohner aus, obwohl beide gleichen steuerlichen Verpflichtungen unterliegen. Der ehemalige israelische Stadtrat Meir Margalit (Meretz) hat für das Jahr 2003 ermittelt, dass für Palästinenser in Ost-Jerusalem, die etwa 33 Prozent der gesamten Bevölkerung Jerusalems ausmachen, nur rund 10 Prozent des städtischen Budgets aufgewendet werden. Diese Zahl deckt sich mit Berechnungen der Menschenrechtsorganisation Ir Amim für das Jahr 2013, Ir Amim 2014.

23 Korach/Choshen 2020, S. 8. Andere Quellen geben die Armutsrate unter der palästinensischen Bevölkerung Jerusalems noch deutlich höher an.

24 Vgl. ausführlich Croitoru 2021.

25 Vgl. Asher 2009; zum Oktoberkrieg 1973 und seiner Vorgeschichte auch Shlaim 2000, S. 309–324.

26 Vgl. zur amerikanischen Unterstützung detailliert R. Khalidi 2020, S. 151 f.

27 Offizielle libanesische Statistiken gehen von rund 19000 libanesischen und palästinensischen, ganz überwiegend zivilen Todesopfern aus. R. Khalidi 2020, S. 143. Für Berichte über die israelische Invasion vgl. Garfield 1982; R. Khalidi 2020, S. 140–162.

28 Frangi 2011, S. 250 f.

29 Vgl. R. Khalidi 2020, S. 158–162; Malone 1985; The New York Times 2012; sowie die englische Übersetzung der geheimen Anhänge des Kahan-Reports unter: R. Khalidi 2018.

30 Vgl. Sosebee 1995.

Die Erste Intifada

1 Das Kapitel beruht insbesondere auf Tessler 2000; R. Khalidi 2020, S. 168–176; Herz 2017, S. 76–87. Für die Erste Intifada vgl. auch Ortlieb 1995, insbesondere S. 97–199; Hunter 1993; Lockman/Beinin 1989; Nassar/Heacock 1990; Tamari, The Next Phase, 1991. Sacco 2003 arbeitet die Erste Intifada beeindruckend als Comic-Roman auf.

2 Zum Hintergrund siehe insbesondere Nakhleh 1988; Lesch 1989.

3 Zum Mythos der «aufgeklärten Besatzung» und wiederkehrenden Protesten bereits im Vorfeld der Intifada vgl. R. Khalidi 2020, S. 170 f.

4 Frangi 2011, S. 259. Die Bombardierung erfolgte in Vergeltung für die Geiselnahme und Tötung von drei Israelis durch Palästinenser in einem zypriotischen Jachthafen, diese wiederum war als Revanche für die Verhaftung eines hochrangigen PLO-Kommandeurs durch die israelische Marine zwei Wochen zuvor deklariert worden.

5 Vgl. ausführlich Zeira 2019.

6 Für ausgewählte Kommuniqués der UNLU auf Deutsch vgl. Neuhaus/Sterzing 1991, S. 245–252.

7 Vgl. Frangi 2011, S. 169 f.; zu den Herausforderungen, die dadurch für die PLO entstanden, auch: R. Khalidi 2020, S. 174–176.

8 Zur Rolle der Frauen in der Ersten Intifada vgl. Sabbagh 1998; Hiltermann 1991; Kuttab 1993; Hammami 1990; Otis 2011, insbesondere S. 132–144.

9 Vgl. insbesondere den Dokumentarfilm «Naila and the Uprising» von Julia Bacha, 2017, https://www.imdb.com/title/tt7622940 (Zugriff am 12.10.2020); Creery 2019; Hankir 2018.

10 So sprach sie auf einer Großdemonstration israelischer und palästinensischer Frauen in Jerusalem 1989. Vgl. Naila and the Uprising, 2017.

11 Homepage des Women's Affairs Center Gaza, https://site.wac.ps/en.

12 Das konkrete Zitat von Rabin ist umstritten, die Politik der «eisernen Faust» nicht. Vgl. Clines 1988; Reuters 1990; Rabinovich 2017, S. 156 f.

13 In den ersten vier Jahren der Intifada (d.h. bis Ende 1991) wurden über 800 Palästinenser durch die israelische Armee getötet, rund 40 durch israelische Zivilisten und Siedler. Tessler 2000, S. 184.

14 In den ersten vier Jahren der Intifada wurden mindestens 90 000 Palästinenser verhaftet; Ende 1991 befanden sich 15 000 in Administrativhaft. Tessler 2000, S. 184.

15 Vgl. Frangi 2011, S. 279 f.

16 Am 31. Juli 1988 gab König Hussein in einer Fernsehansprache die Aufhebung aller rechtlichen und administrativen Verbindungen mit dem Westjordanland bekannt. Die einzige Ausnahme sollten die rund 3000 Angestellten des Ministeriums für Religiöse Angelegenheiten in Jerusalem sein. Schon zuvor hatte er das Ministerium für die Angelegenheiten der besetzten Gebiete abgeschafft und die Abgeordnetenkammer aufgelöst; dort sollte es fortan keine Abgeordneten aus dem Westjordanland mehr geben. Vgl. ausführlich bei Shlaim 2008, S. 453–477.

17 Israel Ministry of Foreign Affairs, Statement by Yasser Arafat 1988.

18 Vgl. ausführlich Abed 1991; Frangi 1991; Tamari, Neue Strategien, 1991.

19 Vgl. Herz 2017, S. 86 f.

20 Bis Ende 1991 wurden rund 450 der Kollaboration beschuldigte Palästinenser getötet. Tessler 2000, S. 188. Zum Phänomen der Kollaboration vgl. die Beiträge in PASSIA 2001.

21 Zur Geschichte der Muslimbrüder in Palästina und der Entstehung der Hamas vgl. Abu-Amr 1994; Hroub 2000; ders. 2006; Croitoru 2007; Davis 2016; Baumgarten 2013; dies. 2006.

22 Zur Geschichte der Muslimbruderschaft vgl. u.a. Dingel 2017, Kapitel 2; Krämer 2000; Kandil 2014; Rosefsky Wickham 2013.

23 In der Folge brachte die Bruderschaft den ägyptischen Premierminister Mahmud al-Nuqraschi bei einem Attentat um; im Februar 1949 wurde Hassan al-Banna von unbekannten Tätern erschossen.

24 Für die Entwicklungen im Gazastreifen vs. Westjordanland vgl. Baumgarten 2006, S. 20–36; dies. 2013, S. 57–63.

25 Die Angaben zum Moscheebau variieren stark, unbestritten ist aber, dass die Muslimbrüder sehr zielgerichtet auf den Ausbau von Gotteshäusern und die religiöse Erziehung der Bevölkerung setzten. Nach Angaben von Filiu verdoppelte sich im Zeitraum vom Beginn der Besatzung bis zum Vorabend der Ersten Intifada die Zahl der Moscheen im Gazastreifen von 77 auf 150. Filiu 2012, S. 65 f. Nach Abu-Amr verdreifachte sich die Zahl in diesem Zeitraum im Gazastreifen (von 200 auf rund 600) und verdoppelte sich nahezu im Westjordanland (von 400 auf 750). Abu-Amr 1994, S. 15.

26 Vgl. Frangi 2011, S. 280–282; für eine kritische Diskussion Filiu 2012. Umstritten ist zudem, inwiefern Israel Hamas' Moscheebauprojekt finanziell unterstützte. Vgl. Shipler 2002, S. 156; Higgins 2009.

27 Baumgarten 2006, S. 73.

28 Vor dem Hintergrund dieser teils gewaltförmig ausgetragenen Konkurrenzen etablierte die Bruderschaft in den 1980er Jahren ihren Sicherheitsapparat Madschd (arab. für Ruhm, Herrlichkeit), der auf den Schutz islamischer Einrichtungen und die Unterdrückung unislamischen Verhaltens ausgerichtet war.

29 Für eine Diskussion der Motivationen vgl. Baumgarten 2013, S. 48 f.

30 Vgl. im Detail Legrain 1990; Abu-Amr 1994, S. 53–89.

31 Eine deutsche Übersetzung der Charta findet sich bei Baumgarten 2006, S. 207–226.

32 Nach Angabe von Legrain unterstützten die Golfstaaten die Hamas bereits 1990 mit 60 Millionen US-Dollar, während 27 Millionen US-Dollar an die PLO gingen. Legrain 1991, S. 79.

33 Vgl. Baumgarten 2006, S. 81–84.

34 Das Geburtsdatum ist ebenso wie viele Details der Biographie umstritten. Hirst, PASSIA und Institute for Palestine Studies geben das Geburtsjahr mit 1936 an, andere mit 1937 oder 1938. Hirst 2004; PASSIA, Yassin, Ahmed Ismail; Institute for Palestine Studies, Ahmad Ismail Yasin.

35 Kjorlien 2000, S. 177.

36 Im Frühjahr und Sommer 1988 hatte es noch hochrangige Treffen zwischen Hamas-Vertretern und der israelischen Regierung gegeben, bei der sich Letztere ein Bild machen wollte. Baumgarten 2006, S. 76.

Friedensverhandlungen und Selbstverwaltung

1 Dieses Kapitel beruht insbesondere auf Asseburg/Busse 2021, S. 48–57, vgl. dort ausführlicher für die israelisch-syrischen und israelisch-libanesischen Verhandlungen sowie Regelungsoptionen.

2 Mittel- und langfristig bedeutsam für den Konflikt war auch die Einwanderung von rund 900 000 Personen aus den Staaten der ehemaligen Sowjetunion nach Israel in den 1990er Jahren. Sie veränderte nicht nur das Zahlenverhältnis zwischen Juden und Palästinensern, sondern verringerte auch die israelische Nachfrage nach billigen Arbeitskräften aus den palästinensischen Gebieten. Und sie trug dazu bei, dass sich das politische Spektrum in Israel weiter nach rechts verschob.

3 Die Palästinensische Befreiungsfront ist aus dem PFLP-GC hervorgegangen. Sie zeichnete unter anderem für die Entführung des Kreuzfahrtschiffs Achille Lauro 1985 verantwortlich. Vgl. Rabbani 2000. Zur Einstellung des Dialogs mit der PLO durch die USA: The American Presidency Project 1990.

4 Nachfolgend konnte Israel allein bis zum Jahr 2000 diplomatische Beziehungen mit 70 Staaten neu etablieren, darunter eine beträchtliche Zahl islamischer Staaten. Insgesamt pflegte Israel im Jahr 2000 diplomatische Beziehungen mit insgesamt 162 Staaten. Israel Ministry of Foreign Affairs, Israel's Diplomatic Missions Abroad.

5 Zum Ansatz Schamirs vgl. Habermann 1992; Shlaim 2001, S. 463–501.

6 Nach dem Beitritt Palästinas zur UN im November 2012 bekräftigten Präsident Mahmud Abbas und König Abdallah die Rolle Jordaniens in einem Abkommen vom März 2013. Vgl. Khatib 2013, der Text des Abkommens findet sich hier: King Abdullah II (Amman) 2013.

7 Vgl. etwa Kramer 2017. Der Slogan geht auf den ursprünglich haschemitischen Leitspruch «Jordanien ist Palästina und Palästina ist Jor-

danien» zurück, der 1988 abgelöst wurde durch «Jordanien ist Jordanien und Palästina ist Palästina», Shlaim 2008, S. 463.

8 Vgl. aus Sicht palästinensischer Beteiligter R. Khalidi 2020, S. 176–206; Ashrawi 1997, S. 103–334; Nusseibeh 2007, S. 336–371.

9 Vgl. den Brief von US-Präsident Gerald R. Ford an den israelischen Premierminister Jitzchak Rabin von 1975, Howard 2011, S. 838–840. Für den einseitigen Ansatz der USA vgl. auch den späteren Beitrag des langjährigen US-Diplomaten und Verhandlungsführers Miller 2005.

10 Die USA hielten zu diesem Zweck Kreditgarantien in Höhe von 10 Milliarden US-Dollar an Israel zurück. Vgl. Goshko 1992.

11 Vgl. R. Khalidi 2020, S. 194f.

12 Vgl. insbesondere Ashrawi 1997; Victor 1994; Institute for Palestine Studies, Hanan Ashrawi; Palestine Institute for Public Diplomacy 2020.

13 Zu den Publikationen gehören Contemporary Palestinian Literature under Occupation 1976; The Contemporary Palestinian Poetry of Occupation 1978; The Contemporary Literature of Palestine 1987; From Intifada to Independence 1989.

14 Zum ersten Jahr als Abgeordnete und zu Aschrawis Lebensgeschichte bis dato vgl. auch Grünert 1998, S. 297–368.

15 PLO Department of Public Diplomacy & Policy (Ramallah), Statement by Dr. Hanan Ashrawi Regarding Her Resignation 2020. Vgl. auch Kuttab 2020; Shehada 2020.

16 Vgl. Pundak 2001; Qurei' 2006; Gameel 2019.

17 Vgl. R. Khalidi 2020, S. 196f.

18 Vgl. R. Khalidi 2020, S. 199f.

19 Dieses Unterkapitel beruht insbesondere auf Asseburg 2002, S. 90–106.

20 Vgl. Benvenisti 1996.

21 Zu den Regelungen der wirtschaftlichen Aspekte in den Oslo-Abkommen und ihrer Umsetzung vgl. Wasserstein Fassberg 1996; Arnon et al. 1997; Assali 1998.

22 So lehnte etwa die Hamas das Abkommen ab. Vgl. Baumgarten 2006, S. 97–101. Doch selbst das Fatah-Zentralkomitee war in Bezug auf das Abkommen gespalten, nur die Hälfte seiner Mitglieder war dafür, die andere Hälfte fügte sich. Vgl. Frangi 2011, S. 308f.

23 Said, The Morning After, 1993; ders. 1997, S. 45–63.

24 Vgl. insbesondere Ertur/Gürsoy Sökmen 2008; Iskander/Rustom 2010; Sprinker 1992; PASSIA, Said, Edward Wadie; Institute for Palestine Studies, Edward W. Said; Tariq Ali 2003; Hovsepian 2003; Osman 2020.

25 Said 1978 (auf Deutsch 2009). Vgl. auch Said 1981 und 1994.

26 Vgl. Said 1979; ders. 1993; ders. 2002.

27 Said 2001.

28 Vgl. die Vorlesung von Said, Representation of the Intellectual, 1993.

29 Dies soll nicht der Interpretation das Wort reden, dass durch die Ermordung Rabins die Umsetzung einer Zweistaatenregelung verhindert wurde; palästinensische Souveränität war von Rabin zu keinem Zeitpunkt beabsichtigt. Vgl. Iraqi 2020.

30 Indyk 2020.

31 Zu den Bedingungen für einen dauerhaften Frieden aus der Sicht Netanjahus sowie seinem Umgang mit der PA vgl. Netanyahu 2000, insbesondere S. 280–287.

32 Zu den Vorkehrungen des Abkommens inklusive illustrativer Karten sowie zur Situation der palästinensischen Bewohnerinnen und Bewohner der Stadt rund zwanzig Jahre später vgl. United Nations Special Coordinator for the Middle East Peace Process 2016, insbesondere S. 6 ff. Im Januar 2019 verlängerte die israelische Regierung das Mandat einer internationalen Beobachtergruppe in Hebron (Temporary International Presence in Hebron, TIPH) nicht mehr. Die Beobachter, die seit 1994 fast durchgehend eine konfliktentschärfende Rolle innehatten, mussten daraufhin abziehen. Ende 2019 kündigte die israelische Regierung an, in der Altstadt von Hebron ein neues jüdisches Viertel zu bauen.

33 Der Palästinensische Nationalrat tagte am 14.12.1998 in Anwesenheit von US-Präsident Bill Clinton in Gaza-Stadt und bestätigte formal die Änderungen der PLO-Charta von 1996. Damals waren die Artikel, die im Widerspruch zu den Oslo-Abkommen standen, bereits für ungültig erklärt worden. Clinton war der erste und bislang einzige amtierende US-Präsident, der die palästinensischen Gebiete besuchte.

34 Für eine Analyse des Oslo-Prozesses aus (damaliger) palästinensischer Sicht vgl. Khouri 1998; R. Khalidi 1999.

35 Für eine Erläuterung der palästinensischen Position vgl. PLO Negotiations Affairs Department 2000.

36 Zu den unterschiedlichen Auffassungen des territorialen israelischen Angebots in Camp David s. die vergleichende Darstellung aus der Sicht eines amerikanischen Verhandlungsführers, Ross 2004, S. xxiv.

37 Zu den Verhandlungen in Camp David vgl. die unterschiedlichen Bewertungen bei Malley/Agha 2001; Malley 2001; Ross et al. 2001; Haniyyeh 2000; Eldar 2001.

38 Vgl. Morris 2002; Benn 2001.

39 Israel Ministry of Foreign Affairs 2001.

40 Dieses Unterkapitel beruht insbesondere auf Asseburg 2002, S. 107–169; dies. 2003.

41 Allerdings kam es nach wie vor zu Zusammenstößen bei israelischen Siedlungen oder jüdischen heiligen Stätten inmitten der palästinensischen Bevölkerungszentren, etwa dem Rachelsgrab in Bethlehem, dem Josephsgrab in Nablus oder der Altstadt von Hebron.

42 Zur Bedeutung von Statistiken und Zensus in diesem Zusammenhang vgl. ausführlich Busse 2018, S. 83–99.

43 Neben Fatah zogen 1 FIDA-Vertreter (FIDA ist eine Pro-Oslo-Abspaltung der DFLP), 30 unabhängige (davon fünf Fatah-nahe) und 7 islamistische Kandidatinnen und Kandidaten in den Legislativrat ein. Hamas, der Islamische Dschihad, PFLP und DFLP nahmen an den Wahlen nicht teil oder boykottierten diese. Vgl. Asseburg/Perthes 1996.

44 Für eine detaillierte Analyse neopatrimonialer Herrschaft unter der PA und Literaturhinweise zum Modell vgl. Asseburg 1999, S. 40–79; Asseburg 2002, S. 151–169.

45 Zur Verfassungsdiskussion und Analyse unterschiedlicher Entwürfe vgl. Aruri/Carroll 1994; Mahler 1996; Brown 2000.

46 Die vom PLC in dritter Lesung Anfang Oktober 1997 verabschiedete Fassung findet sich hier: MIFTAH 2002.

47 Für eine umfassende Kritik Abu-Amrs an der Marginalisierung des PLC durch die PA vgl. Abu-Amr 1997.

48 Der Verfassungsentwurf wurde in fünf aufeinanderfolgenden Ausgaben in der lokalen Presse abgedruckt: Al-Hayat al-Jadida 2000; eine englische Version des Entwurfs findet sich hier: https://www.pcpsr.org/en/node/487.

49 Ausführlich Asseburg 2002, S. 124–128.

50 Zur herausragenden Bedeutung von NGOs in den palästinensischen Gebieten vgl. Barghouthi 1998; Muslih 1995; Sullivan 1996.

51 Anfänglich umfasste das Netzwerk etwa 40 NGOs, vor allem aus dem akademischen und Menschenrechtsbereich; bis zum Ende der Interimsperiode wuchs die Mitgliederzahl auf etwa 70 an. Die Mitglieder stehen überwiegend, aber nicht ausschließlich den linken Gruppierungen der PLO nahe (DFLP, PFLP, PPP). Für eine Selbstdarstellung und Formulierung der Ziele des PNGO Network vgl. https://www.pngo.net. Ein Großteil der Wohlfahrtsorganisationen hatte sich schon 1990 zur Palestine General Union of Charitable Societies zusammengeschlossen.

52 Die Hilfe, die palästinensischen NGOs direkt aus dem Ausland zukam, fiel von jährlich 150–200 Mio. US-Dollar in den frühen 1990er Jahren auf rund 90 Mio. 1994 und 60 Mio. 1996. Vgl. den Vortrag «The

World Bank Trust Fund for NGOs» von Denis J. Sullivan beim PASSIA Civil Society Seminar in Jerusalem am 19.9.1997, zitiert nach Asseburg 2002, S. 124. Für die Auseinandersetzungen zwischen NGO-Sektor und PA vgl. auch Sullivan 1996.

53 Zur Kontroverse zwischen verfasster Zivilgesellschaft und PA vgl. Ben Efrat 1999; Milhem 1998.

54 Während Autoren wie Kedourie Demokratie und Zivilgesellschaft für grundsätzlich unvereinbar mit der arabischen Kultur halten, betonen andere wie Eisenstadt zwar den Einfluss kultureller und politischer Traditionen auf die Ausprägung des politischen Systems, halten diese aber nicht für determinierend. S. Kedourie 1994; Eisenstadt 1980. Andere halten fest, dass demokratische Werte muslimischen Gesellschaften keineswegs wesensfremd sind. Vgl. etwa Filali-Ansary 1999.

55 Vgl. Bowman 1994.

56 Das laufende Budget der PA für 1998 wurde ungefähr zur Hälfte durch Unterstützungsleistungen der Geber finanziert; die andere Hälfte wurde zu etwa zwei Dritteln durch Transfers aus Israel gedeckt. Und für 1994 bis 1999 galt: Öffentliche Investitionen wurden beinahe ausschließlich durch die Geber getragen. Vgl. die vierteljährlichen Berichte der Weltbank zu den palästinensischen Gebieten 1999 zitiert nach Asseburg 2002, Fußnote 61, S. 165f.

57 Damit lässt sich die PA analog zu den Ölrentiers als politischer Rentier bezeichnen. Vgl. G. E. Robinson 1997, S. 49–51; Beck 2000.

58 Vgl. Fukuyama 1992.

59 Damit unterstützten sie die Linie von Premierminister Jitzchak Rabin, der betonte, dass der PA die Terrorismusbekämpfung leichter falle, schließlich habe sie kein Oberstes Gericht und keine Menschenrechtsorganisationen wie B'Tselem, die ihre Handlungsfreiheit einschränkten. Vgl. Plitnick 2020; grundlegend auch Brynen 2000.

60 Vgl. etwa Gerster 2013.

61 Vgl. Khader 1997.

62 Dokumentiert in: BBC Summary of World Broadcasts vom 6.5.1999, zitiert nach Asseburg 2002, S. 34, Fußnote 1; ausführlich Asseburg 1999, S. 29–35.

63 Nach den Truppenabzügen des israelischen Militärs vom März 2000 erstreckte sich die alleinige Kompetenz der PA für Selbstverwaltung, innere Ordnung und Sicherheit auf rund 60% des Gazastreifens und 18% des Westjordanlandes (A-Gebiete). Die Kompetenz für Selbstverwaltung und innere Ordnung hatte die PA zusätzlich in 22% des Westjordanlandes (B-Gebiete). Das bedeutete, dass nach wie vor der größte Teil des Westjordanlandes (rund 60%) und etwa 40% des Gazastreifens (C-Gebiete) unter direkter israelischer Besetzung verblieben.

64 Meinungsumfragen zeigten einen deutlichen Vertrauensverlust in die Institutionen der PA und die politische Führung. Vgl. etwa Rabah 1998.

Die Zweite Intifada

1 Vgl. Goldenberg 2000.
2 Klein 2003, S. 97 f.
3 Dieses Kapitel beruht vor allem auf Asseburg/Busse 2021, S. 38–43; Asseburg 2002, S. 22–29.
4 Adalah 2020. Zu den Vorgängen und ihrem Hintergrund vgl. auch den Bericht der Untersuchungskommission Israeli Arabs 2003.
5 Vgl. R. Khalidi 2020, S. 207–209.
6 In diesem Sinne wurde von palästinensischer Seite auch nicht in den Mittelpunkt gestellt, dass Ehud Barak dazu bereit war, über palästinensische Staatlichkeit und Souveränität in Teilen Ost-Jerusalems zu verhandeln, sondern dass er schon in einer Ansprache nach dem Wahlsieg am 17.5.1999 «vier Neins» verkündet hatte: nein zu einer Rückkehr zu den Grenzen von 1967, nein zu einer Räumung sämtlicher israelischer Siedlungen in den besetzten Gebieten, nein zu einer fremden Armee westlich des Jordans und nein zu einem Verzicht auf die ungeteilte israelische Souveränität über Jerusalem, The Guardian 1999.
7 Vgl. den Eintrag zu Muhammad al-Durra in dem Ausstellungskatalog Laïdi-Hanieh 2001, S. 200 f. Anstelle der üblichen heroischen Darstellungen trägt der Ausstellungskatalog private Fotos, persönliche Gegenstände und einen Kurzlebenslauf der ersten 100 in der Zweiten Intifada getöteten Palästinenserinnen und Palästinenser – ganz überwiegend Zivilisten – zusammen. Das arabische Wort «Shaheed» im Titel des Katalogs steht sowohl für Märtyrer als auch für Zeuge. Diverse Journalisten sowie israelische Untersuchungskommissionen versuchten im Folgenden nachzuweisen, dass al-Durra von palästinensischen Scharfschützen erschossen worden sei bzw. die Aufnahmen eine Inszenierung gewesen seien. Vgl. etwa den Film von Esther Schapira, Drei Kugeln und ein totes Kind. Wer erschoss Mohammed Al Dura?, 2002. Die israelische Armee, die zunächst die Verantwortung übernommen hatte, bestritt später, für die Schüsse verantwortlich gewesen zu sein.
8 Entgegen israelischer Behauptungen, dass Arafat den Aufstand schon seit Langem vorbereitet hätte, deuten viele Anzeichen darauf hin, dass er selbst vom Zeitpunkt und der Heftigkeit der Proteste zunächst überrascht war, sich aber wegen der großen Zustimmung der

Bevölkerung zum Aufstand schnell hinter diesen stellte. Vgl. Asseburg 2002, S. 24; Y. Sayigh 2001; sowie das Interview mit dem ehemaligen Geheimdienstchef Ami Ayalon, Le Monde 2001.

9 Der Tanzim war ursprünglich ein Verband relativ loser und dezentral agierender Fatah-Milizen, den Arafat 1995 ins Leben gerufen hatte, um die Aktivitäten islamischer Gruppen zu bekämpfen.

10 B'Tselem, Fatalities. Before Cast Lead. Khalidi gibt die Zahl der in der Ersten Intifada Getöteten mit 1600 an (davon rund 12 Prozent Israelis), die in der Zweiten Intifada Getöteten mit 6600 (davon weniger als 17 Prozent Israelis), über zwei Drittel davon Zivilisten. Darunter fanden sich auch etwa 600 Palästinenser, die durch innerpalästinensische Gewalt umkamen. Die Diskrepanz zu den Angaben von B'Tselem liegt vor allem darin begründet, dass Khalidi eine längere Zeitspanne für die Zweite Intifada ansetzt. R. Khalidi 2020, S. 213.

11 Im Detail dokumentiert wurden die Zerstörungen zum Beispiel in den wöchentlichen Berichten des Palestinian Center for Human Rights.

12 Blair 2003.

13 B'Tselem, Fatalities. Before Cast Lead.

14 Vgl. insbesondere PASSIA, Al-Barghouthi, Marwan Hasib (1959–); Avnery 2007.

15 Zur jungen Garde der Fatah vgl. Asseburg 2002 a.

16 Barghuthi 2002. Immer wieder plädieren auch Israelis für seine Freilassung, um einen Partner für eine Zweistaatenregelung zu haben. Vgl. Zausmer 2015; Saidel 2015.

17 Das Gericht sah es als erwiesen an, dass Barghuthi Anschläge anordnete, bei denen fünf Menschen ums Leben kamen. Außerdem wurde er für seine Rolle bei einem versuchten Bombenanschlag auf ein Einkaufszentrum in Jerusalem wegen versuchten Mordes schuldig gesprochen.

18 Er war maßgeblich in die Aushandlung von Waffenstillständen während der Zweiten Intifada involviert und entwarf 2006 das sogenannte Gefangenenpapier, in dem verhaftete Führer aller palästinensischen Parteien zu nationaler Einheit aufriefen sowie einen palästinensischen Staat in den Grenzen von 1967 und die Umsetzung des Rückkehrrechts der palästinensischen Flüchtlinge forderten. Er war auch daran beteiligt, das Mekka-Abkommen von 2007 vorzubereiten, auf dessen Basis dann eine Einheitsregierung aus Hamas und Fatah errichtet wurde, die allerdings nur kurz Bestand hatte. 2017 organisierte er einen Hungerstreik unter den Häftlingen, der viel Aufmerksamkeit generierte und durch den eine Verbesserung der Haftbedingungen in israelischen Gefängnissen durchgesetzt werden konnte.

19 Umfragen zufolge sieht eine relative Mehrheit von 37% in Barghuthi

den besten Kandidaten für die Nachfolge von Mahmud Abbas. In einem Duell um die Präsidentschaft mit Hamas-Führer Ismail Hanijeh würden 61% der Befragten für ihn stimmen, vgl. Palestinian Center for Policy and Survey Research, Public Opinion Poll No. 78, 2020.

20 Vgl. die Karte und Fotos bei Al Jazeera, In Pictures. Israel's Illegal Separation Wall Still Divides, 2020.

21 United Nations 2004. Vgl. auch den Dokumentarfilm von Mohammad Alatar, Broken. A Palestinian Journey Through International Law, 2018.

22 Vgl. Asseburg 2003 a.

23 Für die unterschiedlichen Versionen, auch die 2005 aufgrund einer Veränderung des Wahlsystems erfolgte Änderung, vgl. The Palestinian Basic Law, https://www.palestinianbasiclaw.org/about.

24 The White House 2002.

25 Zu den Vorschlägen der Genfer Initiative inklusive Karten s. die Webseite https://geneva-accord.org. Vgl. Asseburg 2003 b.

26 Vgl. Beinart 2021.

27 Vgl. Myre 2005.

28 Vgl. Schaller 2019, S. 101–105; Sanger 2011; Bashi/Feldman 2011.

29 Vgl. Asseburg 2009.

30 Den Ansatz hatte Dov Weissglas, ein Berater Ehud Olmerts, bereits zuvor erläutert: «The idea is to put the Palestinians on a diet, but not to make them die of hunger», zitiert nach Urquhart 2006.

31 Gisha 2020.

32 Vgl. den Bericht der Weltbank für den dramatischen Wirtschaftseinbruch in den ersten Jahren der Zweiten Intifada, World Bank 2003. Vgl. auch Ajluni 2003.

33 Für eine Kurzbiografie s. PASSIA, Al-Barghouthi, Mustafa Kamel (1954–). Zu den Präsidentschaftswahlen vgl. den Bericht von Dyrud/Hollekim 2005.

34 In den Jahren 1994 und 1995 kam es wiederholt zu bewaffneten Auseinandersetzungen zwischen Fatah- und Hamas-Anhängern, als Letztere versuchten, das Gewaltmonopol der PA in Frage zu stellen. Mit der Unterzeichnung einer «National Honor Charter» im Oktober 1995 erkannte die Hamas die PA als politische Führung in den palästinensischen Gebieten an. Bei weiteren Gesprächen einigten sich Hamas und Fatah auf einen beiderseitigen Gewaltverzicht und die Durchführung von Wahlen. Vgl. auch Hroub 2000, S. 105 f.; Kodmani-Darwish 1996.

35 Dieses Kapitel beruht vor allem auf Asseburg 2008.

36 Hilal 2006.

37 Für die Ergebnisse der Lokalwahlen vgl. die Übersicht bei Pina 2006.

38 Hamas und andere bewaffnete Gruppierungen sollten sich auf eine

Waffenruhe (arab.: Tahdi'a) gegenüber Israel verpflichten. Im Gegenzug sagte Abbas umfassende Reformen sowie Lokal- und Parlamentswahlen (letztere auf Basis eines gemischten Wahlsystems) zu und versprach, alle Kräfte und Fraktionen in eine reformierte PLO aufzunehmen. Davis 2016, S. 126.

39 Die Wahlbeteiligung lag bei rund 77% der registrierten Wähler. Neben der Hamas waren im PLC nach den Wahlen 2006 vertreten: Fatah (45 Sitze), Parteilose (4), PFLP (3), Die Alternative (DFLP, FIDA, PPP; 2), Unabhängiges Palästina (Mustafa Barghuthi; 2), Dritter Weg (Salam Fayyad, Hanan Aschrawi; 2). Asseburg 2006.

40 Vgl. ausführlich Asseburg 2007; International Crisis Group 2006.

41 United Nations 2006.

42 Vgl. Rose 2008.

43 Dabei handelte es sich ganz überwiegend oder ausschließlich um männliche Palästinenser. UNOCHA 2007; Human Rights Watch 2007.

44 Agreement between Fatah and Hamas 2011.

45 Al Jazeera, Fatah, Hamas say deal reached on Palestinian Elections, 2020.

46 Middle East Eye 2015.

47 Dieser Abschnitt beruht vor allem auf Asseburg 2017; dies. 2018.

48 Zur Katar-Krise vgl. Sailer/Roll 2017.

49 Zum Arab-Idol-Wettbewerb vgl. den Film «The Idol» von Hany Abu Assad, 2015.

50 Vgl. ausführlicher Asseburg 2018; Lieber, In Deal with Fatah, 2017.

51 Vgl. Yaari 2019.

52 Hamas 2017.

53 Lieber, Translation of Leaked Hamas-Fatah Agreement, 2017.

54 Vgl. den Meinungsbeitrag des ehemaligen Gesundheitsministers und Beraters der Hamas-Regierung Basem Naim 2021 sowie den Brief der PA ans US-Außenministerium, Zboun 2021.

55 Reuters 2017; Times of Israel 2018.

56 Für eine ausführliche Auseinandersetzung mit Besatzung und Blockade des Gazastreifens, Terrorismus und Widerstand vgl. Baconi 2018.

Blockaden und die Suche nach alternativen Strategien

1 Vgl. etwa Müller 2008.

2 Dieses Unterkapitel beruht vor allem auf Asseburg/Busse 2021, S. 45–47.

3 Olmert, enger Vertrauter von Scharon und ehemaliger Bürgermeister

Jerusalems, war in den Wahlen 2006 für die Partei des rechten Zentrums Kadima angetreten, die sich vom Likud abgespalten hatte. Die Amtsgeschäfte hatte er bereits ab Januar 2006 geführt, nachdem Scharon einen schweren Schlaganfall erlitten hatte. Im September 2008 erklärte Olmert wegen Korruptionsvorwürfen seinen Rücktritt, blieb aber als Leiter einer Übergangsregierung bis Ende März 2009 im Amt, als nach vorgezogenen Neuwahlen Netanjahu ein weiteres Mal zum Premier wurde.

4 Vgl. The White House 2007.

5 Erlanger 2007; Zilber/Al-Omari 2018, S. 39.

6 Vgl. Dekel/Petrack 2017, S. 29–33. Die israelischen und palästinensischen Vorschläge einschließlich Karten finden sich hier: Economic Cooperation Foundation, The Israeli-Palestinian Conflict. An Interactive Database. Für Bewertungen der Gespräche und Ergebnisse vgl. Zanany 2015. Für den Berater des palästinensischen Verhandlungsteams Clot stellten sich die Annapolis-Verhandlungen als reine Farce dar. Vgl. Clot 2011.

7 Die Sitzungsprotokolle und Fortschrittsberichte der Arbeitsgruppen von palästinensischer Seite wurden geleakt und von Al-Jazeera im Januar 2011 in den sogenannten Palestine Papers unter http://www.thepalestinepapers.com/en/projects/thepalestinepapers veröffentlicht. Für die einzelnen Dokumente siehe Palestinian Authority. The Palestine Papers.

8 B'Tselem, Fatalities During Operation Cast Lead.

9 Vgl. Kulick 2009, S. 56 f.

10 Vgl. United Nations 2009; für die spätere Kontroverse zwischen Goldstone und seinen Mitautorinnen und -autoren vgl. Goldstone 2011; Pilkington/Urquhart 2011.

11 Vgl. The White House 2009.

12 Israeli PM Netanyahu's Bar-Ilan Speech, 2009, in: Economic Cooperation Foundation.

13 Vgl. etwa Netanyahu: No Palestinian State on my Watch, in: Times of Israel, 2015; Sharon 2018.

14 Black/Beaumont/Roberts 2014.

15 Für dieses Unterkapitel vgl. vor allem Asseburg/Busse 2021, S. 81–99; Dwonch 2020.

16 Das Manifest beginnt mit den folgenden Worten: «Fuck Hamas. Fuck Israel. Fuck Fatah. Fuck UN. Fuck UNRWA. Fuck USA!» Gaza Youth Breaks Out, Manifesto 1.0, 2011. Vgl. außerdem Alsaafin 2012.

17 62 Prozent der befragten Palästinenserinnen und Palästinenser sehen die PA als Bürde für ihr Volk und genauso viele fordern den Rücktritt des Präsidenten; 86 Prozent betrachten sie als korrupt.

59 Prozent sind pessimistisch hinsichtlich einer Aussöhnung zwischen der PA und der Hamas. Palestinian Center for Policy and Survey Research, Public Opinion Poll No. 78, 2020. Vgl. auch Hilal et al. 2021.

18 United Nations Human Rights Council 2015. Der damalige israelische Generalstabschef Benny Gantz nutzte Luftbilder der Zerstörung später in seinen Wahlkampfspots 2019. Abunimah 2019.

19 Black 2014; Sfard 2014.

20 Human Rights Watch 2014.

21 Amnesty International 2015; Human Rights Watch 2016.

22 United Nations Human Rights Council 2015.

23 Vgl. UNOCHA, Gaza Strip. Snapshot 2020; Human Rights Watch 2021, S. 354–356; UN Country Team in the oPt 2012.

24 BBC 2015; Jewish Virtual Library (Chevy Chase), Terrorism Against Israel. The Stabbing Intifada (October 2015-Present). In den letzten Jahren haben extremistische Siedler begonnen, die palästinensische Bevölkerung mit sogenannten Preisschild-Angriffen zu terrorisieren, indem sie, als Vergeltung für unliebsame Entscheidungen der israelischen Regierung oder für palästinensische Gewalttaten, Gewalt gegen palästinensische Zivilisten oder gegen die israelische Armee ausüben oder Moscheen und Kirchen verwüsten, um zu demonstrieren, dass Verhalten, das ihren Vorstellungen widerspricht, einen Preis hat. Vgl. Friedman 2011.

25 United Nations, President Abbas' statement at 70th session of General Assembly, 30.9.2015.

26 The White House, Peace to Prosperity, 2020.

27 Ebd., Appendix 3. Vgl. Asseburg/Lovatt 2019.

28 Vgl. Asseburg 2019; dies. 2020.

29 Vgl. Vereinte Nationen, Sicherheitsratsresolution 2334, 2016.

30 Al Jazeera, Trump and the Palestinians. A Timeline, 2019; R. Khalidi 2020a.

31 Vgl. Asseburg 2020a.

32 Vgl. den Podcast Asseburg/Lintl/Steinberg 2020.

33 Der Prinz sagte unter anderem: «Die palästinensische Sache ist eine gerechte Sache, aber ihre Fürsprecher sind Versager.» Zitiert nach The New York Times 2020.

34 Dieses Unterkapitel beruht vor allem auf Asseburg 2018a.

35 Auf die palästinensische Unabhängigkeitserklärung von 1988 war bereits eine Welle bilateraler Anerkennungen des Staates Palästina gefolgt, insbesondere durch die Staaten des Ostblocks und der Blockfreienbewegung; die Unabhängigkeitserklärung war einen Monat später von der Generalversammlung der Vereinten Nationen aner-

kannt worden. Vgl. United Nations 1988. Die palästinensische Vertretung wurde fortan in den Organen der Vereinten Nationen als Palästina (vorher: PLO) bezeichnet.

36 Vgl. ausführlicher Asseburg 2011, S. 2; der Fayyad-Plan ist abgedruckt in Bröning 2011, S. 163–203.

37 Vgl. die Pressemitteilung: United Nations 2011.

38 Vgl. Schaller 2012, S. 3.

39 United Nations 2012.

40 Schon vorher hatte die PLO/Palästina einen herausgehobenen Beobachterstatus mit weitreichenden Rechten. Mißling bezeichnet diesen als «Beobachterstatus sui generis». Mißling 2012, S. 149.

41 Siehe PLO Negotiations Affairs Department 2020.

42 2016 trat Palästina dem Pariser Klimaabkommen und der Weltnaturschutzunion bei. Im September 2017 wurde es Vollmitglied von Interpol. 2018 trat es der UNCTAD, der UNIDO und der OPCW bei, 2019 übernahm es den Vorsitz der G 77-Staatengruppe. Vgl. Permanent Observer Mission of the State of Palestine to the United Nations, Archives for Treaties & Conventions.

43 Zu Mandat und Berichten des Sonderberichterstatters siehe United Nations Human Rights Office of the High Commissioner, The Mandate of the Special Rapporteur on the Situation of Human Rights in the Palestinian Territory Occupied Since 1967.

44 Zum Abschlussbericht der Vorermittlungen siehe International Criminal Court 2020, S. 55–58.

45 Vgl. Mißling 2012, S. 147 f.

46 International Criminal Court 2019.

47 International Criminal Court 2021; vgl. auch Talmon 2021.

48 Vgl. Human Rights Watch 2017.

49 B'Tselem 2016.

50 Für eine pessimistische Analyse vgl. Allen 2021. Die Trump-Administration verhängte Sanktionen gegen den IStGH und die Chefanklägerin, die von der Biden-Administration im Frühjahr 2021 wieder aufgehoben wurden.

51 Dabei existiert eine Spannbreite von völlig gewaltfreien bis hin zu unbewaffneten Aktivitäten. Der Volkswiderstand ist nicht zu verwechseln mit den bewaffneten Aktionen der sogenannten Volkswiderstandskomitees, einem Zusammenschluss mehrerer bewaffneter Gruppierungen, die vor allem im Gazastreifen aktiv sind und überwiegend aus dem Tanzim und den Al-Aqsa-Märtyrer-Brigaden hervorgegangen sind.

52 Vgl. ausführlich den Bericht von Ehrenreich 2016; Bröning 2011, S. 132–160; Dwonch 2020.

53 Vgl. etwa den Beitrag zu Sumud in den südlichen Hebronbergen: Raboteau 2017; Shamir/Rouger 2021.

54 Vgl. https://www.stopthewall.org. Vgl. auch den Film von Julia Bacha, Budrus, 2009 und die darauf basierende Graphic Novel auf Arabisch: Irene Nasser, Budrus Graphic Novel, https://justvision.org/resources/graphic-novel.

55 Vgl. Shehadeh 2013.

56 Krauss/Daraghmeh 2020; Amnesty International 2018.

57 Ende August 2020 befanden sich 153 Minderjährige in israelischen Gefängnissen. Defense for Children International Palestine 2020.

58 Das Video mit der Szene, in der Tamimi den Soldaten schlägt, das im Folgenden viral ging, findet sich hier: https://www.youtube.com/watch?v=plt5rEa5TZU. Vgl. auch Hass 2018; Serhan 2018; Holmes/Taha 2018.

59 Vgl. Zeit Online 2018; Interview with Gazan Activist Ahmed Abu Artema 2019.

60 UNOCHA, Two Years On, 2020.

61 Vgl. Jaraba 2018.

62 Palestinian Center for Policy and Survey Research, Public Opinion Poll No. 78, 2020.

63 Vgl. insbesondere Frontline Defenders, Issa Amro; Amro 2015; Chabon/Waldman 2017; Ehrenreich 2016, insbesondere S. 174–179 (auf Deutsch Ehrenreich 2017); Roberson Gaston 2019–2020.

64 Für eine Beschreibung vgl. Kerangal 2017.

65 2019 erwarb er noch einen Master in Internationaler Kooperation und Entwicklung an den Universitäten von Bethlehem und Pavia, Italien.

66 2009 hatte er schon den «One World Media Award» für seine Kooperation mit der israelischen Menschenrechtsorganisation B'Tselem bei einem Projekt erhalten, das Palästinenserinnen und Palästinensern Medientraining und Kameras zukommen ließ, um Übergriffe von Siedlern bzw. israelischen Sicherheitskräften zu dokumentieren. Vgl. B'Tselem 2009.

67 Shehadeh 2021.

68 Amro wird beschuldigt, gegen das palästinensische Gesetz über elektronische Verbrechen von 2017 verstoßen zu haben. Er hatte in einem Facebook-Eintrag die Autonomiebehörde für die Verhaftung eines Journalisten auf Basis eben dieses restriktiven Gesetzes kritisiert. Vgl. Amnesty International 2019; Hijazi/Lovatt 2017; Ungar-Sargon 2019; International Federation for Human Rights 2021.

69 Where do we stand, Issa Amro, https://wheredowestand.org/issaamro.

70 BDS, What is BDS?, 2019.

71 Dieses Unterkapitel beruht auf Asseburg 2020b.
72 Deutscher Bundestag (Berlin) 2019. Für eine kritische Stellungnahme zum Bundestagsbeschluss vgl. auch Asseburg et al. 2019.
73 BDS 2019.
74 Vgl. etwa die Argumentation bei Thiel 2019; Schröder 2019.
75 BDS, FAQs. Isn't Boycott of Israel Anti-Semitic?, 2019.
76 In der tatsächlichen Umsetzung des Boykotts gehen diese Nuancen, gerade im wissenschaftlichen Bereich, allerdings auch immer wieder verloren. Vgl. etwa die Kontroverse um eine Aufforderung an die israelische Journalistin Amira Hass, trotz ihrer eindeutigen politischen Positionierung eine Konferenz der Birzeit-Universität im Jahr 2014 zu verlassen. Für eine Klarstellung seitens der Universitätsleitung: Birzeit University 2014.
77 Vgl. BDS-Kampagne 2015; eine entsprechende Klarstellung erfolgt auch hier: BDS, Palestinians Overwhelmingly Condemn German Parliament's Anti-Palestinian Resolution, 2019.
78 Vgl. die vom Israelischen Ministerium für strategische Angelegenheiten ins Leben gerufene Webseite «4IL», https://4il.org.il. Siehe dort auch die diffamierenden Berichte zu BDS, palästinensischen Organisationen und europäischer Unterstützung von Menschenrechtsorganisationen. Für kritische Positionen vgl. Yadlin/Hatuel Radoshitzky 2019; Patir 2019. Zum NGO-Monitor siehe die Webseite https://www.ngo-monitor.org und eine kritische Bewertung bei Policy Working Group 2018.
79 Brumlik 2019.
80 Vgl. Algazi et al. 2019.
81 Vgl. Urteil des VGH Bayern, 17.11.2020; Urteil des OVG Lüneburg, 27.3.2019; Urteil des VG Köln, 12.9.2019. Anders hingegen Urteil des VG München, 12.12.2018.
82 Vgl. United Nations Human Rights Office of the High Commissioner 2020; vgl. auch die Ausarbeitung Wissenschaftliche Dienste Deutscher Bundestag 2020.
83 European Parliament 2016; Salloum/Schult 2019.

Gegenwärtige Situation und Möglichkeiten einer Konfliktregelung

1 Vgl. die Karte UNOCHA, West Bank Access Restrictions, 2020.
2 Für eine anschauliche Beschreibung vgl. Shehadeh 2007.
3 Dieses Unterkapitel beruht auf Asseburg 2020a, S. 65; Asseburg/Busse 2016; Asseburg 2014; Asseburg/Busse 2021, S. 103–108.

4 Vgl. Carter 2006; Pogrund 2016. Während Carter und Pogrund Israel selbst als Demokratie sehen und lediglich das Besatzungsregime als Apartheid bezeichnen, verstehen die meisten anderen Autorinnen und Autoren das gesamte Regime im ehemaligen Mandatsgebiet Palästina als Apartheid, vgl. den Podcast von Al-Shabaka, Rethinking Palestine, 2020–2021; Rapoport 2020; Apartheid Israel 2014; Peteet 2016; United Nations Economic and Social Commission for Western Asia 2017; Abunimah 2014; Hawari/Buttu 2018 sowie die Umfrage von B'Tselem, New All Population Israeli-Palestinian Survey, April 2021.

5 The Basic Law on Apartheid 2020.

6 B'Tselem, A Regime of Jewish Supremacy from the Jordan River to the Mediterranean Sea, 2021; Sfard 2020. Vgl. auch den Film von Ana Nogueira/Eron Davidson, Roadmap to Apartheid, 2012.

7 Wissenschaftliche Dienste Deutscher Bundestag 2017, S. 56.

8 European Commission 2018.

9 Vgl. Rosen/Shaul 2020.

10 Vgl. Azarova 2017.

11 Central Bureau of Statistics, Population by Religion, 2020. Während sich Muslime und Christen ganz überwiegend als Palästinenser verstehen, gilt dies für die Drusen nicht.

12 Dieses Unterkapitel beruht auf Asseburg 2017a; für einen Kurzüberblick über diskriminierende Gesetze und Praktiken s. Adalah 2019; für eine Datenbank mit diskriminierenden Gesetzen s. ebd., Discriminatory Laws in Israel.

13 The Knesset 2003.

14 Human Rights Watch, Israel. High Court Rulings Undermine Human Rights, 2021.

15 White 2011.

16 Vgl. etwa Adalah 2011, insbesondere S. 31–38; zum JNF auch Leon 2005; vgl. auch das Beispiel von Jisr al-Zarqa, Human Rights Watch 2020.

17 Human Rights Watch 2008; Bahar/Abu Ras 2016.

18 Vgl. Timm 2003, S. 58–64.

19 Umfragen von Assad Ghanem zitiert nach Timm 2003, S. 59. Vgl. Schafferman 2008. Bei einer Umfrage 2019 definierten sich 38 Prozent der Befragten primär als «arabisch» und 13 Prozent als primär «palästinensisch», während sich nur 9,5 Prozent als primär «israelisch» sahen. Hermann et al. 2019.

20 Smooha 2018, S. 92.

21 Israeli Arabs. The Official Summation of the Or Commission Report 2003; The National Committee for the Heads of the Arab Local Authorities in Israel 2006.

22 Heruti-Sover 2021.
23 Adalah 2007.
24 Jabareen 2007.
25 Mada al-Carmel 2007.
26 The National Committee for the Heads of the Arab Local Authorities in Israel 2006.
27 Zu Israel als ethnischer Demokratie vgl. Smooha 2001, S. 24ff.; für Israel als Ethnokratie vgl. Rouhana 1998, S. 285ff.; Yiftachel 2006; Masalha 2007; für eine kurze Kritik der Begriffe s. Spinner-Halev 2002, S. 29f.
28 Für eine Analyse der Dokumente und der Debatte vgl. Waxman/Peleg 2013. Für eine detaillierte Umfrage zur Eigensicht der arabischen Israelis und zum Verhältnis zwischen den Bevölkerungsgruppen vgl. Smooha 2018. In seinem Roman «Da ward es Morgen» entwickelt Sayed Kashua das Szenario eines israelisch-palästinensischen Friedensabkommens, in dem die arabischen Bürger Israels dem palästinensischen Staat zugeschlagen werden. Kashua 2006. Entsprechende Vorkehrungen enthielt der Trump-Plan; nach heftiger Kritik von Seiten arabischer Israelis nahm die US-Administration jedoch Abstand von diesen. Mort 2020.
29 Tal 2006; Rekhess 2006; Susser 2009; Matza 2018, S. 69–71.
30 Benari 2011; Maltz 2017; Fuchs 2016.
31 Kenig 2015.
32 Vgl. Zadoff 2020, S. 121–123; Lintl 2018.
33 Hermann et al. 2016, S. 229, 232, 234 und 237.
34 Nathanson/Gazala/Leyzer 2017.
35 Für einen Lebenslauf, Veröffentlichungen und Zusammenfassungen seiner wichtigsten Werke s. Bischaras Webseite: https://www.azmibishara.com/en; vgl. auch Global Influence, Azmi Bishara.
36 Balad ist das Akronym für den hebräischen Namen der Partei, Brit Leumit Demokratit, hebr. für Nationale Demokratische Allianz, zudem arab. für Land, Nation.
37 Schon 2001 beschloss die Knesset, ihm wegen Aufwiegelung die Immunität zu entziehen, weil er sich für das Recht auf Widerstand gegen Besatzung ausgesprochen hatte. Der Beschluss wurde jedoch gerichtlich aufgehoben. Vgl. Adalah 2006.
38 Bishara 2007.
39 Zu seinen Veröffentlichungen zählen Civil Society. A Critical Study, 2000; The Arabs in Israel, 2003; From the Jewishness of the State to Sharon, 2005; Religion and Secularism in a Historical Context, 2012; Sect, Sectarianism and Imagined Sects, 2018; Sectarianism without Sects, 2021 (i. E.).

40 Fisher 2014; Lerner 2018.

41 Vgl. Yadlin/Dekel/Lavi 2019, S. 31 f. Für Umfragen zur Evakuierung von Siedlungen vgl. ebd., S. 138 ff.

42 Nach ihr sollten diejenigen Teile Jerusalems unter israelischer Souveränität stehen, die jüdisch besiedelt sind, während die Viertel, in denen Palästinenser wohnen, Teil des palästinensischen Staates werden. So könnten auch die Hauptstädte beider Staaten nebeneinander in Jerusalem Platz finden. Die heiligen Stätten sollten laut Clinton-Parameter von dem jeweiligen Staat kontrolliert werden (also die jüdischen Stätten durch Israel, die islamischen und christlichen durch Palästina), ein internationales Monitoring sollte helfen, Vertrauen zu schaffen.

43 Vgl. Ibish 2011.

44 Vgl. Lintl 2018.

45 Shikaki/Scheindlin 2020.

46 Vgl. Lustick 2019; Beinart 2020; Boehm 2019 (auf Deutsch 2020). Für alternative Regelungsoptionen vgl. ausführlich Asseburg/Busse 2016.

47 Vgl. Zrahiya 2010; Arens 2013; Azulay 2012; Glick 2014.

48 Burg 2011; O'Connor 2013.

49 Vgl. Shenav 2012.

50 Said 1999.

51 Karmi 1997; dies. 2012. Vgl. auch Nusseibeh 2012.

52 Die Prinzipien sind: Gleichbehandlung aller Bürger auf Grundlage von Nicht-Diskriminierung und Achtung bürgerlicher, politischer, sozialer und kultureller Rechte; Gründung einer Union zweier gleichberechtigter nationaler Gemeinschaften; Erhalt der sprachlichen und kulturellen Traditionen beider Nationen; Religionsfreiheit und Neutralität des Staates gegenüber den Religionsgemeinschaften; Zulassen von Formen inklusiver Identität, die über die nationalen Gemeinschaften hinausgehen (die also darauf ausgerichtet sind, Identitäten zu überwinden, die auf Ablehnung der jeweils anderen Seite fußen); Anerkennung, dass sowohl Juden als auch Palästinenser besondere Beziehungen zu ihren jeweiligen Diaspora-Gemeinden besitzen und pflegen; besondere Verantwortung des Staates für den Schutz der heiligen Stätten der drei monotheistischen Weltreligionen und die Sicherung des Zugangs zu ihnen; Förderung wirtschaftlicher Chancen, sozialer Gerechtigkeit und eines Lebens in Würde für alle Bürger sowie Entschädigung von Opfern von vergangenem Unrecht. Vgl. Abunimah 2006, Kapitel 4.

53 Vgl. Yacobi et al. 2014; Halper 2004; Scheindlin 2020; Avishai/Bahour 2021.

54 Vgl. Shikaki/Scheindlin 2020.

55 Vgl. Palestinian Center for Policy and Survey Research, Public Opinion Poll No. 75, 2020.

Anhang

1 Es existiert eine Vielzahl von Chronologien zu den Entwicklungen in und um Palästina. Für eine umfassende und interaktive Chronologie vgl. Institute for Palestine Studies, Palestinian Journeys Timeline, https://www.paljourneys.org/en/timeline/overallchronology.

2 Mit Ergänzungen erstellt auf Basis von: PASSIA, PLO vs. PA, 2014.

3 Derzeit amtieren nur 15 Mitglieder; es wird angenommen, dass die übrigen drei Sitze für die Gruppen freigehalten werden, die die letzte PNC-Sitzung boykottierten, u.a. die PFLP, vgl. European Council on Foreign Relations, Mapping Palestinian Politics. Executive Committee (EC).

4 In dem 23-köpfigen Kabinett Schtajjeh sind neben der Fatah noch drei weitere Parteien vertreten: die Palästinensische Volkspartei (PPP), die Palästinensische Demokratische Union (FIDA) und die Palästinensische Volkskampffront (PPSF). Abu Toameh 2019.

5 Für die Zusammensetzung des PNC siehe Refugee Affairs Department of the PLO 2018.

6 Seit den letzten Wahlen 2006 besteht folgende Sitzverteilung: Hamas, 74 Sitze; Fatah, 45 Sitze; PFLP, 3 Sitze; Die Alternative, 2 Sitze; Unabhängiges Palästina, 2 Sitze; Dritter Weg, 2 Sitze; Unabhängige, 4 Sitze; International Foundation for Electoral Systems 2006.

7 Die Tabelle beruht auf Asseburg/Busse 2021, S. 123f.; dort finden sich auch alle Quellenangaben für die Daten bis 2000.

8 Central Bureau of Statistics 2019, S. 3.

9 Peace Now 2019; B'Tselem, Statistics on Settlements and Settler Population, 2019; Jerusalem Institute for Policy Research 2018.

10 Central Bureau of Statistics 2019, S. 3.

11 Palestinian Central Bureau of Statistics 2020.

12 Korach/Choshen 2020, S. 4.

13 Central Bureau of Statistics 2019, S. 3.

14 Für weitere Empfehlungen vgl. auch PASSIA, Palestinian Filmmakers and Their (Latest) Works.

15 Der Fokus liegt hier auf palästinensischen Quellen und deutschsprachigen Quellen zu Palästina.

Bildnachweis

S. 29: © ullstein bild/Pictures from History
S. 31: © epa Nasrallah/picture-alliance/dpa
S. 46: © picture alliance/AP Images
S. 47: © ullstein bild/TopFoto
S. 55: © Per-Åke Uddman/picture alliance/TT NEWS AGENCY
S. 59: © Keystone-France/Gamma-Rapho/Getty Images
S. 65: © picture alliance/CPA Media Co. Ltd
S. 72: © Bettmann/Kontributor/Getty Images
S. 109: © Kvinna till Kvinna/picture alliance/CPA Media Co. Ltd
S. 122: © Mohammed Saber/picture alliance/dpa
S. 137: © Abbas Momani/AFP/Getty Images
S. 144: © Stuart Conway/CAMERA PRESS/laif
S. 147: © Mosab Shawer/picture alliance/ZUMAPRESS.com
S. 169: © Laurent Rebours/picture alliance/Associated Press
S. 172: © David Silverman/picture alliance/AP Photo
S. 176: © Jürgen Schwenkenbecher/picture alliance
S. 193: © Hatem Moussa/picture alliance/Associated Press
S. 214: © Thomas Coex/Staff/AFP/Getty Images
S. 227: © Ammar Awad/picture alliance/Reuters
S. 230: © Mahmoud Illean/picture alliance/AP Photo
S. 251: © Jim Hollander/picture alliance/dpa

Nachweis der Karten

Vordere Umschlaginnenseite, S. 22, 84, 148: Bundeszentrale für politische Bildung, Informationen zur politischen Bildung Nr. 278, 2008

S. 23: Gudrun Krämer, Geschichte Palästinas. Von der osmanischen Eroberung bis zur Gründung des Staates Israel, 6. Auflage, München 2015, S. 194

S. 94: Bundeszentrale für politische Bildung, 2017

S. 141, 178, 197: UNOCHA, Occupied Palestinian Territory. Humanitarian Atlas, 2019, Karten 23, 4, 29

S. 217: The White House, Peace to Prosperity. A Vision to Improve the Lives of the Palestinian and Israeli People, Januar 2020, S. 42

Alle Karten (außer S. 23 und 217) wurden von Peter Palm, Berlin, bearbeitet.

Personenregister